45012

LA PHILOSOPHIE

DE LEIBNIZ

AUTRES OUVRAGES DU MÊME AUTEUR.

Essai sur la Philosophie de Bossuet, avec des fragments inédits. 1 vol. in-18. Paris, Ladrange, 1852.

Les Pères de l'Église latine. Leur vie, leurs écrits, leur temps. 2 vol. in-18 jésus. Paris, L. Hachette et Cie, 1856.

Le Cardinal Pierre de Bérulle. Sa vie, ses écrits, son temps. 1 vol. in-12. Paris, Didier, 1856.

Exposition de la théorie Platonicienne des idées, suivie d'un *Discours sur Platon*, par Claude Fleury. In-18. Paris, Ladrange, 1858.

Tableau des Progrès de la pensée humaine depuis Thalès jusqu'à Leibniz. 1 vol. in-8, 2e édit. Paris, Didier, 1859.

Histoire et Philosophie. Études accompagnées de pièces inédites. 1 vol. in-12. Paris, Didier, 1860.

Paris. — Imprimerie de Ch. Lahure et Cie, rue de Fleurus, 9.

LA PHILOSOPHIE
DE LEIBNIZ

PAR

M. NOURRISSON

PROFESSEUR DE LOGIQUE AU LYCÉE NAPOLÉON

OUVRAGE COURONNÉ PAR L'INSTITUT
(Académie des Sciences morales et politiques)

« Leibniz est le dernier et le plus grand
des Cartésiens. »   M. COUSIN.

PARIS
LIBRAIRIE DE L. HACHETTE ET Cie
RUE PIERRE-SARRAZIN, N° 14

1860

Droit de traduction réservé

AVANT-PROPOS.

Cet ouvrage a été couronné par l'Académie des Sciences morales et politiques, dans sa séance publique du 26 mai 1860.

En mettant au concours, il y a trois ans, la Philosophie de Leibniz, l'illustre Compagnie appelait l'attention sur une des doctrines les plus puissantes à coup sûr qu'ait conçues l'esprit humain, mais qui, depuis Wolf, dédaignée par l'Allemagne avec une superbe ingratitude ; plus citée que connue, même en France, malgré des travaux du premier ordre, et, dans le reste de l'Europe, en quelque sorte oubliée, attendait encore une complète exposition et une critique définitive.

Cependant les documents surabondaient, à l'aide desquels il était possible de pénétrer dans ses dernières profondeurs, de juger avec une parfaite connaissance de cause, cette grande philosophie. Car si les penseurs avaient trop négligé, comme désormais hors d'usage, les théories de Leibniz, les érudits, au contraire, s'étaient complu à mettre en lumière jusqu'aux moindres autographes de ce génie inépuisable, qui intéresse même en se répétant. De là, des publications presque sans nombre, qu'il était nécessaire de toutes consulter, mais parmi lesquelles on devait néanmoins choisir.

Tout Leibniz, à vrai dire, se trouve dans l'édition de ses œuvres, donnée, pour la première fois, par un Français, Louis Dutens, vers le milieu du dix-huitième siècle. Malgré des investigations plus ou moins heureuses, aucune idée essentielle n'est venue depuis modifier celles que suggère la lecture des six in-quarto, dont se compose cette collection volumineuse. C'est un immense répertoire qui, excepté les *Nouveaux Essais sur l'entendement humain*, comprend bien que parfois confusément, tous les écrits fondamentaux du savant universel de Hanovre. Théologie et Controverse, Logique et Métaphysique, Physique, Chimie, Médecine, Botanique, Géologie, Histoire naturelle, Beaux-Arts et Industrie, Mathématiques, Histoire de la philosophie, Histoire des religions et Philosophie de l'histoire, Histoire et Antiquités, Jurisprudence et Politique, Philologie et Étymologie, Lettres et Opuscules, le consciencieux éditeur n'a voulu rien omettre. Mais, à défaut de vues nouvelles, d'autres que Dutens ont, du moins, apporté des éclaircissements considérables. A ce titre, le *Recueil* de Raspe, celui de Feder, celui même de Des Maizeaux, que Dutens a utilisé, offrent évidemment de l'intérêt.

D'un autre côté, lorsqu'on s'applique, d'une manière spéciale, à étudier dans Leibniz le philosophe, on ne peut pas ne pas avoir recours à la très-précieuse, quoique très-incorrecte édition de M. Erdmann. En effet, M. Erdmann s'est exclusivement proposé de publier les œuvres philosophiques de Leibniz. Pour atteindre ce but, non-seulement il a judicieusement emprunté aux publications antérieures tout ce qui convenait à son dessein; déterminant d'ordinaire, avec l'origine et la date des pièces qu'il produisait, l'ordre même qui leur appartient. Mais il faut, en outre, reconnaître qu'il a notablement enrichi la philosophie Leibnizienne par les recherches qu'il a faites en 1836 dans la bibliothèque de Hanovre, où il affirme qu'hormis des manuscrits mathématiques qu'il abandonnait aux mathématiciens, il n'a négligé que des ébauches informes, des doubles, ou même des triplicata¹.

Toutefois, l'histoire de la pensée de Leibniz serait demeurée souvent obscure, si elle n'avait été comme éclairée par l'histoire de sa vie. Et déjà, sur ce point important, Ludovici et Jaucourt avaient fourni d'amples informations. L'habile éditeur des *Œuvres Allemandes* de Leibniz, M. Guhrauer a su contenter la curiosité la plus exigeante. Son attachante *Biographie de Leibniz* nous initie aux moindres incidents de l'existence, et surtout de l'existence intellectuelle du philosophe. Il n'y a pas jusqu'aux *Notes* (*Anmer-*

---

1. « Quippe cum autumno anni MDCCCXXXVI. Hanoveram me contu-
« lissem, mox mihi aperta sunt illa scrinia quorum me desiderium
« allexerat.... Præter illa quæ edidit Raspius, duodecim ibi asservantur
« fasciculi qui autographa Leibnitii continent philosophici argumenti,
« quorum multa nondum edita sunt. Plurima quidem non nisi frag-
« menta sunt, operum sola exordia, nec, cum sæpe unam eamdemque
« commentationem ter quaterve inchoaverit, repetitiones desunt, ita ut
« editorem eligere oporteat quæ gravissima et maxime perfecta, res-
« care quæ minus confecta videantur aut nihil contineant quam quod
« in editis jam melius dictum est. Itaque ex illis schedis viginti tres
« elegi editioni meæ inserendas....

« Sunt Hanoveræ tam multa autographa mathematica nondum
« edita, ut non possim quin sperem fore ut mathematicum editorem
« reperiant, cui hoc etiam edendum relinquatur. »

Erdmann, *Leibnitii Opera philosophica omnia*, *Præfatio*, p. VIII et XIV.

kungen), dont son livre est suivi, qui ne se recommandent par une érudition variée, autant que par des inédits très-rares, ne fût-ce que par des lettres de Leibniz à Hobbes et par les fragments d'une autobiographie que Leibniz avait commencée.

Quelque détaillée que puisse sembler cette bibliographie de la philosophie Leibnizienne, nous serions pourtant incomplet, si nous ne rappelions expressément la *Correspondance* de Leibniz avec Jean Bernouilli, sa *Correspondance* avec Huygens révélée par M. Uylenbroek, sa *Correspondance* avec l'abbé Nicaise et avec Malebranche que l'on doit à M. Cousin, sa *Correspondance* avec le Landgrave de Hesse-Rheinfels publiée par M. Chr. von Rommel, ses *Lettres* à Arnauld que M. Grotefend a découvertes, le *Commercium Epistolicum Leibnitianum* de Gruber, enfin l'écrit posthume de Leibniz, qu'on a intitulé *Systema Theologicum*. Nous ne résisterons pas non plus au plaisir de mentionner plusieurs volumes d'inédits qu'a récemment fait paraître un disciple fervent de Leibniz, M. Foucher de Careil, avec qui nous avons partagé le prix décerné au travail même que nous annonçons.

Indépendamment d'une foule d'autres documents accessoires de toute sorte, nous venons d'assigner les bases sur lesquelles ce travail repose. Nous l'avons imprimé tel que nous l'avions soumis au jugement de l'Académie, sans y rien ajouter ni retrancher qui touchât au fond des choses, mais non pas sans nous être efforcé de l'améliorer.

Effectivement, l'Académie avait bien voulu déclarer, par l'organe de son éminent rapporteur, « qu'on pouvait, en toute sécurité, accorder sa confiance à notre ouvrage[1]. » Elle ajoutait même « qu'on y connaît Leibniz par Leibniz et peut-être mieux que par Leibniz, » parce qu'on y trouve coordonné en un vaste ensemble, ce qui chez Leibniz est disséminé[2]. Mais, en même temps, elle

---

1. Voyez le Rapport de M. Damiron. Paris, Durand, 1860, in-8, p. 33.

2. « Le mémoire N° 1, concluait M. Damiron en terminant l'examen de notre travail, le mémoire N° 1 doit maintenant être suffisamment connu dans son dessein, son esprit, son économie générale et ses principaux développements. Mais ce que nous n'avons pu également faire connaître, ce sont les qualités solides que l'auteur y déploie....

« Nous avons déjà parlé de son application scrupuleuse à suivre le programme de l'Académie, et sans s'y asservir à le prendre pour appui. On ne saurait mettre plus d'intelligence au service de plus de fidélité.

« On a pu aussi entrevoir, dans quelques-unes de nos appréciations, combien il s'était nourri et pénétré des pensées de Leibniz. Mais il

désirait des remaniements, elle réclamait certaines précisions. Nous ne pouvions que déférer à l'autorité de ces observations ; nous avons donc pris à tâche d'y faire droit.

Il ne nous reste qu'à prévenir le lecteur qu'en

faut, comme nous, l'avoir vu de près et à l'œuvre, pour bien juger de l'étude approfondie, à laquelle il s'est livré, et de la connaissance accomplie, à laquelle il est parvenu, de ce beau génie philosophique. Il n'a sans doute produit aucune de ces nouveautés, de ces pièces rares et inédites, que son concurrent plus heureux a su se procurer, plus précieuses toutefois pour l'histoire et la critique que pour la doctrine elle-même, au sujet de laquelle, il faut bien le dire, elles n'apportent dans nos idées aucune modification essentielle; mais ce qui avait été jusque-là publié de Leibniz, thèses, articles, fragments, lettres, traités, écrits de toute sorte, l'auteur du mémoire N° 1 a tout examiné, scruté et mis à profit, témoin cette abondance et même cette surabondance de textes, qu'il rapporte et qu'il puise à toutes ces sources diverses. Aussi peut-on dire qu'avec lui on connaît Leibniz par Leibniz et peut-être mieux que par Leibniz; car Leibniz n'a pas pris soin de rapprocher, de lier, d'éclairer les uns par les autres tous ces documents, qu'il nous livre un peu au gré de son génie incessamment diverti d'une recherche à une autre, et plus enclin à se répandre sur l'infinie variété des sujets qui l'attirent, qu'à se concentrer en une unité où tout rentre et se compose; tandis que son diligent et savant interprète n'a rien négligé, rien omis, pour proposer dans le meilleur ordre et présenter dans la plus claire lumière tous les grands points de sa doctrine....

« A cette connaissance de Leibniz, qui, si consommée qu'elle soit, ne suffirait cependant pas en elle-même, et qui devait être le commencement et non la fin de l'étude historique, que le programme de l'Académie demandait aux concurrents, se joignent chez l'auteur du mémoire N° 1, une familiarité judicieuse avec les questions philosophiques, une netteté de discussion, et une sûreté d'appréciation, qui en font un disciple sans doute fort respectueux de Leibniz, mais aussi, quand il le faut, un juge indépendant.... »

Rapport, p. 30 et suiv.

déchargeant notre ouvrage des citations qui eussent ressemblé à des redites, nous nous sommes toujours imposé, si ce n'est dans les notes, le labeur ingrat sans doute, mais indispensable à l'unité de la composition, de traduire les textes allemands et latins, dont nous avions primitivement transcrit l'original. Des renvois exacts permettent d'ailleurs de retrouver aisément les passages qui ne sont qu'indiqués, ou de vérifier ceux qui ont été maintenus.

Paris, 4 juillet 1860.

LA PHILOSOPHIE DE LEIBNIZ.

INTRODUCTION.

Fontenelle, dans l'ingénieux éloge qu'il a écrit de Leibniz, observe que « pareil en quelque sorte aux anciens qui avaient l'adresse de mener jusqu'à huit chevaux attelés de front, Leibniz mena de front toutes les sciences. » — « Ainsi, ajoute le spirituel panégyriste, nous sommes obligé de partager ici *ce grand homme*, et, pour parler philosophiquement, de le décomposer. De plusieurs Hercules l'antiquité n'en a fait qu'un, et du seul M. Leibniz nous ferons plusieurs savants[1]. »

Nous essayons de répondre à l'appel de l'Académie des sciences morales et politiques, qui, reprenant en quelque façon la pensée de Fontenelle, invite, en le décomposant, à considérer dans Leibniz, c'est-à-dire dans un des plus vastes esprits dont s'honore l'humanité, le seul philosophe.

---

1. *Leibnitii opera omnia, nunc primum collecta, etc., studio Ludovici Dutens.* Genevæ, apud Fratres De Tournes, 1768. 6 v. in-4°. T. I, p. xx.

Aussi bien, étudier dans Leibniz le philosophe, ce n'est pas s'exposer à se faire une idée partielle, incomplète, de ce beau génie, mais aller comme au fond et découvrir l'essence même de sa pensée.

Effectivement, la philosophie est redevenue pour Leibniz ce qu'elle était pour les sages de l'antiquité, la recherche, à travers l'universalité des choses, de la vérité, une de soi.

Jurisconsulte, mathématicien, géologue, historien, métaphysicien, politique, quelle que soit la science à laquelle il s'applique, ce qui préoccupe Leibniz uniquement, c'est la connaissance des principes. Or, qu'est-ce que la connaissance des principes, sinon la connaissance même de l'absolue vérité?

Cette recherche de la vérité a d'ailleurs pour Leibniz tous les entraînements de la passion. Avide d'acquérir la science pour lui-même et pour la satisfaction de son propre esprit, il brûle de la répandre autour de lui. Il accueille, il encourage, il provoque les découvertes d'autrui. Il se fait le centre d'une immense correspondance, dont il noue, renoue, étend les fils avec une persistance que rien ne rebute, ni ne lasse [1].

Et ce ne sont pas seulement des savants de profession, des spéculatifs, des érudits avec lesquels il commerce ou s'entretient.

Sophie, électrice de Hanovre [2], et Sophie-Char-

---

1. Cf. Dutens, t. V, p. 475; Lettre V à M. Conrad Widou.
2. Sophie, femme d'Ernest-Auguste, premier électeur de Brunswick-Lunebourg (Hanovre), et petite-fille de Jacques Ier d'Angleterre. Son fils George, qui succéda, en 1698, à son père comme électeur, fut appelé, en 1714, après la mort de la reine Anne, au trône d'Angleterre, comme descendant des Stuarts et protestant. (Cf. Guhrauer, *Gottfried Wilhelm Freiherr von Leibnitz Biographie.* Breslau, 1846. 2 vol. in-12. — T. I, p. 215, et sq.; t. II, p. 16-18.)

lotte [1] ; Sophie-Dorothée [2] et la princesse de Gal-

1. Sophie-Charlotte, sœur de George Ier, femme du roi de Prusse, Frédéric Ier. « Elle était l'élève de sa tante Élisabeth de Bohême, abbesse souveraine de Herforden, et amie passionnée de Descartes; puis, de sa mère, l'électrice Sophie.... A dix-huit ans, Sophie-Charlotte avait fait un voyage en Italie et un séjour de deux années en France, à la cour de Louis XIV, où des raisons politiques avaient seules fait échouer son mariage avec le premier Dauphin. Devenue margrave de Brandebourg, elle s'était ardemment associée à l'œuvre de civilisation entreprise par Frédéric-Guillaume, son beau-père. Au château de Lützenbourg, immortalisé depuis sous le nom de *Charlottenbourg*, elle rassemblait, sans distinction de naissance, tous les gens d'esprit et de mérite. C'est là qu'elle se plaisait à s'entretenir avec Abbadie, Ancillon, Chauvin, Jaquelot, Lacroze, Lenfant, le plus souvent avec le grand Beausobre, son chapelain. C'est là qu'elle discuta, « le sourire de Vénus sur les lèvres, » avec l'Irlandais Toland, qui voulait la gagner à la secte naissante des *libres penseurs;* plus tard avec l'Italien Vota, confesseur du roi de Pologne, qui désirait la ramener à l'Église romaine.... Elle mourut subitement le 1er février 1705, dans la force de l'âge, près de sa mère, à Hanovre, où elle venait d'arriver souffrante.... « Ne me plaignez point, dit-elle à l'amie qui « fondait en larmes à son chevet, à cette amie spirituelle et dévouée « qu'elle nommait *l'âme de ses occupations*, Mlle de Pœllnitz; ne me « plaignez point : je vais à présent satisfaire ma curiosité sur les prin- « cipes des choses que Leibniz n'a jamais pu m'expliquer, sur l'espace, « sur l'infini, sur l'être et sur le néant. » Elle ne quitta point ce monde sans avoir recommandé à George, son frère, depuis roi de la Grande-Bretagne, ces artistes et ces savants, dont le plus enthousiaste l'avait comparée à *l'arbre de vie placé dans le paradis terrestre* (Gregorio Leti, *Ritratti istorici*, etc., *della Casa Ell. di Brandenburgo*, fait ici allusion à Charlottenbourg), et dont le plus célèbre nous apprend que *personne n'égala jamais le génie et l'humanité de cette grande princesse.* (Lettre de Leibniz au Dr Wotton, de Cambridge, 10 juillet 1705; Cf. Lettre XXXVI à Magliabecchi, 21 juillet 1705, Dutens, t. V, p. 134.) Lorsque Leibniz, resté après la reine à Berlin, reçut cette fatale nouvelle, sa santé fut mise en péril par son extrême douleur. » (Christian Bartholmèss, *Histoire philosophique de l'Académie de Prusse.* Paris, 1851, 2 vol. in-8°, t. I, p. 14, 37.)

2. Sophie-Dorothée, fille de George Ier, épousa, en 1706, son cousin, Frédéric-Guillaume Ier, fils de Sophie-Charlotte, lequel succéda, en 1713, à son père sur le trône de Prusse. Elle fut mère du grand Frédéric. « Pendant que l'Académie de Berlin tombait en ruines, dit M. Bartholmèss, sous les dédains d'un prince que son peuple avait

les [1]; le prince Eugène de Savoie[2] et Pierre le Grand[3];

raison de nommer *le Sévère*, et que les académiciens appelaient justement un *barbare*, la littérature se réfugiait à l'ombre de la famille royale, y préparant une époque meilleure et une plus noble génération. C'est à bon droit que la Prusse conserve pieusement le souvenir de la personne qui était le centre de ce groupe choisi et le soutien de ce paisible développement. Honneur à la mère de Frédéric II et du prince Henri, à la mère de la reine de Suède et de la margrave de Bareuth; honneur au nom et à la mémoire de Sophie-Dorothée ! » (Bartholmèss, *Histoire philosophique de l'Académie de Prusse*, t. I, p. 76, 133.)

1. Guillelmine-Dorothée-Charlotte de Brandebourg-Anspach, belle-fille de George Ier. C'est à son mari, George II, devenu roi en 1727, que l'Angleterre doit la création du Musée britannique. « George II trouva dans cette princesse, qu'il épousa le 2 septembre 1705, la compagne la plus aimable et la plus essentielle par le bon sens admirable, le jugement et la sagacité dont elle était douée; aussi eut-il toujours la plus entière confiance en elle. Elle mourut le 20 novembre 1737. » (*Biographie universelle*.)

2. François-Eugène de Savoie, fils d'Eugène-Maurice, duc de Savoie-Carignan, comte de Soissons, et d'Olympe Mancini, nièce de Mazarin, né à Paris en 1663. Destiné à l'Église, on ne l'appelait que le *petit abbé*, mais il montra moins de goût pour la carrière ecclésiastique que pour les armes, et, après avoir vainement sollicité un emploi de Louis XIV, entra au service de l'Autriche, 1683. Eugène, qui fut un des plus grands capitaines de son temps, doit compter aussi parmi les esprits éminents de son époque. Leibniz lui a adressé quelques-uns de ses plus substantiels écrits. Cf. Erdmann, *God. Guil. Leibnitii opera philosophica, quæ exstant, Latina, Gallica, Germanica omnia*. Berolini, 1840, un vol. in-4°, p. 705. La *Monadologie* (vulgo : principia philosophiæ seu theses in gratiam Principis Eugenii conscriptæ), 1714. Peut-être est-ce également pour le Prince Eugène que Leibniz a rédigé les *Principes de la nature et de la grâce fondés en raison*. (Erdmann, p. 714.)

3. Dutens, t. V, p. 137 : « Quum nuper Czarigenæ Principi Sereniss. « Ducis Antonii Ulrici ex filio Neptis Torgaviæ desponderetur, affui, et « magno Russorum Monarchæ sum locutus, qui laudatissimo studio « scientias in gentem suam transferre tentat : cui instituto, ut par est, « applausi. » (Epistola xxxviii, ad Magliabecchium, 1707.) — *Ibid.*, p. 499. « J'ai eu l'honneur de parler au Czar à Torgau, et Sa Majesté fera faire des observations magnétiques dans ses vastes États. Elle paraît encore disposée à favoriser d'autres recherches. » (Lettre xvii à M. La Croze, 1711.) — *Ibid.*, p. 339. « Ego ad acidulas Pyrmontanas

l'empereur Charles VI[1] et Charles XII[2], entendent ses conversations ou lisent ses écrits. En échange des services politiques qu'il rend, il obtient ou réclame des fondations d'Académies[3]. Lui-même, infatigable au travail, il meurt comme Bayle, la plume à la main.

A cette passion, sans laquelle un philosophe, non plus qu'un artiste ou un poëte, ne fait rien de grand, s'ajoute chez Leibniz l'indépendance de la pensée. Conseiller aulique, courtisan consommé, attentif même aux accommodements de sa fortune, Leibniz pourra déférer, se plier aux ordres des princes, s'instituer leur négociateur ou le défenseur de leurs intérêts. Ni avances, ni sollicitations, ni insinuations ne pourront rien pour le ranger à telle ou telle Église. Les sectes protestantes l'ont dégoûté de toutes les sectes. Il restera toute sa vie, ce que Boinebourg[4] écrivait de lui,

« aliquot dies profectus sum, ut magni Russorum Monarchæ exporrecta « gratia fruerer; eidem per biduum, quod deinde Herrenhusæ prope « Hanoveram egit, adhæsi; miratus in tanto principe non tantum hu- « manitatem, sed et notitiam et judicium acre. » (Epistola xxxv, ad Kortholtum, 1716.) — (Cf. *Ibid*, p. 169, 172.)

1. L'empereur Charles VI, reconnaissant de ce que Leibniz avait contribué par ses écrits à la conclusion du traité d'Utrecht, le gratifia, tout en lui accordant des titres de noblesse, d'une riche pension.

2. Cf. Voltaire, *Histoire de Charles XII*, liv. VIII. « Je sais de celui qui m'a confié les principaux mémoires de cette histoire, que Charles XII fut luthérien de bonne foi jusqu'à l'année 1707. Il vit alors à Leipzig le fameux philosophe M. Leibniz, qui pensait et parlait librement, et qui avait déjà inspiré ses sentiments libres à plus d'un prince. Je ne crois pas que Charles XII puisa, comme on me l'avait dit, de l'indifférence pour le luthéranisme dans la conversation de ce philosophe, qui n'eut jamais l'honneur de l'entretenir qu'un quart d'heure. » (*OEuvres complètes*. Paris, Didot, 1828, 4 vol. in-8°, p. 3162.)

3. Fondateur et premier président de l'Académie de Prusse, Leibniz essaya de former aussi des compagnies scientifiques à Dresde, à Vienne, à Saint-Pétersbourg. (Cf. Bartholmèss, *Histoire philosophique*, etc., t. I, introduction, p. xx.)

4. Jean-Christian de Boineburg, né en 1622 à Eisenach, mort à

jeune homme. « Quoiqu'il appartienne à l'Église luthérienne, en religion il est indépendant. » — « In der
« Religion ist Selbstandig (*Suæ Spontis*). » Leibniz se
montre par excellence un libre penseur[1].

Mayence en 1672, diplomate au service de l'électeur de Mayence. Ce
fut lui qui ouvrit à Leibniz la carrière. On a de ses lettres dans le
Commercium epistolicum Leibnitianum de Gruber, 1745.

1. Dans le recueil intitulé *Esprit de Leibniz*, Lyon, 1772, 2 vol.
in-12, le savant et respectable abbé Émery s'est porté le garant du
christianisme de Leibniz, presque de son catholicisme. « Leibniz, écrit-
il, que nous croyons un chrétien fort sincère, était un très-mauvais
luthérien. » (Préface, xxvij.) La publication, en 1819, de l'écrit posthume
de Leibniz, intitulé *Systema theologicum*, est venue fortifier l'opinion,
qu'il n'avait manqué au philosophe de Hanovre, pour appartenir à
l'Église romaine, que de se prononcer ouvertement. Cette conjecture
s'est même tournée en certitude pour les récents éditeurs du *Systema:
Système théologique*, édit. P. P. Lacroix, 1845, in-8°; *Système religieux
de Leibniz*, traduit par M. A. de Broglie. Paris, 1846, in-8°. Par malheur, les faits contredisent absolument ces pieuses interprétations.

1° M. Guhrauer, *Leibnitz Biographie*, t. II, p. 32 et sq., a péremptoirement établi que l'écrit connu sous le titre de *Systema theologicum* fut
simplement rédigé par Leibniz pour le besoin des controverses religieuses où il se trouva engagé. Ce n'est même pas à lui, mais à un bibliothécaire qu'il faut rapporter ce titre trompeur : *Diese Aufschrift*,
dit M. Guhrauer, *hat ein Bibliothekar dem Manuscripte gegeben*.

2° On sait que Leibniz aurait été nommé membre de l'Académie des
sciences, à l'époque où il vivait à Paris, qu'il aurait même obtenu en
France un établissement avantageux, s'il avait voulu embrasser le catholicisme. Il refusa. Ultérieurement, ses dispositions ne furent pas
changées. Un instant ébranlé dans sa correspondance avec le landgrave
de Hesse, Ernest-Auguste, on le voit repousser, en définitive, toute
idée de conversion. Écrivant à l'abbé Nicaise, en 1698 (Erdmann, p. 792),
il n'hésite pas à traiter le concile de Trente de « concile de contrebande. » Enfin, en décembre 1705, il écrit à Burnet : « M. de Boinebourg
m'a dit que Grotius avait été disposé à se rendre de la religion romaine à son retour de Suisse ; mais il ne m'a point dit qu'il y en avait
une lettre positive de sa main ; ce n'étaient que de grandes espérances,
qu'on avait conçues de sa modération. Sans me comparer avec Grotius,
je puis dire qu'on a eu la même opinion de moi quelquefois, lorsque
j'ai expliqué en bonne part certaines opinions des docteurs de l'Église
romaine contre les accusations outrées de nos gens. Mais quand on a
voulu pousser plus avant et me faire accroire que je devais donc me

Au seizième siècle, cette indépendance de la pensée aurait fait apparemment de Leibniz un novateur qui n'aurait affronté, nous l'avouons, ni le bûcher, ni la prison, mais enfin un novateur. Au dix-septième siècle, Leibniz trouvait devant lui comme une nouvelle et puissante tradition constituée. C'était le Cartésianisme. Aussi presque constamment il le combat et s'efforce, en remontant les âges, de dériver des sources de l'antiquité son originalité propre.

Jusqu'à quel point la philosophie de Leibniz fut-elle originale, c'est ce que nous aurons à examiner. Suivant nous, si elle dépasse le Cartésianisme, c'est principalement parce qu'elle s'appuie sur le Cartésianisme. Mais, à tout prendre et en tous cas, elle n'en a pas moins laissé dans l'histoire de l'esprit humain des traces profondes, et, par le dégagement de principes

---

ranger chez eux, je leur ai bien montré que j'en étais fort éloigné. » (Lettre x, Dutens, t. V, p. 270.)

3° Les amis de Leibniz ne jugèrent pas différemment ses dispositions relativement à la religion. C'est ainsi que Bourguet écrivait au président Bouhier, le 26 août 1737 : « M. Leibniz n'a jamais eu de penchant pour la religion romaine, comme vous le remarquez fort bien, monsieur. Cependant les Jésuites s'étaient flattés du contraire, surtout quand il passa d'Hanover à Vienne. Le bruit qu'ils firent courir alors de sa future conversion, comme ils parlent, fut si grand, qu'on désespérait à Berlin de le revoir jamais. Ces bruits étaient un leurre, dont les Jésuites se servaient, pour ébranler d'autres personnes, qu'ils avaient en vue, en particulier le fils du roi Auguste, qu'ils persuadèrent, et qui est à présent roi de Pologne; mais dès que les Jésuites virent que M. Leibniz leur était échappé, ils firent courir de lui un mauvais dicton en allemand : *Leibniz glaubt nitz*, « Leibniz ne croit rien; » mais il a fallu pour cela ôter le *ch* du dernier mot, qui est une aspiration gutturale. » (Cf. Guhrauer, t. II. Anmerkungen, p. 31.)

Quoi qu'on en ait, on doit donc se résigner à ne voir dans Leibniz qu'un spéculatif et un politique. Et pourquoi ne s'y résignerait-on pas? Ce pur contemplateur n'en a pas moins, du reste, admiré sincèrement les sublimités de la foi et leur merveilleux accord avec la raison.

mal définis, oblitérés ou méconnus, produit des résultats immortels. Si donc le Leibnizianisme, considéré dans son ensemble, offre des parties caduques, ses assises restent inébranlables. Par bien des côtés, il est vrai, cette construction majestueuse ressemble à une splendide décoration de théâtre, beaucoup plutôt qu'elle n'est un édifice habitable. Mais pourtant, c'est dans le roc que l'architecte en a creusé et jeté les fondements.

Étudier la philosophie de Leibniz, ce sera indiquer le départ qu'il convient de faire entre les théories brillantes mais creuses et les doctrines impérissables que comprend cette philosophie.

Pour qu'une telle étude fût sincère, instructive, concluante, nous nous sommes avant tout attaché aux textes et nous n'avons pas craint de les rapporter avec étendue, d'en multiplier et d'en rapprocher les citations, d'en former de la sorte un solide établissement.

Non-seulement en effet la pensée de Leibniz, comme le chêne, n'a grandi que lentement; mais inépuisable autant que féconde, d'une séve toujours active et rajeunie, on peut dire, à certains égards, qu'arrivée même à sa maturité, elle a été soumise à un perpétuel *devenir*.

C'est pourquoi, il importait de ne négliger aucune des périodes de son développement.

En même temps que nous avons tâché d'être complet, avons-nous besoin d'ajouter que nous avons voulu être clair, sacrifiant à la précision l'agrément, à la vérité parfois un peu sèche et subtile des choses les fantaisies de l'interprétation ou de l'exposition?

La clarté dépend sans doute beaucoup des expressions qu'on emploie, et c'était cette clarté même que recherchait Leibniz, en faisant de notre langue, de préférence à toute autre, un si fréquent usage. Il avait garde, en outre, de « prendre la paille des termes pour le grain des choses. » Il déclarait « les termes techniques encore plus à fuir que le chien ou le serpent [1]. »

Mais incontestablement, la clarté tient surtout à l'ordre, au procédé, à la méthode.

Or, il n'était pas facile d'être méthodique dans l'étude d'une philosophie toute en *fulgurations*, si l'on peut s'exprimer ainsi, où les saillies abondent, où se rencontrent les détours les plus inattendus, où le génie de l'inventeur, systématique à la fois et capricieux, nous promène de digressions en digressions. « Je vois des gens qui s'effarouchent des digressions, écrivait Montesquieu ; je crois que ceux qui savent en faire sont comme les gens qui ont de grands bras ; ils atteignent plus loin [2]. » Jamais philosophe ne mérita mieux que Leibniz qu'on lui appliquât cette comparaison.

Heureusement ici, l'Académie a simplifié notre tâche. Plus nous avons étudié le Leibnizianisme, plus nous avons pénétré au cœur de cette grande philosophie, et plus nous nous sommes convaincu que les questions qui la résument, que l'ordre même dans lequel doivent se succéder ces questions, convenaient avec les énonciations du programme proposé. Nous n'avons donc cherché ni d'autres problèmes à résoudre, ni un ordre meilleur à observer. Le programme de l'Académie est devenu notre plan. Nous en avons suivi pas à pas les indications, exploré séparément tous les détails.

« I. Rechercher, en s'appuyant sur des faits certains et non sur des assertions postérieures, équivoques ou

---

[1]. Erdmann, p. 60. *De Stilo philosophico Nizolii*, VIII.
[2]. Montesquieu, *Œuvres complètes*. Paris, Lefèvre, 1826, 8 vol. in-8°, t. VIII, p. 430, *Pensées diverses*.

intéressées, quels progrès et quels changements s'étaient accomplis dans l'esprit de Leibniz, depuis la thèse *De principio individui* soutenue à l'Université de Leipzig en 1633, jusqu'à son voyage en France; et déterminer avec précision où Leibniz en était parvenu en philosophie et dans les diverses parties des connaissances humaines avant son séjour à Paris dès l'année 1672, et avant le commerce intime qu'il y forma avec les hommes les plus illustres qui y florissaient alors, Huygens, Arnauld, Malebranche, pour établir équitablement la part plus ou moins considérable que le Cartésianisme et la France peuvent réclamer dans les développements du génie de Leibniz.

« II. A quelle époque paraît véritablement le principe propre de Leibniz, que la force est l'essence de toute substance ?

« III. Du caractère nouveau introduit dans les discussions philosophiques, par l'intervention de l'érudition et de la critique, c'est-à-dire par l'histoire même de la philosophie, jusqu'alors entièrement négligée et ignorée.

« IV. Établir en quoi consiste ce qu'on appelle l'éclectisme de Leibniz.

« V. Apprécier la polémique instituée par Leibniz contre ses trois grands contemporains, Descartes, Spinoza et Locke. Insister particulièrement sur la critique des diverses théories de Descartes; exposer et juger le rôle de Leibniz à l'époque de la persécution du Cartésianisme.

« VI. Des théories les plus célèbres auxquelles demeure attaché le nom de Leibniz, par exemple, la loi de continuité, l'harmonie préétablie, la monadologie.

« VII. Terminer par un examen approfondi de l'ouvrage par lequel Leibniz a couronné ses travaux, la Théodicée, la comparer avec celles de Platon, d'Aristote et des Alexandrins, dans l'antiquité; de saint Anselme et de saint Thomas, au moyen âge; de Descartes, de Malebranche et de Clarke chez les modernes.

« VIII. Enfin, l'Académie demande aux concurrents, comme une sorte de conclusion pratique de leurs mémoires, d'assigner la part du bien et celle du mal dans l'ensemble de la philosophie de Leibniz; de faire voir ce qui en a péri et ce qui en subsiste et peut encore être mis à profit par la philosophie du dix-neuvième siècle. »

LIVRE I.

ORIGINES DE LA PHILOSOPHIE DE LEIBNIZ.

CHAPITRE I.

Éducation de Leibniz.

C'est une tâche toujours délicate que de rechercher les origines de la pensée d'un grand esprit, d'en suivre la formation, d'en marquer les progrès, d'assigner enfin le point précis de son développement à une date déterminée. Surtout, l'embarras se trouve être comme insurmontable lorsqu'il s'agit d'un homme tel que Leibniz, dont la prodigieuse intelligence s'est éveillée presque sur tous les problèmes à la fois, et dont il est permis de répéter ce que Montaigne disait d'Aristote, « qu'il remue toutes choses. » Comment en effet, dans ce tissu immense et éblouissant du Leibnizianisme, parvenir à démêler les fils qui ont été comme la chaîne de la trame? Et de quelle sagacité, de quelle fermeté de sens ne faudrait-il pas être doué pour indiquer à coup sûr, sans les imaginer; pour reconnaître exactement, sans se laisser dévoyer par des préoccupations de doctrine, les vrais commencements des théories leibniziennes?

Mais si une semblable tâche est ardue, elle attire l'attention par son objet même et la captive par son importance. Car n'est-ce pas un spectacle merveilleux que d'assister en quelque sorte à l'enfantement d'un système, qui doit compter parmi les titres de l'esprit humain? Et, d'un autre côté, afin d'entrer dans les profondeurs du Leibnizianisme, afin d'apprécier à sa juste valeur cette philosophie, n'est-il pas nécessaire d'en noter les antécédents?

Rejetant donc les assertions arbitraires, nous nous proposons avant tout de rechercher par un attentif examen des faits, quels progrès et quels changements s'étaient accomplis dans l'esprit de Leibniz, depuis la thèse *De principio individui* soutenue à l'Université de Leipzig en 1663, jusqu'à son voyage en France. De la sorte, nous déterminerons avec précision où Leibniz en était parvenu en métaphysique et dans les diverses parties des connaissances humaines, avant son séjour à Paris dès l'an 1672, et avant le commerce intime qu'il y forma avec les hommes les plus illustres qui y florissaient alors, Huygens, Arnauld, Malebranche. Par conséquent encore, ce sera établir équitablement la part, plus ou moins considérable, que le Cartésianisme et la France peuvent réclamer dans les développements du génie de Leibniz. Car, arrivé à Paris, les influences au milieu desquelles il vécut et où grandit sa pensée, furent des influences toutes cartésiennes. Il y a plus; il sera opportun de s'enquérir si avant son voyage en France, Leibniz n'avait pas été déjà comme imbu de Cartésianisme.

Ainsi les préliminaires essentiels d'une étude sur le Leibnizianisme se ramènent à deux points principaux:

1° Où en était, avant 1672, la pensée de Leibniz?

2° Leibniz, avant 1672, n'avait-il aucune connaissance de la doctrine cartésienne?

Pour répondre d'une manière satisfaisante à cette double question, demandons-nous quelle fut l'éducation de Leibniz; analysons ses premiers écrits; interrogeons sa correspondance, antérieure à 1672.

En 1691, Pellisson écrivait à Leibniz : « Je vous sais le meilleur gré du monde d'avoir bien voulu me faire, avec toute l'ouverture et toute la confiance d'une véritable amitié, l'abrégé de votre vie, et un tableau raccourci, mais très-juste, de vos inclinations, de vos occupations et de vos pensées. Je ne trouve rien en tout cela qui ne redouble les sentiments que j'avais déjà pour vous[1]. »

Il ne paraît pas que Leibniz ait jamais mis la dernière main à cette autobiographie. Nous n'en possédons guère que des esquisses et des fragments[2]. Tels sont les fragments publiés pour la première fois par M. Guhrauer. Tel est aussi le court, mais intéressant écrit, où Leibniz s'est plu à se peindre lui-même sous le pseudonyme de Guilielmus Pacidius[3].

Quoi qu'il en soit, on demeure assez informé sur les premières années de Leibniz pour comprendre dans quelle mesure son éducation prépara les évolutions de sa pensée.

Né le 23 juin 1646 à Leipzig, de Frédéric Leibniz,

---

1. Dutens, t. I, p. 716, VII° lettre de M. Pellisson à M. de Leibniz, 16 juin 1691. — Cf. ibid., *Leibnitii Vita a Bruckero scripta*, t. I, p. LV. « Ipse Leibnizius ad Pellissonium historiam vitæ, morum, laborum et « cogitationum transmisit, quam non in vulgus exiisse dolemus. »

2. Guhrauer, *Leibnitz Biographie*, t. II, Anmerkungen, p. 52, *Vita Leibnitii a se ipso breviter delineata*; p. 58, *Scheda Leibnitii manu exarata*; p. 59, *Imago Leibnitii*.

3. Erdmann, p. 89, *Guilielmi Pacidii Plus ultra*; p. 91, *In specimina Pacidii Introductio historica*.

assesseur de la faculté de philosophie et professeur public de morale, et de Catherine Schmuck, femme d'une rare prudence et d'une ardente dévotion, Godefroi-Guillaume Leibniz respira tout d'abord cette salubre atmosphère, que forment pour l'esprit des pratiques d'étude et de piété. Des exemples de religion et de vertu frappèrent ses premiers regards. On peut dire que, dès le berceau, il prit le goût des choses divines. De là, chez lui, une précocité de raison vraiment extraordinaire.

Son père mort prématurément, on voit Leibniz, âgé de six ans à peine, continuer avec avidité les habitudes de lecture que cet homme excellent lui avait inspirées. Et si l'on veut savoir quels sont, après les livres allemands, les ouvrages qui occupent et charment cet enfant, ce sont deux volumes qu'il a trouvés par hasard dans la maison qu'il habite, Tite Live et le Trésor chronologique de Séthus Calvisius ! Vainement ses précepteurs effrayés le veulent ramener aux éléments qui conviennent à son âge. Il faut enfin lui ouvrir la bibliothèque de son père et l'y laisser s'abîmer comme en extase au milieu des écrits des anciens.

« Je brûlais de connaître la plupart des anciens, dont je ne savais que les noms, Cicéron, Quintilien et Sénèque, Pline, Hérodote, Xénophon, Platon et les écrivains de l'Histoire Auguste, et un grand nombre de Pères de l'Église latins et grecs. J'allais de l'un à l'autre au gré de ma passion, et je trouvais dans cette merveilleuse variété des choses une jouissance inexprimable[1]. » Errant au hasard parmi les livres, il lui

---

1. Guhrauer, *Leibnitz Biographie*, t. II, Anmerkungen, p. 54.

semblait entendre le *Tolle, lege*, qui avait guidé saint Augustin[1].

Bientôt éclatent chez Leibniz des facultés poétiques inattendues. « J'avais fait de tels progrès dans les belles-lettres et la poésie, que mes amis craignaient qu'enchanté par les Muses, leur commerce corrupteur ne m'inspirât que de l'aversion pour des études plus sérieuses et plus sévères[2]. » Mais on n'avait point mesuré toute l'étendue de ce génie universel. Appliqué à la logique, Leibniz y déploie une vigueur si singulière, il s'enfonce si résolûment dans ses plus obscures difficultés, que ses amis, de nouveau inquiets, craignent qu'il ne se laisse abuser par les subtilités de la Scolastique. Leibniz, une fois de plus, conjure leurs terreurs. « Mes amis ignoraient qu'un seul ordre de connaissances ne suffisait pas à remplir la capacité de mon esprit[3]. »

Effectivement, cette étonnante intelligence avait une égale aptitude pour toute espèce de science. C'est ce qui apparut pleinement lorsque, vers l'âge de quinze ans, en 1661, Leibniz se mit à suivre les cours des Universités.

Et d'abord, il fréquenta l'Université de Leipzig, sa ville natale. Il importe de rappeler ici de quels maîtres il y reçut les leçons. Avant tous autres, son principal maître fut Jacques Thomasius, esprit encyclopédique, érudit de premier ordre, qui lui enseigna la philosophie ancienne, particulièrement la philosophie grecque, et dans la philosophie grecque, la philosophie d'Aris-

---

1. Erdmann, *In specimina Pacidii*, etc., p. 91.
2. Guhrauer, *opere citato*, t. II, Anmerkungen, p. 54.
3. *Id., ibid.*, p. 55.

tote. A Thomasius, il faut ajouter Jean Adam Scherzer, Frédéric Rappoltus et Jean Christophe Sturm, tous trois éclectiques.

« Scherzer, écrit Brucker, était alors célèbre par sa verve dialectique; Rappoltus, tout en étant fort versé dans les détails les plus abstrus de la philosophie ancienne, s'était mis à secouer audacieusement le joug odieux de la philosophie scolastique, méritant ainsi d'être salué par Christian Thomasius avec Jean Christophe Sturm du nom de premier éclectique[1]. »

Réduit à l'enseignement de ses maîtres de Leipzig, Leibniz se fût trouvé, malgré l'esprit libéral et la science incontestable de leurs leçons, à peu près circonscrit dans le domaine de la Scolastique! Heureusement ses lectures vinrent élargir son horizon et lui ouvrir de plus lumineuses perspectives. Dès 1661, Descartes lui tomba entre les mains. Cette lecture qui, en France, donnait Malebranche à la philosophie, fut de même pour le jeune étudiant de Leipzig comme une révélation. Nous en avons pour témoin un des biographes les plus accrédités de Leibniz, M. Guhrauer.

« Descartes, écrit M. Guhrauer, lui tomba entre les mains[2]. »

Et il ajoute :

« Dès lors, Leibniz dut choisir entre la philosophie de l'École et la nouvelle physique, et après beaucoup de méditations et de réflexions, il se décida pour les modernes, mais sans perdre de vue les anciens, nommément Aristote[3]. »

---

1. Dutens, t. I, *Leibnitii Vita a Bruckero*, p. LXII.
2. Guhrauer, *opere citato*, t. I, p. 25.
3. *Id.*, *ibid.*

Un témoignage aussi explicite n'est d'ailleurs que la reproduction du récit que Leibniz lui-même a consigné dans l'écrit intitulé : *In specimina Pacidii Introductio historica*[1].

« Cependant Pacidius eut cette bonne fortune, encore tout jeune homme, de trouver sous sa main le livre de l'illustre François Bacon, chancelier d'Angleterre, sur l'*Accroissement des sciences*, les nouveautés attachantes de Cardan et de Campanella, et des échantillons d'une philosophie meilleure de Képler, de Galilée et de Descartes.

« Or, à partir de ce moment, ainsi qu'il se plaisait plus tard à le rappeler à ses amis, Pacidius, transporté, pour ainsi dire, dans un autre monde, crut voir face à face et interroger Aristote et Platon et Archimède et Hipparque et Diophante et les autres maîtres du genre humain.

« Et comme en effleurant de la sorte toutes choses avec une liberté souveraine, il ne s'était point fait d'idées arrêtées, quoiqu'il fût dès lors très-persuadé de l'harmonie universelle et qu'il comprît que tous les arts liés entre eux conspirent à une même fin, il délibéra sur le meilleur parti à prendre[2]. »

C'est à cette époque que se placent les promenades solitaires dans ce bois du Rosenthal, que l'on montre encore aux environs de Leipzig, durant lesquelles Leibniz méditait sur les moyens de concilier Aristote et Platon, sur l'option à faire entre la physique des anciens et la mécanique des modernes.

De l'Université de Leipzig, Leibniz passe en 1663, à l'Université d'Iéna.

---

1. Erdmann, p. 91. — 2. *Id.*, p. 92.

A Leipzig, il avait eu pour professeur de mathématiques Jean Kuhne. A Iéna, les mathématiques lui sont enseignées par Erhard Weigel, qui unissait l'étude de la philosophie aux mathématiques, et, renouvelant les théories de Pythagore, se flattait de découvrir dans les nombres des principes féconds. Jean André Bosius lui enseigne l'histoire, Jean Christophe Falckner la jurisprudence. Mentionnons enfin que vers ce même temps, Puffendorff se trouvait à Iéna.

Après avoir pris, à dix-huit ans, les honneurs philosophiques et touché, avec une pénétration vraiment surprenante, à toutes les sciences qui s'enseignaient dans les Universités allemandes, Leibniz s'était particulièrement livré à l'étude des lois. Aussi, reçu docteur en droit à vingt ans et avec un éclat extraordinaire, semblait-il appelé à prendre place parmi les juristes de sa ville natale. Des intrigues, par le dégoût qu'elles lui causèrent, mais surtout les élans de sa studieuse ardeur, suffirent à le détourner de ce dessein.

« Pour moi, remarquant les menées de mes compétiteurs, je changeai de projet et me tournai vers les voyages, persuadé qu'il était indigne qu'un jeune homme fût fixé à un certain lieu comme avec un clou : car il y avait longtemps que je brûlais du désir de m'illustrer dans les sciences, de connaître les savants étrangers, de pénétrer les profondeurs des mathématiques [1]. »

Ce fut dans de telles conjonctures que Leibniz entreprit, en 1672, ce voyage de Paris, qui devait être pour lui de si grande conséquence. Une mission diplomatique auprès du marquis de Pomponne, fils d'Arnauld

---

1. Guhrauer, *opere citato*, t. II, Anmerkungen, p. 56.

d'Andilly et successeur de Lyonne[1], le soin qu'il accepta d'accompagner le fils du baron de Boinebourg, chancelier de l'électeur de Mayence et son protecteur déclaré[2], lui fournirent l'occasion et les moyens de visiter la France.

En résumé, comblé des dons les plus précieux de l'esprit, Leibniz a été tout d'abord son précepteur à lui-même, Αὐτοδίδακτος[3]. Ultérieurement, cette disposition ne l'a pas abandonné, et on le voit s'imposer un perpétuel effort pour trouver toujours dans ce qu'il apprend quelque chose de neuf. De l'enseignement des livres, Leibniz, passant aux leçons de l'école, aborde comme à la fois tous les problèmes de la métaphysique et dans l'étude des scolastiques et dans l'étude des modernes. Circonstance remarquable! Dès les premiers jours, il lit Descartes et se pénètre de sa doctrine. Les habitudes de ses maîtres l'inclinent tour à tour et à l'éclectisme, dont il appliquera si sûrement les principes, et aux abstractions numérales qui contribueront sans doute à lui suggérer son essentielle conception de la monade.

Enfin, il y a une extrême importance à l'indiquer; car là est une des origines de la philosophie leibnizienne : encore enfant, par instinct de curiosité; durant son adolescence, par suite des dissensions religieuses qui travaillaient ses contemporains, Leibniz

---

1. Il s'agissait du projet de l'expédition d'Égypte. Cf. Dutens, t. VI, pars I, p. 87. *Leibnitius ad Ludolfum.* « De bello Turcis a Galliæ « rege inferendo exponit. » — Guhrauer, *opere citato*, t. I, p. 93, 103, Anmerkungen, p. 18. — *Projet de conquête de l'Égypte proposé par Leibniz à Louis XIV*, A. Valet de Viriville, *Revue indépendante*, t. II, mars 1842, p. 783-809.

2. Cf. Guhrauer, *opere citato*, t. I, p. 120 et *passim*.

3. Cf. *Id., ibid.*, t. I, p. 20.

s'est rendu familiers les controversistes les plus réputés des deux Églises chrétiennes.

« A l'époque, écrit-il, où, presque enfant, je me promenais, suivant mon caprice, dans la bibliothèque de mon père, je tombai sur un certain nombre de livres de controverses. Je me plaisais extrêmement aux écrits de Calixtus; j'avais aussi à ma disposition beaucoup d'autres livres suspects à plusieurs, mais dont les nouveautés hardies étaient une suffisante recommandation à mes yeux.... Aussi, n'étais-je pas encore âgé de dix-sept ans que j'entreprenais la discussion de certaines controverses et y mettais tous mes soins.... Le livre de Luther sur *le serf arbitre* m'avait causé un plaisir singulier, et aussi les dialogues de Laurent Valla sur la liberté[1]. »

L'étude de la théologie va donc de pair chez Leibniz avec l'étude de la métaphysique, et déjà on peut pressentir en lui l'auteur de la *Théodicée*, l'esprit mesuré et ferme qui entreprendra d'accorder la foi et la raison.

Ces dispositions d'esprit, ces préoccupations de métaphysique et de théologie tout ensemble; en un mot, si l'on peut s'exprimer de la sorte, une première appréhension des théories auxquelles il donnera plus tard développement, et, autant qu'il dépendra de lui, consistance, tout cela se reflète dans les écrits de Leibniz antérieurs à 1672.

---

1. Guhrauer, *Leibnitz Biographie*, t. II, Anmerkungen, p. 57. « Examinaveram Ægidii Hunnii scripta et Stulteki in concordiam formularum commentarium; sed et Gregorii de Valentia analysin fidei et quædam opuscula Becani et scripta Piscatoris. »

CHAPITRE II.

Premiers écrits de Leibniz.

Le premier écrit de Leibniz est la thèse latine qu'il soutint, à dix-sept ans, en 1663, sous la présidence de Jacques Thomasius, et où il aborde de front la difficulté qui a occupé toute la Scolastique. Il ne s'y agit de rien moins que de déterminer le principe d'individuation.

« Agemus de aliquo reali, et ut loquuntur, principio « physico, quod rationis individui formalis, seu in- « dividuationis, seu differentiæ numericæ in intellectu « sit fundamentum, idque in individuis præcipue « creatis substantialibus [1]. »

Quel est le principe qui donne aux êtres créés, aux substances, leur individualité ; qui permet à l'intelligence de concevoir leur différence numérique ? Voilà le problème ardu que Leibniz se propose d'examiner.

Dans cette question et dès lors, sa méthode est ce qu'elle sera ailleurs et toujours. C'est à travers l'histoire qu'il poursuit la démonstration de ses propres théories. Leibniz ne cesse d'être à la fois dogmatique et critique.

---

1. Erdmann, *Disputatio metaphysica de principio individui*, p. 1.

« De même, dit-il, que par le choc les étincelles jaillissent du caillou, ainsi la vérité résulte du frottement des opinions. Il nous faut donc premièrement passer les opinions en revue[1]. »

Scot avait cherché le principe d'individuation, applicable à toutes les substances. Saint Thomas distinguait, trouvant dans la matière qu'il appelait *signata* le principe d'individuation des corps, et dans leur entité même le principe d'individuation des anges.

Leibniz se dégageant, pour le moment, de toute distinction de substances, des substances matérielles et des substances immatérielles, se demande quel est le principe d'individuation de la substance prise en général.

Quatre réponses à cette question ont pu être et ont été successivement énoncées.

I. On a fait consister le principe d'individuation dans l'entité tout entière, ou non tout entière.

Dans ce second cas, l'entité, ou bien

II. Est négation,

ou quelque chose de positif.

Positif, le principe d'individuation peut être emprunté à la physique, et, alors, on l'a défini

III. L'existence, limite de l'essence ;

ou bien, il peut être cherché dans la métaphysique, et, alors, on l'a appelé

IV. Heccéité.

Leibniz adopte nettement la première opinion, comme la plus autorisée et la plus claire. Il pose que tout individu est individualisé par son entité tout entière. « Omne individuum sua tota entitate individuatur[2]. »

---

1. Erdmann, *Disputatio metaphysica de principio individui*, p. 1.
2. *Id., ibid.*

C'est, remarque Leibniz, l'opinion des Terministes ou Nominaux. Mais pour savoir à quelle sorte de Nominalisme se rattache Leibniz, il faut interpréter exactement le sens du mot *entité*, dont il se sert.

L'entité tout entière comprend la matière et la forme. « Expresse hanc materiam et hanc formam affert. » — « Qu'est-ce en effet que l'union de la matière et de la forme, sinon l'entité tout entière du composé? Ajoutez qu'ici nous faisons abstraction des corps et des anges; c'est pourquoi nous nous servons plutôt du terme de l'entité tout entière que de celui de la matière et de la forme[1]. »

La théorie aristotélicienne des quatre principes, ou causes, la cause matérielle, la cause formelle, la cause motrice et la cause finale, avait introduit et propagé à travers la Scolastique, la distinction dans l'être de la matière et de la forme. De cette abstraction même était né le problème de l'individuation. Leibniz résout le problème, en coupant court à l'abstraction. Hors de l'esprit, qui subtilement les sépare, il n'y a dans les êtres ni forme, ni matière séparées. L'individualité d'un être consiste dans son entité tout entière, c'est-à-dire dans sa forme et dans sa matière indissolublement conjointes et d'une simultanéité invinciblement persistante.

Les arguments et les autorités abondent à Leibniz, en faveur de l'opinion qu'il défend.

Mais il n'a pas assez de cet établissement direct de sa thèse. Il la confirme par la réfutation des trois autres opinions qu'il a rappelées.

Et d'abord, on ne peut prendre des négations

---

1. Erdmann, *Disputatio metaphysica de principio individui*, p. 1.

pour principe d'individuation. Il est manifeste, en effet, que toute négation implique une affirmation. « Toute négation se rapporte à quelque chose de positif; autrement ce n'est qu'une négation purement verbale[1]. »

Prétendra-t-on que le principe d'individuation est l'existence? Alors, on admet entre l'existence et l'essence d'un être une distinction réelle, *a parte rei*, ou une distinction purement rationnelle, *solum ratione*. Si réelle, on se trompe. Car l'existence ne peut être réellement séparée de l'essence, « existentia non po-« test auferri ab essentia. » Si purement rationnelle, on retombe dans l'opinion de Leibniz. « Nobiscum egregie « coincidit et exprimit præterea, quo respectu essentia « sit principium individuationis[2]. »

Que dire, en dernier lieu, de l'heccéité de Scot? Il est notoire que Scot a été un Réaliste extrême, parce qu'il affirme que les universaux ont une vraie réalité en dehors de l'intelligence, tandis que saint Thomas voulait qu'on rapportât à l'esprit ce qu'il y a en eux de formel. Et cependant, pour ne pas tomber dans l'opinion qu'Aristote attribue à Platon, Scot, cherchant à pallier son erreur, imagine une distinction formelle, antérieure à l'opération de l'intelligence, et relative pourtant à cette opération. « Distinctionem formalem commentus « est palliando errori, quæ esset quidem ante opera-« tionem intellectus, diceret tamen respectum ad « eum[3]. »

Évidemment, supprimez la distinction de la matière et de la forme, et toute heccéité s'évanouit. « Si non da-« tur distinctio formalis, ruit hæcceitas[4]. » Aussi bien,

---

1. Erdmann, *Disputatio metaphysica de principio individui*, p. 3.
2. *Id., ibid.*, p. 3. — 3. *Id., ibid.*, p. 4. — 4. *Id., ibid.*, p. 5.

que faut-il entendre par cette distinction formelle, ou heccéité? On entend communément par heccéité un principe mitoyen entre une réalité et un être de raison, d'où les sectateurs de Scot ont été dits Formalistes. « Tribuitur communiter Scoto, ut media inter realem « et rationis, unde ejus sectatores dicti Formalistæ [1]. » L'heccéité de Scot n'est donc ni un être, ni une pure conception, c'est une quiddité mitoyenne. Qui démêlera cet embrouillement?

Si par quiddités, par formalités, on entend ce qui donne aux êtres l'intelligibilité,

Ou cette intelligibilité a sa raison dans le concept divin, ou Idées. Mais alors un tel rapport n'ayant rien de réel, puisque Dieu n'est pas capable d'accident, l'heccéité ne participe plus en rien de la réalité.

Ou cette intelligibilité a sa raison dans la parole intérieure de l'esprit créé. Mais alors il s'ensuit que si toute intelligence créée était supprimée, ce rapport n'existerait plus, et cependant les êtres n'en seraient pas moins individualisés. Donc ils ont en eux-mêmes leur principe d'individuation [2].

Ainsi, et par voie directe de démonstration, et par voie indirecte de réfutation, Leibniz croit avoir établi sa thèse. « Omne individuum sua tota entitate indivi-« duatur. »

Cette entité n'est pas une quiddité, une heccéité,

---

1. Erdmann, *Disputatio metaphysica de principio individui*, p. 5.
2. « Ratio illa intelligibilitatis esset vel ad conceptum divinum sive Ideas, sed hic illa relatio non esset realis; non enim cadit in Deum accidens. Ergo nihil superesset distinctioni a parte rei : vel ad verbum mentis, ut vocant, creatum. Sed si omnis intellectus creatus tolleretur, illa relatio periret, et tamen res individuarentur. Ergo tunc se ipsis. » *Id., ibid.*

qui, en dehors de l'individu, participe de la réalité et de l'abstraction. Leibniz n'est pas *Formaliste*.

Cette entité n'est pas, non plus, en dehors de l'individu, réalité. Leibniz n'est pas *Réaliste*.

Cette entité ne consiste pas davantage à ne voir dans l'essence d'un être qu'une distinction purement verbale. Leibniz n'est pas *Nominaliste*, au sens qu'on attache d'ordinaire à cette expression.

L'opinion qu'il défend concilie, par sens commun, toutes les opinions antérieures. Leibniz distingue dans un être la forme et la matière, l'existence et l'essence. Mais cette distinction que son esprit conçoit, que la nature des choses justifie, n'implique point séparation, ou plutôt elle l'exclut. Ce qui fait qu'un individu est individualisé, c'est son entité tout entière, son existence et son essence.

En un mot, où est la raison des existences? Dans l'acte créateur. La raison des essences? Dans la détermination de cet acte même.

A la thèse sur le principe d'individuation, il faut rattacher plusieurs corollaires qui l'expliquent.

I. La matière a de soi l'acte, d'où résulte l'entité.

II. Il n'est pas absolument improbable que la matière et la quantité soient réellement une seule et même chose.

III. Les essences des choses sont comme les nombres.

IV. Les essences des choses ne sont pas éternelles, si ce n'est en tant qu'elles sont en Dieu.

V. La pénétration des dimensions est possible[1].

Nous n'avons guère à entrer dans le détail de l'un

---

1. Erdmann, *Disputatio metaphysica de principio individui*, p. 6.

génieuse dissertation sur l'*Art des combinaisons, Dissertatio de arte combinatoria cum appendice*, qui parut en 1666 [1].

Il nous suffira de noter quelques propositions qui précèdent ou qui suivent cette dissertation, principes, préliminaires ou corollaires.

DÉMONSTRATION DE L'EXISTENCE DE DIEU.

Propositions accordées.

« Définition 1. Dieu est une substance incorporelle d'une causalité infinie.

« Définition 2. J'appelle substance tout ce qui meut ou est mû.

« Définition 3. La causalité infinie est le pouvoir principal de mouvoir infiniment.

« Axiome 4. Les parties de tout corps sont infinies, ou, comme on s'exprime d'ordinaire, le *continuum* est divisible à l'infini [2]. »

Et Leibniz démontre l'existence de Dieu par le mouvement.

Appendice contenant les corollaires de la dissertation arithmétique.

« Logique I. Il y a deux propositions premières, l'une, principe de tous les théorèmes ou propositions nécessaires : Ce qui est tel est, ou n'est pas tel ou au contraire; l'autre, principe de toutes les observations ou propositions contingentes : Il y a quelque chose.

« Métaphysique II. Dieu est substance, la Créature est accident.

« Pratique III. La justice en particulier est une vertu

---

1. Erdmann, *Disputatio metaphysica de principio individui*, p. 5.
2. Id., *Dissertatio de arte combinatoria, cum appendice*, p. 7.

qui consiste à garder le milieu dans les affections d'homme à homme.... De la sorte, il n'est permis de venir en aide à autrui qu'autant qu'on ne lèse pas les droits d'un tiers[1]. »

Ainsi, dès les commencements, on peut remarquer combien Leibniz est préoccupé d'établir l'existence de Dieu, fondement de toute métaphysique, gage de notre immortalité.

Nous venons de mentionner la démonstration aristotélicienne de l'existence de Dieu, ramenée par lui à une rigueur de géométrie qu'Aristote n'avait pas connue.

En 1668, cédant à la même et noble inquiétude, il rédige un court écrit sous le titre de *Confessio naturæ contra Atheistas*, « Témoignage de la nature contre les Athées[2]. »

PARTIE I.

Qu'on ne peut rendre raison des phénomènes corporels sans un principe incorporel, c'est-à-dire sans Dieu.

Leibniz est touché de l'impiété qui menace son temps, impiété qui provient de la science, mais d'une science incomplète. « Bacon de Vérulam, ce génie divin, a dit avec raison, remarque Leibniz, qu'un peu de philosophie éloigne de Dieu, que beaucoup y ramène. C'est ce que nous vérifions de nos jours, dans ce siècle également fertile en science et en impiété[3]. »

Les progrès de la chimie et de l'anatomie ont produit ce déréglement. On a d'abord supposé qu'on pouvait,

---

1. Erdmann, *Dissertatio de arte combinatoria, cum appendice*; p. 43-44.
2. *Id., ibid.*, p. 45. — 3. *Id., ibid.*

sans avoir recours à l'intervention divine, expliquer mécaniquement les phénomènes de la physique : « plerumque rationes ex corporum figura motuque « velut mechanice reddi posse[1]. » Puis, des esprits plus téméraires encore, tels que Hobbes[2], sont allés jusqu'à prétendre que ni l'existence de Dieu, ni l'immortalité de l'âme ne se pouvait prouver par raisonnement, mais que ces croyances découlaient uniquement ou de la loi civile ou de la tradition. Enfin, on s'est porté aux derniers excès; l'autorité de la Sainte Écriture, la vérité et l'authenticité de la tradition ont été mises en doute, et, toutes les barrières se trouvant renversées, l'athéisme menace d'envahir les esprits. Leibniz regrette amèrement que l'intelligence humaine soit de la sorte éblouie par sa propre lumière, qui est la philosophie; « animum nostrum sua ipsius luce, id est, phi- « losophia præstringi[3]. »

Sans doute, les philosophes corpusculaires ont raison lorsqu'ils repoussent un Dieu de théâtre, n'admettant pas qu'on doive expliquer les phénomènes des corps autrement que par la nature même du corps, ses qualités premières, *sa grandeur, sa figure, son mouvement*. Et sous cette dénomination de philosophes corpusculaires, c'est-à-dire au nombre des penseurs contemporains, qui font revivre Démocrite et Épicure, l'érudition encore indigeste de Leibniz comprend les esprits les plus disparates, Galilée, Bacon, Gassendi, Descartes, Hobbes, Digby[4]. Sans tenir compte des différences

---

1. Erdmann, *Dissertatio de arte combinatoria, cum appendice*, p. 45.
2. Id., *Confessio naturæ*, etc., p. 45. « Ita censuit subtilissimus « Hobbes, inventis suis meritus hoc loco sileri, nisi auctoritati ejus « in deterius valituræ nominatim obviam eundum esset. »
3. *Id., ibid.* — 4. *Id., ibid.*

qui les séparent, Leibniz ne voit chez tous ces philosophes que le trait commun qui les rassemble, leur inclination à expliquer mécaniquement toutes choses.

Mais que devient cette explication, s'il est démontré qu'on ne peut pas trouver dans la nature du corps l'origine de ses qualités premières? Il faudra bien que les philosophes naturalistes avouent que les corps ne se suffisent pas à eux-mêmes et qu'ils ne peuvent subsister sans un principe incorporel.

1° On définit d'ordinaire le corps par l'étendue. De là, dans le corps, la grandeur et la figure. « Definitio « corporis est spatio inexistere. — Constat hæc definitio « duobus terminis, spatio et existentia. — Ex spatii « termino oritur in corpore magnitudo et figura [1]. » Or, ni la grandeur, ni la figure des corps ne se peuvent expliquer par la seule considération des corps. En effet, la grandeur et la figure des corps dépendent du mouvement des corps, et les corps n'ont pas en eux-mêmes la raison de leur mouvement.

2° Les corps sont consistants et leur consistance implique trois choses : la résistance, la cohésion, la réflexion. Or, la résistance, la cohésion, la réflexion supposent une cause qui soit au delà des corps. « Il faut donc, de toute nécessité, avoir finalement recours à Dieu, qui donne leur consistance à ces essentiels fondements des choses [2]. » — « Poussée à bout, l'analyse des corps prouve que la nature ne peut se passer du secours de Dieu [3]. »

Donc Dieu est. D'ailleurs, l'harmonie des êtres dé-

---

1. Erdmann, *Confessio naturæ contra atheistas*, p. 45.
2. *Id., ibid.*, p. 47.— 3. *Id., ibid.*

montre que Dieu est un. « Il est aisé de voir en effet que cet Être incorporel est unique, à cause de l'harmonie de l'univers, où les corps notamment reçoivent le mouvement les uns des autres, et non point chacun de son propre être incorporel[1]. » Le choix des choses atteste en outre l'intelligence de Dieu, leur beauté sa sagesse, leur obéissance à sa volonté sa puissance. « Un tel Être incorporel sera donc un esprit, âme dirigeante du monde entier, c'est-à-dire Dieu[2]. »

PARTIE II.

L'immortalité de l'âme humaine démontrée par un sorite continu.

« L'âme humaine est un être dont quelque action est pensée.

« Un être dont quelque action est pensée, a quelque action qui est chose immédiatement sensible, sans qu'il y ait à imaginer des parties.

« Un être dont quelque action est chose immédiatement sensible sans qu'il y ait à imaginer des parties, a quelque action qui est chose sans parties.

« Un être dont quelque action est chose sans parties, a quelque action qui n'est pas mouvement.

« Un être dont quelque action n'est pas mouvement, cet être n'est pas corps.

« Tout ce qui n'est pas corps n'est pas dans l'espace, n'est pas mobile.

« Tout ce qui n'est pas mobile est indissoluble.

« Tout ce qui est indissoluble est incorruptible, partant immortel.

---

1. Erdmann, *Confessio naturæ contra atheistas*, p. 45.
2. *Id.*, *ibid.*, p. 47.

« Donc

« L'âme humaine est immortelle.

« Ce qu'il fallait démontrer[1]. »

Dans la démonstration de l'existence de Dieu, Leibniz semble s'être inspiré d'Aristote[2]; dans la démonstration de l'immortalité de l'âme, on dirait qu'il reproduit quelques-uns des arguments du *Phédon*.

Tels sont les premiers essais dogmatiques de Leibniz. Ses premiers essais de critique ne méritent pas moins qu'on s'y arrête.

Rarement philosophe se montra plus dégagé que Leibniz à l'endroit de la Scolastique. Il ne ressent pour le moyen âge ni engouement, ni dédain, et c'est avec une impartialité peu commune qu'en jugeant les interprètes de l'antiquité, les adversaires d'Aristote en particulier, ou ses sectateurs, il apprécie le Stagirite lui-même. Par une inclination contraire à celle de presque tous ses contemporains, c'est même plutôt vers les anciens que se porte sa faveur.

Ce sont bien là les dispositions de l'homme qui devait rapprocher les temps anciens et les temps modernes. Or, ces dispositions se manifestent clairement dans une dissertation qu'il fit paraître en 1670 comme préambule d'une édition de Nizolius. *Dissertatio de stilo philosophico Nizolii*, « Dissertation sur le style philosophique de Nizolius[3]. » De plus, cette édition, dédiée au baron de Boinebourg, est précédée d'une lettre à Jacques Thomasius, 1669[4], laquelle doit être rappelée, ne fût-ce que pour les vues qu'elle renferme touchant

---

1. Erdmann, *Confessio naturæ contra atheistas*, p. 47.
2. « Materia per se motus expers est. Motus omnis principium, « Mens, quod et Aristoteli recte visum. » *Epistola ad Thomasium*, Erdmann, p. 52. — 3. Erdmann, p. 55. — 4. *Id.*, p. 48.

l'histoire de la philosophie. Et d'abord Leibniz remercie son maître de lui avoir donné le goût de l'histoire de la philosophie et le sollicite à de nouveaux travaux. « La plupart des autres historiens de la philosophie, plus versés dans la connaissance de l'antiquité que dans celle de leur art, nous ont donné les vies des philosophes plutôt que leurs pensées. Toi, écrit Leibniz, tu nous donneras l'histoire non pas des philosophes, mais de la philosophie[1]. » Et il ajoute, dans une énumération, ici encore assez bizarre : « Bagéminus n'est pas le seul dont tu doives être le censeur ; il y a des Patrizzi, des Télésio, des Campanella, des Bodin, des Nizolius, des Frascator, des Cardan, des Galilée, des Bacon, des Gassendi, des Hobbes, des Descartes, des Basson, des Digby, des Sennertus, des Sperlingius, des Dérodon, des Deusingius, et beaucoup d'autres penseurs qui tirent chacun à soi le manteau de la philosophie. Apprendre à l'univers quel état il faut faire de ces hommes sera pour toi un jeu, pour le public un grand profit[2]. »

Il y a eu, continue Leibniz, depuis la Renaissance, trois périodes distinctes dans l'histoire de la philosophie, comme dans l'histoire de la théologie. De même que, dans la théologie réformée, on peut distinguer une théologie hérétique, une théologie schismatique, une théologie véritable ; de même la philosophie réformée est triple : « Il y a une philosophie hors d'usage, telle que celle de Paracelse, de Van-Helmont et de tous les autres novateurs qui rejettent absolument Aristote ; il y a la philosophie de ceux qui, prenant peu souci des anciens, bien plus les tenant ouvertement en mépris,

---

1. Erdmann, *Epistola ad Thomasium*, p. 48. — 2. *Id., ibid.*

infirment par ce dédain ce que leurs propres conceptions peuvent avoir de bon : telle est la philosophie de Descartes; enfin il y a une philosophie véritable, c'est la philosophie de ceux qui professent qu'Aristote était un grand homme, et qui d'ordinaire a raison[1]. »

On voit que Leibniz ne se range point parmi les philosophes qui répudient violemment Aristote. Il s'agit bien plutôt, suivant lui, de le corriger. « Mais la philosophie réformée une fois conciliée avec Aristote, il reste à démontrer la vérité de cette philosophie par elle-même, tout comme la religion chrétienne peut être établie, tant par la raison et l'histoire que par les Saintes Écritures[2]. » — « Or, il faut prouver qu'il ne se rencontre pas d'autres êtres dans le monde, que l'Esprit, l'Espace, la Matière, le Mouvement. J'appelle Esprit l'être pensant. L'Espace est l'être *primo extensum*, ou le corps mathématique, qui ne contient rien que les trois dimensions, et qui est le lieu universel de toutes choses. La Matière est l'être *secundo extensum*, ou l'être qui, outre l'étendue qui constitue le corps mathématique, comprend aussi le corps physique, c'est-à-dire la résistance, l'épaisseur, l'impénétrabilité. La Matière est donc l'être qui est dans l'espace, ou l'être coétendu à l'espace. Le Mouvement est le changement dans l'espace[3]. Tous ceux d'ailleurs qui parlent des substances incorporelles des corps ne peuvent expliquer leur pensée, qu'en se servant d'une métaphore qu'ils empruntent à la nature des esprits[4]. » Certes, nous sommes loin de la monadologie, mais non pas du moins de l'harmonie préétablie. Effectivement,

---

1. Erdmann, *Epistola ad Thomasium*, p. 52. — 2. *Id., ibid.*
3. *Id., ibid.*, p. 53. — 4. *Id., ibid.*

écoutons Leibniz : « Que la nature ne fasse rien en vain ; que toute chose fuie sa destruction ; que les semblables aiment les semblables ; que la matière appète la forme la plus noble.... ce sont là, dit-il, des maximes qu'il faut entendre. Car il n'y a en réalité dans la nature ni sagesse, ni appétit, et, si l'on y admire un bel ordre, c'est que l'univers est l'horloge de Dieu[1]. »

Il importait de citer cette lettre à Thomasius. Venons maintenant à la dissertation qu'elle précède et qui n'est elle-même qu'une préface à l'ouvrage de Nizolius, *De veris principiis et vera ratione philosophandi contra pseudophilosophos libri IV.* « Des vrais principes et de la vraie méthode philosophique contre les pseudo-philosophes livres IV[2]. »

Nizolius est un des adversaires les plus ardents du Réalisme scolastique. Il bat en brèche la métaphysique par la philologie. Soumettant à une analyse sévère la langue latine du moyen âge, toutes les fois qu'il reconnaît qu'un mot a été détourné de l'acception qu'il avait au siècle d'Auguste, il en conclut que ce mot implique une erreur. Ce procédé se trouve fréquemment démonstratif. Mais, d'un autre côté, Nizolius se laisse trop souvent emporter à d'injustes dénigrements.

Il semble qu'en se donnant la tâche d'éditer l'ouvrage de Nizolius, Leibniz ait cherché une occasion publique d'expliquer dans quelle mesure il convenait d'accepter ou de rejeter la Scolastique.

Leibniz assigne, avant tout, les qualités fondamentales du style philosophique. « Il y a en somme

---

1. Erdmann, *Epistola ad Thomasium*, p. 53. — 2. Erdmann, p. 55.

trois qualités qui me semblent essentielles au discours : la clarté, la vérité et l'élégance[1]. » Ce n'est pas la singularité de langage, c'est la netteté des vues qui distingue le philosophe de l'homme du peuple. « Les philosophes ne l'emportent pas toujours sur les personnes du commun parce qu'ils sentent d'autres choses que le vulgaire, mais parce qu'ils les sentent autrement, c'est-à-dire parce qu'ils les perçoivent avec l'œil de l'esprit, à l'aide de la réflexion, de l'attention et de la comparaison[2]. » Loin de les arrêter, l'usage de la langue populaire favorise les progrès de la philosophie. « Pour moi, écrit Leibniz, je crois que si en Angleterre et en France la méthode philosophique du moyen âge est tombée en désuétude, cela tient à ce que les nations de ces deux pays se sont mises à cultiver la philosophie en leur langue, de telle sorte que même les personnes du peuple et jusqu'aux femmes ont eu des ouvertures pour juger des choses de la philosophie[3]. »

Grand nombre de hardis esprits avaient déjà entrepris une réformation de la Scolastique, et ici Leibniz donne comme en abrégé toute l'histoire de la philosophie de la Renaissance. Mais nul n'avait mis aussi vivement en saillie que l'a fait Nizolius ces vices de langage, qui entraînent autant d'erreurs dans la pensée. C'était assez pour justifier une édition nouvelle de l'ouvrage de Nizolius. Leibniz y a été invité, en outre, parce qu'il ressort de la lecture de cet écrit que beaucoup d'idées, que l'on propose comme de récentes découvertes, ont depuis longtemps été soupçonnées ou même explorées. C'est, d'une manière

---

1. Erdmann, *Epistola ad Thomasium*, p. 59.
2. Erdmann, *Dissertatio de stilo philosophico Nizolii*, p. 61.
3. *Id., ibid.*, p. 62.

assez piquante, rendre l'antiquité respectable par l'organe même d'un novateur.

Leibniz n'a garde d'ailleurs de taire les erreurs de Nizolius. « De tous les défauts de Nizolius, il n'y en a pas qui me paraisse plus reprochable que l'ardeur de malveillance avec laquelle il s'élève contre Aristote, contre Platon lui-même[1], contre Galien, contre les interprètes grecs d'Aristote, contre les scolastiques sans distinction (car, tout en voulant le traiter avec douceur, il ne laisse pas que d'appeler Thomas d'Aquin un borgne parmi des aveugles, l. IV, ch. 7)[2]. N'est-il pas certain, par exemple, qu'Aristote est pur, qu'il est exempt de tous les non-sens qui déshonorent parfois les scolastiques[3]? »

En effet, il ne faut pas confondre les scolastiques d'aujourd'hui et les scolastiques d'autrefois. On se rendra compte aisément de la différence qui les sépare, si l'on considère que « dans les âges précédents florissait surtout la secte des Nominaux, la plus profonde entre les sectes scolastiques, la plus en harmonie avec

---

1. Erdmann, *Dissertatio de stilo philosophico Nizolii*, p. 67. — Cf. Dutens, t. IV, pars. I, p. 77; *Leibnitii Annotationes in Marii Nizolii anti-barbarum philosophicum*.

« Lib. IV, cap. VII, p. 345, *Nizolius*. Si quis mihi quamlibet excel-
« lenter laudet Platonem, vel tanquam oratorem, vel tanquam poetam
« prosaicum, libentissime concedam; si vero ut magnum philosophum
« et veritatis indagatorem, non ita libenter assentior.

« *Leibnitius*. — Qui specimen profundissimæ Platonis philosophiæ
« cupit, is legat non interpretes, etiam veteres, magnam partem in tur-
« gidum ampullosumque sermonem ineptientes, sed ipsum *Parmenidem*
« et *Timæum*, quorum ille de uno et Ente, id est Deo (nam nulla crea-
« tura est ens, sed entia) admiranda ratiocinatur, hic naturas corpo-
« rum solo motu et figura explicat, quod hodie tantopere novis nostris
« philosophis merito sane probatur. »

2. Erdmann, *Dissertatio de stilo philosophico Nizolii*, p. 67.
3. *Id., ibid.*

la méthode contemporaine de la philosophie réformée, tandis que présentement elle est éteinte, du moins chez les scolastiques[1]. »

Suit une digression sur l'histoire du Nominalisme.

Les Nominalistes tiennent pour principe essentiel « qu'une hypothèse est d'autant meilleure qu'elle est plus simple, et que dans l'explication des phénomènes celui-là emploie la méthode la plus sûre qui fait le moins possible de suppositions gratuites.... De cette règle les Nominalistes concluent que tout dans l'univers peut s'expliquer, sans avoir aucunement recours aux universaux, ni aux formalités réelles. Et rien n'est plus vrai que cette maxime, rien n'est plus digne d'un philosophe de notre temps[2]. »

Le Nominalisme toutefois a ses dangers, parce qu'il a ses excès. Tel est le Nominalisme outré de Nizolius, qui va jusqu'à l'abolition de la Dialectique et de la Métaphysique.

Enfin, Leibniz ne peut dissimuler la grave méprise que commet Nizolius touchant la nature des universaux. « Car, si les universaux ne sont autre chose, comme le veut Nizolius, que des collections d'individus, il s'ensuivra qu'on ne pourra obtenir aucune science par la démonstration. D'un autre côté, il est évident que l'induction d'elle-même ne produit rien, non pas même la certitude morale, sans le secours de propositions, qui ne dépendent pas de l'induction, mais de la raison universelle[3]. »

Nous venons de parcourir et nous n'avons pas craint d'analyser avec quelque étendue les principaux écrits

---

1. Erdmann, *Dissertatio de stilo philosophico Nizolii*, p. 68.
2. *Id., ibid.,* p. 69. — 3. *Id., ibid.,* p. 71.

philosophiques de Leibniz, depuis sa thèse sur le principe d'individuation, en 1663, jusqu'à l'époque de son départ pour la France, en 1670.

C'est sans doute à cette même époque qu'il convient de rapporter le fragment *de la Vie heureuse*, *de Vita beata*[1], lequel se divise en trois parties : I. De la sagesse, II. De la vertu, III. De la tranquillité d'âme, et où abondent des traces irrécusables de Cartésianisme[2]. On doit y rapporter à coup sûr une composition que Leibniz devait un jour juger sévèrement : *Theoria motus concreti* et *Theoria motus abstracti*. « Théorie du mouvement concret et Théorie du mouvement abstrait[3]. »

Mais aux préoccupations métaphysiques s'ajoutent

---

1. Erdmann, p. 71.
2. *Id., ibid.*, p. 71. « Ut nihil unquam veluti verum admittamus nisi « quod tam clare et tam distincte rationi nostræ patet, ut nullo modo « in dubium possit revocari. »

P. 72. « Porro hæc philosophia velut arbor est, cujus radices meta- « physica, truncus physica, rami ex eo pullulantes omnes aliæ scien- « tiæ, quæ ad tres præcipue revocantur, Mechanicam, Medicinam et « Ethicam. »

P. 74. « Deum consideremus ut Ens summe perfectum, hoc est cujus « perfectiones nullum terminum involvant; hin cenim clarum fiet, non « minus repugnare cogitare Deum (hoc est ens summe perfectum) cui « desit existentia (hoc est cui desit aliqua perfectio) quam cogitare « montem cui desit vallis. »

Il est aisé de se convaincre que ces passages, entre autres, ne sont que la traduction littérale de passages correspondants de la *II*e *partie du Discours de la Méthode*, de la *Préface des Principes*, de la *Cinquième Méditation*. — On trouve même dans ce fragment *De vita beata*, d'autres passages textuellement traduits des lettres adressées par Descartes à la Princesse Élisabeth sur le Traité *De vita beata*, par Sénèque. Cf. Descartes, *Œuvres complètes*, t. IX, p. 207-249.

3. Leibniz offrit à la Société royale de Londres sa *Théorie du mouvement concret*, et à l'Académie des Sciences de Paris, sa *Théorie du mouvement abstrait*. (Cf. Dutens, t. V, p. 541, ad Fogelium. *Epist. II*, 1671.)

chez Leibniz les préoccupations théologiques, qui sont celles du temps où il vit et du pays où il est né.

De là, dès 1669, un écrit de polémique religieuse, qu'il y aurait inconvénient à ne pas citer. *Defensio Trinitatis per nova reperta logica contra epistolam Ariani, ad Baronum Boineburgium dedicatio, und responsio ad objectiones Wissowatii, contra Trinitatem et Incarnationem Dei Altissimi* : « Défense de la Trinité par de nouveaux arguments logiques contre la lettre d'un Arien, dédiée au Baron de Boinebourg, et réponse aux objections de Wissowatius contre la Trinité et l'Incarnation de Dieu tout-puissant [1]. »

Une note, due à M. Guhrauer, nous révèle un autre écrit de Leibniz, qui a également pour objet les difficultés les plus hautes de la théologie et qui marque ainsi la nature des problèmes où se portait de préférence cette précoce intelligence.

Dans la succession de Leibniz, dit M. Guhrauer, se trouve, à la date de 1671, un écrit intitulé : *Demonstratio possibilitatis mysteriorum Eucharistiæ*. « Démonstration de la possibilité des mystères de l'Eucharistie. » On y lit le passage suivant : « Moi qui appartiens à la Confession d'Augsbourg, comme je travaillais à trouver la démonstration de la possibilité de la présence réelle, je tombai contre mon espoir et du même coup sur la démonstration de la transsubstantiation ; il y a plus, je découvris que la transsubstantiation et la présence réelle s'impliquent l'une l'autre dans une intime et suprême analyse, et que tous les débats qui s'agitent dans l'Église tiennent à ce qu'on ne s'a-

---

[1]. Dutens, t. I, *Leibnitii Vita*, p. LXX. Cf. Guhrauer, *opere citato*, t. I, p. 69.

visé pas d'expliquer ces deux mystères l'un par l'autre. » Et à la fin : « Mon unique désir est d'être à même d'entretenir en personne d'une démonstration de cette importance l'illustre Arnauld, à qui je sais qu'on pourrait malaisément faire une communication qui lui fût plus agréable [1]. »

Cette note, la publication de 1669, ne pouvaient être omises. Car c'est dans ces tentatives théologiques, dans cette application de la dialectique aux mystères de la religion révélée que se découvre chez Leibniz, antérieurement à 1672, le plus décisif effort peut-être vers les conceptions qui serviront de base à sa doctrine.

En somme, deux conséquences résultent de l'examen que nous avons fait des premiers écrits de Leibniz :

1º Dès le début, l'érudition de Leibniz est immense ; car son éducation, conforme à son génie, l'a promené en quelque sorte par toutes les connaissances humaines. Disciple curieux de toutes les écoles, on comprend qu'il doive être le prince de l'éclectisme. Il s'est attaché en premier lieu à l'étude de la Scolastique ; il en est venu ensuite aux anciens, à Aristote, à Platon ; mais presque en même temps il a connu les modernes. Dès 1661, de l'aveu même de M. Guhrauer, *Descartes lui est tombé entre les mains.* De là, chez Leibniz, des réminiscences de Descartes. Elles sont frappantes dans le fragment *de la Vie heureuse.*

---

1. Guhrauer, *opere citato*, t. I, Anmerkungen, p. 15. — « Ego qui
« Augustanæ Confessioni addictus sum, cum laborarem aliquando in
« demonstratione possibilitatis *præsentiæ realis*, incidi præter spem
« meam eadem opera in Transsubstantiationem, imo reperi Transsub-
« stantiationem præsentiamque realem in intima ultimaque analysi in
« se invicem contineri et inde tantam litem in Ecclesia esse, quod alter
« alteri non intelligatur. »

Leibniz enfin cite souvent Descartes, qu'il loue tour à tour et qu'il contredit. Il croit même avoir à se défendre d'être Cartésien. « J'avoue, écrit-il à Thomasius en 1669, que je ne suis rien moins que Cartésien. » — « Je n'hésite pas à dire que dans les livres d'Aristote περὶ φυσικῆς ἀκροάσεως, j'approuve plus de choses que dans les *Méditations* de Descartes, tant il s'en faut que je sois Cartésien[1]. »

2° On peut remarquer, dès le début, de même, que Leibniz se pose les questions auxquelles il appliquera plus tard toute la puissance de son génie ; il s'enquiert, il traite de l'existence de Dieu, de l'immortalité de l'âme, de l'origine du mal et aussi de la nature des substances[2]. Mais il n'a pas acquis, ou du moins nettement exprimé et mis en lumière, sur la nature de la substance, l'idée de force, l'idée-mère, par laquelle il renouvellera la métaphysique[3]. Leibniz pressent le besoin de cette idée ; il la cherche, mais il n'en est qu'au mécanisme[4].

Toutefois, on serait incomplet et on ne pénétrerait qu'imparfaitement la formation des idées de ce grand esprit, si après avoir consulté ses principales publi-

---

1. Erdmann, *Epistola ad Thomasium*, p. 48.
2. Dans la dissertation *De principio individui*, Leibniz traite de la substance. (Erdmann, p. 1.) — Il y revient dans la dissertation *De arte combinatoria*. (Définition 2.) Là même l'axiome 4 se rapporte à la notion du continu, laquelle doit si fort l'occuper. Erdmann, p. 7.
3. Cf. Dutens, t. IV, pars. I, p. 70, *Leibnitii Annotationes in M. Nizolii anti-barbarum*, etc.

« L. II, cap. IX, p. 178. *Nizolius* : Substantia est ea, quæ per se stat
« et accidentibus substat.

« *Leibnitius* : Quid autem est per se stare ? »
4. Cf. Erdmann, *Epistola ad Thomasium*, p. 53:

« Probandum est nulla dari Entia in mundo, præter Mentem, Spa-
« tium, Materiam, Motum. »

cations, on ne consultait aussi sa correspondance et jusqu'aux manuscrits que mentionnent ses biographes. Leibniz en effet est un polygraphe, qui aime à se répandre, à s'épancher, à se raconter. Et presque toujours ses lettres sont un commentaire instructif de ses ouvrages[1]. Aussi, dans cette nouvelle série d'écrits antérieurs à 1672, rencontre-t-on de précieux renseignements qui corroborent cette double affirmation :

1° Dès sa jeunesse, Leibniz a été imbu des principes de Descartes, qu'il combat et en jeune homme, mais enfin qu'il célèbre plus d'une fois et qu'il admire; dont, en tout cas, il se montre sans cesse préoccupé.

2° Dès sa jeunesse, Leibniz a remué et comme simultanément toutes les idées que plus tard il s'efforcera de rendre claires, dominantes. Mais elles lui sont encore obscures et le laissent indécis.

---

1. Cf. Dutens, t. VI, pars I, p. 59, *Leibnitius Placcio*, 1695 :
« Magno numero litteras et accipio et dimitto. Habeo vero tam
« multa nova in mathematicis, tot cogitationes in philosophicis, tot
« alias litterarias observationes, quas vellem non perire, ut sæpe
« inter agenda anceps hæream, et prope illud Ovidianum sentiam :
« *Inopem me copia fecit.* »

CHAPITRE III.

Correspondance de Leibniz, antérieure à 1672.

Dans les dernières années de sa vie, Leibniz aimait à revenir sur les travaux de son heureuse jeunesse, à se rappeler cet âge d'or de son esprit. Les belles-lettres l'avaient un moment occupé; il excellait dans la poésie; mais bientôt il s'était hardiment enfoncé dans les épines de la philosophie la plus abtruse.

« Au sortir du commerce des Muses, écrivait-il en 1707 à Kortholt, je n'hésitai pas à me jeter dans les aridités de la philosophie, et je n'étais qu'un enfant que je publiais et soutenais une thèse sur le *Principe d'individuation*. Puis, devenu maître ès arts, mais encore d'une extrême jeunesse, je fis paraître et défendis des questions philosophiques tirées du droit. Je ne parle point ici de considérations plus profondes que dès lors je jetai sur le papier[1]. »

Or, dès le principe, dans ses lettres comme dans ses dissertations ou dans ses thèses, Leibniz agite les problèmes les plus relevés. Qu'il s'entretienne avec ses

---

1. Dutens, t. V, p. 304. *Epistola III*.

amis ou qu'il s'adresse au public, le courant de ses pensées reste d'ailleurs toujours le même.

C'est ce que prouvent notamment les lettres familières qu'il échange avec Thomasius et qu'il nous faut parcourir. Car Thomasius se trouve être, à cette époque, en même temps que le maître préféré de Leibniz, son principal correspondant. On pourrait presque dire qu'il lui continue son enseignement. Mais déjà l'illustre élève qui l'interroge et auquel il répond, se montre émancipé.

Voici en quels termes, de l'Université d'Iéna, en 1663 (2 sept.), Leibniz exprime à Thomasius les répugnances que lui inspire la politique de Hobbes.

« Si l'utile, comme le veulent Hobbes et ses sectateurs, si l'utile est le père de l'honnête, quelles vicissitudes perpétuelles dans le droit ! Tout prince a dès lors un absolu pouvoir ; ses seuls soupçons lui deviennent un droit d'ordonner les supplices ; enfin, puisque toute justice provient de la loi civile, il n'y a plus d'obligation entre les peuples, et la foi des traités s'évanouit[1]. »

Plusieurs années après (oct. 1668) et de Francfort, c'est de ses opinions métaphysiques que Leibniz fait part à Thomasius.

« Raey[2] a fort bien prouvé dans la *Clef de la philosophie naturelle* que les ténèbres qui enveloppent Aristote viennent toutes de la fumée scolastique, et qu'Aristote lui-même s'accorde merveilleusement avec Galilée, Platon, Gassendi, Hobbes, Descartes, Digby.

---

1. Dutens, t. IV, pars. I, p. 20. *Epistola II.*
2. Jean de Raey, philosophe et médecin Cartésien en Hollande. Voy. Baillet, *La Vie de monsieur Descartes.* Paris, 1691, 1 vol. in-4º, IIᵉ partie, p. 140, 350.

Qu'est-ce en effet pour Aristote que la matière première, sinon une masse inerte, sans mouvement, et par conséquent, si tout est plein, sans figure? Le mouvement de la matière vient de l'intelligence, c'est-à-dire de Dieu; la figure qui naît de la complexité des mouvements, embrasse la disposition même des parties, que rien n'empêche d'appeler l'intime et première forme du corps. Pour ce qui est des qualités sensibles, elles se rapportent à la forme de la matière, de même que de la situation d'une ville dépend la variété de ses aspects, qui changent et se multiplient avec la situation du spectateur. Quant à l'objet de la science, au sentiment d'Aristote lui-même, c'est la substance. Si donc la figure est quelque chose de substantiel, si elle appartient au corps, si enfin elle est réellement distincte de la matière, que sera-ce, sinon une forme substantielle? Il y a plus; l'espace est presque plus substantiel que le corps même. En effet, ôtez le corps, l'espace reste; au contraire, supprimez l'espace, que devient le corps? En outre, cette notion du corps et de la forme substantielle ne nous donne pas seulement l'espoir de pouvoir peu à peu pénétrer dans l'essence du corps, que les scolastiques déclarent pourtant inaccessible; elle nous permet aussi de démontrer évidemment et mathématiquement la nécessité d'un moteur incorporel. Car, puisque le corps n'est que matière et que figure, et que d'un autre côté ni la matière ni la figure n'expliquent la cause du mouvement, il est nécessaire que la cause du mouvement soit hors du corps. Et comme hors du corps on ne conçoit rien que l'être pensant, ou l'intelligence, l'intelligence sera la cause du mouvement. Or, l'intelligence qui régit l'univers est Dieu. Si, au contraire, nous admettons dans les corps je ne sais quelles formes substantielles incorporelles, et presque spirituelles, qui permettent au corps de se mouvoir lui-même, à la pierre de tendre en bas au lieu de tendre en haut, aux plantes de croître, aux animaux de courir, sans qu'il y ait besoin de chercher hors de ces êtres un moteur immatériel, nous nous fermerons à nous-mêmes la route la plus sûre pour arriver à la démonstration de l'existence de Dieu, et nous aurons ruiné ce beau théorème d'Aristote : « que tout ce qui « est mû a hors de soi la cause de son mouvement, » d'où il s'élève lui-même à la conception du premier moteur[1]. »

Il y a chez Leibniz comme un visible effort, d'une part, pour concilier Aristote et Descartes; d'autre part, pour pénétrer dans l'intérieur de la substance.

Thomasius semble s'opposer à cette double tentative. Il rabaisse Descartes jusqu'à lui préférer Clauberg[2]; il maintient dans son intégrité la tradition scolastique[3].

---

1. Dutens, t. IV, pars I, p. 21, *Epistola IV*.
2. Jean Clauberg, professeur en philosophie à l'Université de Herbronn, au comté de Nassau, 1648; d'où il passa ensuite en celle de Duysbourg sur le Bas-Rhin, au duché de Clèves; s'unit à Ray pour expliquer et défendre les sentiments de Descartes, leur maître commun. Voyez Baillet, *Vie de Monsieur Descartes*, IIe part., liv. VII, ch. XIV, p. 350.
3. Dutens, t. IV, pars I, p. 24, 25.

« Quod Aristotelem, Ræi auctoritate inductus, arbitraris a Cartesio
« ceterisque philosophis novis non adeo dissidere, ignosce mihi,
« nondum persuades...

« Substantiales utique formas, aut saltem ab accidentalibus illis,
« figura, magnitudine, partium dispositione distinctas, agnovisse Aris-
« totelem credo...

« Cartesius, et quicumque atomorum doctrinam adhibent, propius

Quelle que fût pour Thomasius la déférence de Leibniz, l'élève sut résister à l'influence du maître.

Leibniz témoigne en effet, en de nombreux passages, de son admiration pour Descartes, qu'il avait de si bonne heure connu et combattu, et qu'il devait combattre encore non sans une injuste âpreté.

« Je ne dirai rien de René Descartes le réformateur de la philosophie, rien de Guillaume Harvey le réformateur de la médecine. Ni l'un ni l'autre n'ont évité l'envie de leurs contemporains, ni l'un ni l'autre les haines du vulgaire, jusqu'au jour où a lui la vérité, qui souvent même a fini par triompher dans les âmes de leurs détracteurs[1]. »

Ailleurs, néanmoins, ce sont des restrictions.

« L'analytique, ou art de juger, me paraît se ramener à peu près tout entière à deux règles : 1° n'admettre aucun terme sans le définir ; 2° n'admettre aucune

---

« mihi ad Epicuri placita, quod ad hoc quidem punctum attinet, quam
« Aristotelis, philosophari vîdentur....

« Quod autem causaris, admissis substantialibus formis illis, quæ
« causæ sint motus, perire nobis pulcherrimam scalam qua Aristote-
« les ad primum ascendit motorem, me non movet. Nam ut omittam
« Epicuro sic nihil persuaderi, qui atomis suis motum absque Deo
« dedit, scalæ illius fulcrum præcipuum est, non quod tu cogitas, sed
« illud, non dari processum in infinitum, quod firmum est, etiamsi
« motum corporum a substantialibus eorum formis accersimus ; quod
« non dubito fecisse Aristotelem, cum naturam (naturátam) definivit
« principium motus et quietis....

« Superioribus mensibus occasio erat mihi et Cartesii et Claubergii
« evolvendi. Narro tibi, Claubergius magis ipso placebat Cartesio,
« tum quod calamum a maledicentia abductum haberet, tum quod et
« μεθοδικώτερον et σαφέστερον, et brevius quoque magistro illo suo scri-
« bere didicisset. Sed hac de re velim et tuam sententiam, quem
« puto Cartesianis philosophis magis consuevisse, cognoscere. » (*Epistola VI*, 1668).

1. Dutens, t. IV, pars II, p. 167, *Methodi novæ discendæ docendæque jurisprudentiæ, Præfatio*, 1667.

proposition sans la prouver. J'estime ces deux règles beaucoup plus sûres que les quatre qu'a posées Descartes dans sa Philosophie première, et dont la plus essentielle est celle-ci : « Tout ce que je perçois clairement et distinctement est vrai; » ce qui trompe en une infinité de façons[1]. »

Citons encore un extrait des lettres de Leibniz à Thomasius, et ajoutons-y un fragment de sa correspondance avec Thomas Hobbes.

En 1670, Leibniz écrit à Thomasius :

« Votre philosophie naturelle offre grand nombre de considérations du plus haut prix ; j'aime surtout à vous y voir employer dans l'explication des choses l'argument des causes finales plus souvent qu'on n'a coutume de le faire. Je me souviens d'avoir lu dans Platon que Socrate ayant découvert que je ne sais quel ancien philosophe, Anaxagore, je crois, avait établi deux principes, la matière et l'esprit, se mit à dévorer ses écrits avec une extrême avidité, dans l'espoir d'apprendre à connaître les raisons vraiment rationnelles des choses, c'est-à-dire leurs fins, leurs usages, leur ordre; mais qu'il se trouva déçu. Car Anaxagore développait toute

---

1. Dutens, t. IV, pars II, p. 174, *Jurisprudentia*, Pars I, § 25.
Cf. *ibid.*, p. 523, *Specimen demonstrationum politicarum pro eligendo rege Polonorum*, 1669.
« Princeps Galilæus reseratis motuum claustris, naturalem scien« tiam nova fecunditate irrigavit. Hujus exemplo Cartesius altiorem « in metaphysicæ sublimia aquæductum, impari tamen successu, mo« litus est. »
Dans la lettre publique que Leibniz adresse à Thomasius, en 1669, et dont nous avons donné l'analyse (voir le chapitre précédent), Leibniz adopte complétement l'opinion plus que singulière de Thomasius sur Descartes et sur Clauberg. « De Cartesio et Claubergio « prorsus tecum sentio, discipulum magistro clariorem esse. » Cf. Erdmann, p. 48.

sa doctrine, comme si la matière seule était le principe des choses, et que par la nécessité qui lui est inhérente, le monde fût sorti du chaos, ainsi que l'imaginait Démocrite. Telle est la doctrine de nos modernes physiciens, qui négligent les causes rationnelles des choses pour en chercher les causes matérielles, tandis que pourtant la sagesse du suprême auteur éclate surtout en ce qu'il a réglé l'horloge du monde de telle sorte que ultérieurement toutes choses conspirent d'une manière nécessaire à une universelle harmonie. Ce n'est donc point assez dans l'étude de la nature, de transporter à la physique la géométrie (car la géométrie ne fournit point la notion de cause finale); il faut aussi appliquer à la physique la morale. Le monde, en effet, est une espèce de grande république, où les esprits sont traités comme des fils ou comme des ennemis, et les autres créatures, comme des esclaves[1]. »

Presque à la même date, Leibniz mandait à Thomasius que Hobbes, plus qu'octogénaire, était tombé en enfance. « Hobbium ipsum octuagenario majorem re« puerascere nuper ex litteris responsoriis Henrici Ol« denburgii, Societatis regiæ Anglicanæ secretarii, « didici[2]. » Francfort, déc. 1670.

Cependant cette année même, Leibniz écrivait dans les termes les plus admiratifs à ce patriarche de la philosophie anglaise[3].

« Il ne me reste plus qu'à vous assurer, disait Leibniz en terminant, que je fais profession parmi mes

---

1. Dutens, t. IV, pars I, p. 31, *Epistola XII*.
2. *Id., ibid.*, p. 30, *Epistola XI*.
3. Hobbes, né en 1588, mort en 1679, avait donc quatre-vingt-deux ans lorsque, en juillet 1670, Leibniz lui écrivait de Mayence.

amis, et que Dieu aidant, je ferai toujours profession publique de ne connaître aucun écrivain qui ait philosophé avec plus d'exactitude, de clarté et d'élégance que vous, non pas même le divin Descartes. Laissez-moi ajouter amicalement qu'il eût été bien désirable que vous, qui de tous les mortels en étiez le plus capable, vous eussiez pourvu au bonheur du genre humain en confirmant ses espérances d'immortalité, ce que Descartes a tenté plus qu'effectué[1]. »

Et de quoi Leibniz entretient-il Thomas Hobbes? Du mouvement, de la substance, de la force. Il tombe particulièrement d'accord avec lui « qu'un corps ne peut être mû que par un corps qui soit contigu et lui-même en mouvement, et que le mouvement persiste tel qu'il a commencé, à moins qu'il n'y ait quelque obstacle qui l'arrête[2]. »

---

1. Guhrauer, *Leibnitz Biographie*, t. II, Anmerkungen, p. 64.
2. *Id., ibid.*, t. II, Anmerkungen, p. 62.
« Tibi quidem prorsus assentior, corpus a corpore non moveri, nisi
« contiguo et moto, motum, qualis cœpit durare, nisi sit quod impe-
« diat. In quibusdam tamen fateor me hæsisse, maxime autem in eo,
« quod causam consistentiæ, seu quod idem est, cohæsionis in rebus
« liquidam redditam non deprehendi....
« Ego crediderim, ad cohæsionem corporum efficiendam sufficere
« partium conatum ad invicem, seu motum, quo una aliam premit.
« Quia quæ se premunt, sunt in conatu penetrationis. Conatus est
« initium, penetratio unio. Sunt ergo in initio unionis. Quæ autem
« sunt in initio unionis, eorum initia vel termini sunt unum. Quorum
« termini sunt unum, seu τὰ ἔσχατα ἕν, etiam Aristotele definitore,
« non jam contigua tantum, sed continua sunt et vere unum corpus,
« uno motu mobile.... Restat probem, quæ se premunt, esse in co-
« natu penetrationis. Premere est, conari in locum alterius adhuc
« inexistentis. Conatus est initium motus. Ergo initium existendi in
« loco, in quem corpus conatur. Existere in loco, in quo existit aliud,
« est penetrasse. Ergo pressio est conatus penetrationis. »
Cf. *ibid.*, p. 65, une autre lettre de Leibniz à Hobbes, qu'il lui écrit, cette fois, de Paris, en 167....

En somme, Leibniz se trouve donc en plein mécanisme, quoiqu'il s'évertue à en sortir. Fait surprenant et toutefois indubitable! Ce n'est point par la psychologie uniquement, ni même par la physique[1]; c'est par les mathématiques et par la théologie que Leibniz arrivera à la vraie notion de la substance.

Et d'abord par la théologie.

A la suite de la *Demonstratio possibilitatis mysteriorum Eucharistiæ*, et la même année, en 1671, Leibniz écrivait à Arnauld « que ce n'est pas dans l'étendue que consiste l'essence des corps; que même la substance du corps est sans étendue; que la substance du corps en soi n'est pas assujettie à l'étendue, avec la condition de lieu, ce qui deviendrait d'une démonstration rigoureuse, lorsqu'on aurait bien résolu cette question : qu'est-ce que la substance[2]? »

Leibniz ne fit que s'affermir dans la pensée qu'expriment ces remarquables paroles. C'est ce que prouve la lettre que deux ans après il adressait au duc Jean-Frédéric[3].

L'étude des mathématiques complétée en France, car Leibniz n'avait lu en Allemagne ni la *Géométrie* de Des-

---

1. Cf. Correspondance de Leibniz et de Bernouilli. *Commercium philosophicum et mathematicum*, 1694-1716; Lausanne et Genève, 2 v. in-4°, 1745.

« Nec minus gratum est quod mea explicatio duritiei, per motum
« conspirantem, ad mentem tuam fuit. Cum anno 1670 vel 1671, ede-
« rem hypotheseos physicæ novæ specimen, jam propugnabam duri-
« tiem non a quiete (ut vult Cartesius), a motu esse.... » Leibniz à Bernouilli, 1697, t. I, p. 307.

2. Cf. Guhrauer, *opere citato*, t. I, Anmerkungen, p. 15.

3. Voyez le chapitre suivant.

cartes, ni sa *Dioptrique*[1], une connaissance plus profonde et plus immédiate de Descartes par la fréquentation des Cartésiens, en développant le génie de Leibniz, achevèrent de lui ouvrir la voie à la notion de substance, fondement de ses théories.

1. En 1716, Leibniz écrivait à l'abbé Conti :
« Il est bon de savoir qu'en 1673, je n'avais pas la moindre connaissance des *Séries infinies*, telles que M. Mercator venait de les donner, ni d'autre matière de la géométrie avancée par les dernières méthodes. Je n'étais pas même assez versé dans l'analyse de Descartes. Je ne traitais les mathématiques que comme un *Parergon*, et je ne savais guère que la géométrie des indivisibles de Cavallieri, et un livre du P. Léotaud, où il donnait les quadratures des lunules et figures semblables. » Dutens, t. III, p. 467.

CHAPITRE IV.

Leibniz en France.

Nous avons interrogé la vie et la correspondance de Leibniz, nous avons passé rapidement en revue ses écrits philosophiques de 1663 à 1672.

Dans sa thèse *sur le principe d'individuation*, Leibniz se déclare contre le Réalisme. Ce n'est pas qu'il soit Formaliste, à la suite des disciples de Duns Scot, ni même Conceptualiste. Il appartient bien plutôt à la secte des Nominaux. Encore faut-il entendre que c'est un Nominaliste d'une espèce particulière, que celui qui pose que « tout individu est individualisé par son entité tout entière. »

Plus tard vient l'ingénieuse dissertation *De l'art des combinaisons*, où nous nous sommes contenté de relever quelques principes et aussi de noter une démonstration géométrique de l'existence de Dieu.

Cette démonstration est reprise, avec plus d'étendue, dans un écrit, d'ailleurs très-court, intitulé *Témoignage de la nature contre les athées*, et Leibniz y a joint une démonstration de l'immortalité de l'âme.

Enfin nous en sommes venu à la préface que Leibniz écrivit pour l'édition qu'il donna de l'ouvrage de

Nizolius contre les pseudo-philosophes. Cette préface se divise comme en deux parties. La première est une lettre de Leibniz à Jacques Thomasius, son maître, où il pose les principes de l'histoire de la philosophie. La seconde est une dissertation sur le style philosophique de Nizolius. Leibniz, à travers les mots poursuivant les choses, y déclare ses sentiments à l'endroit de la Scolastique.

Quelques pages substantielles et toutes cartésiennes sur *la Vie heureuse*, quelques écrits théologiques peu connus, mais importants, terminent une première période dans l'histoire de la pensée de Leibniz. Sa pensée, en effet, avant d'arriver à son point définitif, subira de nombreuses transformations.

Hésitant d'abord entre Aristote et Démocrite, entre l'atomisme et les formes substantielles, c'est-à-dire entre le mécanisme et le dynamisme, Leibniz commencera par s'arrêter au mécanisme. Il lui faudra un long labeur, des tâtonnements sans nombre, de lentes expériences, pour arriver du mécanisme au dynamisme, ou du moins à cette doctrine organisée qui, tout en retenant certains principes du mécanisme, a pour fonds essentiel le dynamisme.

Leibniz lui-même nous a confié l'histoire de ces savantes hésitations de son esprit.

« Je n'ai pris parti enfin sur des matières importantes, écrit-il à Thomas Burnet, en 1697, qu'après y avoir pensé et repensé plus de dix fois, et après avoir encore examiné les raisons des autres. C'est ce qui fait que je suis extrêmement préparé sur les matières qui ne demandent que de la méditation. La plupart de mes sentiments ont été enfin arrêtés après une délibération de vingt ans; car j'ai commencé bien jeune à méditer;

et je n'avais pas encore quinze ans quand je me promenais des journées entières dans un bois pour prendre parti entre Aristote et Démocrite. Cependant, j'ai changé et rechangé sur de nouvelles lumières; et ce n'est que depuis environ douze ans que je me trouve satisfait, et que je suis arrivé à des démonstrations sur ces matières qui n'en paraissent point capables. Cependant, de la manière que je m'y prends, ces démonstrations peuvent être sensibles comme celles des nombres, quoique le sujet passe l'imagination[1]. »

Enfin, nous avons vu Leibniz, partagé entre son admiration pour Descartes et les modernes et ses habitudes de Scolastique, préoccupé d'idées métaphysiques, il faut même dire théologiques, et se préparant par des méditations sans nombre à concevoir la vraie notion de la substance, qui pour lui est fort obscure encore.

Quel était donc, au juste, en 1672, l'état de l'esprit de Leibniz? Que pensait-il des choses? Quelle connaissance avait-il des philosophes de son temps?

Toute la doctrine théorique de Leibniz, à cette époque, est résumée, ce semble, dans une phrase de sa lettre à Jacques Thomasius. Après avoir observé qu'Aristote peut se concilier avec la philosophie moderne, il ajoute : « Il faut prouver qu'il n'y a pas d'autres êtres dans le monde que l'Esprit, l'Espace,

---

1. Dutens, t. VI, pars I, p. 253, *Epistola VI*.
Cf. Erdmann, p. 701, Lettre I à Montmort, 1714. « Par après étant émancipé des écoles triviales, je tombai sur les modernes; et je me souviens que je me promenai seul dans un bocage auprès de Leipzig, appelé le Rosenthal, à l'âge de quinze ans, pour délibérer si je garderais les formes substantielles. Enfin le mécanisme prévalut et me porta à m'appliquer aux mathématiques. »

la Matière, le Mouvement[1]. » Il rejette par conséquent les formes substantielles. « A coup sûr, ceux qui parlent de ces substances incorporelles des corps ne peuvent expliquer leur pensée qu'en employant une métaphore empruntée à la nature des esprits[2]. » C'est être loin de la monadologie, mais non pas, nous l'avons observé, de l'harmonie préétablie. « La nature n'a par elle-même ni sagesse, ni appétit; si on y admire un bel ordre, c'est qu'elle est l'horloge de Dieu[3]. »

Les théories de Leibniz sont très-explicitement mécanistes. Pour le moment, la théologie presque seule, autant que son merveilleux instinct de métaphysique, le pousse au dynamisme.

D'un autre côté, Leibniz connaît beaucoup ses contemporains, notamment Descartes. Mais il les connaît mal et les apprécie en jeune homme, ainsi que le prouvent les énumérations indigestes qu'il en fait en plus d'un endroit[4].

Comment se débrouillera ce brillant chaos? Comment Leibniz arrivera-t-il à concevoir les principes fondamentaux de sa doctrine?

Ce sera, incontestablement, sous l'influence française, c'est-à-dire grâce à des études mathématiques plus profondes et à la philosophie cartésienne plus intimement pénétrée.

En 1672, Leibniz, réalisant un voyage longtemps rêvé, vint à Paris. Et à part une courte excursion en

---

1. Erdmann, p. 53, *Epistola ad Thomasium.*
2. *Id., ibid.* — 3. *Id., ibid.*
4. Erdmann, p. 44, *Confessio naturæ*, etc.; p. 48, *Epistola ad Thomasium;* p. 67, *De Stilo philosophico Nizolii* :

« Addo ego, quæ nunc nostro tempore a scriptoribus præclaris, Hob-
« besio, Cartesio, Jungio, Claubergio, Ræo, Antonio Arnoldo theologo....
« acerrime urgetur terminorum technicorum ad populares reductio.... »

Angleterre[1], il y séjourna jusqu'à la fin de 1676 environ, époque où le duc de Brunswick le fixa à Hanovre, en l'y nommant conservateur de la bibliothèque. Ce fut donc durant ce laps de quatre années et même un peu au delà[2], que se forma, en se complétant, le génie de Leibniz.

« Étant venu en France l'an 1672 jeune garçon, écrit-il en 1716 à la comtesse de Kilmansegg, comme il est aisé de croire, j'apportai de nos Universités de

---

1. Lors de l'excursion que Leibniz fit en Angleterre, on y comptait nombre de savants, qui déjà s'étaient acquis une grande réputation : Boyle, en chimie; Hooke, en microcosmie; Sydenham, en médecine; Ray, en botanique; Wrenn, en mathématiques et en architecture, et surtout l'illustre Newton. — Cf. Guhrauer, *opere citato*, t. I, p. 125 : « Wie in Paris, so auch hier in London.... ein Prinz Robert in der Mechanik; ein Boyle, in der Chemie; ein Hook in der mikroskopischen Beobachtungen; ein Sydenham oder Lyster in der Medicin; Ray in der Botanik, endlich die Wren, Newton (damals in Cambridge), Wotton und andere glänzten Namen, wie sie keine spätere Zeit in England leicht so zusammen antreffen konnte. » — Cf. Dutens, t. III, p. 456, Lettre à Mme la comtesse de Kilmansegg, 1716 : « Je fis un tour à Londres, et m'y trouvant au commencement de l'année 1673, quoique je n'y fisse point un long séjour, je ne laissai pas de faire connaissance avec M. Oldenbourg, secrétaire de la Société des sciences, que le roi Charles II avait érigée : et comme j'aimais un peu la chimie, je pratiquai aussi M. Boyle. » — Cf. *id., ibid.*, p. 467, Lettre à l'abbé Conti, 1716. — Leibniz alla une seconde fois à Londres, lorsqu'il quitta définitivement la France pour se rendre à Hanovre. — Cf. Dutens, t. III, p. 457, Lettre à Mme de Kilmansegg, 1716 : « Je trouvai environ en 1676 (autant qu'il m'en peut souvenir), un nouveau calcul, que j'appelai le *calcul des différences*, dont l'application à la géométrie produisait des merveilles.... Pour faire valoir ma nouvelle découverte, je passai par l'Angleterre et par la Hollande. Étant à Londres, mais très-peu de jours, je fis connaissance avec M. Collins.... »

2. Au commencement de 1676, Leibniz était encore incertain de la résidence qu'il choisirait. Car, le 14 février de cette année, il écrivait à son ami Habbeus : « Pour moi, je crois que je serai amphibie; tantôt en Allemagne, tantôt en France, ayant, Dieu merci, de quoi m'arrêter pour quelque temps de part et d'autre, jusqu'à ce que je trouve sujet de me fixer avantageusement. » Cf. Guhrauer, *opere citato*, t. I, p. 167.

tout autres connaissances que celles de la profonde géométrie. Le droit et l'histoire étaient mon fort. Je me plaisais pourtant à la mathématique pratique, et je m'étais un peu exercé aux propriétés des nombres, ayant publié un petit livre sur l'Art des Combinaisons en 1666, et je fis même une remarque considérable sur les différences des suites (ou séries) des nombres, où d'autres n'avaient pas assez pris garde. A Paris, je me fourrais dans les grandes bibliothèques, et je cherchais des pièces rares, surtout en histoire; mais je ne laissais pas de donner encore quelque temps aux curiosités de mathématique[1]. »

Ajoutons un autre témoignage. En 1691, Leibniz, enfoncé dans des recherches d'histoire relatives à la maison de Brunswick, et tout occupé, comme il le dit, « à éplucher de vieux titres, » Leibniz écrivait, sur le ton du regret, à Pellisson : « Le séjour de France, qui fut de quelques années, me donna le loisir d'approfondir davantage les matières mathématiques et physiques. Et comme j'eus le bonheur d'y rencontrer de nouvelles ouvertures, cela m'invita d'y penser davantage, aussi bien que les exhortations des amis curieux; car la Société royale d'Angleterre me donna une place, et on m'en voulait donner une dans votre Académie royale des sciences, si j'étais resté à Paris. Ici, si je

---

1. Dutens, t. III, p. 456. — Cf. *id.*, t. VI, pars I, p. 4, *Vincentio Placcio*, 1676 :
« Cum itineris Gallici imposita mihi fuisset necessitas, ab eo tem-
« pore, usus opportunitate loci et doctorum virorum consuetudine,
« quidvis potius quam jurisprudentiam cogitavi.... Adjeci mathema-
« ticarum scientiarum studium paulo intentius, atque illud effeci præ-
« ter spem, ut Parisiis, in tanto eruditorum numero, non omnino
« aspernandus haberer. — Nam et inventa quædam mea in numeris,
« et geometria, et re mechanica cum applausu excepta sunt. »

pense à ces choses, c'est comme à la dérobée. On n'en saurait quasi parler avec personne[1]. »

Ainsi, de l'aveu même de Leibniz, c'est à Paris, de 1672 à 1676, qu'a grandi sa pensée.

Or, quels étaient « les amis curieux, » quels étaient les personnages qui florissaient alors à Paris, et dans le commerce desquels Leibniz eut le bonheur de rencontrer de nouvelles ouvertures? Entre autres hommes illustres, il faut citer Huygens, Arnauld, Malebranche, et, d'une manière générale, les représentants les plus autorisés de la doctrine cartésienne:

Brucker n'hésite pas à rapporter les vues inespérées de Leibniz sur les mathématiques à sa fréquentation avec Huygens[2]. Et Brucker n'est ici que l'écho de Leibniz, qui, dans un des numéros des actes de Leipzig, se plaît lui-même à reconnaître tout ce qu'il doit au savant hollandais. Le philosophe de Hanovre se félicite publiquement d'avoir été en relation avec Huygens dès son arrivée à Paris, en 1672. Il déclare qu'après Galilée et Descartes, c'est Huygens qui l'a initié aux mystères de la géométrie[3].

1. Dutens, t. I, p. 734.
2. *Id.*, *ibid.*, *Leibnitii Vita*, p. LXXIII.
 « Maxime tum temporis caput inter Gallos efferre cœperat *geome-
« tria sublimior atque interior*, in qua eo tempore hospitem se adhuc
« plane fuisse alicubi Leibnitius fatetur.... Ast eo tempore Christiani
« Hugenii, cui post Galilæum et Cartesium plurimum tum debebat
« ista scientia, notitiam nactus, cum legeret ejus librum *De horologio
« oscillatorio*, adjungeretque Des Honvillæi, id est *Pascalii epistolas* et
« *Greg. a S. Vincentio* opus *de quadratura circuli et sectionibus coni-
« cis*, sola animi perspicacitate vique divina ingenii adjutus subito
« maximam lucem duxit, et sibi, ut ipse scribit, et aliis quoque, qui
« eum in his novum noverant, inexspectatam, idque mox novis spe-
« ciminibus datis, ostendit. »
3. *Id.*, t. III, p. 251, *De Solutionibus problematis catenarii*, etc., 1691.
 « Verum ego plane hospes in interiore geometria, cum Lutetiæ Pa-

Enfin, vers les derniers temps de sa vie, en 1714, Leibniz réitère cette attestation dans ses lettres à Montmort.

Leibniz, il est vrai, a transformé les données de Huygens, et, des mathématiques où celui-ci s'était arrêté, a passé avec une admirable hardiesse à la métaphysique[1], pour laquelle Huygens n'avait pas de goût[2]. Mais il n'en

---

« risiorum, anno 1672, *Christiani Hugenii* notitiam nactus sum, cui
« certe viro, post Galilæum et Cartesium, et has litteras publice, et
« me in ipsis privatim plurimum debere agnosco. Hujus cum legerem
« librum *De horologio oscillatorio* adjungeremque *Dettonvillæi*, id est
« *Pascalii* epistolas et *Gregorii a S. Vincentio* opus, subito lucem
« hausi.... Ita mihi se aperuit ingens numerus theorematum..., quo-
« rum partem deinde apud *Jac. Gregorium* et *Isaacum Barrovium*,
« aliosque deprehendi. Sed animadverti fontes non adhuc satis pa-
« tuisse, et restare interius aliquid, quo pars illa geometriæ subli-
« mior tandem aliquando ad analysin revocari posset, cum antea in-
« capax habebatur. »

Cf. *ibid.*, p. 457, 467, et Erdmann, p. 702, Lettre I à Montmort.

1. Erdmann, p. 702. « Il est vrai, écrit Leibniz à Montmort, que je n'entrai dans les plus profondes mathématiques qu'après avoir conversé avec M. Huygens à Paris. Mais quand je cherchai les dernières raisons du mécanisme et des lois même du mouvement, je fus tout surpris de voir qu'il était impossible de les trouver dans les mathématiques, et qu'il fallait retourner à la métaphysique. C'est ce qui me ramena aux entéléchies et du matériel au formel ; et me fit enfin comprendre, après plusieurs corrections et avancements de mes notions, que les monades, ou les substances simples, sont les seules véritables substances. » Cf. Bordas-Dumoulin, le *Cartésianisme*, Paris, 1843. 2 vol. in-8°, t. II, p. 337 : « Telle que Huygens l'avait trouvée dans la solution du problème des centres d'oscillation, la force vive n'était regardée, et Lagrange en fait la remarque (*Mécanique analytique.*, 1re édit., p. 183), que comme un simple théorème de mécanique. C'est Leibniz qui dévoila en elle une loi générale de la nature.... Et il est clair que cette loi est à ses yeux la conséquence de l'*activité essentielle qu'il attribue aux corps*, d'après laquelle il distingue la force d'avec le mouvement, la puissance d'agir d'avec l'action. Or, la puissance d'agir est la différentielle de la fonction, dont le mouvement ou la vitesse est l'intégrale. »

2. Erdmann, p. 702, Leibniz à Montmort :
« M. Huygens n'avait pas de goût pour la métaphysique. »

reste pas moins constant que les inspirations de Huygens[1] et d'autres mathématiciens éminents ont beaucoup contribué au développement du génie de Leibniz[2].

Toutefois, c'est aux influences cartésiennes que ce développement doit, avant tout, être rapporté.

Descartes, il est vrai, n'était plus, lorsque Leibniz arriva en France. Mais la date de sa mort était récente, 1650, et aussi la date de ses ouvrages[3]. C'était depuis quelques années à peine que ses disciples lui avaient fait à Paris de solennelles funérailles, 1667[4].

D'ailleurs, nous l'avons constaté, dès 1661, Leibniz a connu les ouvrages de Descartes. Dès lors, il le cite souvent, tantôt cédant à une admiration qui va presque jusqu'à l'engouement, tantôt paraissant adopter les sévérités et les préventions de Thomasius.

Rapportons quelques autres textes qui prouvent

---

1. En 1695, Leibniz écrivait à l'abbé Nicaise :

« Rien n'égale la perte de l'incomparable M. Huygens. Il est très-sûr qu'on le doit nommer immédiatement après Galilée et Descartes. Il était capable de nous donner encore de grandes lumières sur la nature. »

M. Cousin, *Fragments de philosophie moderne*, Paris, 1838, 1 vol. in-8°, p. 262.

2. Par exemple, Carcavy. Dès 1672, Leibniz écrivait à Thomasius :
« Ego, qui cum domino de Carcavy, bibliothecario regis, qui Colberti
« jussu res litterarias curat, commercium habere soleo.... » Dutens, t. IV, pars I, p. 34.—Lorsque Leibniz vint à Paris, on y comptait encore d'autres mathématiciens, tels que La Hire, Roberval, Cassini, Picard.

3. Cf. M. Cousin, *Fragments de philosophie cartésienne*. Paris, 1845, 1 vol. in-12, p. 376. « Le *Discours de la Méthode*, avec la *Dioptrique*, les *Météores* et la *Géométrie*, qui sont des essais de cette Méthode, est de 1637; les *Méditations* sont de 1641; les *Principes de philosophie*, de 1644; les *Passions*, de 1650, et l'on sait quel bruit firent tous ces ouvrages dès leur première apparition : ceux d'entre eux qui étaient écrits en français furent traduits en latin et répandus d'abord d'un bout de l'Europe à l'autre. »

4. Voyez Baillet, *Vie de Monsieur Descartes*, IIe part., liv. VII, chap. XXIII, p. 439.

que, même avant son voyage en France, Leibniz n'avait jamais cessé de s'informer de ce qui se publiait dans ce pays et aussi de prendre intérêt aux fortunes diverses du Cartésianisme.

En 1670, Leibniz écrivait à Spizélius :

« Les Éphémérides Françaises deviennent extrêmement rares ou languissent[1]. »

En 1671, il écrit à un autre de ses correspondants, Martinus Fogélius :

« J'ai lu la physique française de M. de Rohault[2] ; je reconnais qu'il y a de l'élégance dans cet ouvrage ; en somme, cependant, c'est à peine s'il diffère de Descartes. En France, un docteur de Sorbonne avait attaqué la philosophie de Descartes, ou plutôt la philosophie des modernes en général, et parmi eux Arnauld ; mais l'auteur lui-même a supprimé les exemplaires, maintenant surtout que l'autorité d'Arnauld s'est grandement accrue, depuis que le fils de son frère, M. de Pomponne, a été choisi par le roi pour remplacer Lyonne[3]. »

Attentif au mouvement des intelligences en France, et principalement à ce qui se rapporte au Cartésianisme, les particularités mêmes de la vie de Descartes ont pour Leibniz de l'intérêt. Ainsi, en 1671, se trouvant à Strasbourg, il prend plaisir à s'informer des détails du séjour de Descartes à la cour de la reine Christine. En 1670, il écrit à Spizélius, déjà nommé, en l'entrete-

---

1. Dutens, t. V, p. 349, *ad Theoph. Spizelium. Epist.* iv. — Cf. *Ibidem*, p. 539, *ad Fogelium Epist.* i. « Gallicas Ephemerides aliquandiu vertit Nitschius noster, sed nunc fonte arescente destituitur. »

2. Jacques Rohault, zélé Cartésien, auteur d'un *Traité de physique*, 1671, in-4°. Cf. Baillet, *opere citato*, II° part., liv. VII, chap. iii, p. 241.

3. Dutens, t. V, p. 541, *ad Fogelium Epist.* iii.

nant d'un projet de biographie générale : « Dans ce dessein pourraient rentrer des vies particulières, comme celle de Tycho par Gassendi, de F. Paulus par Fulgentius, de Descartes par Borel, de Gassendi par Sorbière, de Cardan, de Campanella, de de Thou par eux-mêmes[1]. »

Enfin, une fois à Paris, Leibniz recherche minutieusement les écrits de Descartes.

Car, en 1686, il écrit à Vagétius : « Lorsque j'étais à Paris, je vis des volumes entiers écrits de la main de René Descartes et j'exhortai leur possesseur à les publier tous sans distinction. J'ignore ce qui a pu jusqu'à présent empêcher qu'ils le fussent[2]. »

Surtout, Leibniz recherche le commerce des Cartésiens.

En effet, la doctrine de Descartes, puissante par ses principes, puissante même par la persécution qu'elle

---

1. Dutens, t. V, p. 348, *ad Spizelium Epist.* III.
2. *Id.*, t. VI, pars I, p. 34. — Cf. *Correspondance de Leibniz et de Bernouilli*, t. II, p. 96 :

« Aliquando quorumdam posthumorum Cartesii editio promittebatur
« in Bataviis. An prodierint nescio. Ego ex iis nonnulla itidem habeo.
« Talia sunt *Regulæ veritatis inquirendæ* (quæ mihi non admodum
« singulares videntur) illustratæ exemplis non male, fragmentum *Dia-*
« *logi gallici*, *Primæ cogitationes de animalium generatione*, etc.; quod
« si non ederent qui promisere, possem ego librario edituro submit-
« tere, et altera quædam inedita Galilæi, Valeriani Magni et Pascalii,
« et meas notas, quas vidisti *in Cartesii partem Principiorum gene-*
« *ralem*, aliaque id genus. »

En tout, Leibniz a sur Descartes de telles informations qu'il se trouve à même de fournir à l'historien de ce grand homme des renseignements.

« C'est par les mêmes sentiments de reconnaissance, écrit Baillet dans sa préface de *la Vie de Descartes*, p. XXVI, que je nomme M. l'abbé Nicaise parmi mes bienfaiteurs. Il a pris la peine d'écrire à Rome, d'où M. Auzout, qui a vu M. Descartes à Paris, et M. Leibniz, qui a eu communication des originaux chez M. Clerselier, ont envoyé ce que la mémoire a pu leur suggérer sur ce sujet. »

endura, comptait des partisans dans tous les ordres, et les plus relevés de la société.

En même temps donc que Leibniz demandait à la lecture des ouvrages de Descartes la lettre de la philosophie de ce grand homme, par la fréquentation de ses sectateurs il se pénétrait de son esprit.

Au premier rang, il faut placer Arnauld. Avant même son voyage en France, nous avons rappelé que Leibniz écrivit à Arnauld, comme au représentant le plus autorisé de la philosophie contemporaine.

A peine établi à Paris, il se lie avec lui du commerce le plus étroit et l'entretient tour à tour de mathématiques ou de théologie.

« Pendant que j'étais à Paris, l'illustre Antoine Arnauld me communiqua ses nouveaux éléments de géométrie, » écrit Leibniz en 1712[1].

« J'ai fort médité sur cette matière de la liberté depuis bien des années, écrit en 1694 Leibniz à Malebranche, jusqu'à avoir composé là-dessus un dialogue latin, à Paris, que je fis voir à M. Arnauld, qui ne le méprisa point[2]. »

De retour en Allemagne, Leibniz ne cessa de correspondre avec Arnauld, et cette correspondance est restée célèbre[3].

« Il y a quelques années, écrit Leibniz à Pellisson en 1691, que j'échangeai trois ou quatre lettres avec M. Arnauld, au sujet de mes sentiments touchant la

---

1. Dutens, t. III, p. 439 : *De vero sensu methodi infinitesimalis*. Cf. Guhrauer, *opere citato*, t. I, p. 117.
2. M. Cousin, *Fragments de philosophie Cartésienne*, p. 409 ; Correspondance inédite de Malebranche et de Leibniz.
3. Cette correspondance a été publiée pour la première fois par M. Grotefend, Hanovre, 1846.

nature de la substance corporelle, différente de l'étendue. Ce fut par l'entremise de M. le Landgrave Ernest, qui lui avait communiqué quelque chose de mes méditations. Elles lui avaient paru étranges d'abord ; mais après avoir vu mes explications, il commença à en juger tout autrement. Je lui donnai des éclaircissements sur quelques doutes. Il est vrai qu'il ne voulut rien décider, ayant toujours été pour Descartes depuis longtemps[1]. »

Lié avec Arnauld, Leibniz devait nécessairement rencontrer Nicole, l'inséparable ami d'Arnauld et son collaborateur subjugué. « Il y a environ quinze ans, écrivait Leibniz en 1686 au Landgrave de Hesse-Rheinfelds, que je me trouvai à Paris chez M. Arnauld, dans son habitation du faubourg Saint-Marceau. Il y avait réuni, si je ne me trompe, pour me présenter à eux, quelques-uns de ses partisans les plus considérables, au nombre de quatre ou de six, parmi lesquels étaient M. Nicole et Saint-Amand[2]. »

Le nom de Nicole revient d'ailleurs plus d'une fois sous la plume de Leibniz :

« Bien d'habiles gens sont prévenus aujourd'hui de ce sentiment, que l'essence du corps consiste dans la longueur, la largeur et la profondeur. Cependant il y en a encore, qu'on ne peut accuser de trop d'attachement à la Scolastique, qui n'en sont pas contents.

« M. Nicole, dans un extrait de ses *Essais*, témoigne être de ce nombre, et il lui semble *qu'il y a plus de*

---

1. Dutens, t. I, p. 732. — Cf. *Ibidem*, t. VI, pars. I, p. 253. *Lettre VI à Thomas Burnet.*
2. Guhrauer, *opere citato*, t. I, p. 118.

prévention que de lumière dans ceux qui ne sont pas effrayés des difficultés qui s'y rencontrent[1]. »

Être lié avec Arnauld, avec Nicole, c'était évidemment pour Leibniz entretenir d'intimes relations avec Port-Royal. Or, comment fréquenter des Port-Royalistes et ne pas trouver vivante encore, vénérée parmi eux, la mémoire de Pascal, mort à peine depuis dix années (1662)? Aussi Leibniz témoigne-t-il prendre un vif intérêt à tout ce qui touche ce superbe et mélancolique génie. Il est même curieux de constater que, tout en signalant chez Pascal « un esprit plein des préjugés du parti de Rome, » il se montre comme jaloux, dans la dernière partie de sa vie, de la comparaison que la postérité pourra faire entre ses propres travaux et ceux de l'auteur des *Pensées*[2]. Dès son arrivée à Paris, il

---

1. Erdmann, p. 111. Lettre sur la question : *Si l'essence du corps consiste dans l'étendue.*
Cf. Dutens, t. I, p. 705. *Second mémoire de M. Leibniz.*
2. Dutens, t. VI, pars I, p. 248. Lettre V à Thomas Burnet :
« Pour moi, écrivait Leibniz en 1696, qui n'ai pas la vanité de faire comparaison avec cet homme célèbre (Pascal), je n'ai pas laissé d'avoir le bonheur de faire quelques découvertes, qui ont cela de bon, qu'elles ouvrent le chemin pour aller plus loin, et qu'elles augmentent le nombre des méthodes qui font partie de l'art d'inventer. J'ai encore eu le bonheur de produire une machine arithmétique infiniment différente de celle de M. Pascal.... MM. Arnauld, Huygens, et même MM. Périer, neveux de M. Pascal, quand ils eurent vu mon échantillon à Paris, avouèrent qu'il n'y avait pas de comparaison entre celle de M. Pascal et la mienne.... Ainsi, si les belles productions de M. Pascal dans les sciences les plus profondes devaient donner du poids aux pensées qu'il promettait sur la vérité du Christianisme, j'oserais dire que ce que j'ai eu le bonheur de découvrir dans les mêmes sciences ne ferait point de tort à des méditations que j'ai encore sur la religion; d'autant que mes méditations sont le fruit d'une application bien plus grande et bien plus longue que celle que M. Pascal avait donnée à ces matières relevées de théologie; outre qu'il avait l'esprit plein des préjugés du parti de Rome; comme ses pensées posthumes le font connaître, et qu'il n'avait pas étudié l'histoire ni la jurisprudence avec autant de

s'entretient de Pascal, non-seulement avec Arnauld et Nicole sans doute, mais aussi avec le duc de Roannez. Par les Périer, il prend connaissance des manuscrits mathématiques de leur illustre parent et en prépare une édition [1].

Ses lettres vont même, jusqu'au fond de l'Auvergne, solliciter la famille de Pascal de lui communiquer ses papiers. « Le très-savant Guérier, conseiller du roi à la cour des aides en Auvergne, écrit-il à Oldenbourg, me fait espérer des Fragments de Pascal [2]. »

Enfin, entre tous les contemporains dont Leibniz recherche à Paris la fréquentation, comment ne pas nommer Malebranche ? Ce ne sont pas simplement entre le philosophe allemand et le pieux Oratorien des conversations ; ce sont des lettres, dont un grand nombre

---

soin que j'ai fait. Et cependant l'une et l'autre est requise pour établir certaines vérités de la religion chrétienne. — Il est vrai que son génie extraordinaire suppléait à tout; mais souvent l'application et l'information est aussi nécessaire que le génie. Enfin, si Dieu me donne encore pour quelque temps de la santé et de la vie, j'espère qu'il me donnera aussi assez de loisir et de liberté d'esprit pour m'acquitter de mes vœux, faits il y a plus de trente ans, pour contribuer à la piété et à l'instruction sur la matière la plus importante de toutes. »

1. Dutens, t. VI, pars I, p. 54. *Leibnitius Vagetio*, 1686 :
« Hæredes Blasii Pascalis olim schedas quasdam geometricas, ad co-
« nicorum doctrinam illustrandam spectantes, fidei meæ crediderant,
« rogantes ut ordinarem, quemadmodum e re videretur : quod etiam
præstiti. » Cf. *Ibidem*, t. V, p. 12. Lettre 1 à Montmort, 1714. « C'est dommage que M. Pascal, esprit très-mathématique et très-métaphysique en même temps, se soit affaibli de trop bonne heure, comme M. Huygens me l'a raconté autrefois, par certains travaux trop opiniâtres, et par trop d'application à des ouvrages théologiques, qui lui pouvaient procurer l'applaudissement d'un grand parti, s'il les avait achevés.... M. Périer, son neveu, me donna un jour à lire et à ranger un excellent ouvrage de son oncle sur les coniques, et j'espérais qu'on le publierait d'abord. On lui aurait conservé par là l'honneur d'original, en des choses qui en valaient la peine. »

2. Lettre à Oldenbourg. Paris, 1674.

s'écrivent à Paris même et qui vont, se croisant, de l'hôtel de Saint-Quentin[1], où demeurait Leibniz, au séminaire Saint-Magloire, où habitait Malebranche[2]. D'autre part, la *Recherche de la vérité*, publiée en 1674, devait être assurément pour Leibniz une abondante inspiration.

Huygens, Arnauld, Nicole, Pascal, Malebranche, pour ne parler que des plus illustres, quels hommes, quelles conversations, quels écrits ! Et se pouvait-il que la pensée de Leibniz ne mûrît pas aux rayons de tant de splendides intelligences ?

C'est pourquoi, en 1712, se rappelant le souvenir de ses belles années, Leibniz écrivait : « Je crois que, depuis Charlemagne jusqu'à nous, Paris a toujours été le lieu de l'Europe où il y a eu les plus habiles gens ramassés[3]. »

Mais c'est particulièrement à Paris et sur l'heure même, qu'il convient d'entendre Leibniz, si l'on veut se faire une idée de l'enthousiasme scientifique qu'allument en lui les feux de tant de génies rassemblés.

En 1673 (26 mars) Leibniz, écrivant au duc de Brunswick, Jean-Frédéric, dresse comme un inventaire des trésors qu'il s'imagine posséder et qu'il brûle de répandre[4].

Il croit avoir trouvé dans son *Ars combinatoria* une méthode infaillible pour résoudre les problèmes les plus

---

1. Rue Garancière, près du Luxembourg.
2. Dans le faubourg Saint-Jacques, rue d'Enfer, aujourd'hui les Sourds-Muets.
3. Dutens, t. V, p. 65. Lettre II à Grimarest, 1712.
4. Œuvres allemandes de Leibniz, publiées par M. Guhrauer, Berlin, 1838-1840, 2 vol. in-8°, t. I, p. 277.
Cf. Guhrauer, *Leibnitz Biographie*, t. I, p. 115.

difficiles; méthode vainement cherchée par Raymond Lulle et le P. Athanase Kircher.

Dans sa théorie du mouvement, il a trouvé moyen d'expliquer tout mécanisme naturel et artificiel par une cause unique, *la circulation de l'éther* ou *de la lumière* autour du globe.

Par sa nouvelle méthode, il a inventé une *machine à calculer*, ainsi qu'une *géométrie mécanique*. Il annonce avoir retrouvé le *bateau sous-marin* de Drébélius.

Il va exposer le *droit naturel*, de sorte qu'on puisse répondre à toutes les questions de *droit des gens* et de *droit public*. Il propose d'abréger et de rendre plus rationnel le *code de procédure*.

En *théologie naturelle*, il est à même de démontrer que tout mouvement suppose un principe intelligent; qu'il y a une harmonie universelle ayant sa cause en Dieu; que l'âme est immatérielle, incorruptible, immortelle.

En *théologie révélée*, il prouvera la possibilité rationnelle des mystères, y compris celui de la présence réelle dans l'Eucharistie.

Déjà il a conçu le système des *monades*. « Je démontrerai, dit-il, que dans tout corps il y a un principe incorporel. »

Il parle enfin d'un projet politique, qui garantira la paix et l'indépendance de l'Europe, tout en portant au comble la grandeur de la France, projet qui, après la pierre philosophale, est ce que l'on peut offrir de plus précieux à Louis XIV[1].

A lire une semblable lettre, on comprend, on par-

---

1. Cf. *Dictionnaire des sciences philosophiques*. Paris, 1844-1852, 6 vol. in-8, t. III, *article Leibniz*.

tage presque les transports qui animent Leibniz. On
dirait que sa main hardie va soulever à la fois tous les
voiles qui nous cachent la vérité, et l'esprit reste comme
stupéfait en présence d'une si noble et d'une si heureuse audace.

Et toutefois, ici encore, Leibniz voit moins qu'il
n'entrevoit. Il a une perception confuse beaucoup
plus qu'une claire intuition des choses. Il n'est pas
même en pleine possession du principe, qui lui deviendra comme la pierre angulaire de sa doctrine; à
savoir, que la force est l'essence de toute substance. A
quelle époque apparaît donc véritablement chez Leibniz ce principe souverain, qui n'est autre chose que la
notion de substance bien entendue? — Nous croyons
l'avoir établi. Avant son voyage à Paris, Leibniz pressent la nécessité d'un tel principe; mais il ne l'a ni
formulé nettement, ni même conçu[1]. Pour y être conduit, il lui faut plus qu'une immense lecture jointe à
une opiniâtre réflexion, la lecture notamment des ouvrages de Descartes. Il lui faut en outre les influences
de la France et un long commerce avec les Cartésiens.

Remarquons, d'un autre côté, que ce ne furent pas
seulement les principes du Cartésianisme qui durent,
par leur lumière, agir sur l'esprit de Leibniz, mais
aussi ses excès. Descartes, en faisant consister l'essence de l'âme dans la pensée, l'essence du corps dans
l'étendue, avait déjà compromis la notion de substance.
Malebranche, à sa suite, avait ouvertement professé la
passivité des substances créées. Spinoza enfin, pous-
sant à bout cette théorie, s'était précipité aux dernières

---

1. Cf. M. Cousin, *Fragments de philosophie Cartésienne*, p. 377.

rigueurs du panthéisme. Il supprimait la substantialité des créatures.

Or, Leibniz connut, entretint Spinoza. Leurs relations commencèrent par l'échange de quelques lettres sur des questions d'optique. Elles finirent par être immédiates. En effet, Leibniz lui-même raconte dans sa Théodicée, qu'en retournant de France à Hanovre, il passa par la Haye, où il vit Spinoza et conversa longuement avec lui [1]. Le *Tractatus theologico-politicus* avait paru dès 1670. Leibniz l'avait lu, comme aussi il prit connaissance de l'*Éthique* et probablement des autres ouvrages posthumes de Spinoza, publiés l'année même de sa mort, en 1677 [2].

Comment de tels entretiens, de tels écrits, n'auraient-ils pas éveillé l'attention de Leibniz, et, en provoquant de sa part une réfutation, contribué à former ses théories ?

M. Cousin l'a observé avec raison :

« Les erreurs de Spinoza sur la substance ont mis Leibniz sur la voie, qu'il n'y a pas de substance pure de qualité, et que toute substance qui n'est pas une abstraction possède essentiellement des attributs réels, une force, une puissance, une énergie toujours prête à passer à l'acte et qui renferme en elle tous ses développements. »

Mais ce ne fut pas uniquement afin de préserver les vérités naturelles des conséquences ruineuses des doctrines cartésiennes, que Leibniz en vint à la concep-

---

1. Cf. Guhrauer, *Leibnitz Biographie*, t. I, p. 184.
2. Cf. Dutens, t. VI, pars I, p. 310. *Leibnitiana, de gloria post mortem*, LXXVI. « Itaque video.... et Spinozam scripta sua imperfecta « combussisse, ne scilicet reperta post ejus obitum gloriam, quam « scribendo quaerebat, imminuerent. » Voy. liv. II, chap. II. *Polémique contre Spinoza*.

tion de la substance par l'idée de force. Ce fut aussi et en premier lieu afin de mettre les vérités de l'ordre surnaturel, ou les mystères, à l'abri de toute atteinte.

Encore tout jeune homme, nous l'avons vu, Leibniz, cédant aux préoccupations de ses contemporains, aux influences du milieu où il vivait, surtout aux sollicitations du baron de Boinebourg, avait déjà cherché une explication du dogme de *la présence réelle dans l'Eucharistie*. Or, ce dogme, qu'admettaient les Luthériens eux-mêmes, semblait directement contredit, en même temps que le dogme catholique de la *Transsubstantiation*, par la doctrine cartésienne et toute mécanique, qui faisait consister l'essence des corps dans la figure, l'étendue, le mouvement.

Les Jansénistes, les Port-Royalistes, partisans déclarés de la philosophie nouvelle, omettaient cette philosophie et en appelaient à la foi, lorsqu'il s'agissait de la Transsubstantiation [1].

Leibniz ne put se résoudre à cette inconséquence. Il se demanda si l'essence des corps consiste uniquement dans l'étendue. Il répondit que le corps consiste dans quelque chose de plus relevé, qui est indépendant de l'étendue, et que cela c'est la substance. Dans cette notion de la substance, qu'il renouvelait de l'ancienne métaphysique, sans néanmoins abandonner la nouvelle école, il trouvait un moyen terme qui le mettait à même de conserver quelque chose de spirituel avec ce qui est corporel. Tout en demeurant fidèle à l'esprit de la philosophie cartésienne et en retenant les principes les plus féconds, il passait heureusement de la mécanique au dynamisme. Et grâce à cette théorie

---

1. Cf. Guhrauer, *opere citato*, t. I, p. 76.

dynamique, les mystères de la Présence réelle et de la Transsubstantiation nommément, qui restaient, en tant que mystères, au-dessus de la raison, n'allaient plus du moins contre la raison. Grâce aussi au dynamisme ainsi conçu, la substantialité des créatures était sauvée!

Mais si Leibniz s'est demandé, avant son voyage en France, si l'essence des corps consiste seulement dans l'étendue, ce n'est qu'après, et même longtemps après avoir vécu à Paris, qu'il articule une réponse décisive à cette question. En effet., on chercherait vainement dans ses œuvres quelque chose d'explicite à cet égard, avant l'année 1691 [1], où parut le petit écrit intitulé : *Si l'essence du corps consiste dans l'étendue* [2], fragment de lettre, que confirme une autre lettre, écrite cette année-là même à Pellisson.

« Il semble que la substance corporelle a deux forces, savoir la *force passive*, c'est-à-dire la résistance à l'égard de sa matière, qui est commune à tous les corps (car l'impénétrabilité n'est autre chose que la résis-

---

1. Cf. M. Cousin, *Journal des Savants*, août 1850 :

« On sait que Leibniz avait adopté de bonne heure et longtemps gardé le principe cartésien, que l'étendue est l'attribut constitutif de la matière; c'est assez tard qu'il est parvenu à son principe original et fécond de la force comme attribut essentiel de la substance. Arrivé là, il était en possession du système, auquel son nom demeure attaché. La monadologie et l'harmonie préétablie reposent sur l'énergie propre des substances. Ce système est parfaitement développé dans un petit écrit dont le titre est bien remarquable : *De primæ philosophiæ emendatione et de notione substantiæ;* mais cet écrit est de 1694, et nous n'en apercevons pas même le germe un peu clairement marqué avant l'année 1691, dans la lettre insérée au *Journal des Savants* SUR LA QUESTION SI L'ESSENCE DU CORPS CONSISTE DANS L'ÉTENDUE. »

2. Erdmann, p. 112. Cf. *Ibid.*, p. 113. *Extrait d'une lettre pour soutenir ce qu'il y a dans le Journal des Savants*, etc.

tance de la matière); et puis la *force active*, à l'égard de sa forme spécifique, qui est variable selon l'espèce.

« Car il faut savoir que tout corps fait effort d'agir au dehors et agirait notablement, si les efforts contraires des ambiants ne l'en empêchaient. C'est ce que nos modernes n'ont pas assez conçu. Ils s'imaginent qu'un corps pourrait être dans un parfait repos sans aucun effort, faute d'avoir entendu ce que c'est que la substance corporelle; car, à *mon avis* (au moins naturellement), *la substance ne saurait être sans action*. C'est par ce moyen qu'on connaît la substance du corps d'avec son étendue et que rien n'empêche que la substance d'un même corps ne puisse être appliquée à plusieurs lieux. Mais si la substance du corps n'était autre chose que l'étendue avec ses modifications ou figures, il semble qu'il y aurait autant de corps qu'il y a de lieux ou d'étendues qu'il occupe. Cependant je n'ai garde d'accuser messieurs les Cartésiens d'être contraires à ce qui est de foi, et je loue les efforts qu'ils font pour se sauver de cette difficulté; mais comme on y trouve beaucoup de peine, j'aime mieux me tenir à la voie la plus sûre, d'autant que je la trouve la plus raisonnable d'ailleurs[1]. »

Aussi bien, cela est manifeste. Même en 1691, pour ne pas remonter à trois ou quatre années en deçà, cette théorie dynamique de la substance, proposée par Leibniz, semble avoir exclusivement pour objet à ses yeux, d'expliquer ce qui est de foi. Elle manque de ce caractère de généralité, qui la rendra le support de toute une philosophie. Elle n'acquiert définitivement cette importance générale qu'en 1694, dans l'écrit in-

---

1. Dutens, t. I, p. 733.

titulé : *De primæ philosophiæ emendatione et de notione substantiæ. — D'une réforme de la philosophie première et de la notion de substance* [1].

Il y a plus, en 1695, Leibniz en est encore aux commentaires de cet écrit. « Depuis, dit-il, que j'ai parlé de fonder une nouvelle science dynamique, beaucoup d'hommes considérables, et de divers côtés, ont réclamé une plus ample explication de cette doctrine [2]. »

En 1695, Leibniz n'a même pas donné à sa théorie dynamique son expression définitive. « Avant toutes choses, écrit-il à Placcius, je voudrais en avoir fini avec ma dynamique. Je m'assure qu'elle me permet d'embrasser enfin les lois de la nature corporelle et de résoudre, relativement à l'action réciproque des corps, des problèmes que laissent insolubles les principes connus jusqu'ici [3]. »

C'est donc de 1691 à 1695 très-exactement qu'apparaît véritablement le principe qui appartient à Leibniz, que « la force est l'essence de toute substance. »

En résumé, Leibniz, dans les Universités allemandes, où il a passé sa jeunesse, s'est déjà imbu de Cartésianisme [4]. Pendant son séjour en France, de 1672 à 1676, il a vécu dans la familiarité des partisans les plus accrédités de cette grande philosophie. Il a compris

---

1. Erdmann, p. 121.
2. Dutens, t. III, p. 315. *Specimen dynamicum*, 1695.
3. *Id.*, t. VI, pars I, p. 60.
4. Sur l'histoire du mouvement Cartésien en Allemagne et particulièrement en Hollande, voyez M. F. Bouillier, *Histoire de la philosophie Cartésienne*, Paris, 1854, 2 vol. in-8º, t. I, p. 235, chap. XII et suiv.

toute la puissance de ses principes, reconnu tout le péril de leurs excès. Ce n'est même que plusieurs années après son retour à Hanovre que, de son propre aveu, il est parvenu à fixer décidément sa doctrine.

Tout originale qu'elle soit, cette doctrine a donc des antécédents, et son auteur un maître. Ce maître, c'est Descartes. Ces antécédents, ce sont les développements mêmes du Cartésianisme.

D'où vient néanmoins qu'en tout temps, au commencement, comme au milieu, comme à la fin de sa carrière, Leibniz s'est si expressément et avec tant de soin défendu d'avoir fait à Descartes aucun emprunt?

En 1669, dans sa lettre à Thomasius, nous l'avons entendu déclarer qu'il n'était rien moins que Cartésien [1].

En 1679, il adresse à Malebranche ces singulières paroles, qui forment une contradiction flagrante avec les circonstances que nous avons rapportées :

« Comme j'ai commencé à méditer lorsque je n'étais pas encore imbu des opinions cartésiennes, cela m'a fait entrer dans l'intérieur des choses par une autre porte et découvrir de nouveaux pays; comme les voyageurs qui font le tour de France suivant la trace de ceux qui les ont précédés, n'apprennent presque rien d'extraordinaire, à moins qu'ils soient fort exacts ou fort heureux; mais celui qui prend un chemin de traverse, même au hasard de s'égarer, pourra plus aisément rencontrer des choses inconnues aux autres voyageurs [2]. »

---

1. Erdmann, p. 48.
2. M. Cousin. *Fragments de philosophie Cartésienne*, p. 384. Lettre à Malebranche. — Cf. Dutens, t. VI, pars I, p. 304, *Leibnitiana*, LVI.

En 1711, il écrit à Bierlingius :

« Baillet a trop exalté Descartes, Daniel[1] l'a trop moqué ; l'un et l'autre ne l'a pas assez compris. La philosophie cartésienne est déjà moins florissante qu'il y a trente ans ; car, dès qu'il a fallu en venir aux applications, on a vu qu'on ne pouvait presque rien établir sur ses principes[2]. »

L'antagonisme d'Aristote contre Platon n'a jamais été clairement expliqué. Il est sans doute malaisé de rendre compte, par de meilleurs motifs, de la constante opposition de Leibniz à Descartes et au Cartésianisme.

N'y aurait-il pas à dire toutefois que Leibniz, offusqué peut-être de la gloire de Descartes, fut blessé aussi de l'esprit d'exclusion des Cartésiens, de leur prétention à l'empire des esprits, de l'injuste oubli où ils affectaient de tenir les anciens, pour donner plus de prix à ce qu'ils croyaient des nouveautés ?

Au contraire, jamais penseur ne connut mieux le passé que Leibniz et ne l'apprécia davantage. On peut même affirmer que ce fut lui qui introduisit dans la philosophie l'histoire de la philosophie, jusqu'alors ignorée ou trop négligée.

---

1. Le P. Daniel, Jésuite, auteur, entre autres ouvrages, du *Voyage autour du monde de Descartes*, 1690, 1696, réfutation du système des tourbillons. Cf. Dutens, t. V, p. 12, lettre II, à Montmort, 1714. « Je ne serais point fâché d'être informé des brochures du R. P. Daniel, Jésuite, dont, pour le dire entre nous, le *Voyage du Monde de Descartes*, quoique plein d'esprit, ne mé contente pas. Il ne paraît pas même trop informé des faits. »

2. Dutens, t. V, p. 370.

CHAPITRE V.

De l'éclectisme de Leibniz.

Durant des siècles, l'autorité d'Aristote avait régné sans partage. Les textes du Stagirite traduits, commentés, étaient devenus comme une sorte de raison écrite. Partout on invoquait son témoignage, ou on appliquait ses formules. Il semblait, à lui seul, résumer le passé.

Aussi la Renaissance ne fut-elle pas uniquement une émancipation de la pensée, longtemps paralysée ou asservie; ce fut, de plus, un salutaire retour, en tout sens, vers les traditions oubliées. Durant cette période à jamais célèbre, l'érudition donna ses ailes au génie.

Mais si alors on se montrait curieux des monuments de l'antiquité, ou, pour parler plus exactement, des antérieurs, on n'avait garde de jurer par la parole d'un maître,

Nullius addictus jurare in verba magistri.

Ce qui caractérise les novateurs de cette époque, c'est tout à la fois une érudition profonde, souvent même indigeste, et une indépendance poussée jusqu'à l'irrévérence ou à l'injustice. Chacun d'eux a la prétention de ne procéder et de ne relever que de soi-même.

Telle fut, très-particulièrement, la prétention avouée de Descartes. Ce hardi spéculatif se montre si peu préoccupé de ce qu'ont pu penser les autres hommes, qu'il déclare ne s'inquiéter pas même si jamais il y a eu des hommes avant lui[1]. Il tire, à la lettre, tous les développements de sa philosophie de la considération de son propre être.

A ce premier caractère du novateur, l'indépendance, faut-il ajouter chez Descartes le second caractère que nous avons assigné, l'érudition?

Plusieurs l'ont pensé. C'est ainsi qu'on a remarqué aisément que le *cogito ergo sum* se trouve en germe dans saint Augustin[2], ou encore que saint Anselme,

---

1. *Œuvres complètes de Descartes*, publiées par M. V. Cousin, Paris, 1824, 11 vol. in-8º. — T. II, p. 261, *Réponses aux Cinquièmes Objections* ; Descartes à Gassendi : « Vous devriez vous souvenir, ô chair, que vous parlez ici à un esprit qui est tellement détaché des choses corporelles qu'il ne sait pas même s'il y a eu aucun homme avant lui, et qui partant ne s'émeut pas beaucoup de leur autorité. »

2. *Id., ibid.*, p. 5, *Quatrièmes Objections*, faites par M. Arnauld. « La première chose que je trouve ici digne de remarque, est de voir que M. Descartes établisse pour fondement et pour principe de toute sa philosophie ce qu'avant lui saint Augustin, homme de très-grand esprit et d'une singulière doctrine, non-seulement en matière de théologie, mais aussi en ce qui concerne l'humaine philosophie, avait pris pour la base et le soutien de la sienne. »

« Je voudrais demander à des personnes équitables, remarquait excellemment Pascal, si ce principe, *la matière est dans une incapacité naturelle invincible de penser*, et celui-ci, *je pense, donc je suis*, sont en effet les mêmes dans l'esprit de Descartes et dans l'esprit de saint Augustin, qui a dit la même chose douze cents ans auparavant.

longtemps avant Descartes, avait prouvé l'existence de Dieu par l'idée de l'être parfait[1].

Pellisson et Huet vont plus loin. Ils reprochent à Descartes une ignorance affectée et un mépris calculé du pssé.

« Pour Descartes, dit Huet, quoiqu'il eût étudié avec soin les anciens philosophes et plusieurs des modernes, il affectait cependant de paraître les ignorer, pour être cru l'unique inventeur de sa doctrine. En quoi plusieurs de ses disciples l'ont trop suivi; car ils ont imité sa feinte ignorance par une ignorance véritable[2]. »

Leibniz devient, à son tour, l'écho de ces plaintes passionnées.

« J'ai entendu raconter à de très-doctes personnages que l'illustre Descartes n'avait pas été médiocrement confus, lorsqu'on lui eut montré que la plupart des maximes philosophiques, qu'il estimait de récentes découvertes, se trouvaient clairement exprimées, soit en physique soit en morale, dans Platon et dans Aristote, qu'il faisait néanmoins profession de mépriser ouvertement[3]. »

Et ailleurs :

« M. Descartes voulait qu'on crût qu'il n'avait guère lu. C'était un peu trop[4]. »

---

1. Cf. Baillet, *Vie de M. Descartes*, deuxième part., liv. VIII, ch. x, p. 530. *M. Descartes n'est plagiaire de personne. Une même chose peut avoir plusieurs inventeurs. Indifférence de M. Descartes pour ses propres inventions. Sa générosité envers ses plagiaires.*
2. Huet, *Traité philosophique de la faiblesse de l'esprit humain*, Amst., 1723, l. III, ch. x.
3. Erdmann, p. 67, *De stilo philosophico Nizolii*.
4. *Ibid.*, p. 722, *Lettre à Bourguet*, lettre III.

Enfin au dix-huitième siècle, Voltaire reproduit, avec l'ironie qui lui est propre, cette imputation :

.... Descartes....
N'ayant jamais rien lu, pas même l'Évangile[1] !

Qu'y a-t-il de vrai, qu'y a-t-il de faux dans de semblables accusations ?

Descartes, dans cette attachante autobiographie par où s'ouvre le *Discours de la Méthode*, n'a pas dissimulé les lectures de toutes sortes qu'il fit à la Flèche. « J'y avais appris, écrit-il, tout ce que les autres y apprenaient, et même, ne m'étant pas contenté des sciences qu'on nous enseignait, j'avais parcouru divers livres traitant de celles qu'on estime les plus curieuses et les plus rares, qui avaient pu tomber entre mes mains[2]. »

D'un autre côté, on voit par la correspondance de Descartes qu'il lisait très-habituellement la *Bible* et saint Thomas[3]. Ses lettres attestent de même qu'il n'était étranger à aucune des grandes doctrines de la philosophie.

« Platon dit une chose, Aristote en dit une autre, Épicure une autre, Télésius, Campanella, Brunus, Basso, Vaninus, et tous les novateurs, disent chacun diverses choses[4]. »

« Lorsque M. Fromondus pense impugner ma philosophie, il ne réfute rien autre chose que cette philosophie creuse et subtile, composée de vides et d'atomes, qu'on a coutume d'attribuer à Démocrite et à Épicure,

---

1. *OEuvres complètes*, p. 1127, *Les Systèmes*.
2. *OEuvres complètes*, t. I, p. 125, *Discours de la Méthode*, 1re partie.
3. Cf. Baillet, *opere citato*, 1re part., p. 286, liv. IV, chap. II. « Saint Thomas était l'auteur favori de M. Descartes, et presque l'unique théologien qu'il eût jamais voulu étudier. »
4. *Id., ibid*, t. VI, p. 146, *Lettres*.

ou quelques autres qui lui ressemblent et qui ne me regardent point du tout[1]. »

Descartes a même témoigné parfois de l'estime où il tenait l'esprit des anciens.

« Je ne m'étonne aucunement des extravagances qu'on attribue à tous ces anciens philosophes dont nous n'avons point les écrits, ni ne juge pas pour cela que leurs pensées aient été fort déraisonnables, vu qu'ils étaient des meilleurs esprits de leur temps, mais qu'on nous les a mal rapportées. Comme on voit aussi que presque jamais il n'est arrivé qu'aucun de leurs sectateurs les ait surpassés; et je m'assure que les plus passionnés de ceux qui suivent maintenant Aristote se croiraient heureux s'ils avaient autant de connaissance de la nature qu'il en a eu, encore même que ce fût à condition qu'ils n'en auraient jamais davantage. Ils sont comme le lierre qui ne tend point à monter plus haut que les arbres qui le soutiennent, et même qui descend après qu'il est parvenu jusqu'à leur faîte[2]. »

Il y a plus. Descartes a su discerner à merveille les avantages et les inconvénients de l'histoire de la philosophie.

« Nous devons lire les ouvrages des anciens, écrit Descartes, parce que c'est un grand avantage de pouvoir user des travaux d'un si grand nombre d'hommes, premièrement, pour connaître les découvertes qu'ils ont pu faire; secondement, pour être avertis de ce qui reste à découvrir dans toutes les sciences. Et toutefois il est à craindre qu'une lecture trop attentive, quelle que soit d'ailleurs notre défiance, n'introduise à notre

---

1. Descartes, *OEuvres complètes*, t. VI, p. 338, *Lettres*.
2. *Id.*, *ibid.*, t. I, p. 201. *Discours de la Méthode, sixième partie*

insu dans notre esprit quelques-unes des erreurs de ces ouvrages...

« Que dis-je? lors même que les écrivains seraient tous francs et clairs, et qu'ils ne nous donneraient jamais des choses douteuses pour des vérités, mais exposeraient tout de bonne foi; comme il est à peine une seule opinion émise par l'un dont le contraire ne soit soutenu par l'autre, nous ne saurions jamais auquel croire, et il ne nous servirait de rien de compter les suffrages pour suivre l'opinion qui en réunit le plus; car s'il s'agit d'une question difficile, il est plus croyable que la vraie solution a pu être trouvée par la minorité que par la majorité. Mais quand même nous serions d'accord, leur doctrine ne nous suffirait pas; car nous ne deviendrons jamais mathématiciens, sussions-nous par cœur toutes les démonstrations données par les autres, si notre esprit n'est capable lui-même de résoudre toute espèce de problèmes; et nous ne deviendrons jamais philosophes, eussions-nous lu tous les raisonnements de Platon et d'Aristote, si nous ne pouvons porter un jugement solide sur une proposition quelconque. Et, en effet, ce serait avoir appris non des sciences, mais de l'histoire[1]. »

Ainsi, en résumé, Descartes ne manquait pas d'une certaine érudition. Il a même parfois laissé paraître son estime pour l'antiquité.

Mais il a craint, en s'attachant trop à l'histoire, de perdre de vue la science. D'autre part, en n'invoquant jamais, dans ses ouvrages, le témoignage des anté-

---

1. Descartes, *OEuvres complètes*, t. XI, p. 209, *Règles pour la direction de l'esprit, troisième règle.*

rieurs, il a sans doute prétendu se soustraire à toute autorité.

Les reproches qu'on a pu lui adresser sont donc sinon mis à néant, du moins très-atténués.

Cependant il n'en reste pas moins que si Descartes n'a pas ignoré l'histoire de la philosophie, il l'a négligée. C'est à Leibniz que revient expressément l'honneur d'avoir vivifié les discussions philosophiques au moyen de l'érudition et de la critique.

Vérifiée, autorisée par l'histoire de la philosophie, la philosophie elle-même n'apparaît plus, dès lors, comme l'expression d'une doctrine individuelle, et, partant, contestable, mais, en quelque sorte, comme la voix du genre humain, qu'interprète la réflexion.

Son éducation, son génie, son ambition durent porter Leibniz à tenir en grande estime l'histoire de la philosophie.

I. Son éducation.

« Le hasard, écrit Leibniz, fit que Pacidius tomba d'abord sur les anciens. Il commença par n'y rien comprendre; peu à peu il y comprit quelque chose; il finit par en avoir une intelligence suffisante.... De là, passant aux modernes, il n'éprouvait que du dégoût pour les niaiseries sonores qui retentissaient alors dans les écoles[1]. »

Sous le nom de Guilielmus Pacidius, nous savons que c'était sa propre histoire que racontait Leibniz.

Les passages suivants, non plus que ce qui précède, ne laissent là-dessus aucun doute.

« J'avoue que tout jeune homme je m'enfonçai plus qu'on n'avait coutume de le faire autour de moi, dans

---

1. Erdmann, p. 91; *In specimina Pacidii introductio historica*.

les épines de la Scolastique. Mais, outre que je ne m'en suis jamais repenti, je me suis toujours senti plus disposé à corriger qu'à rejeter les opinions reçues. De là sont nées chez moi des vues conciliantes[1]. »

Et encore :

« Étant enfant, j'appris Aristote, et même les Scolastiques ne me rebutèrent point; et je n'en suis pas fâché présentement. Mais Platon aussi dès lors avec Plotin me donnèrent quelque contentement, sans parler d'autres anciens que je consultai. Par après, étant émancipé des écoles triviales, je tombai sur les modernes[2].... »

II. Son génie.

« Je ne méprise presque rien, écrivait Leibniz, excepté l'astrologie judiciaire et tromperies semblables[3]. »

« Gardons-nous, écrivait-il ailleurs, de nous montrer plus désireux de détruire que d'édifier, et au milieu des vicissitudes perpétuelles de la doctrine, ne nous laissons pas ballotter incertains au souffle d'esprits audacieux. Que le genre humain, bien plutôt, réprimant la fureur des sectes qu'engendre la stérile ambition d'innover, s'arrête à des dogmes définis. Ce point de départ assuré, on verra des progrès s'accomplir en philosophie non moins qu'en mathématiques. Les écrits des hommes illustres parmi les anciens aussi bien que parmi les modernes, offrent en effet nombre de vérités excellentes, qu'il conviendrait de recueillir,

---

1. Dutens, t. VI, pars I, p. 174, *Ad R. P. de Bosses, epistola* i.
2. *Id., ibid.*, p. 8, *Lettres à Montmort*, lettre i.
3. *Id., ibid.*, p. 211, *Lettres à Bourguet*, lettre iv. On sait que l'esprit curieux de Leibniz alla jusqu'à le faire s'introduire à Nuremberg dans une société de chimistes, ou plutôt d'alchimistes, qui travaillaient secrètement à la découverte de la pierre philosophale.

afin que le public en profitât. Certes, mes découvertes ont été assez heureuses pour que je pusse, suivant le conseil de mes amis, m'appliquer uniquement à mes propres pensées. Et pourtant je ne sais comment il arrive que d'ordinaire les pensées d'autrui ne me déplaisent pas et que je les apprécie toutes, quoique dans une mesure différente. Peut-être cela tient-il à ce qu'à remuer beaucoup de problèmes j'ai appris à ne rien mépriser [1]. »

III. Son ambition.

Leibniz, de très-bonne heure, s'irrite de l'esprit d'exclusion des Cartésiens. « Ce ne sont, dit-il, que des paraphrastes de leur maître [2]. » Il décline, il rejette, il combat, quelquefois même, nous le constaterons, sans opportunité ni vérité, l'autorité de Descartes. Or, comment amoindrir Descartes, sinon en montrant qu'il y a parmi les antérieurs des génies qui lui sont ou supérieurs ou égaux, et dont, après tout, il n'a fait que suivre les traces? « La meilleure réponse que messieurs les Cartésiens pourraient faire, écrit-il à l'abbé Nicaise, serait de profiter des avis de M. d'Avranches, de se défaire de l'esprit de secte, toujours contraire à l'avancement des sciences, de joindre à la lecture des excellents ouvrages de M. Descartes celle de quelques autres grands hommes anciens et modernes, de ne pas mépriser l'antiquité, où M. Descartes a pris une bonne partie de ses meilleures pensées, de s'attacher aux expériences et aux démonstrations, au lieu de ces raisonnements généraux qui ne servent qu'à entretenir l'oisiveté et à couvrir l'ignorance, de tâcher de faire quelques pas en

---

1. Dutens, t. III, p. 316, *Specimen dynamicum.*
2. Erdmann, p. 48, *Epistola ad Thomasium.*

avant, et de ne pas se contenter d'être de simples paraphrastes de leur maître, et de ne pas négliger ou mépriser l'anatomie, l'histoire, les langues, la critique, faute d'en connaître l'importance et le prix ; de ne pas s'imaginer qu'on sait tout ce qu'il faut, ou tout ce qu'on peut espérer ; enfin d'être modestes et studieux, pour ne pas s'attirer ce beau mot : *Ignorantia inflat*. J'ajouterai que je ne sais comment et par quelle étoile dont l'influence est ennemie de toute sorte de secrets, les Cartésiens n'ont presque rien fait de nouveau, et que presque toutes les découvertes ont été faites par des gens qui ne le sont point. Je ne connais que les petits tuyaux de M. Rohault qui ne méritent pas le nom de découverte d'un Cartésien. Il semble que ceux qui s'attachent à un seul maître s'abaissent par cette sorte d'esclavage, et ne conçoivent presque rien qu'après lui. Je suis sûr que si M. Descartes avait vécu plus longtemps, il nous aurait donné une infinité de choses importantes.... En un mot, j'estime infiniment M. Descartes : mais bien souvent il n'est pas permis de le suivre[1]. »

C'est pourquoi Leibniz conclut qu'il ne s'agit pas de reproduire Descartes, mais de le continuer.

En un mot, la philosophie qu'il professe se propose, par un tempérament aussi sage qu'il est équitable, de rapprocher le passé et le présent.

Nous ne reproduirons pas tous les jugements, si sûrs à la fois et si multipliés, que Leibniz a exprimés touchant les antérieurs. Ce serait nous jeter dans des transcriptions infinies[2].

---

1. Dutens, t. II, p. 243, *Lettre à l'abbé Nicaise*.
2. Voyez une remarquable thèse de M. Bertereau, *Leibniz considéré comme historien de la philosophie*. Paris, 1843, in-8º.

Contentons-nous de mentionner avec quelle impartialité rare ce grand esprit apprécie, d'une manière générale, l'antiquité, la scolastique, les modernes.

I. L'antiquité.

« Après avoir tout pesé, je trouve que la philosophie des anciens est solide, et qu'il faut se servir de celle des modernes pour l'enrichir et non pour la détruire[1]. »

II. La scolastique.

« Il faut rendre cette justice aux Scolastiques plus profonds, de reconnaître qu'il y a quelquefois chez eux des discussions considérables, comme sur le continuum, sur l'infini, sur la contingence; sur la réalité des abstraits, sur le principe de l'individuation, sur l'origine et le vide des formes, sur l'âme et sur ses facultés, sur le concours de Dieu avec les créatures, etc., et même en morale, sur la nature de la volonté et sur les principes de la justice; en un mot, il faut avouer qu'il y a de l'or dans ces scories[2]. »

III. Les modernes.

« Il serait temps de quitter ces animosités, que les Cartésiens se sont peut-être attirées en témoignant trop de mépris pour les anciens et pour l'école, où il y a pourtant aussi des solidités qui méritent notre attention; ainsi on doit se rendre justice de part et d'autre et profiter des découvertes des uns et des autres, comme on a droit de rejeter ce que les uns et les autres avancent sans fondement[3]. »

Connaître à fond tous les systèmes, en démêler le vrai et le faux, et, tout en rejetant les erreurs qu'ils

---

1. Erdmann, p. 146, *Lettre au P. Bouvet*.
2. *Id.*, p. 371, *Nouveaux Essais*, liv. IV, ch. VIII, § 5.
3. *Id.*, p. 735, *Lettre à Montmort*.

impliquent, recueillir avec une attention reconnaissante la part de vérité qu'ils renferment, ces impartiales dispositions traduites en pratique ont reçu une dénomination bien connue. Elles constituent ce qu'on appelle l'éclectisme. Aussi Leibniz peut-il, à bon droit, être considéré comme le père de l'éclectisme moderne[1].

Ses lectures, les heureux hasards de son enfance, les leçons qu'il reçut, en un mot son éducation; son vaste et compréhensif génie; les circonstances mêmes de polémique au milieu desquelles il vécut, tout le porta à une étude comparée, à une exposition bienveillante des théories les plus contraires, à un perpétuel effort pour les concilier.

Mais cette conciliation n'est pas le terme suprême de l'éclectisme. Il se propose, de plus, des acquisitions nouvelles. Ou encore, il y a deux éclectismes très-distincts.

L'un se contente de discuter les systèmes les plus considérables, dont l'ensemble constitue l'histoire de la philosophie, et, par cette discussion même, s'applique à montrer, malgré leurs apparentes dissonances, leur secrète harmonie.

L'autre, plus entreprenant et plus hardi, prétend aller plus loin qu'on n'a fait jusque-là. Les doctrines des antérieurs ne lui sont que des degrés qui lui servent à s'élever plus haut. Ou bien, pour emprunter à

---

1. Cf. Dutens, t. I, *Leibnitii Vita a Bruckero*, p. LIV. « Restat Ger« mania nostra, quæ tantæ felicitatis, quantam vera de rebus ad co« gnitionem humanam pertinentibus cura promittit, memor serius « quidem, quam reliquæ Europæ regiones, at satis eleganter exopta« toque successu in restituenda philosophia eclectica desudavit. Cui « par tanto conatui largita est providentia divina ingenium, Godofre« dum Guilelmum Leibnitium.... Is cum post Cartesium novam philo« sophiæ faciem valde memorabilem effinxerit, inter restauratores « philosophiæ eclecticæ suo jam merito est enarrandus. »

Bacon une image expressive, porté sur ces doctrines comme sur les épaules d'autrui, ses regards embrassent une plus vaste étendue et découvrent des terres ignorées.

Or, Leibniz a connu et pratiqué ces deux éclectismes. Et d'abord, il a connu l'éclectisme qui résume les doctrines des antérieurs, sans y rien ajouter.

« J'ai trouvé, dit-il, que la plupart des sectes ont raison dans une bonne partie de ce qu'elles avancent, mais non pas tant en ce qu'elles nient[1]. »

Et ailleurs :

« Lorsqu'on entre dans le fond des choses, on remarque plus de raison qu'on ne croyait dans la plupart des sectes des philososophes. Le peu de réalité substantielle des choses sensibles des Sceptiques; la réduction de tout aux harmonies, ou nombres, idées et perceptions des Pythagoristes et Platoniciens; et l'un et même un tout de Parménide et de Plotin, sans mélange de Spinozisme; la connexion Stoïcienne, compatible avec la spontanéité des autres; la philosophie vitale des Cabalistes et des Hermétiques, qui mettent du sentiment partout; les formes et les entéléchies d'Aristote et des Scolastiques; et cependant l'explication mécanique de tous les phénomènes particuliers, selon Démocrite et les modernes, etc.; se trouvent réunis comme dans un centre de perspective, d'où l'objet, embrouillé en regardant de tout autre endroit, fait voir la régularité et la convenance de ses parties : on a manqué par un esprit de secte en se bornant par la réjection des autres[2]. »

---

1. Erdmann, p. 702, *Lettre à Montmort.*
2. *Id., ibid.*, p. 153, *Lettre à Basnage.*

Certes, c'est une noble satisfaction que le génie se donne à lui-même, lorsqu'il sait de la sorte, à travers leurs contrariétés, démêler l'accord des doctrines, et perçant en quelque sorte les ténèbres, assigner le point de vue où la vérité se manifeste dans une pure lumière. Un pareil éclectisme offre d'assez beaux résultats.

Mais Leibniz a connu et pratiqué cet éclectisme supérieur, qui ne résume plus simplement le passé, mais qui y ajoute, préparant ainsi les déploiements de l'avenir. La devise de Pacidius est sa devise : *Plus ultra; toujours plus en avant.*

« Bien souvent je trouve qu'on a raison de tous côtés quand on s'entend, et je n'aime pas tant à réfuter et à détruire, qu'à découvrir quelque chose et à bâtir sur les fondements déjà posés[1]. »

« Après avoir assez médité sur l'ancien et sur le nouveau, j'ai trouvé que la plupart des doctrines reçues peuvent souffrir un bon sens. De sorte que je voudrais que les hommes d'esprit cherchassent à satisfaire à leur ambition, en s'occupant plutôt à bâtir et à avancer qu'à reculer et à détruire; et je souhaiterais qu'on ressemblât plutôt aux Romains qui faisaient de beaux ouvrages publics, qu'à ce roi vandale à qui sa mère recommanda que, ne pouvant pas espérer la gloire d'égaler ces grands bâtiments, il cherchât à les détruire[2]. »

« Outre que j'ai eu soin de tout diriger à l'édification, j'ai tâché de déterrer et de réunir les vérités ensevelies et dissipées sous les opinions des différentes

---

1. Dutens, t. I, p. 541, *Lettre à M. de Meaux.*
2. Erdmann, p. 219, *Nouveaux Essais*, liv. I, ch. II, § 21.

sectes de philosophes, et je crois y avoir ajouté quelque chose du mien pour faire quelques pas en avant[1]. »

Que les semences mêmes qu'il aura découvertes soient cultivées par autrui, Leibniz ne s'en affligera pas ; loin de là, il s'en réjouira.

« J'aime, écrit-il, à voir fructifier aussi dans les jardins des autres les semences que j'y ai moi-même déposées[2]. »

Citons enfin quelques lignes admirables des *Nouveaux Essais* :

« J'ai été frappé d'un nouveau système.... Depuis, je crois voir une nouvelle face de l'intérieur des choses. Ce système paraît allier Platon avec Démocrite, Aristote avec Descartes, les scolastiques avec les modernes, la théologie et la morale avec la raison. Il semble qu'il prend le meilleur de tous côtés, et que puis après il va plus loin qu'on n'est allé encore[3].... »

Aussi peut-on appliquer à Leibniz ce que Leibniz lui-même disait de Locke :

« Il est bon de faire la fonction *della Crusca*, c'est-à-dire de séparer le bon du mauvais. M. Locke le peut faire autant que qui ce soit, et de plus il nous donne des pensées considérables de son propre cru. Il n'est pas seulement essayeur, il est encore transmutateur, par l'augmentation qu'il donne du bon métal[4]. »

Oui, Leibniz n'est pas seulement *essayeur*, mais il est encore *transmutateur* par l'augmentation qu'il donne du bon métal.

---

1. Dutens, t. V, p. 8, *Lettre à Montmort.*
2. *Id.*, t. III, p. 252, *De solutionibus problematis Catenarii*, etc.
3. Erdmann, p. 205, *Nouveaux Essais*, liv. I, ch. I.
4. *Id.*, p. 138, *Réflexions sur l'Essai de l'entendement humain de M. Locke.*

Cette transmutation présente d'ailleurs de grandes délicatesses, et il ne faut pas avoir un discernement médiocre pour ne mêler au bon métal aucun alliage, pour ne pas confondre l'or avec le cuivre. En d'autres termes, l'éclectisme expose l'esprit à plus d'un écueil. On risque, en effet, à chercher dans le rapprochement de tous les systèmes l'élément d'une vérité supérieure et plus complète, on risque de tomber dans le syncrétisme, d'où naît le scepticisme. En outre, n'est-il pas à craindre que cette interprétation indulgente de toutes les doctrines ne jette l'âme dans les langueurs de l'indifférence?

L'éclectisme véritable échappe à ces mortels périls.

« L'éclectisme, écrit avec raison M. Cousin, n'est point une sorte d'équilibre incertain entre tous les systèmes. S'il discerne du vrai et du bien jusque dans les systèmes les plus faux, de l'excès et de l'erreur dans les systèmes les plus vrais; s'il entreprend de se défendre lui-même de tout mouvement irréfléchi et extrême, ce n'est pas à dire qu'il se condamne à cette impartialité pusillanime qui assiste à la lutte des opinions sans y prendre part et pour ainsi dire du haut d'un nuage. Non : bienveillant pour tous, comme sans aveuglement pour aucun, l'éclectisme a fait son choix parmi les systèmes; il a préféré hautement les uns aux autres, et à cause de leurs principes et à cause de leurs conséquences[1]. »

Tel est l'éclectisme de Leibniz. En premier lieu, il échappe au syncrétisme. Car ramenant tous les problèmes à un seul problème, celui de la création et des rapports des créatures avec le Créateur; posant d'autre

---

1. *Fragments de philosophie Cartésienne*, avant-propos, p. 1.

part des principes essentiels, le principe de contradiction et le principe de la raison suffisante ; c'est la solution de ces problèmes qu'il cherche dans toutes les doctrines ; c'est d'après ces principes qu'il les juge.

En second lieu, Leibniz n'amnistie pas tous les systèmes. A coup sûr, nul ne professe une tolérance plus entière que lui pour les doctrines et surtout pour leurs auteurs.

« Il serait à souhaiter, écrivait-il, que des hommes d'ailleurs illustres, quittant le vain espoir de s'emparer de la tyrannie dans l'empire de la philosophie, renonçassent aussi à l'ambition de former une secte. Car de là naissent les passions insensées des partis, de là des guerres littéraires stériles, qui compromettent la science et où se perd un temps précieux. Que n'imite-t-on les géomètres ! On ne distingue point parmi eux des Euclidistes, des Archimédistes, des Apolloniens. Une même secte les réunit tous ; car ils s'attachent tous à la vérité, d'où qu'elle vienne[1]. »

Leibniz voudrait donc qu'une seule secte réunît toutes les sectes, et on ne saurait trop applaudir à ces généreux sentiments. Mais cette indulgence n'est pas chez lui indifférence ; elle n'attiédit point son amour pour la vérité. Loin d'accepter également tous les systèmes, il en est qu'il repousse comme absolument pernicieux et qu'il condamne, ceux de Hobbes, de Spinoza, par exemple. « Nous devons penser, remarque-t-il quelque part avec fermeté, que d'autres, aussi

---

1. Dutens, t. V, p. 394. *Leibnitii notata quædam circa vitam et doctrinam Cartesii.* Il faut rapprocher de ce passage ces autres très-belles paroles de Leibniz : « Je me plais extrêmement aux objections des personnes habiles et modérées, car je sens que cela me donne de nouvelles forces, comme dans la fable d'Antée terrassé. »

persuadés que nous-mêmes, ont autant de droit de maintenir leurs sentiments et même de les répandre, s'ils les croient importants. On doit excepter les opinions qui enseignent les crimes qu'on ne doit point souffrir et qu'on a droit d'étouffer par les voies de la rigueur, quand il serait vrai même que celui qui les soutient ne peut point s'en faire, comme on a le droit de détruire une bête venimeuse, tout innocente qu'elle est. Mais je parle d'étouffer la secte et non les hommes, puisqu'on peut les empêcher de nuire et de dogmatiser[1]. »

Enfin, ajoutons que Leibniz n'a cessé d'avoir les yeux fixés sur la théologie chrétienne, et que c'est à la lumière de ce flambeau qu'il a su accomplir toutes ses explorations. Effectivement, s'il tient « que la raison est une révélation naturelle, dont Dieu est l'auteur, de même qu'il l'est de la nature, » il professe aussi « que la révélation est une raison surnaturelle, c'est-à-dire une raison étendue par un nouveau fonds de découvertes, émanées immédiatement de Dieu[2]. »

Dans cette scrupuleuse et fructueuse révision du passé, Aristote seul semblait avoir frayé la voie au philosophe de Hanovre. On sait en effet que cet analyste incomparable a consacré le premier livre de sa *Métaphysique* à s'enquérir des doctrines de ceux qui l'ont précédé et à les résumer[3].

Leibniz a fait à la fois plus et moins qu'Aristote. Il a fait moins que le Stagirite ; car ce n'est pas de suite, mais par occasion, et pour ainsi dire d'une manière discursive, qu'il a examiné les systèmes des antérieurs.

---

1. Erdmann, p. 387, *Nouveaux Essais*, l. IV, ch. XVI, § 4.
2. *Id.*, p. 406, *Nouveaux Essais*, liv. IV, chap. XIX, § 4.
3. Voy. une thèse de M. Jacques : *Aristote considéré comme historien de la philosophie.* Paris, 1837, in-8.

Il a fait plus que lui; car, outre qu'il a embrassé un champ nécessairement beaucoup plus vaste, son enquête a été plus impartiale et plus large. « La vérité, écrivait excellemment Leibniz, la vérité est plus répandue qu'on ne pense ; mais elle est très-souvent fardée et très-souvent aussi enveloppée, et même affaiblie, mutilée, corrompue par des additions qui la gâtent ou la rendent moins utile. En faisant remarquer ces traces de la vérité dans les anciens, ou, pour parler plus généralement, dans les antérieurs, on tirerait l'or de la boue, le diamant de la mine et la lumière des ténèbres; et ce serait en effet *perennis quædam philosophia*[1]. »

Leibniz, en introduisant dans la philosophie l'histoire même de la philosophie, obéissait à l'idée de progrès qu'Aristote ne soupçonnait pas[2], et tandis qu'Aristote ne rappelait guère la tradition que pour en marquer les faiblesses et la négliger, c'était sur la base de la tradition que Leibniz s'efforçait d'asseoir son propre système.

C'est donc en invoquant la tradition, autant qu'au nom de sa propre doctrine, que Leibniz entreprendra de corriger ou de réfuter les théories de ses trois grands contemporains, Descartes, Spinoza et Locke.

---

1. Dutens, t. V, p. 13, *Lettre à Montmort.*
2. Cf. *Id.*, *ibid.*, p. 370, *Epistola ad Bierlingium.* « Si pergit ge-
« nus humanum, quo cœpit gradu, mirabitur aliquando non expectatas
« opes.
   « Post aliquot, mea regna videns, mirabor aristas. »

LIVRE II.

POLÉMIQUE DE LEIBNIZ.

CHAPITRE I.

Polémique contre Descartes.

Dogmatique et critique à la fois, Leibniz a procédé à l'établissement de ses propres principes par la discussion des systèmes antérieurs et notamment par l'examen des théories de ses trois illustres contemporains, Descartes, Spinoza et Locke.

La doctrine de Leibniz se trouve répandue dans tous ses écrits, où il est intéressant d'en suivre le développement, d'en constater les évolutions, d'en remarquer les modifications successives. Exposée et justifiée dans les *Lettres à Arnauld*, condensée dans quelques écrits spéciaux, tels que la *Monadologie*, elle reçoit dans la *Théodicée* sa complète expression et ses applications suprêmes.

La critique de Leibniz, comme sa doctrine, se reproduit à chaque instant et se multiplie sous sa plume agile. Mais elle prend corps, en quelque sorte, dans quelques traités particuliers.

Les *Nouveaux Essais* sont une réfutation pied à pied de l'*Essai* de Locke *concernant l'entendement humain*.

De la même manière et dans un écrit tout spécial,

dont la teneur se retrouve d'ailleurs en cent endroits, Leibniz a réfuté une à une les principales propositions de l'*Éthique*, du *Tractatus theologico-politicus*, du *Traité de la Réforme de l'Entendement*, des *Lettres* même de Spinoza[1].

Contre Descartes enfin, en même temps qu'il ne cesse de protester dans de nombreux passages de sa correspondance, il rédige expressément les pages intitulées *Animadversiones ad Cartesii principia*. C'est une critique détaillée du livre des *Principes*[2].

La date tout ensemble et l'importance exigent qu'on assigne à la critique dirigée contre Descartes le premier rang.

Il faut bien commencer par le reconnaître. La doc-

---

1. *Réfutation inédite de Spinoza*, par Leibniz, précédée d'un mémoire, par M. Foucher de Careil, Paris, 1854. 1 vol. in-8.
Erdmann avait déjà signalé de nombreux extraits de l'*Éthique*, faits de la main de Leibniz. « Inter schedas Leibnitianas Hanoveræ videre « est excerpta facta e Spinozæ Ethica tam accurata ut e libro I et « libro IV, ne una quidem propositio omissa sit, et excerptis hæc verba « inscripta : hæc partim mea, partim aliena, aliena vero corrigenda. » (*Leibnitii opera*, etc., præfatio, p. 11.)
2. *Leibnitii Animadversiones ad Cartesii principia philosophiæ*, 1 vol. in-8, Bonn, 1844, publication faite par M. Guhrauer. — Voy. dans le *Journal des Savants*, année 1850, les articles de M. Cousin sur cette publication de M. Guhrauer.
« J'avais fait quelques remarques sur la première et la deuxième partie des *Principes* de M. Descartes, qui comprennent la partie générale de sa philosophie, et je les ai envoyées en Hollande pour être vues avant l'impression par des habiles gens, tant Cartésiens qu'autres, pour profiter de leur avis. » (M. Cousin, *Fragments de philosophie moderne*, 1 vol. in-8, Paris, 1838, p. 229.) Ce passage d'une lettre écrite par Leibniz à l'abbé Nicaise, le 31 janvier 1693, fixe la date des *Animadversiones* au plus tard vers 1692. — Cf. Dutens, t. II, pars I, p. 244. — *Correspondance* de Leibniz et de Jacques Bernouilli : « Ani« madversiones meæ in partem generalem Principiorum Cartesianorum « scriptæ sunt ad captum lectorum, qui profundiora non attingant. » (Leibniz à Bernouilli, 1697; t. I, p. 289.)

trine cartésienne est la grande préoccupation de Leibniz, et s'il s'applique constamment à en signaler, à en redresser les erreurs, c'est qu'aussi le crédit de Descartes l'importune et qu'il se sent comme offusqué par l'éclat de ce grand nom. De là, dans les jugements qu'il porte si fréquemment sur l'homme et sur sa doctrine, un mélange singulier d'admiration et de dénigrement, d'adhésion enthousiaste et de malveillantes restrictions.

« M. Descartes, écrivait-il à Malebranche, allait trop vite, et sa qualité de chef de secte le rendait décisif. Sa hardiesse est utile et donne des lueurs de vérité, mais il n'est point sûr de le suivre. Il serait temps qu'on donnât congé au nom de secte[1]. »

Suivant Leibniz, en effet, l'ambition de fonder une secte, non l'amour de la vérité, a été le mobile principal des entreprises philosophiques de Descartes. C'est pourquoi ce maître, que ses disciples révèrent à l'égal d'un oracle, a pris à tâche d'abolir le passé, et, autant qu'il était en lui, par effort de silence, de supprimer les antérieurs.

« L'esprit de secte et l'ambition de celui qui prétendra s'ériger en chef de parti fait grand tort à la vérité et aux progrès des sciences. Un auteur qui a cette vanité en tête tâche de rendre les autres méprisables, il y cherche à faire paraître leurs défauts; il supprime ce qu'ils ont dit de bon et tâche de se l'attribuer sous un habit déguisé. Et il ne songe pas qu'en payant d'ingratitude ses prédécesseurs il laisse un mauvais exemple à la postérité, et pourra être traité de même;

---

1. M. Cousin, *Fragments de philosophie Cartésienne*, p. 407; *Correspondance inédite de Leibniz et de Malebranche*.

il enlève la gloire à ceux qui la méritent et rebute d'autres qui pourraient être animés par leurs exemples à bien faire ; il fait naître des jalousies et des contestations avec perte d'un temps précieux et du repos nécessaire pour les découvertes de conséquence.... Tout ceci est arrivé à Descartes et à beaucoup de Cartésiens. Ce philosophe cherche d'abord de faire mépriser tous les autres ; il parle d'une étrange manière dans ses lettres des plus habiles hommes de son temps, et il met une vanité étrange dans ses expressions, accompagnées de quelques finesses peu louables.... — Il cite rarement les auteurs, et il ne loue presque jamais. Cependant une grande partie de ses meilleures pensées était prise d'ailleurs ; à quoi personne ne trouverait à redire s'il l'avait reconnu de bonne foi[1]. »

S'il fallait en croire Leibniz dans la suite de la lettre dont nous venons de rapporter quelques passages, Descartes n'aurait presque rien en propre et qu'il ne dût à ses lectures.

« Enfin Descartes voulait faire croire qu'il avait peu lu et qu'il avait plutôt employé son temps aux voyages

---

1. M. Foucher de Careil, *Nouvelles lettres et opuscules inédits de Leibniz*. Paris, 1857, 1 vol. in-8, p. 12. — Cf. M. Cousin, *Fragments de philosophie moderne*, p. 234.

« M. Descartes avait la coutume de défigurer d'une étrange façon ceux qui lui faisaient ombrage. » (Lettre de Leibniz à l'abbé Nicaise.)— Dutens, t. V, p. 394. « Denique fuit Cartesius, ut a viris doctis dudum
« notatum est, et ex epistolis nimium apparet, immodicus contemtor
« aliorum et famæ cupiditate ab artificiis non abstinens, quæ parum
« generosa videri possunt. Atque hæc profecto non dico animo ob-
« trectandi viro, quem mirifice æstimo, sed eo consilio, ut suum cui-
« que tribuatur, nec unus omnium laudem absorbeat; justissimum
« enim est, ut inventoribus suus honos constet, nec sublatis virtutum
« præmiis præclara faciendi studium refrigescat. » (*Notata quædam circa vitam et opera Cartesii.*)

et à la guerre. C'est à quoi tendent les contes qu'il fait dans sa *Méthode*. Mais l'on sait qu'il avait fait son cours dans le collége; le style fait connaître sa lecture; la guerre ne l'avait guère occupé qu'autant qu'il fallait pour n'y être pas entièrement ignorant. Et les voyages lui donnèrent la commodité d'étudier, de voir les bons auteurs et les habiles gens.

« C'est grand dommage, concluait Leibniz, qu'il n'ait pas vécu autant que M. Hobbes et M. Roberval; le genre humain lui aurait de grandes obligations, et il se serait peut-être corrigé en bien d'endroits. Jouissons de ce qu'il a de bon, sans nous infecter de son système et de l'esprit de secte; mais surtout tâchons de l'imiter en faisant des découvertes; c'est la véritable manière de suivre les grands hommes et de prendre part à leur gloire sans leur rien dérober [1]. »

Ces dernières paroles sont empreintes d'une véritable noblesse et il est impossible de ne pas en être touché. Mais on avouera que tout ce qui précède est dur, âpre, excessif. Avant de réfuter la doctrine de Descartes, on dirait que Leibniz s'applique à la discréditer. A l'entendre, Descartes était moins un philosophe qu'un sophiste; au lieu de contribuer au progrès de la pensée humaine, par son ambition il y a été un empêchement; il a mis son orgueil à paraître original, et cependant il n'a vécu que d'emprunts. Qu'est-ce d'ailleurs que toute la doctrine cartésienne? A peu près tout entière un roman.

« Descartes, écrivait Leibniz à Malebranche, Descartes a dit de belles choses; c'était un esprit pénétrant et judicieux au possible. Mais, comme il n'est pas possible de tout faire à la fois, il n'a fait que donner

---

1. M. Foucher de Careil, *Nouvelles lettres*, etc., p. 18.

de belles ouvertures, sans être arrivé au fond des choses; et il me semble qu'il est bien éloigné de la véritable analyse et de l'art d'inventer en général. Car je suis persuadé que sa Mécanique est pleine d'erreurs, que sa Physique va trop vite, que sa Géométrie est trop bornée, et, enfin, que sa Métaphysique est tout cela ensemble.

« Pour ce qui est de sa Métaphysique, vous avez fait voir vous-même son imperfection, et je suis tout à fait de votre sentiment touchant l'impossibilité qu'il y a de concevoir qu'une substance, qui n'a rien que l'étendue sans pensée, puisse agir sur une substance qui n'a rien que la pensée sans étendue. Mais je crois que vous n'avez fait que la moitié du chemin, et qu'on en peut tirer d'autres conséquences que celles que vous faites. A mon avis, il s'ensuit que la matière est quelque autre chose que l'étendue toute seule.

« Je suis tout à fait de votre sentiment, lorsque vous dites que Dieu agit de la plus parfaite manière qui soit possible.

« Je trouve aussi que vous faites un très-bel usage des causes finales, et j'ai une mauvaise opinion de M. Descartes qui les rejette, aussi bien que de quelques autres de ses endroits où le fond de son âme paraît entr'ouvert.

« Si j'ai du loisir, j'espère de faire qu'on reconnaisse, par quelque chose d'effectif, combien il s'en faut que M. Descartes nous ait donné le fond de la vraie méthode; et, sans parler d'autres choses, on verra alors qu'il y a déjà moyen d'aller au delà de sa Géométrie, bien plus que la sienne passe celle des anciens. »

Malebranche répondait sèchement :

« Je ne crois pas bien des choses que vous dites de

M. Descartes. Quoique je puisse démontrer qu'il s'est trompé en plusieurs endroits, je vois clairement, ou je suis le plus stupide des hommes, qu'il a eu raison en certaines choses que vous reprenez en lui[1]. »

S'il est vrai « que la Mécanique de Descartes est pleine d'erreurs, que sa Physique va trop vite, que sa Géométrie est trop bornée, et enfin, que sa Métaphysique est tout cela ensemble, » on se demande ce qu'il reste du Cartésianisme.

Tenons-nous-en à la critique de la Métaphysique cartésienne par Leibniz, et nous aurons sans doute à y apporter avec Malebranche de nombreuses restrictions. En un mot, voyons si cette critique justifie cette parole,

---

1. M. Cousin, *Fragments de philosophie Cartésienne*, p. 371 ; *Correspondance inédite de Leibniz et de Malebranche.*— Cf. Erdmann, p. 120 ; *Extrait d'une lettre à M. l'abbé Nicaise sur la philosophie de M. Descartes.* — M. Cousin, *Fragments de philosophie moderne*, p. 158 et 159 ; *Remarques de Huygens sur la vie de Descartes, par Baillet.* « M. Descartes avait trouvé la manière de faire prendre ses conjectures pour des vérités. Et il arrivait à ceux qui lisaient ses *Principes de philosophie* quelque chose de semblable qu'à ceux qui lisent des romans qui plaisent et font la même impression que les histoires véritables.... A l'heure qu'il est, je ne trouve presque rien que je puisse approuver comme vrai dans toute sa Physique, ni Métaphysique, ni Météores.... M. Descartes, qui me paraît avoir été fort jaloux de la renommée de Galilée, avait cette grande envie de passer pour auteur d'une nouvelle philosophie. Ce qui paraît par ses efforts et par ses espérances de la faire enseigner aux académies à la place de celle d'Aristote, de ce qu'il souhaitait que la Société des Jésuites l'embrassât, et enfin parce qu'il soutenait à tort et à travers les choses qu'il avait une fois avancées, quoique souvent très-fausses.... Nonobstant ce peu de vérité que je trouve dans le livre des *Principes* de M. Descartes, je ne disconviens pas qu'il ait fait paraître bien de l'esprit à fabriquer, comme il a fait, tout ce système nouveau.... Ce n'est pas aussi sans l'avoir bien mérité, qu'il s'est acquis beaucoup d'estime ; car à considérer seulement ce qu'il a écrit et trouvé en matière de géométrie et d'algèbre, il doit être réputé un grand esprit. » Il fallait rapprocher des paroles de Leibniz ces paroles à peu près identiques de Huygens.

souvent répétée par Leibniz, que « le Cartésianisme n'est que l'antichambre de la véritable philosophie[1]. »

Tout Descartes est dans sa Méthode. Si je vaux quelque chose, disait ce grand homme, c'est par ma Méthode[2]. Or, la méthode de Descartes consiste dans le doute. Mais ce doute ne se doit point confondre avec celui des sceptiques, qui ne doutent que pour douter. « Il ne faut point douter pour douter, écrivait Leibniz, il faut que les doutes nous servent de planche pour parvenir à la vérité[3]. » C'était précisément là le doute qu'avait inauguré Descartes, doutant uniquement afin d'arriver à ne douter plus[4].

Leibniz ne laisse pas que d'infirmer la Méthode cartésienne.

Descartes, il est vrai, a pu exagérer les applications de sa Méthode, et son doute devient hyperbolique lorsqu'il suppose, par exemple, que Dieu a peut-être voulu nous créer pour l'erreur[5]. C'est pourquoi Leibniz a rai-

---

1. Dutens, t. II, pars I, p. 263. — Cf. *Id.*, t. V, p. 358. « Quod ad « ea attinet, quæ de philosophia habes, recte non negligis Cartesium, « cujus ego philosophiam tanquam veræ vestibulum habeo, Gallus ante- « cameram diceret. Interim fere tantum a Cartesio, quantum ab Aristo- « tele, abeundum censeo. » (*Epist. ad Bierlingium.*) — Erdmann, p. 142, *Réponse aux Réflexions*. « J'ai coutume de dire que la philosophie cartésienne est comme l'antichambre de la vérité, et qu'il est difficile de pénétrer bien avant, sans avoir passé par là, mais on se prive de la véritable connaissance du fond des choses, quand on s'y arrête. »
2. Descartes, *OEuvres complètes*, t. I, p. 123; *Discours de la Méthode, première partie.*
3. Erdmann, p. 606, *Théodicée*, P. III, 353.
4. Descartes, *OEuvres complètes*, p. 153, *Discours de la Méthode, troisième partie.* « Non que j'imitasse pour cela les sceptiques, qui ne doutent que pour douter, et affectent d'être toujours irrésolus; car, au contraire, tout mon dessein ne tendait qu'à m'assurer, et à rejeter la terre mouvante et le sable pour trouver le roc ou l'argile. »
5. *Id., ibid*, p. 241, *première Méditation.*

son de remarquer qu'admettre un semblable doute, c'est donner l'esprit en proie à un irrémédiable scepticisme.

« Qu'on puisse une fois raisonnablement douter si nous ne sommes pas faits pour nous tromper, même dans les choses les plus évidentes, et ce doute se trouvera absolument insurmontable à Descartes lui-même, car il fera toujours obstacle à quelque évidence que ce soit…. En somme, il ne suffit pas de nier Dieu pour poser un tel doute, non plus que pour le dissiper il ne suffit pas d'admettre Dieu. »

Mais Leibniz n'accuse pas seulement Descartes d'avoir trop douté ; il le blâme aussi d'avoir douté trop peu.

« Descartes est doublement reprochable, et pour avoir douté avec excès, et pour s'être trop aisément désisté de son doute [1]. »

Il y a plus. Leibniz ne veut voir parfois dans le doute méthodique qu'un artifice, auquel Descartes aurait eu recours pour éveiller la curiosité et étonner les esprits.

« M. Descartes a fait comme les charlatans qui, pour attirer le monde et donner du débit de leurs remèdes, mettent des théâtres en public où ils font voir des bouffonneries et autres choses extraordinaires, mais peu nécessaires. Ainsi, tout ce qu'il dit, qu'on doit douter de tout, qu'on doit mettre les choses douteuses pour fausses, n'a servi qu'à le faire écouter, à faire du bruit, à attirer le monde par la nouveauté, et à se faire même contredire pour être plus célèbre. Mais il a eu soin de se conserver un moyen d'expliquer raisonnablement ses paradoxes [2]. »

---

1. *Correspondance avec Bernouilli*, t. I, p. 196.
2. M. Foucher de Careil, *Nouvelles lettres et opuscules inédits*, p. 12.

Une telle critique, manifestement, manque de justice autant que de dignité. Aussi bien, Leibniz ne l'a-t-il point publiquement produite.

Revenant au pur philosophique et à l'examen de la méthode cartésienne, Leibniz remarque que le *cogito, ergo sum* n'est pas la seule vérité primitive de fait, et que Descartes a eu le tort de s'y borner en rejetant les autres.

« Pour ce qui est des vérités primitives de fait, ce sont les expériences immédiates internes d'une immédiation de sentiment. Et c'est ici qu'a lieu la première vérité des Cartésiens ou de saint Augustin : *Je pense, donc je suis;* c'est-à-dire je suis une chose qui pense.... Mais.... non-seulement il m'est clair immédiatement que je pense, mais il m'est tout aussi clair que j'ai des pensées différentes ; que tantôt je pense à A, que tantôt je pense à B, etc. Ainsi le principe cartésien est bon, mais il n'est pas le seul de son espèce. On voit par là que toutes les vérités primitives de raison ou de fait, ont cela de commun qu'on ne saurait les prouver par quelque chose de plus certain[1]. »

Leibniz ajoute que cette autre vérité, par exemple, « le même est le même, » ne le cède point en évidence au principe cartésien, « je pense, donc je suis. »

Que Descartes n'ait pas suffisamment démêlé la complexité de ce fait primitif « je pense, donc je suis; » que sous cette dénomination générale de pensée il ait confondu les éléments distincts quoique intégrants de notre nature spirituelle, c'est ce qui reste incontestable et ce qui apparaîtra bientôt très-pleinement.

Mais, on l'a observé, entre le « cogito » et le prin-

---

1. Erdmann, p. 340, *Nouveaux Essais*, liv. IV, chap. II. — Cf. *Ibid.*, p. 362.

cipe de contradiction, il y a d'essentielles différences. L'un est logique, l'autre est psychologique. « En rappelant donc à Descartes, à propos du « je pense, » l'axiome « ce qui est, est, » Leibniz ramène la philosophie vers le passé et vers l'école. »

C'est qu'en effet Leibniz s'abuse sur l'importance du principe de contradiction, essentiel ressort du procédé déductif.

A coup sûr, si Descartes a erré et abandonné la réalité pour des hypothèses, cela tient, en grande partie, à ce que, fatigué bientôt des lenteurs de l'observation psychologique, il s'est laissé aller aux entraînements de la méthode des géomètres. Leibniz, néanmoins, accuse Descartes de n'avoir pas assez constamment employé le procédé des géomètres. Comme si la déduction ne supposait pas des prémisses, que la seule observation peut fournir! Comme si le principe de contradiction était un instrument de découverte, et non pas simplement un principe régulateur de la pensée!

Tel est l'état que fait Leibniz du principe de contradiction, qu'il y voit un criterium de certitude bien préférable au criterium cartésien de l'évidence.

« Ce criterium de l'évidence a besoin d'être expliqué, car j'ai vu souvent invoquer l'évidence là où il n'y avait rien d'évident. »

Or, « Descartes (t. II, Epist. 92, p. 415) avoue qu'il n'a aucun autre moyen de reconnaître quelle proposition doit être tenue pour principe, que de rejeter les préjugés, ou encore que de rejeter toutes les choses dont on peut douter. Mais il n'explique pas quelles sont ces choses dont on peut douter[1]. »

---

1. Dutens, t. VI, pars I, p. 319, *Leibnitiana*, CXIX.

Pour être assurés que nos perceptions sont vraies, il faut, suivant Leibniz, nous demander si elles sont bien liées entre elles[1]. Et Leibniz ne s'aperçoit pas que pour être certains que nos idées sont bien liées entre elles, il est nécessaire que nous le voyions avec évidence. En d'autres termes, pour que deux idées impliquent ou n'impliquent pas entre elles contradiction, il faut qu'il nous soit évident qu'elles impliquent ou n'impliquent pas contradiction. Le criterium de la contradiction peut donc, après coup, vérifier le criterium de l'évidence ; mais il lui doit toute sa force et le suppose.

Avec plus d'opportunité, Leibniz observe que si les idées claires ont une puissance effective, il faut se garder aussi de rejeter les idées obscures. Bossuet, de son côté, avait jugé important d'apporter à la doctrine cartésienne cette restriction et ce tempérament.

En effet, dans la lettre même où Bossuet déclare « qu'il voit un grand combat se préparer contre l'Église sous le nom de philosophie cartésienne, » il ajoute :

« Sous prétexte qu'il ne faut admettre que ce qu'on voit clairement, ce qui, réduit à certaines bornes, est très-véritable, chacun se donne la liberté de dire, j'entends ceci et je n'entends pas cela ; et sur ce seul fondement, on approuve et on rejette tout ce qu'on veut, sans songer qu'outre nos idées claires et distinctes, il y en a de confuses et de générales qui ne laissent pas d'enfermer des vérités si essentielles, qu'on renverserait tout en les niant. Il s'introduit, sous ce prétexte, une liberté de juger, qui fait que sans

---

1. Erdmann, p. 80, *Meditationes de cognitione, veritate et ideis.*

égard à la tradition on avance témérairement tout ce qu'on pense[1]. »

Au nom de la théologie et de la tradition, Bossuet veut qu'on reconnaisse l'importance des idées confuses. — Leibniz l'exige au nom de la philosophie, ou mieux encore au nom de sa philosophie, et reproduit presque littéralement le langage de l'évêque de Meaux :

« Il y a des hommes de notre temps qui abusent étrangement de ce principe si vanté : tout ce que je conçois clairement et distinctement d'une chose est vrai, ou peut s'affirmer de cette chose. Souvent en effet on voit des hommes, dont le jugement se précipite, prendre pour claires et distinctes des idées qui sont obscures et confuses[2]. »

« Nous ne sommes jamais sans perceptions, mais il est nécessaire que nous soyons souvent sans aperceptions, savoir lorsqu'il n'y a point de perceptions distinguées. C'est faute d'avoir considéré ce point important qu'une philosophie relâchée et aussi peu noble que peu solide a prévalu auprès de tant de bons esprits ; que nous avons ignoré presque jusqu'ici ce qu'il y a de plus beau dans les âmes[3]. »

De la critique que Leibniz a faite de la méthode de Descartes, passons à sa critique de la doctrine cartésienne.

« De notre temps, écrivait Leibniz à Bossuet (1693), quelques excellents hommes ont donné leurs soins jusqu'à la métaphysique. Il faut avouer que M. Descartes a fait encore en cela quelque chose de considérable ;

---

1. Bossuet, *OEuvres complètes, édition de Poissy*, 1845-1846, 30 vol. in-12, t. XXVI, p. 202. *Lettre à un disciple du P. Malebranche*.
2. Erdmann, p. 81, *Meditationes de cognitione*, etc.
3. *Id*, p. 246, *Nouveaux Essais*, liv. II, chap. xix.

qu'il a rappelé les soins que Platon a eus de tirer l'esprit de l'esclavage des sens, et qu'il a fait valoir les doutes des Académiciens. Mais étant allé trop vite dans les affirmations et n'ayant pas assez distingué le certain de l'incertain, il n'a pas obtenu son but. Il a eu une fausse idée de la nature du corps, qu'il a mis dans l'étendue toute pure, et il n'a pas vu le moyen d'expliquer l'union de l'âme avec le corps. C'est faute de n'avoir pas connu la nature de la substance en général : car il passait par une manière de saut à examiner les questions difficiles, sans en avoir expliqué les ingrédients[1]. »

On peut avancer, en gros, que toute la réforme du Cartésianisme tentée par Leibniz consiste dans une substitution du dynamisme au mécanisme.

Cela posé, entrons dans le détail :

I. En professant que l'essence de l'âme consiste dans la pensée, l'essence du corps dans l'étendue, Descartes compromet l'activité des créatures et tend à annuler, presque à anéantir toute substance finie.

L'étendue, d'après Leibniz, n'est qu'un phénomène, et la pensée n'est qu'un phénomène. Ne voir dans l'âme que la pensée et dans le corps que l'étendue, c'est ne voir dans l'âme et dans le corps que des attributs et des attributs sans sujet. Car la pensée suppose un sujet qui pense, de même que l'étendue suppose un sujet qui soit étendu.

Ici, hâtons-nous de le remarquer, la critique de Leibniz est injuste, lorsqu'il prétend que Descartes a pris la pensée et l'étendue pour la substance pensante et pour la substance étendue. Descartes n'a jamais prétendu que la pensée et l'étendue n'ont point réelle-

---

1. Bossuet, *OEuvres complètes*, t. XXVI, p. 273.

ment de sujet; au contraire, il l'a parfaitement établi, notamment dans ses *Principes*[1].

C'est ce que Bossuet reconnaissait contre Leibniz : « Toutes les fois que M. de Leibniz, lui écrivait-il, entreprendra de prouver que l'essence du corps n'est pas dans l'étendue actuelle, non plus que celle de l'âme dans la pensée actuelle, je me déclare hautement pour lui. J'ai même travaillé sur ce sujet; et je prétends pouvoir démontrer par M. Descartes, qu'il n'a point sur cela un autre sentiment que celui de l'École. En cela donc, comme en beaucoup d'autres choses, ses disciples ont fort embrouillé ses idées[2]. »

Ce qui est vrai, c'est que par sa théorie de l'essence, Descartes a été conduit à fausser, à altérer la notion de la substance. Or c'est cette notion que restitue Leibniz, en définissant la substance une force, et une force simple, une monade. Dans le monde, il n'y a ni esprit, ni matière. Il n'y a que des monades.

En créant les êtres, Dieu leur a donné une énergie durable, qui est devenue leur loi, « impressionem crea- « tam in ipsis perdurantem, aut legem insitam[3]. »

A l'universelle passivité, Leibniz substitue une universelle activité.

De cette première critique, ou réforme, en découle une seconde.

II. En creusant par sa définition comme un abîme entre l'âme et le corps, Descartes s'est mis dans l'impossibilité d'expliquer leur union et leurs rapports. En

---

1. Descartes, *OEuvres complètes*, t. III, p. 105; *Principes*, première partie, 63-64.
2. Bossuet, *OEuvres complètes*, t. XXVI, p. 277.
3. Erdmann, p. 156, *De ipsa natura, sive de vi insita actionibusque creaturarum*, 1698.

vain il parle de *création continue*. Il semble, dit Leibniz, « qu'il avait quitté la partie là-dessus, autant qu'on le peut connaître par ses écrits[1]. »

Ses disciples auront recours à un *Deus ex machina*. Malebranche en viendra à la théorie des causes occasionnelles. Mais, de là, quoique le passage soit facile, il y a encore loin à la théorie de l'harmonie préétablie, par laquelle Leibniz croit lever toute difficulté.

Suivant Leibniz, Descartes n'a connu qu'imparfaitement les lois du mouvement.

Descartes affirme que la même quantité de mouvement persiste dans l'univers, mais que l'âme, en ce qui concerne le corps auquel elle est unie, peut en changer la direction.

Il faut, remarque Leibniz, parler de la même quantité de force, non de la même quantité de mouvement.

Il faut, en second lieu, reconnaître deux choses : 1° que la quantité de force reste la même; 2° que la direction de la force reste également la même.

En effet, la quantité, la direction de la force ont été, une fois pour toutes, déposées par Dieu dans l'univers.

III. Descartes, en divisant l'univers entier en deux mondes à jamais séparés, le monde des esprits et le monde des corps, avait été conduit à refuser une âme aux animaux et à les considérer comme de pures machines. Leibniz, grâce à sa notion de la monade, met des âmes partout. Il reconnaît une âme non-seulement aux animaux, mais encore aux plantes elles-mêmes.

IV. Descartes, en distinguant radicalement l'âme du corps, semblait séparer aussi, à tout jamais, leur

---

1. Erdman, p. 127, *Système nouveau de la nature et de la communication des substances*, etc.

destinée. Leibniz réagit contre ce spiritualisme excessif. Le monde créé doit, à son sens, durer âme et corps. Il y aurait impossibilité qu'il en fût autrement. « Un pur esprit serait déserteur de l'ordre universel. »

« Je penche moi-même à croire, écrivait Leibniz, que les anges ont des corps; ce qui a été aussi le sentiment de plusieurs Pères de l'Église. Je suis d'avis aussi que l'âme raisonnable n'a jamais été entièrement dépouillée de tout corps[1]. »

Et Leibniz, parlant du sort ultérieur des monades, distingue avec vérité l'indestructibilité des unes, de l'immortalité des autres, par exemple de l'immortalité de la monade humaine. Puis, expliquant cette immortalité, non par métempsycose, mais par métamorphose, il se jette dans les plus brillantes, mais les plus aventureuses hypothèses.

V. Chose singulière! Il semblerait au premier abord, que Leibniz, qui substitue à la théorie de la passivité la doctrine de l'universelle activité, dût avoir raison contre Descartes, à l'endroit de la liberté. Et cependant il n'en est rien. En somme, Leibniz a beaucoup moins bien compris que Descartes la vraie nature de la liberté.

Sans doute Descartes a eu tort de confondre parfois la volonté avec l'inclination et le désir.

Sans doute encore il a exagéré le rôle de la volonté dans la théorie du jugement et de l'erreur, et Leibniz a pu remarquer à bon droit que toutes nos erreurs ne tiennent pas à ce que la volonté est plus étendue que l'entendement, « judicamus non quia volumus, sed « quia apparet; » « on juge comme on peut, non comme on veut. » Mais Leibniz, à son tour, se trompe,

---

1. Voyez livre III, chapitre II, *la loi de la continuité*.

quand il va jusqu'à prétendre que la liberté n'est autre chose que le mouvement propre et spontané de l'intelligence. Il n'est pas plus heureux, lorsqu'il reproche à Descartes :

1° De trouver dans le sentiment vif et interne que nous en avons, une démonstration de notre liberté.

2° D'admettre, en renonçant à concilier la liberté humaine et la prescience divine, qu'il y ait des objections insolubles.

3° D'avoir d'ailleurs cherché par des exemples fautifs, parce qu'ils feraient Dieu auteur du péché, à opérer cette conciliation.

D'un autre côté, Descartes a complétement erré, et Leibniz le redresse utilement en ce qui touche la liberté considérée en Dieu.

VI. En effet, sous prétexte de ne vouloir point assimiler Dieu « à un Jupiter ou à un Saturne, » Descartes admet en Dieu une entière liberté d'indifférence[1]. Les axiomes de la géométrie, les rapports des nombres, les principes de la morale et du droit dépendent uniquement, dans son opinion, de la volonté de Dieu. Ces vérités sont vraies parce que Dieu veut qu'elles soient vérités, mais ce n'est point parce qu'elles sont vérités que Dieu les veut.

Ainsi Descartes résout à la manière des Sophistes

---

1. Descartes, *OEuvres complètes*, t. VI, p. 109 ; *Lettre au R. P. Mersenne*, 1630 : « C'est parler de Dieu comme d'un Jupiter ou d'un Saturne, et l'assujettir au Styx et aux destinées, que de dire que les vérités métaphysiques sont indépendantes de lui. » — Cf. *Id., ibid.*, p. 308 ; « *Lettre à M**** : « Je dis que Dieu a été aussi libre de faire qu'il ne fût pas vrai que toutes les lignes tirées du centre à la circonférence fussent égales, comme de ne pas créer le monde, et il est certain que ces vérités ne sont pas plus nécessairement conjointes à son essence que les autres créatures. »

cette vieille question, que Platon posait dans l'Euty-
phron. En un mot, il déclare que les vérités que nous
appelons éternelles résultent d'un décret arbitraire de la
Divinité, en sorte qu'elles sont uniquement vérités par
rapport à nous et nullement par rapport à Dieu, qui
les pourrait changer en leurs contraires.

Leibniz proteste vivement contre une semblable
théorie. Dieu n'est pas libre d'une liberté d'indifférence,
laquelle n'est qu'une liberté mensongère, ou comme le
plus bas degré de la liberté. De même que la puissance de Dieu va à l'être, son intelligence va au vrai
et sa volonté au bien, ou, pour parler plus exactement, au mieux. Les vérités éternelles sont donc immuables; elles sont en Dieu, ou plutôt elles sont Dieu
lui-même. « Cum Deus calculat et cogitationem exer-
« cet, fit mundus[1]. »

Et ce n'est pas simplement en vue de principes
métaphysiques et abstraits que Leibniz repousse la
théorie de Descartes sur l'origine des vérités premières ;
c'est aussi dans l'intérêt de la morale et du droit. Car
du moment que l'on cesse de considérer ces vérités
comme immuables, elles cessent d'être vérités, et toute
pratique manque de support.

« Ce n'est pas seulement dans la volonté de Dieu qu'il
faut chercher les premiers principes du droit, mais
aussi dans son intelligence; ce n'est pas seulement
dans sa puissance, mais aussi dans sa sagesse. Autrement, on en vient à considérer la bonté comme arbitraire même en Dieu; bien plus, ce qui est une conséquence, on en vient à prétendre avec quelques
Cartésiens que la vérité elle-même a été faite arbi-

---

1. Erdmann, p. 77, *Dialogus de connexione inter res et verba*, etc.

trairément par Dieu, et que le quaternaire est un nombre pair, parce que Dieu l'a voulu. Maximes pernicieuses qui rendent arbitraire l'existence même de Dieu, et par où les choses se trouvent comme décapitées....

« C'est pourtant là le paradoxe inouï qui est échappé à Descartes, preuve éclatante que les grands hommes peuvent se méprendre grandement[1]. »

VII. En même temps que Leibniz reproche à Descartes d'avoir compromis les vérités nécessaires et leurs applications, en les considérant comme le résultat d'un décret arbitraire de la Divinité, il l'accuse d'avoir proscrit la recherche des causes finales. C'était aussi l'accusation portée par Pascal. « Je ne puis pardonner à Descartes, écrivait l'auteur des *Pensées*; il aurait bien voulu, dans toute sa philosophie, se pouvoir passer de Dieu; mais il n'a pas pu s'empêcher de lui accorder une chiquenaude pour mettre le monde en mouvement; après cela, il n'a plus que faire de Dieu[2]. »

« Descartes, écrit Leibniz, s'exprime de la manière suivante dans la Quatrième Méditation. « Je n'estime
« pas que tout ce genre de causes qu'on a coutume de
« tirer de la fin soit d'aucun usage dans les choses phy-

---

1. Dutens, t. IV, pars II, p. 272, 280. — Cf. *Ib.*, t. VI, pars I, p. 206, *ad Bourguet Epistola II.* « Illa maximi momenti veritas, quod
« res ex delectu sapientis, atque ita nec bruta necessitate naturæ,
« nec mero, rationisque experte arbitrio, sed ob convenientiam sint
« ortæ, nulla magis re illustratur, quam legum naturæ origine,
« præsertim, quæ in motu appareat. Cartesiani quidam putant,
« leges naturæ constitutas esse arbitrio quodam nudo, cui nulla
« subsit ratio, idque *Bailius* alicubi propugnat; alii sentiunt, demon-
« strari eas posse, ex quadam geometrica necessitate. Neutrum
« verum est. »

2. *Pensées*, première partie, article x, XLI.

« siques ou naturelles ; car il ne me semble pas que je
« puisse sans témérité rechercher et entreprendre de découvrir les fins impénétrables de Dieu. » Voilà comment s'exprime Descartes, en quoi il a tort. Autrement, en effet, il ne sera plus même permis d'admirer la sagesse de Dieu, laquelle se manifeste dans la merveilleuse appropriation de tous les êtres à leurs fins, et les médecins ne pourront plus rien dire de l'usage des parties[1]. »

Au vrai, plusieurs passages de Descartes paraissent justifier une pareille accusation. Car Descartes a reproduit ailleurs le langage de la Quatrième Méditation. « Quoiqu'en matière de morale, écrit-il dans les *Réponses aux Cinquièmes Objections*, ce soit quelquefois une chose pieuse de considérer quelle fin nous pouvons conjecturer que Dieu s'est proposée au gouvernement de l'univers, certainement en physique, où toutes choses doivent être appuyées de solides raisons, cela serait inepte....

« Il n'y a pas une cause qui ne soit beaucoup plus aisée à connaître que celle de la fin que Dieu s'est proposée[2]. »

Et encore dans les *Principes* : « Nous rejetterons entièrement de notre philosophie la recherche des causes finales ; car nous ne devons pas tant présumer de nous-mêmes que de croire que Dieu nous ait voulu faire part de ses conseils[3]. »

M. Cousin l'a démonstrativement établi[4]. Descartes ne supprime pas les causes finales ; car il les retrouve

---

1. Dutens, t. VI, pars I, p. 319, *Leibnitiana*, cxx. — Cf. Descartes, *Œuvres complètes*, t. I, p. 297.
2. Descartes, *Œuvres complètes*, t. II, p. 280.
3. *Id., ibid.*, t. III, p. 81, *Principes, première partie*.
4. M. Cousin, *Fragments de philosophie cartésienne*, p. 369.

en métaphysique. En physique même, il semble plutôt vouloir en régler l'usage que le rejeter absolument[1]. En effet, le domaine de la physique est immense, de telle sorte que s'il y a des parties où l'étude des causes finales peut être recommandée, telles que la physiologie, l'anatomie ; il y en a d'autres, telles que la géologie, la chimie, la météorologie, l'astronomie, les mathématiques, où les causes finales n'ont pas d'application. « La méthode de Descartes, conclut avec une parfaite justesse M. Cousin, a commencé la vraie philosophie naturelle, parce qu'elle renvoie la recherche des causes finales à la métaphysique, de sorte que l'accusation de Leibniz tombe précisément sur un des titres de gloire du philosophe français. Ce n'est pas en invoquant à tout propos les causes finales que la physique moderne a fait tant de progrès, que Descartes a découvert les deux lois de la réfraction de la lumière, et que son véritable rival dans la philosophie naturelle, Newton, a tiré de la mécanique cartésienne le système du monde[2] ! »

---

1. Cf. M. Cousin, *Fragments de philosophie cartésienne*, p. 369. « Dans son *Traité sur l'homme*, Descartes recherche constamment l'usage des diverses parties du corps humain, et c'est sous ce même titre qu'il range la plupart de ses observations. Ainsi il traite de *l'usage du pouls et de la respiration, de l'usage des artères, de l'usage des valvules, en quoi la structure de l'œil sert à la vision*, etc. »

2. *Id.; ibid.*, 370. — Cf. *Id.*, *Des pensées de Pascal*, Paris, 1847. 1 vol. in-8, p. 39. « Par ces mots « dans toute sa philosophie, » Pascal ne peut avoir en vue que l'ouvrage de Descartes intitulé : *Principes de philosophie*; autrement l'accusation serait même impossible. Or les *Principes de philosophie* ne sont qu'un traité de physique générale.... Mais si Descartes supprime les causes finales en physique, il les retrouve en métaphysique ; car c'est là qu'est leur vraie place, et là Descartes les établit et les met en lumière avec une force qui a frappé Pascal lui-même, puisque c'est à Descartes qu'il a visiblement emprunté ses plus beaux morceaux sur l'infinitude et la perfection de Dieu. »

VIII. Mais ce n'est pas uniquement sur la manière de concevoir tel ou tel attribut de Dieu, tel ou tel rapport de Dieu avec le monde, que Leibniz se sépare de Descartes. Il va jusqu'à infirmer, ou du moins jusqu'à prétendre corriger les preuves cartésiennes de l'existence de Dieu.

Leibniz distingue chez Descartes, quelquefois trois, d'autres fois deux arguments en faveur de l'existence de Dieu. « M. Descartes donne deux manières de prouver l'existence de Dieu : la première est qu'il y a en nous une idée de Dieu, et si elle est véritable, c'est-à-dire si elle est d'un être infini et si elle le représente fidèlement, elle ne saurait être causée par quelque chose de moindre, et par conséquent il faut que ce Dieu lui-même en soit la cause. Il faut donc qu'il existe. L'autre raisonnement est encore plus court. C'est que Dieu est un être qui possède toutes les perfections, et par conséquent il possède l'existence qui est du nombre des perfections. Donc il existe. Il faut avouer que ces raisonnements sont un peu suspects, parce qu'ils vont trop vite et parce qu'ils nous font violence sans nous éclairer[1]. »

C'est surtout au second raisonnement que s'attache Leibniz.

« L'argument dont se sert Descartes pour démontrer l'existence de Dieu (argument qu'avait déjà employé Anselme, archevêque de Cantorbéry), consiste à dire que tout ce qui découle de la définition d'une chose peut être justement attribué à cette chose ; or l'existence, ajoute Descartes, est comprise dans la définition de Dieu, puisqu'il est l'être parfait par excellence, et

---

1. M. Foucher de Careil, *Nouvelles lettres*, etc., p. 25.

qu'ainsi il contient toutes les perfections, au nombre desquelles se trouve l'existence. Pour moi, je pense qu'il faut ajouter cette restriction, que nous ne pouvons donner créance aux notions qui se tirent de la définition d'une chose, que lorsqu'il est certain que la chose définie est possible ; car s'il arrivait que la définition enveloppât quelque contradiction ou impossibilité cachée, on pourrait en inférer des affirmations contradictoires sur un même sujet, ce qui serait absurde.... La démonstration de Descartes n'est donc point parfaite, parce qu'elle suppose tacitement la possibilité de la nature divine. Et il n'y avait point à s'embarrasser de ces idées de l'être parfait et de l'existence considérée comme une perfection ; il suffisait d'argumenter de la manière suivante : *L'être, de l'essence duquel suit l'existence, s'il est possible (c'est-à-dire s'il a une telle essence), cet être existe.* C'est là un axiome identique ou indémontrable. Or *Dieu est un être de l'essence duquel suit l'existence.* C'est là une définition. Donc *Dieu, s'il est possible, existe.* De la sorte, l'argument de Descartes est ramené à une espèce de syllogisme primitif, dont les prémisses sont un axiome identique et une définition, prémisses qui n'admettent au-dessus d'elles aucune preuve, mais que révèle une analyse parfaite de la vérité[1]. »

Ces paroles sont de 1710. Vers 1703, dans les *Nouveaux Essais ;* en 1684, dans ses *Méditations sur la connaissance, la vérité et les idées ; Meditationes de cognitione, veritate et ideis ;* en 1692 particulièrement, dans les *Animadversiones ad Cartesii principia,* Leibniz s'était

---

1. Dutens, t. V, p. 361, *Epistola ad Bierlingium.* — Cf. *Ibid.*, t. VI, pars II, p. 48, *Leibnitius Placcio.*

déjà proposé de rectifier la démonstration de Descartes.

Voici en deux mots quel était le fond de l'argument cartésien. Tout être parfait existe ; or Dieu est un être parfait ; donc Dieu existe.

Voici quelle était la double correction que Leibniz déclarait importante.

1° Il faut parler non de l'être parfait, mais de l'être nécessaire.

2° Il faut, de plus, établir que l'existence de l'être parfait n'implique point contradiction, c'est-à-dire qu'il est possible.

En conséquence, l'argument rectifié devait, suivant Leibniz, se ramener aux termes suivants :

L'être, de l'essence duquel suit l'existence, s'il est possible, existe.

Or Dieu est un être, de l'essence duquel suit l'existence.

Donc Dieu, s'il est possible, existe.

Que doit-on penser de la correction imaginée par Leibniz ?

Remarquons d'abord :

1° Que Descartes met quelquefois, à la place de la notion de l'être parfait, la notion de l'être indépendant, nécessaire.

2° Que pour ce qui est du principe, qu'il faut établir la possibilité de Dieu afin de conclure légitimement son existence, Descartes l'a partout suivi.

3° Enfin que Descartes avait formulé un syllogisme aussi parfait que celui de Leibniz, dans le petit écrit intitulé : *Rationes Dei existentiam et animæ a corpore distinctionem probantes, more geometrico dispositæ.*

La nouveauté que Leibniz croit introduire n'est donc pas, à beaucoup près, aussi grande qu'il aime à se le persuader; ou plutôt il n'y a là aucune nouveauté. Il n'y a là non plus rien d'utile. Il importe en effet de distinguer la nécessité logique et la nécessité réelle des choses. Or Leibniz les a confondues. Au lieu que l'argument cartésien se réduit en définitive, sous une énonciation sans doute trop abstraite, à constater en nous l'idée de l'être parfait, à laquelle nos imperfections s'opposent par leur contraste, et qui s'impose à nous par son objet, Leibniz, « tournant le dos à la psychologie, » semble faire dépendre l'existence de Dieu d'une argumentation syllogistique. De la sorte, à la méthode psychologique il substitue la méthode géométrique, à l'observation d'une réalité vivante, un système de formules vides.

Ce n'est pas que la théodicée de Leibniz ne soit, à plusieurs égards, supérieure à la théodicée de Descartes. Non-seulement la création, les rapports des créatures et du créateur, l'optimisme, sont autant de problèmes que Descartes n'a pas même abordés; mais encore, quoiqu'il ait indiqué la vraie méthode qu'il convient de suivre pour déterminer les attributs de Dieu, il est loin d'avoir poussé aussi avant que Leibniz cette détermination pourtant essentielle [1].

IX. Bossuet reprochait à Descartes l'excès de ses précautions à l'endroit du dogme et de l'Église. « M. Descartes a toujours craint d'être noté par l'Église, et on lui voit prendre sur cela des précautions, dont quelques-unes allaient jusqu'à l'excès [2]. » Les reproches de

---

1. Voyez livre IV, chap. VII. *Descartes, Leibniz.*
2. Bossuet, *Œuvres complètes*, t. XXVI, p. 442. *Lettre à M. Pastel.*

Leibniz sont plus explicites et dégénèrent même en soupçons injurieux.

« Descartes, écrivait-il, a décliné artificieusement les mystères de la foi, alléguant que son objet était la philosophie et non point la théologie; comme si l'on devait admettre une philosophie qui fût inconciliable avec la religion, ou comme si la vraie religion pouvait se trouver en opposition avec des vérités ailleurs démontrées. Obligé néanmoins de se prononcer un jour touchant l'Eucharistie, au lieu d'espèces réelles, il introduisit des espèces apparentes, rappelant ainsi une explication, que tous les théologiens s'accordent à rejeter [1]. »

Leibniz, cependant, rédigeait le *Discours de la conformité de la foi avec la raison*, introduction admirable de sa *Théodicée*. Il cherchait même à expliquer, par sa notion de la substance, le mystère où Descartes était venu se heurter, et s'en ouvrait timidement à Bossuet.

« L'importance de ces recherches pourra paraître par ce que nous dirons de la notion de substance. Celle que je conçois est si féconde, que la plupart des plus importantes vérités touchant Dieu, l'âme et la nature du corps, qui sont ou peu connues ou peu prouvées, en sont des conséquences. Pour en donner quelque goût, je dirai présentement que la considération de la force, à laquelle j'ai destiné une science particulière qu'on peut appeler *Dynamique*, est d'un grand secours pour entendre la nature de la substance....

« Je n'ai garde de dire, que la controverse de la pré-

---

1. Erdmann, p. 111, *De verâ methodo philosophiæ et theologiæ*.

sence réelle est terminée par ce que j'ai proposé; mais il me semble au moins que cette présence est incompatible avec l'opinion de ceux qui font consister l'essence du corps dans l'étendue[1]. »

Que répondait Bossuet?

Persuadé avant tout, « que l'essence du corps n'est pas dans l'étendue actuelle, non plus que celle de l'âme dans la pensée actuelle, » Bossuet n'hésitait pas à le déclarer. « Les idées de M. Descartes, écrivait-il, n'ont pas été fort nettes, lorsqu'il a conclu l'infinité de l'étendue par l'infinité de ce vide qu'on imagine hors du monde; en quoi il s'est fort trompé : et je crois que de son erreur on pourrait induire par conséquences légitimes, l'impossibilité de la création et de la destruction des substances, quoique rien au monde ne soit plus contraire à l'idée de l'être parfait, que ce philosophe prend pour principal moyen de l'existence de Dieu. »

Bossuet donnait donc les mains à ce que Leibniz avançait théoriquement touchant la nature de la substance; puis il ajoutait :

« Quant au surplus de la dynamique, je m'en instruirai avec plaisir : car autant je suis ennemi des nouveautés qui ont rapport à la foi, autant suis-je favorable, s'il est permis de l'avouer, à celles qui sont de pure philosophie; parce qu'en cela on doit et on peut profiter, tous les jours, tant par le raisonnement que par l'expérience[2]. »

Quoique Descartes ne les eût pas déduites explicitement, sa doctrine emportait, de soi, des conséquences

---

1. Bossuet, *OEuvres complètes*, t. XXVI, p. 274, 276.
2. *Id.*, *ibid.*, p. 277.

pratiques et des applications morales. Leibniz, qui a attaqué le Cartésianisme dans ses principes, le poursuit jusque dans ses résultats.

I. « La morale de Descartes est un composé des sentiments des Stoïciens et des Épicuriens, ce qui n'est pas fort difficile, car Sénèque déjà les conciliait fort bien. Descartes veut que nous suivions la raison ou bien la nature des choses, comme disaient les Stoïciens, dont tout le monde demeurera d'accord. Il ajoute que nous ne devons pas nous mettre en peine des choses qui ne sont pas en notre pouvoir. C'est justement le dogme du Portique[1].... C'est pourquoi j'ai coutume d'appeler cette morale l'art de la patience. Une telle morale est bien inférieure à celle de Platon, ou même de Pythagore[2]. »

II. « On me dira : Descartes établit si bien l'existence de Dieu et l'immortalité de l'âme. Mais je dirai que j'appréhende qu'on ne me trompe sous ces belles paroles : car le Dieu ou l'être parfait de Descartes, qui n'a pas de volonté ni d'entendement, puisque, selon Descartes, il n'a pas le bien pour objet de la volonté, ni le vrai pour l'objet de l'entendement, n'est pas un Dieu comme on se l'imagine et comme on le souhaite, c'est-à-dire juste et sage, faisant tout pour le bien des créatures autant qu'il est possible, mais plutôt quelque chose d'approchant du Dieu de Spinoza, savoir le principe des choses et même certaine souveraine puissance qui met tout en action et fait tout ce qui est faisable. C'est pourquoi un Dieu fait comme celui de

---

1. Il faut se reporter au commentaire de Descartes sur le Traité de Sénèque *De vita beata*. *OEuvres complètes*, t. IX, *Lettres à la princesse Élisabeth*, p. 207 et suiv. — Voy. ci-dessus, p. 41, liv. I, chap. II. *Premiers écrits de Leibniz*.

2. M. Foucher de Careil, *Nouvelles lettres et opuscules inédits*, p. 3.

Descartes ne nous laisse point d'autre consolation que celle de la patience par force. Il dit, en quelque endroit, que la matière passe successivement par toutes les formes possibles, c'est-à-dire que Dieu fait tout ce qui est faisable et passe, suivant un ordre nécessaire et fatal, par toutes les combinaisons possibles. Mais à cela il suffisait la seule nécessité de la matière, ou plutôt son Dieu n'est que cette nécessité ou ce principe de la nécessité agissant dans la matière comme il peut. Il ne faut donc pas dire que Dieu ait quelque soin des créatures intelligentes plus que des autres; chacune sera heureuse ou malheureuse, selon qu'elle se trouvera enveloppée dans les grands torrents ou tourbillons[1]. »

III. « Mais quelqu'un des plus gens de bien, abusé par les beaux discours de son maître, me dira qu'il établit pourtant si bien l'immortalité de l'âme, et par conséquent une meilleure vie. Quand j'entends ces choses, je m'étonne de la facilité qu'il y a de tromper le monde, lorsqu'on peut seulement jouer adroitement des paroles agréables, quoiqu'on en corrompe le sens; car, comme les hypocrites abusent de la piété et les hérétiques de l'Écriture et les séditieux du mot de la liberté, de même Descartes a abusé de ce grand mot de l'existence de Dieu et de l'immortalité de l'âme. Il faut donc développer ce mystère, et leur faire voir que l'immortalité de l'âme, suivant Descartes, ne vaut guère mieux que son Dieu. Je crois bien que je ne ferai point de plaisir à quelques-uns, car les gens ne sont pas bien aises d'être éveillés quand ils ont l'esprit occupé d'un songe agréable. Mais que faire? Descartes veut qu'on déracine les fausses pensées, avant d'y introduire

---

1. M. Foucher de Careil, *Nouvelles lettres*, etc., p. 4.

les véritables; il faut suivre son exemple, et je croirais de rendre un service au public si je pouvais les désabuser de dogmes si dangereux. Je dis donc que l'immortalité de l'âme, telle qu'elle est établie par Descartes, ne sert de rien et ne saurait nous consoler en aucune façon; car, supposons que l'âme soit une substance, et que point de substance ne dépérisse; cela étant, l'âme ne se perdra point : aussi, en effet, rien ne se perd dans la nature. Mais comme la matière, de même l'âme changera de façon, et, comme la matière qui compose un homme, a composé autrefois des plantes et d'autres animaux, de même cette âme pourra être immortelle en effet, mais elle passera par mille changements, et ne se souviendra pas de ce qu'elle a été. Mais cette immortalité sans souvenance est tout à fait inutile à la morale; car elle renverse toute la récompense et tout le châtiment. Afin de satisfaire à l'espérance du genre humain, il faut prouver que le Dieu qui gouverne tout est sage et juste, et qu'il ne laissera rien sans récompense et sans châtiment; ce sont là les grands fondements de la morale; mais le dogme d'un Dieu qui n'agit pas pour le bien et d'une âme qui est immortelle sans souvenance ne sert qu'à tromper les simples et à pervertir les personnes spirituelles[1]. »

Sans insister davantage sur une critique, où nous avons apporté et où l'on pourrait apporter encore de nombreuses restrictions, ce qui reste de cette polémique longue et passionnée de Leibniz contre Descartes, est la substitution d'une vraie notion de la substance à une fausse notion de la substance.

---

1. M. Foucher de Careil, *Nouvelles lettres*, etc., p. 6.

En effet, une fausse notion de la substance, voilà où gît, suivant Leibniz, le vice radical du Cartésianisme.

« Toti philosophiæ perversa substantiæ notio tene-
« bras offudit. »

Et ailleurs : « On parle confusément de la substance, dont la connaissance pourtant est la clef de la philosophie intérieure; c'est la difficulté qui s'y trouve qui a tant embarrassé Spinoza et M. Locke[1]. »

Mais c'est surtout avec le Spinozisme que le Cartésianisme paraît à Leibniz avoir de regrettables affinités.

« Spinoza, dit-il, n'a fait que cultiver certaines semences de la philosophie de M. Descartes[2]. »

« Spinoza, dit-il encore, commence où finit Descartes, dans le naturalisme, *in naturalismo*[3]. »

---

1. Erdmann, p, 722, *Lettre III à M. Bourguet.*
2. Dutens, t. II, pars I, p. 245, *Lettre à l'abbé Nicaise.*
3. M. Foucher de Careil, *Réfutation inédite de Spinoza, par Leibniz*, p. 49.

CHAPITRE II.

Polémique contre Spinoza.

« Il faut prendre garde, écrivait Leibniz, que venant à confondre la substance avec les accidents, on ne retire toute action aux substances créées, et que ce ne soit là un degré pour s'acheminer au Spinozisme, qui est un Cartésianisme immodéré[1]. »

Il est facile, en effet, de découvrir dans le Cartésianisme des éléments de Spinozisme.

On sait quelle étude approfondie Spinoza avait faite des principaux ouvrages de Descartes, à ce point qu'il déclarait pouvoir restituer ces ouvrages si jamais ils venaient à être détruits[2]. On ne peut s'étonner, après

---

1. Dutens, t. I, pars I, p. 392. — Cf. Erdmann, p. 627, *Théodicée*, p. III, 393.
2. Le premier ouvrage de Spinoza est celui qui fut publié sous ce titre : *Renati Descartes principiorum philosophiæ pars I et II, more geometrico demonstrata, per Benedictum de Spinoza, Amstelodamensem. — Accesserunt ejusdem Cogitata metaphysica, quibus difficiliores, quæ tam in parte metaphysices generali quam speciali occurrunt, quæstiones breviter explicantur.* — Amstelodami, apud Johannem Riewerts, 1663.

Cet ouvrage est un résumé très-bien fait de la philosophie de Descartes.

Cf. M. Saisset, *Œuvres de Spinoza*, Paris, 1842. 2 vol. in-12, t. I, p. 25; *Bibliographie générale des œuvres de Spinoza.*

cela, qu'il y ait eu comme une perpétuelle influence de la pensée de Descartes sur celle de Spinoza.

Leibniz l'avait parfaitement remarqué. « Spinoza, disait-il, a coutume d'accommoder les pensées de Descartes à son propre sens [1]. »

Que si, après avoir constaté cette correspondance générale des doctrines des deux philosophes, on en vient aux précisions, on découvre entre le Cartésianisme et le Spinozisme de nombreuses et étroites affinités.

1° Quoiqu'il n'y eût pas insisté, Descartes avait parlé de l'infinité du monde, et encore qu'il entendît uniquement par là une étendue indéfinie, cette expression ne laissait pas que d'obscurcir l'idée de la création [2].

2° Par sa définition de l'essence de l'âme et de l'essence du corps, Descartes avait affaibli la notion des substances créées.

3° En considérant la permanence des créatures comme le résultat d'un effort sans cesse renouvelé du créateur, en un mot comme une création continuée, Descartes avait infirmé davantage encore, avec la substantialité des créatures, leur causalité.

---

1. Dutens, t. V, p. 168, ad. *Mich. Gottlieb Hanschium, Epistola* XII.
2. Descartes, *Œuvres complètes*, t. I, p. 385.
Réponses aux premières objections. « Et je mets ici de la distinction entre l'*indéfini* et l'*infini*. Et il n'y a rien que je nomme proprement infini, sinon ce en quoi de toutes parts je ne rencontre point de limites, auquel sens Dieu seul est infini ; mais pour les choses où, sous quelques considérations seulement, je ne vois point de fin, comme l'étendue des espaces imaginaires, la multitude des nombres, la divisibilité des parties de la quantité, et autres choses semblables, je les appelle *indéfinies* et non pas *infinies*, parce que de toutes parts elles ne sont pas sans fin ni sans limites. »

4° En confondant la volonté, le jugement et le désir, Descartes semblait réduire la volonté à un phénomène purement passif, et se trouvait bien près d'anéantir la liberté.

5° Sans rejeter absolument les causes finales, Descartes admettait en Dieu une indétermination de volonté qui assimilait la liberté divine à une force aveugle, la volonté de Dieu devant successivement permettre la réalisation de tous les possibles [1].

Ces rapports du Cartésianisme et du Spinozisme frappaient singulièrement Leibniz, et il en tirait contre Descartes les plus sévères conclusions. « Si ce que dit Descartes est vrai, si tout possible doit arriver, et s'il n'y a pas de fiction, quelque indigne et absurde qu'elle soit, qui n'arrive en quelque temps ou en quelque lieu de l'univers, il s'ensuit qu'il n'y a ni choix ni Providence; que ce qui n'arrive point est impossible, et que ce qui arrive est nécessaire. Justement comme Hobbes et Spinoza le disent en termes plus clairs [2]. »

C'est pourquoi Leibniz tenait « qu'il importait effectivement pour la religion et pour la piété que cette philosophie fût châtiée par le retranchement des erreurs qui sont mêlées avec la vérité [3]. »

Ainsi, en combattant Spinoza, ce sont les conséquences extrêmes du Cartésianisme que Leibniz poursuit.

Avant d'aborder cette polémique, rappelons les

---

1. Dutens, t. V, p. 166, *ad Hanschium Epistola* XII : « Ipsum « Cartesii locum allegavi, ubi ad libertatem videtur requirere omni- « modam indeterminationem, sed talis notio libertatis est impossi- « bilis. »
2. Erdmann, p. 139, *Lettre à l'abbé Nicaise*.
3. *Id., ibid.*

rapports personnels que Leibniz avait eus avec Spinoza.

« Le fameux juif Spinoza, écrivait Leibniz, avait un teint olivâtre et quelque chose d'espagnol dans son visage ; aussi était-il originaire de ce pays-là. Il était philosophe de profession et menait une vie tranquille et privée, passant sa vie à polir des verres, à faire des lunettes d'approche et des microscopes. Je lui écrivis une fois une lettre touchant l'optique, que l'on a insérée dans ses œuvres[1]. »

Ce fut dès 1671 que Leibniz écrivit à Spinoza sur différentes questions d'optique, et reçut de lui une réponse[2].

En 1672, Leibniz se montre informé des doctrines de Spinoza, en même temps qu'il rend hommage à son génie.

« On me mande de Hollande, écrit-il à Thomasius, que l'auteur du livre sur la liberté de philosopher, est le Juif Bénédict Spinoza.... Cet ouvrage renferme des opinions monstrueuses. L'auteur est du reste un esprit très-cultivé, et surtout un excellent opticien[3]. »

Plus tard, Leibniz voit Spinoza à la Haye et recherche sa conversation.

« Je vis M. de La Court, aussi bien que Spinoza, à mon retour de France par l'Angleterre et par la Hollande, et j'appris d'eux quelques bonnes anecdotes sur les affaires de ce temps-là[4]. »

---

1. Dutens, t. VI, pars I, p. 329, *Leibnitiana*, CLXX.
2. *Id.*, t. III, p. 11, *Leibnitii epistolæ ad Benedict. de Spinoza*. I. Mittit Leibnitius notitiam opticæ promotæ. II. De *Lanæ* et *Oltii* libris opticis. III. De colligendis radiis. — *Ibid.*, p. 12, *Benedict. de Spinoza responsio ad Leibnitium*. Epicrisis notitiæ opticæ promotæ.
3. *Id.*, t. IV, pars I, p. 34.
4. Erdmann, p. 613, *Théodicée*, p. III, 376.

Dans une note récemment publiée, Leibniz s'explique plus amplement sur cette entrevue de la Haye.

« J'ai passé quelques heures après dîner avec Spinoza ; il me dit qu'il avait été porté, le jour des massacres de MM. de Witt, de sortir la nuit et d'afficher quelque part, proche du lieu des massacres, un papier où il y aurait *ultimi barbarorum*. Mais son hôte lui avait fermé la maison pour l'empêcher de sortir, car il se serait exposé à être déchiré.

« Spinoza ne voyait pas bien les défauts des règles du mouvement de M. Descartes ; il fut surpris quand je commençai de lui montrer qu'elles violaient l'égalité de la cause et de l'effet [1]. »

Enfin Leibniz écrit, en 1677, à un de ses correspondants, à l'abbé Galloys :

« Spinoza est mort cet hiver. Je l'ai vu en passant par la Hollande, et je lui ai parlé plusieurs fois et fort longtemps. Il a une étrange métaphysique, pleine de paradoxes. Entre autres, il croit que le monde et Dieu n'est qu'une même chose en substance, que Dieu est la substance de toutes choses, et que les créatures ne sont que des modes ou accidents. Mais j'ai remarqué que quelques démonstrations prétendues qu'il m'a montrées ne sont pas exactes. Il n'est pas si aisé qu'on pense de donner de véritables démonstrations en métaphysique. Cependant il y en a, et de très-belles. »

Leibniz connaissait donc la personne de Spinoza. Il connaissait aussi ses ouvrages.

Ainsi, pendant son séjour à Paris, il communique à Arnauld un dialogue sur la prédestination et sur la

---

1. M. Foucher de Careil, *Réfutation inédite de Spinoza*, précédée d'un *Mémoire*, p. LXIV. — Cf. Guhrauer, *Leibnitz Biographie*, t. I, p. 184.

grâce, où il déclare s'être attaché à réfuter les théories de Hobbes et de Spinoza. C'est évidemment une allusion au *Tractatus theologico-politicus*, publié en 1670.

En 1677, Spinoza mort, paraît son ouvrage capital, *l'Éthique*, suivi du *De emendatione intellectus*. En 1679, Leibniz en écrit dans les termes suivants à Huygens :

« Je voudrais savoir si vous avez lu avec attention le livre de feu M. Spinoza. Il me semble que ses démonstrations prétendues ne sont pas des plus exactes, par exemple lorsqu'il dit que Dieu seul est une substance, et que les autres choses sont des modes de la nature divine. Il me semble qu'il n'explique pas ce que c'est que substance[1]. »

Et ailleurs : « L'*Éthique* ou *De Deo*, cet ouvrage si plein de manquements que je m'étonne[2]. »

Non plus que l'*Éthique*, le *De emendatione intellectus*, les *Lettres* de Spinoza n'ont pas échappé à l'active curiosité de Leibniz. Par conséquent, c'est avec pleine connaissance et de la doctrine et de son auteur qu'il entreprend la réfutation du Spinozisme, dérivation des principes équivoques ou erronés, posés par Descartes.

Or, que sera cette réfutation ?

Sera-ce simplement une réfutation indirecte et comme la mise en lumière de toutes les absurdités que le Spinozisme entraîne après soi dans la pratique ?

Cette sorte de réfutation, un peu superficielle, convenait mal au génie profond de Leibniz, ou, du moins,

---

1. *Christiani Hugenii aliorumque seculi XVII virorum celebrium exercitationes mathematicæ et philosophicæ*, edidit F. J. Uylenbrock, Hagæ Comitum, 1833. 2 vol. in-4.

2. Erdmann, p. 168, *Préceptes pour avancer les sciences*.

ne pouvait le satisfaire, non plus qu'elle ne satisfaisait Maïran.

« Développez-moi, de grâce, écrivait en septembre 1713 Mairan à Malebranche, les paralogismes de Spinoza, ou, ce qui suffit, marquez-moi le premier pas qui l'a conduit au précipice, s'il est vrai, comme je veux le croire, qu'il y soit tombé, et marquez-le-moi, je vous prie, succinctement et à la manière des géomètres. C'est la méthode qu'il a adoptée et la moins propre à couvrir l'erreur. Attaquons-le dans son fort et avec ses propres armes. J'ai vu les prétendues réfutations qu'on en a données; elles ne font que blanchir contre lui[1]. »

Leibniz ne s'en tiendra pas davantage à des aperçus partiels ou à des critiques de détail.

Ce n'est pas que de telles critiques du Spinozisme n'abondent dans le cours de ses écrits.

« Spinoza a prétendu démontrer qu'il n'y a qu'une substance dans le monde, mais ces démonstrations sont pitoyables ou non intelligibles[2]. »

« Pour Spinoza, il n'y a qu'une substance qui est Dieu; les créatures sont les modifications de cette substance, semblables à des figures perpétuellement changeantes que le mouvement imprimerait sur de la cire[3]. »

« Je suis très-éloigné des sentiments de Bradwardin, de Wiclef, de Hobbes et de Spinoza, qui enseignent, ce semble, cette nécessité mathématique, que je crois

---

1. M. Cousin, *Fragments de philosophie Cartésienne*, p. 270; *Correspondance de Malebranche et de Mairan*.

2. Erdmann, p. 179, *Considérations sur la doctrine d'un esprit universel.* — Cf. *Ibid.*, p. 182.

3. *Id.*, p. 447, *Epistola ad Hanschium de philosophia Platonica.*

avoir suffisamment réfutée, et peut-être plus clairement qu'on n'a coutume de faire[1]. »

De semblables protestations, même souvent réitérées, ne suffiront pas à Leibniz. Il entreprendra du Spinozisme une critique complète, régulière, dont on a pu assez exactement fixer la date entre 1706 et 1710[2].

Leibniz, d'ailleurs, l'avait observé avec sagacité. Spinoza n'est pas seulement un interprète excessif de Descartes; c'est un Juif imbu des maximes secrètes de la Cabale.

« Un certain Allemand, natif de la Souabe, devenu Juif il y a quelques années, et dogmatisant sous le nom de Moses Germanus, s'étant attaché aux dogmes de Spinoza, a cru que Spinoza renouvelle l'ancienne Cabale des Hébreux, et un savant homme, qui a réfuté ce prosélyte juif, paraît être du même sentiment. L'on sait que Spinoza ne reconnaît qu'une seule substance dans le monde, dont les âmes individuelles ne sont que des modifications passagères[3]. »

Et encore:

« C'est d'un mélange de Cabale et de Cartésianisme et de leurs principes finalement corrompus, que Spinoza a formé son dogme monstrueux; il n'a point compris la nature de la vraie substance ou de la monade[4]. »

---

1. Erdmann, p. 521, *Théodicée*, p. I, 67.
2. M. Foucher de Careil, *Réfutation inédite de Spinoza*, avant-propos, p. 5.
3. Erdmann, p. 482, *Théodicée*, *Discours de la conformité de la foi*, etc., p. 9. — Cf. *Ibid.*, p. 612.
4. Dutens, t. VI, pars I, p. 203, *ad Bourguet Epistola I*.— Cf. Erdmann, p. 612, *Théodicée*, p. III, 372. « Spinoza, qui était versé dans la Cabale des auteurs de sa nation.... »

C'est pourquoi il n'y a pas à s'étonner de trouver la réfutation du Spinozisme par Leibniz, dans un écrit qui semble avoir pour unique objet la réfutation des théories d'un nommé Wachter, lequel aux maximes de la Cabale joignait les doctrines de Spinoza. *Animadversiones ad Joh. Georg. Wachteri librum de recondita Hebræorum philosophia*[1].

Muni de tous ces éléments de discussion, nous pouvons désormais entrer dans l'examen que Leibniz a fait du Spinozisme.

Le système entier de Spinoza repose sur une définition de la substance. « La substance est ce qui existe en soi et par soi. »

Définie de la sorte, il est clair qu'il n'y a qu'une substance. Elle est infinie, elle est Dieu.

---

1. M. Foucher de Careil, *Réfutation inédite de Spinoza*, précédée d'un *Mémoire*, p. CVIII. — Cf. Dutens, t. VI, pars I, p. 203, 204, *ad Bourguet Epistola I*. « Verissimum est Spinozam Cabala Hebræorum esse
« abusum : et quidam qui ad Judæos defecit et se *Mosem Germanum*
« vocavit, pravas ejus sententias prosecutus est, ut ex refutatione
« hominis Germanica a *Dno Vachtero* qui eum noverat scripta patet....
« De Cabala Hebræorum multum olim locutus sum cum Domino
« *Knorrio* p. m. Consiliario intimo Principis Sulzbacensis, auctore
« Cabalæ denudatæ, viro magnæ et multiplicis doctrinæ, egregiique
« in publicum animi. Ei Cabala Hebræorum videbatur metaphysicæ
« cujusdam sublimioris genus, nec spernendam in eam rem referebat.
« Et quamvis fortasse Hebræorum doctrina eousque non penetrasset,
« non ideo minus interpretationem extensionemve commodam laudarem. Ex cujus scola prodierat *Moses* ille Germanus, sed ad pejorem
« defecerat. »

Sur Wachter et les rapports du Spinozisme et de la Cabale, voyez la *Kabbale*, par M. Franck, Paris, 1843. 1 vol. in-8, préface, p. 15 et suiv. « Spinoza, conclut M. Franck, n'avait de la Kabbale qu'une idée sommaire et fort incertaine, dont il a pu reconnaître l'importance après la création de son propre système. Il connaissait beaucoup mieux les Kabbalistes modernes, ou du moins quelques-uns d'entre eux, à qui il ne ménage pas les épithètes injurieuses. »

Mais il n'y a pas de substance sans attributs. Et, en outre, une substance infinie ne peut avoir que des attributs infinis et en nombre infini.

Or, Spinoza assure que nous ne saurions démêler cette infinité d'attributs infinis de la substance infinie. Il se contente donc d'affirmer les deux attributs infinis, qu'il appelle l'étendue et la pensée.

L'infinie étendue donne naissance à des modes qui sont les corps, l'infinie pensée à des modes qui sont les esprits.

Une pareille doctrine est grosse de difficultés.

1° On n'explique pas la simultanéité en Dieu de deux éléments aussi hétérogènes que l'étendue et la pensée.

2° Qu'est-ce qu'une étendue infinie ? Si elle est étendue, n'implique-t-elle pas divisibilité ? Et si elle est divisible, que devient l'unité de Dieu ? Si on affirme qu'elle est inétendue, qu'est-ce qu'une étendue, qui cependant n'a pas d'étendue ? Quoi qu'on fasse, et encore qu'on substitue le plein au vide, une telle étendue est inintelligible.

3° Qu'est-ce que la pensée divine ? une pure indétermination.

« Spinoza, écrit Leibniz, paraît avoir enseigné expressément une nécessité aveugle, ayant refusé l'entendement et la volonté à l'auteur des choses, et s'imaginant que le bien et la perfection n'ont rapport qu'à nous, et non pas à lui. Il est vrai que le sentiment de Spinoza, sur ce sujet, a quelque chose d'obscur. Car il donne la pensée à Dieu, après lui avoir ôté l'entendement, « cogitationem, non intellectum concedit Deo. » Il y a même des endroits où il se radoucit sur le point de la nécessité. Cependant, autant qu'on le peut comprendre, il ne reconnaît point de bonté en Dieu, à proprement parler, et il enseigne que toutes les choses existent par la nécessité de la nature divine, sans que Dieu fasse aucun choix[1]. »

4° Que devient la liberté divine ? C'est pour l'homme une grande illusion de croire qu'il est libre à la manière dont il l'entend, c'est-à-dire capable de délibérer et de choisir. Mais quelle que soit la liberté chez l'homme, c'est un pur anthropomorphisme que d'attribuer à Dieu une liberté qui ressemble à la nôtre. Il n'y a pas plus de rapport entre la liberté humaine et la liberté divine « qu'entre le chien, signe céleste, et le chien, animal aboyant. » Les manifestations de Dieu sont aussi inhérentes à sa nature qu'il est inhérent à la nature d'un triangle que la somme de ses angles soit égale à deux angles droits. « Spinoza, qui dit (Tr. polit. c. 2. n. 6) que les hommes concevant la liberté comme ils font, établissent un empire dans l'empire de Dieu, a outré les choses. L'empire de Dieu n'est autre chose, chez Spinoza, que l'empire de la nécessité, et d'une nécessité aveugle (comme chez Straton), par laquelle tout émane de la nature divine, sans qu'il y ait aucun choix en Dieu, et sans que le choix de l'homme l'exempte de la nécessité[2]. »

5° Enfin, il ne peut pas être question de création. « La chaîne des étendues, dit Spinoza, forme un seul individu, appelé nature; la chaîne des pensées, une âme qui s'appelle l'âme du monde. »

Ces objections sont toutes présentes à l'esprit de Leibniz, qui, touché à la fois de ce que le Spinozisme

---

[1]. Erdmann, p. 557, *Théodicée*, p. II, 173.
[2]. *Id.*, p. 612, *Théodicée*, p. III, 372.

a de faux dans ses principes, de dangereux dans ses conséquences, le qualifie de « détestable doctrine, » en même temps que Spinoza lui paraît être « un écrivain subtil mais profane. »

« La substance même des choses consiste dans la puissance d'agir et de pâtir ; d'où il résulte qu'aucune chose durable ne peut même être produite, si nulle puissance permanente ne peut être imprimée en elle par l'efficace divine. Ainsi, il s'ensuivrait qu'aucune substance créée, qu'aucune âme ne reste numériquement la même, que rien enfin n'est conservé par Dieu, et partant que toutes les choses se réduisent à des modifications passagères et fugitives d'une substance divine, permanente et unique, et ne sont, si je puis dire, que des ombres ; et, ce qui revient au même, que la nature elle-même où la substance de toutes choses est Dieu ; détestable doctrine, récemment apportée ou renouvelée par un écrivain subtil, mais profane. Oui, si les choses corporelles n'étaient que matière, il serait très-véritable qu'elles passent et s'écoulent, et qu'elles n'ont rien de substantiel, comme les Platoniciens l'ont autrefois bien reconnu [1]. »

Leibniz remarque donc :

1° Que Dieu est créateur ; au règne des causes efficientes il faut ajouter le règne des causes finales ;

2° Qu'il est libre ; car entre ce qui est fortuit et ce

---

1. Erdmann, p. 156, *De ipsa natura, sive de vi insita actionibusque creaturarum*.

Cf. *Id.*, p. 460, *Réponse aux objections*, etc. « Celui qui soutient que Dieu est le seul acteur, pourra aisément se laisser aller jusqu'à dire avec un auteur moderne fort décrié, que Dieu est l'unique substance, et que les créatures ne sont que des modifications passagères ; car rien jusqu'ici n'a mieux marqué la substance, que la puissance d'agir. »

qui est nécessaire, il y a un milieu, qui est précisément le domaine de la liberté;

3° Que Dieu est le lieu des idées, par conséquent l'intelligence même;

4° Que Dieu exclut l'étendue, qui, aussi bien, en elle-même est un pur abstrait[1];

5° Que Dieu, substance première et dernière raison des choses, n'est pourtant pas l'unique substance.

Une fausse notion de la substance vicie toute la théorie de Spinoza.

Proposée, développée par Leibniz, la vraie notion de la substance suffit à corriger cette doctrine, ontologie, physique et psychologie tout ensemble.

En effet, de l'ontologie de Spinoza découlent immédiatement sa physique et sa psychologie.

Au point de vue de Spinoza :

1° Qu'est-ce que le monde? la collection des modes, des attributs de Dieu.

2° Que sont les corps? des modes de l'étendue divine.

3° Que sont les esprits? des modes de la pensée divine.

4° Qu'est-ce que l'homme, corps et esprit, âme et matière? un mode mixte de la pensée divine et de la divine étendue.

5° Que sont les rapports de l'âme et du corps? Pour Spinoza, cette question n'existe pas. A ses yeux, entre l'âme et le corps, il y a identité. L'âme, c'est le corps se pensant; le corps, c'est l'âme s'étendant. L'âme est l'idée du corps; le corps est l'objet de l'âme.

---

1. « Extensio nihil aliud est, quam jam præsuppositæ nitentis, reni-
« tentisque, id est resistentis substantiæ continuatio, sive diffusio;
« tantum abest, ut ipsammet substantiam facere possit. » Dutens,
t. III, p. 315, *Specimen dynamicum.*

6° Qu'est-ce que l'immortalité ? une brute persistance.

« Spinoza, écrit Leibniz, a raison d'être contre un pouvoir absolu de se déterminer, c'est-à-dire sans aucun sujet; il ne convient pas même à Dieu. Mais il a tort de croire qu'une âme, qu'une substance simple, puisse être produite naturellement. Il paraît bien que l'âme ne lui était qu'une modification passagère; et lorsqu'il fait semblant de la faire durable, et même perpétuelle, il y substitue l'idée de corps, qui est une simple notion, et non pas une chose réelle et actuelle[1]. »

Leibniz critique et rectifie tout cela.

Un des principes essentiels de la physique de Descartes était : qu'il y a toujours dans le monde une même quantité de mouvement. A ce principe Descartes en ajoutait un second : à savoir que l'âme humaine a le pouvoir de changer la direction du mouvement dans les corps.

A ces deux principes Leibniz substitue les deux principes suivants : 1° Il faut dire que la quantité non de mouvement, mais de force, reste toujours la même dans l'univers; 2° que la direction de la force persiste aussi toujours la même.

De là toute une dynamique, par où Leibniz corrige Spinoza, comme il a redressé Descartes.

1° Qu'est-ce que le monde ? se demande Leibniz. Et il répond : l'ensemble des substances créées librement de Dieu, qui, parmi tous les possibles, ou prétendants à l'existence, a choisi le meilleur.

2° Que sont les corps ? — de l'étendue ? — Mais l'étendue suppose un sujet étendu.

---

1. Erdmann, p. 612, *Théodicée*, P. III, 372.

De la matière? — Mais il y a deux matières : la matière première, la matière seconde.

La matière première n'est pas une substance, mais une puissance, une simple possibilité.

La matière seconde, d'un autre côté, est moins une substance, qu'une collection de substances. Où est le lien de cette collection, le centre de cet agrégat? Ce lien, c'est la force; ce centre, c'est la monade. La monade est la substance.

3° Que sont les esprits? Encore des forces, des substances, des monades. — N'y a-t-il donc aucune distinction à établir entre les corps et les esprits? Loin de là. Toutes les substances, il est vrai, et, à ce compte, tous les corps, aussi bien que tous les esprits, sont des monades. Mais entre les monades, il y a des degrés. Miroirs vivants de l'univers, les monades le reflètent chacune sous un angle qui leur est propre. — Cette réflexivité des monades constitue leur perception. Mais les unes n'ont qu'une perception sans conscience, et, d'une manière générale, ce sont les corps; les autres ont une perception accompagnée de conscience, et, d'une manière générale, ce sont les esprits. — Il y a continuité entre les monades, et cette continuité est hiérarchie. Bien plus, il n'y a pas deux monades qui se ressemblent. Le principe de la raison suffisante entraîne après soi le principe des indiscernables.

4° Qu'est-ce que l'homme? une monade qui a conscience d'elle-même; *vis sui conscia*.

5° Que sont dans l'homme les rapports de l'âme et du corps? L'âme est une monade, le corps est une monade. Les monades, quelque degré qu'elles occupent dans la hiérarchie des monades, n'exercent ni n'admettent aucune influence extérieure. Elles n'ont point de fenêtres sur le dehors. Enveloppées, ramassées en elles-mêmes, elles n'ont aucune action les unes sur les autres. Elles impliquent, dans leur spontanéité, comme un germe qui éclôra ultérieurement, toute la série de leurs développements. Elles ne peuvent donc agir les unes sur les autres. Leibniz croit d'ailleurs expliquer, d'une manière aussi merveilleuse qu'inespérée, les rapports de l'âme et du corps par sa théorie de l'harmonie préétablie.

6° Qu'est-ce que l'immortalité ? Créées parce que Dieu est bon, toutes les monades subsisteront parce que Dieu est bon. On ne verrait pas la raison suffisante de leur anéantissement. Mais, si toutes les monades sont indestructibles, de toutes les monades terrestres la monade humaine est seule immortelle, c'est-à-dire, par métamorphose, non par métempsycose, destinée, à travers de nouveaux progrès, à une vie de châtiments sentis, ou de récompenses devenues jouissances. C'est une immortalité tout illuminée de conscience et de mémoire.

En résumé, il n'y a aucun point essentiel sur lequel Leibniz n'ait repris Spinoza.

Spinoza professe l'unité de substance. Leibniz enseigne la pluralité des substances subordonnées entre elles.

Spinoza conçoit un Dieu étendu, aveugle, nécessité. Leibniz rétablit une divinité, pur esprit, intelligence souveraine, puissance créatrice et paternelle providence.

Spinoza fait dériver de l'étendue la réalité matérielle. Leibniz réduit l'étendue à n'être plus qu'un phénomène.

Spinoza confond l'esprit et le corps. Leibniz les distingue profondément.

Spinoza supprime le problème des rapports de l'âme

et du corps. Leibniz pose ce problème et tente du moins de le résoudre.

Spinoza aboutit au fatalisme. Leibniz donne à sa philosophie pour couronnement l'optimisme, expression d'un choix libre et sage.

Spinoza déclare qu'il y a entre la théologie et la philosophie un éternel divorce. Leibniz soutient qu'il y a entre la théologie et la philosophie une éternelle union, la vérité ne pouvant lutter contre la vérité.

Séparé ainsi de Spinoza par une polémique victorieuse, n'y a-t-il pas cependant des points par où Leibniz, à son insu, se rapproche de Spinoza? La conception de la monade, ruine du Spinozisme, n'établit-elle pas, d'autre part et malgré tout, entre le Leibnizianisme et le Spinozisme, un étroit rapport et comme une involontaire connivence?

Dès maintenant, nous pouvons l'affirmer. Parti du mécanisme, Leibniz s'est élevé jusqu'au dynamisme, et c'est à l'aide du dynamisme qu'il bat en brèche la théorie de Spinoza. La conception de la force, de la substance, de la monade, est l'expression originale de ce dynamisme puissant. Mais en voulant pousser trop avant l'analyse des choses et substituer aux données de la réalité des hypothèses, quoique ingénieuses, Leibniz finit par se heurter à cette conception même de la monade et retombe dans les bas fonds du mécanisme. Si en effet la monade, en vertu des lois de sa nature, est renfermée en elle-même; si elle ne reçoit et n'exerce aucune action; si les rapports des monades entre elles sont établis et persistent uniquement par l'influence de la monade des monades, qui est Dieu; dès lors la monade cesse d'être monade; la créature cesse d'être une force, l'univers une collection de substances. Dans le

Leibnizianisme comme dans le Spinozisme, il n'y a plus qu'une substance, qui est Dieu.

Cette affinité inattendue du Leibnizianisme et du Spinozisme n'avait point échappé aux contemporains de Leibniz ; car Leibniz se croyait obligé de s'en défendre.

« Je ne sais comment, écrivait-il à Bourguet, vous pouvez tirer des monades quelque Spinozisme ; au contraire, c'est justement par ces monades que le Spinozisme est détruit ; car il y a autant de substances véritables et, pour ainsi dire, de miroirs vivants de l'univers toujours subsistants, ou d'univers concentrés qu'il y a de monades ; au lieu que, selon Spinoza, il n'y a qu'une seule substance. Il aurait raison s'il n'y avait pas de monades, et alors tout, hors Dieu, serait passager et s'évanouirait en simples accidents ou modifications, puisqu'il n'y aurait point la base des substances dans les choses, laquelle consiste dans l'existence des monades [1]. »

C'est qu'en effet Leibniz n'avait point pénétré tout le vice du Spinozisme, lequel gît, en grande partie, dans la méthode de Spinoza. Et lui-même avait trop souvent fait usage de cette méthode, plus géométrique que psychologique.

« Leibniz, remarque M. Cousin, Leibniz ne remonte pas à la source du véritable Spinozisme ; je veux dire cette méthode qui, au lieu d'établir les faits tels que l'observation les atteste dans la nature et dans l'humanité, s'élance d'abord à une conception prématurée et hypothétique du premier principe, et de cette conception déduit, par le raisonnement et à l'aide de définitions, de scolies et de corollaires, la nature et l'huma-

---

[1]. Erdmann, p. 720, Lettre II.

nité. Cette méthode anticartésienne est ce qui a le plus égaré Spinoza, et, de nos jours, ramène et entretient encore le Spinozisme¹. »

Leibniz n'a point assez vécu dans le monde de l'âme; il n'a point assez souvent demandé à l'observation psychologique la confirmation ou l'origine des principes sur lesquels il s'appuie.

Toutefois, la partie polémique de la critique de Leibniz contre Spinoza n'en subsiste pas moins, et l'argumentation qu'il oppose au système du Juif hollandais reste aussi profonde qu'irrésistible.

Or le même intérêt de saine métaphysique et de bonne morale qui avait porté Leibniz à entreprendre une réfutation de Spinoza, devait l'inviter aussi à réfuter Locke.

« J'ai tâché aussi de combattre en passant certains philosophes relâchés, comme M. Locke, M. Le Clerc et leurs semblables, qui ont des idées fausses et basses de l'homme, de l'âme, de l'entendement et même de la divinité; et qui traitent de chimérique tout ce qui passe leurs notions populaires et superficielles. Ce qui leur a fait du tort, c'est que, étant peu informés des connaissances mathématiques, ils n'ont pas assez connu la nature des vérités éternelles. »

Leibniz a démontré que Spinoza péchait par trop de géométrie. C'est un défaut contraire qu'il signalera chez Locke, le défaut de connaissances mathématiques.

« M. Locke, disait-il, avait de la subtilité et de l'adresse, et quelque espèce de métaphysique superficielle qu'il savait relever, mais il ignorait la méthode des mathématiciens². »

---

1. Cf. Erdmann, *Fragments de philosophie Cartésienne*, p. 379; *Correspondance inédite de Malebranche et de Leibniz.*
2. Dutens, t. V, p. 11, Lettre II à Montmort.

CHAPITRE III.

Polémique contre Locke.

Leibniz écrivait, en novembre 1715, à la princesse de Galles :

« Il semble que la religion naturelle s'affaiblit extrêmement en Angleterre. Plusieurs font les âmes corporelles, d'autres font Dieu lui-même corporel.

« M. Locke et ses sectateurs doutent au moins si les âmes ne sont point matérielles et naturellement périssables [1]. »

C'est qu'en effet les théories de Locke avaient de bonne heure attiré l'attention de Leibniz, qui crut même devoir les réfuter.

On peut noter qu'il s'y prit comme à deux fois, pour établir cette réfutation.

En 1696, ce sont de simples remarques qu'il rédige sur l'*Essai concernant l'entendement humain* [2]. Ces remarques ne s'adressent même pas directement au public ;

---

1. Erdmann, p. 746, *Recueil de lettres entre Leibniz et Clarke sur Dieu, l'âme, l'espace, la durée, etc.*
2. *Id.*, p. 136, *Réflexions sur l'Essai de l'entendement humain de M. Locke.* — Cf. *Ibid.*, p. 450, *Remarques sur le sentiment du P. Malebranche, qui porte que nous voyons tout en Dieu, concernant l'examen que M. Locke en a fait.*

ce sont comme de simples réflexions que Leibniz soumet à Locke, avec qui il se montre désireux d'entrer en relation.

« Je vous supplie, écrit-il, en 1697, à Thomas Burnet, de faire mes compliments et remercîments à M. Locke ; quand j'aurai reçu les livres dont il me fait présent, je les lirai avec toute l'application que je sais qu'ils méritent ; car tout ce qui vient de lui est profond et instructif[1]. »

Il ne semble pas que Locke correspondît de tout point à cet empressement de Leibniz, qui, la même année, récrivait à Burnet :

« Je ne voudrais pas que M. Locke se portât à considérer mes remarques dans le dessein de me satisfaire, suivant ce que vous dites, monsieur ; car je n'ai garde de vouloir lui en donner la peine. Vous m'avez demandé si vous les lui pouviez communiquer et j'y ai consenti ; s'il ne trouve pas qu'elles lui donnent sujet à de nouvelles et utiles réflexions, il faudra le prier de n'y point songer. Il faut que ce soit pour l'amour de la vérité et non pour l'amour de moi qu'il y pense. Ma métaphysique est un peu plus platonicienne que la sienne ; mais c'est aussi pour cela qu'elle n'est pas si conforme au goût général[2]. »

Malgré ces instigations, Locke garde le silence et ne témoigne pour les objections qu'on lui propose qu'un dédain, dont Leibniz devait connaître plus tard l'expression.

---

1. Dutens, t. VI, pars I, p. 249, Lettre VI. Cf. Ibid., p. 260, Lettre VII, « Il faut que je vous supplie encore, monsieur, de faire mes compliments à M. Locke, que je remercie très-humblement des pièces considérables de sa façon qu'il m'a fait envoyer, 1697. »

2. Id., Ibid., p. 253, Lettre VI.

« Il paraît par une lettre de M. Locke à M. Molineux, insérée dans les lettres posthumes de M. Locke, que cet habile Anglais ne souffrait pas volontiers les objections. Comme on ne m'avait point communiqué ce qu'il avait répondu aux miennes, il ne m'a point été permis d'y répliquer[1]. »

En 1703, soit qu'il fût mécontent du silence de Locke, soit qu'il vît une opportunité croissante à combattre sa doctrine, Leibniz met la dernière main aux *Nouveaux Essais*. Dans une lettre, écrite, cette année-là même, à Hugony, il développe le plan de cet ouvrage, composé, dit-il, aux heures perdues, en voyage ou à Herrhenhausen[2].

« M. Locke, écrit Leibniz, parle également de la liberté, dans un chapitre qui agit de la puissance, de sorte que cela m'a engagé à en parler aussi ; je m'attache surtout à vindiquer l'immatérialité de l'âme que M. Locke laisse douteuse ; je justifie les idées innées et je montre que l'âme en tire la perception de son propre fonds ; je justifie les axiomes, dont M. Locke méprise l'usage ; je montre, contre le sentiment de Locke, que l'individualité de l'homme, qui le fait demeurer le même, consiste dans la durée de la substance simple ou immatérielle qui est en lui ; que l'âme n'est jamais sans pensée ; qu'il n'y a point de vide ni d'atomes ; que la matière, en ce qui est passif, ne saurait avoir de la pensée, à moins que Dieu n'y ajoute une substance qui pense.

« Il y a beaucoup d'autres points où nous sommes différents, parce que je trouve qu'il affaiblit trop cette

---

1. Dutens, t. V, p. 17, Lettre IV à Montmort, 1714.
2. Résidence des électeurs de Brunswick, près de Hanovre.

philosophie généreuse des Platoniciens, que M. Descartes a relevée en partie, et qu'il met à la place des sentiments, qui nous abaissent et peuvent faire du tort dans la morale même, quoique je sois persuadé que l'intention de l'auteur est fort bonne. »

Leibniz ajoute qu'il voudrait faire corriger les *Nouveaux Essais* par quelqu'un de savant en philosophie et en français, et qu'il a choisi le français, parce que depuis que le livre de M. Locke a été traduit en cette langue, « il se promène dans le grand monde hors de l'Angleterre. » Il termine en disant que M. Locke étant fort âgé, on le presse de publier sa réfutation, afin que l'auteur de l'*Essai sur l'entendement* y puisse répliquer. Et en effet, dans ce but, Leibniz soumet, à la même époque, son ouvrage à Barbeyrac.

Cependant, l'année suivante, 1704, Locke meurt avant que les *Nouveaux Essais* aient paru. La mort de l'auteur semble, dès lors, à Leibniz rendre inutile la réfutation de l'ouvrage. C'est là du moins ce qu'il déclare à plusieurs de ses correspondants.

« La mort de M. Locke m'a ôté l'envie de publier mes remarques sur ses ouvrages ; j'aime mieux publier maintenant mes pensées indépendamment de ceux d'un autre [1].

« M. Hugony a vu mes réflexions assez étendues sur l'ouvrage de M. Locke, qui traite de l'entendement de l'homme. Je me suis dégoûté de publier des réfutations des auteurs morts, quoiqu'elles dussent paraître durant leur vie, et être communiquées à eux-mêmes. Quelques petites remarques m'échappèrent, je ne sais comment, et furent portées en Angleterre par un

---

1. Dutens, t. VI, pars I, p. 273, Lettre xi à Th. Burnet, 1706.

parent de feu M. Burnet, évêque de Salisbury. M. Locke les ayant vues, en parla avec mépris dans une lettre à M. Molineux, qu'on peut trouver parmi d'autres œuvres posthumes de M. Locke. Je ne m'en étonne point; nous étions un peu trop différents en principes et ce que j'avançais lui semblait des paradoxes[1]. »

L'éditeur des *Nouveaux Essais*, R.E. Raspe observe que l'abstention de Leibniz tint surtout à ce qu'il ne voulut pas se mettre trop d'affaires à la fois sur les bras[2]. Car vers ce temps, il était déjà engagé : 1° dans une lutte des plus vives avec la Société royale de Londres, à propos de l'invention du calcul infinitésimal, que lui disputait Newton[3]; 2° dans une discussion avec Clarke[4].

Quoi qu'il en soit, les *Nouveaux Essais* ne parurent qu'en 1764.

Qu'était-ce que Locke?

Qu'était-ce que l'*Essai concernant l'entendement humain?*

Locke est un disciple de Descartes.

« Les premiers livres qui donnèrent quelque goût de l'étude de la philosophie à M. Locke, dit son panégyriste Le Clerc, furent, comme il l'a raconté lui-même, ceux de Descartes, parce qu'encore qu'il ne goûtât pas

---

1. Erdmann, p. 703, Lettre II à Montmort, 1714.
2. *OEuvres philosophiques de Leibniz*, Amst. et Leipzig, 1765, in-4°.
3. Voyez dans le *Journal des Savants*, années 1832 et 1855, les articles de M. Biot sur les ouvrages du docteur Bruwster : *Vie de sir Izaac Newton*, Londres, 1831, 1 vol. in-16; *Mémoires sur la vie, les écrits et les découvertes de sir Izaac Newton*, Édimbourg, 1855, 2 vol. in-8. Avec Euler, Lagrange, Laplace et Poisson, M. Biot conclut que l'invention du *calcul différentiel* par Leibniz est indépendante de l'invention du *calcul des fluxions*, par Newton.
4. Voyez liv. IV, chap. IX, *Clarke, Leibniz.*

tous ses sentiments, il trouvait qu'il écrivait avec beaucoup de clarté. »

Locke relève donc de Descartes par sa méthode.

On peut dire, en outre, qu'il emprunte à Descartes les problèmes qu'il agite sur la nature de l'âme et des idées.

« Pour commencer ce discours, écrivait Descartes dans un traité resté d'ailleurs inachevé, il faut examiner quelle est la première connaissance de l'homme, dans quelle partie de l'âme elle réside, et d'où vient qu'elle est d'abord si imparfaite. Tout cela me paraît s'expliquer très-clairement, si nous comparons l'imagination des enfants à une table rase sur laquelle nos idées, qui sont comme des images fidèles de chaque objet, doivent se peindre. Les sens, les penchants de l'esprit, les précepteurs et l'intelligence sont les divers peintres qui doivent élaborer cette œuvre; mais parmi eux ce sont les moins aptes à l'accomplir qui la commencent, c'est-à-dire les sens imparfaits, l'instinct aveugle et des nourrices ineptes. L'intelligence est comme un peintre habile qui, appelé à terminer un tableau ébauché par des élèves, ne pourrait empêcher qu'il n'y restât de grands défauts [1]. »

Ce passage, à lui seul, est comme un programme de l'ouvrage de Locke.

Par conséquent, en entreprenant la critique de l'*Essai concernant l'entendement humain*, c'est, en quelque façon, son attaque contre le Cartésianisme que Leibniz poursuit.

---

1. Descartes, *Œuvres complètes*, t. XI, p. 345, *Recherche de la vérité par les lumières naturelles*. Cf. *Id., ibid., Règles pour la direction de l'esprit*, p. 245, *Règle huitième*.

En peu de mots, voici l'analyse de l'*Essai*[1].

L'*Essai* comprend quatre livres, qui traitent, le premier de l'innéité, le second des idées, le troisième des mots, le quatrième de la connaissance de la vérité.

Locke nie l'innéité et ramène à leurs antécédents chronologiques les idées de temps, d'espace, de substance, de cause, d'infini.

Les idées sont simples ou complexes.

Simples, elles dérivent de la sensation et de la réflexion.

Complexes, elles sont dues au travail opéré par l'esprit sur les données, qu'il transforme, de la sensation et de la réflexion.

Tout jugement est comparaison ou perception d'un rapport de convenance ou de disconvenance entre deux ou plusieurs idées.

Locke traite longuement de l'importance du langage, qu'il exagère.

A cette théorie du langage se rattache une théorie de l'erreur.

Locke confond la liberté avec la puissance ou le pouvoir d'agir.

En morale, ramenant l'idée du bien à l'idée de récompense, et l'idée du mal à l'idée de châtiment, il s'en faut très-peu qu'il ne confonde le plaisir et le bien, le mal et la douleur. Sa politique offre les mêmes imperfections que sa morale.

En théodicée, il n'admet d'autres preuves de l'existence de Dieu que les preuves *a posteriori*.

---

1. *Essai philosophique concernant l'entendement humain*, traduit de l'anglais, par M. Coste, Amsterdam, 1774, 4 vol. in-12.

C'est à la révélation, non à la raison, qu'il demande une certitude d'immortalité.

A cette doctrine Leibniz oppose une réfutation développée, approfondie. Les *Nouveaux Essais* sont la contre-partie de l'*Essai*, livre par livre, chapitre par chapitre, paragraphe par paragraphe. Afin de nous dégager de cet immense détail, sans toutefois risquer de reproduire incomplétement la critique de Leibniz, reprenons, en suivant l'ordre de l'*Essai*, les points principaux que Leibniz lui-même a eu soin de préciser dans sa lettre à Hugony.

« 1° Je justifie, écrit Leibniz, les axiomes, dont M. Locke méprise l'usage. »

Les axiomes ne sont pas des tautologies, des truismes. Ce sont des principes essentiels.

« 2° Je justifie les idées innées et je montre que l'âme en tire la perception de son propre fonds. »

Il est vrai qu'on abuse du nom d'idées innées et de principes. Il ne faut rien admettre de primitif que les expériences et l'axiome d'identicité; les autres vérités doivent être prouvées.

Mais il n'en est pas moins constant qu'il y a des idées et des principes innés.

Toutefois la question d'origine n'est pas une question préliminaire.

Il convient préalablement d'examiner la nature des idées.

Les idées vraies, ou réelles, sont des idées possibles.

Les idées vraies ou réelles, primitives, sont celles dont la possibilité est indémontrable.

Cela posé, Leibniz, venant à la question d'origine, combat la doctrine de la table rase.

Tant s'en faut que l'âme soit une table rase, qu'elle

est innée à elle-même et que tout lui vient de son fonds.

C'est dans le sens de l'innéité qu'il faut entendre la réminiscence platonicienne et ces paroles de saint Paul : « La loi de Dieu est inscrite dans les cœurs. »

Mais s'il y a des idées innées, elles doivent être universelles, et Locke nie qu'il y ait des idées universelles.

Qu'on prenne telle idée qu'on voudra, de l'ordre spéculatif ou de l'ordre pratique, l'idée de Dieu ou l'idée « que le même est le même, » à tout le moins, remarque Locke, faut-il reconnaître que ces idées ne se rencontrent pas chez les enfants, les sauvages, les idiots ; ce qui suffit à ruiner cette prétendue universalité.

Des enfants, des sauvages, des idiots, répond Leibniz, ne témoignent point touchant la nature humaine. Car, en eux, la nature humaine est incomplète et comme tronquée.

Cependant, qu'on ôte à ces vérités la forme abstraite d'exposition ; qu'on les rende concrètes, et elles seront comprises même par des enfants, par des sauvages, sinon par des idiots.

D'ailleurs, alors même qu'elles n'apparaîtraient pas, elles n'en sont pas moins latentes au fond des esprits, et n'attendent que les circonstances qui les excitent.

C'est ainsi que la géométrie, l'arithmétique, sont innées à un enfant. Platon avait raison dans le Ménon.

Aussi bien, comment par l'expérience arriver non-seulement à l'universel, mais encore au nécessaire ? Or, tel est le double caractère des idées innées.

Ni les exemples accumulés, ni l'induction ne donnent une vérité nécessaire. Et cependant l'intelligence humaine conçoit l'universel, le nécessaire; et c'est par où l'esprit de l'homme se distingue de l'intelligence des animaux, laquelle est purement empirique et ne procède que par induction, ou pour mieux dire, par analogie.

En définitive, l'âme n'est pas une table rase, un bloc informe, indifférent aux figures qu'on lui voudra donner. Elle a ses aptitudes, ses prédispositions; elle porte en elle tout un dessin intérieur, des lignes qui feront la statue d'Hercule ou d'Apollon, et que le sculpteur n'aura plus qu'à mettre à nu avec son ciseau et à nettoyer par la polissure.

Pour parler, s'il est possible, sans métaphore, l'expérience, les sens sont nécessaires afin d'éveiller, de féconder les puissances latentes de l'âme. Mais l'âme renferme inné à soi tout un monde d'idées. — Et c'est peut-être ce que Locke a compris d'une certaine façon, quand il a fait dériver toutes nos idées des sens et de la réflexion. Car qu'est-ce pour l'âme que réfléchir, sinon être attentive à ce qui se passe au dedans d'elle-même, et considérer son propre fonds? Mais il faut être net et corriger l'ancien adage : *Nihil est in intellectu, quod prius non fuerit in sensu*. — *Nihil nisi ipse intellectus.*

Maintenant, Leibniz insistera-t-il séparément sur chacune des idées qu'on appelle innées, et voudra-t-il en entreprendre une énumération?

Il s'attachera simplement aux plus importantes.

Locke confond l'idée de temps avec l'idée de durée; l'idée d'espace avec l'idée d'étendue. Leibniz, de son côté, ne considère le temps et l'espace que comme de pures abstractions.

Mais Locke a ramené l'idée d'infini à l'idée d'indéfini;

Leibniz montre que l'idée d'infini n'est autre chose que l'idée même d'absolu.

Locke ne trouve rien que d'obscur, et jusqu'à un certain point, rien que de chimérique dans l'idée de substance. Leibniz lui répond avec à-propos :

« L'idée de substance n'est pas si obscure qu'on pense. On en peut connaître ce qui se doit et ce qui se connaît en autres choses ; et même la connaissance des concrets est toujours antérieure à celle des abstraits ; on connaît plus le chaud que la chaleur[1]. »

« En distinguant deux choses dans la substance, les attributs ou prédicats et le sujet commun de ces prédicats, ce n'est pas merveille qu'on ne peut rien concevoir de particulier dans ce sujet[2]. »

« 3° Je montre, poursuit Leibniz, que l'âme n'est jamais sans pensée. »

Il n'y a pas seulement dans l'âme réminiscence ; il y a, de plus, pressentiment. Les perceptions présentes dérivent des perceptions antérieures et préparent les perceptions futures. Le présent est gros du passé et chargé de l'avenir.

Entre une perception et une autre perception, il y a des perceptions intermédiaires. La loi de la continuité le veut ainsi. Il est vrai que ces perceptions intermédiaires sont souvent confuses ; mais elles n'en contribuent pas moins à former les perceptions dont nous avons conscience, à peu près comme le bruit de la mer résulte des bruits combinés de chaque vague.

C'est parce que ces perceptions confuses sont inaperçues que nous sommes tentés de les nier. Mais,

---

1. Erdmann, p. 238, *Nouveaux Essais*, liv. II, chap. XIII, § 6.
2. *Id.*, p. 272, *Nouveaux Essais*, liv. II, chap. XXIII, § 2.

pour être inaperçues, elles ne s'en produisent pas moins. C'est ainsi que ceux qui habitent près d'un moulin n'en perçoivent plus le bruit, quoique ce bruit se fasse entendre. Malgré les apparences contraires, l'âme n'est donc pas un seul instant sans pensée. Vainement objectera-t-on qu'il y a des sommeils sans rêve. Leibniz le nie. Durant le sommeil, l'âme rêve toujours, mais au réveil elle ne se rappelle pas toujours les rêves qu'elle a faits. Si l'âme ne pensait pas toujours, on ne s'expliquerait pas que la pensée cessant une fois, la pensée pût reprendre. Ce serait une véritable extinction. Partant, on ne s'expliquerait pas le réveil, qui n'est autre chose que le passage de l'esprit, de perceptions confuses à des perceptions qui le sont moins.

L'âme, non plus que le corps, n'est jamais sans action. Et c'est ce qui fait la vie universelle : σύμπνοια πάντα.

« 4° Je montre contre Locke, continue Leibniz, que l'identité de l'homme consiste dans la durée de la substance simple ou immatérielle qui est en lui. »

La conscience et la mémoire attestent l'identité de l'homme; elles ne la constituent pas. En faisant dépendre l'identité de notre être du témoignage de ces deux facultés défaillantes qu'il confond (car il ne parle que de la première), Locke compromettait cette identité. Leibniz la restitue en la ramenant à la permanence de la substance.

« Ce n'est pas le souvenir qui fait justement le même homme; l'avenir, dans chaque substance, a une parfaite liaison avec le passé. On peut oublier bien des choses, mais on pourrait aussi se ressouvenir de bien loin, si on était ramené comme il faut[1]. »

1. Erdmann, p. 224, *Nouveaux Essais*, liv. II, chap. I, § 12.

« 5° M. Locke, dit Leibniz, parle amplement de la liberté, dans un chapitre qui agit de la puissance, de sorte que cela m'a engagé à en parler aussi. »

Leibniz démêle la confusion commise par Locke, de la liberté et de la puissance d'exécution.

Surtout il combat ce que quelques-uns ont appelé la liberté d'indifférence.

Cette prétendue liberté d'indifférence n'est pas le type de la liberté par excellence, mais, au contraire, le plus bas degré de la liberté.

Cette prétendue liberté d'indifférence, d'ailleurs, est un état de l'âme parfaitement illusoire. Car quelque indifférent qu'il paraisse, notre choix se trouve toujours sollicité par quelqu'une de ces perceptions confuses qui ne cessent de se produire dans l'âme, à son insu.

Encore une fois en effet, ces perceptions sont notables : elles différencient les âmes, comme les mouvements diversifient les corps, et à la loi de la continuité il faut ajouter le principe des indiscernables.

« 6° Je montre qu'il n'y a pas de vide ni d'atomes. »

Ces deux idées sont connexes. S'il y a des atomes, il faut admettre le vide. Mais s'il n'y a pas d'atomes, réciproquement la conception du vide ne s'entend plus.

Or il n'y a pas d'atomes.

La notion d'atome en effet implique l'absolue inertie. Or le repos absolu n'est pas.

La notion d'atome, de plus, implique que les atomes sont similaires. Or tous les êtres sont différenciés.

Donc il n'y a pas d'atomes. Par conséquent, il n'y

a pas de vide. Tout est plein. D'ailleurs le plein vaut mieux que le vide. Donc il n'y a pas de vide.

Toutes les parties de la matière offrent à la fois roideur et fluidité, mais inégales.

« 7° Je montre, dit Leibniz, que la matière, ou ce qui est passif, ne saurait avoir de la pensée, à moins que Dieu n'y ajoute une substance qui pense. »

Locke s'est avisé d'un doute qui est resté célèbre. Il s'est demandé si la matière peut penser.

Après avoir proclamé l'âme spirituelle, Locke n'ose affirmer qu'elle soit immatérielle.

En effet, on avait cru longtemps que les corps n'ont d'action les uns sur les autres que par contact immédiat. Newton est venu, qui a révélé les lois de l'attraction et de la gravitation. Qui peut, après cela, prétendre qu'une science plus avancée n'établira point que la pensée appartient à la matière? Qui oserait, en tout cas, donnant des bornes à la puissance divine, soutenir qu'il serait impossible à Dieu d'attribuer à la matière la pensée?

La réalité, remarque Leibniz, peut dépasser notre conception, mais non pas notre conceptivité. Le miracle même ne peut impliquer contradiction. Or il y aurait contradiction à attribuer à la matière la pensée.

Dieu ne pourrait qu'en deux manières rendre la matière pensante : ou en ajoutant à la matière une substance pensante, et alors ce ne serait pas la matière qui penserait; ou en substituant à la substance qui est matière une substance pensante, et alors la matière serait anéantie. Dans l'un et dans l'autre cas, ce n'est pas la matière qui pense; c'est la substance, dont la pensée est l'action essentielle.

« 8° Je m'attache surtout, continue Leibniz, à vindiquer l'immatérialité de l'âme, que Locke laisse douteuse. »

En faisant consister l'essence de l'âme dans la pensée, l'essence du corps dans l'étendue, Descartes avait été conduit à refuser une âme aux animaux. C'était blesser le sens commun. C'était, par un excès, appeler cette autre opinion excessive, qu'il se pourrait que la matière pensât. Leibniz, à l'encontre de Descartes, pose que « toute âme est unie à un corps. » Par conséquent, où est la difficulté d'accorder une âme aux animaux? Leibniz accorde une âme même aux plantes. C'est qu'à vrai dire l'antagonisme de l'esprit et de la matière n'existe pas. Il n'y a dans l'univers ni esprits ni corps, il n'y a que des monades, disposées en une hiérarchie merveilleuse. Tout être créé a une âme, parce que tout être créé est monade. Créées parce que Dieu est bon, les monades sont impérissables, parce que Dieu est bon. Toutes indestructibles, toutes néanmoins ne sont pas immortelles.

Toutes les monades en effet ne sont pas égales. La monade qui est l'âme humaine se distingue par une claire aperception, de la monade qui est l'âme des bêtes et des monades inférieures, lesquelles n'ont que des perceptions plus ou moins confuses. Sa spiritualité, par conséquent, est assurée, et du même coup, son immortalité, immortalité tout éclairée par la conscience et le souvenir qui constituent la personnalité.

Au lieu donc de demander, comme le fait Locke, à la révélation seule la certitude de notre immortalité, ce nous est assez de la raison pour avoir une telle certitude.

« 9° Il y a, conclut Leibniz, une infinité d'autres points où nous sommes différents, parce que je trouve que Locke affaiblit trop cette philosophie généreuse des Platoniciens, que M. Descartes a relevée en partie, et qu'il met à la place des sentiments qui nous abaissent et peuvent faire du tort dans la morale même, quoique je sois persuadé que l'intention de cet auteur est fort bonne. »

« J'ai lu le livre de Mlle Trotter, écrivait Leibniz en 1710, à Thomas Burnet. Dans la dédicace, elle exhorte M. Locke à donner des démonstrations de morale. Je crois qu'il aurait eu de la peine à y réussir. L'art de démontrer n'était pas son fait. Je tiens que nous nous apercevons souvent sans raisonnement de ce qui est juste et injuste, comme nous nous apercevons sans raison de quelques théorèmes de géométrie; mais il est bon de venir à la démonstration. Justice et injustice ne dépendent pas seulement de la nature humaine[1], mais de la nature de la substance intelligente en général; et Mlle Trotter remarque fort bien qu'elle vient de la nature de Dieu et n'est point arbitraire. La nature de Dieu est toujours fondée en raison.

« Je ne demeure point d'accord que l'immortalité est seulement probable par la lumière naturelle; car je crois qu'il est certain que l'âme ne peut être éteinte que par miracle[2]. »

Terminons par une dernière citation, empruntée à une lettre de cette même année, 1710, et où Leibniz semble avoir dit sur Locke son dernier mot.

---

1. Cf. Erdmann, p. 353. — « Vous pouviez répondre encore, et bien mieux à mon avis, que les idées de la justice et de la tempérance ne sont pas de notre invention, non plus que celles du cercle ou du carré; je crois l'avoir assez montré. » *Nouveaux Essais*, liv. IV, chap. IV, § 5.

2. Dutens, t. VI, pars I, p. 273, lettre XI.]

« Il y a dans Locke certains détails qui ne sont pas mal exposés, mais en somme il a fait fausse route et n'a pas compris la nature de l'esprit et de la vérité. S'il avait assez pris garde à la différence qui se trouve entre les vérités nécessaires, ou perçues par démonstration, et celles qui, d'une manière quelconque, nous sont simplement connues par induction, il aurait remarqué que les vérités nécessaires ne se peuvent prouver que par des principes inhérents à l'esprit; car les sens nous apprennent ce qui a lieu, mais non pas ce qui a lieu nécessairement. Locke n'a pas assez remarqué non plus que les idées de l'être, de la substance une et identique, du vrai, du bien, et beaucoup d'autres, sont innées à notre esprit, parce que notre esprit est inné à lui-même et qu'il découvre en lui-même toutes ces idées. En effet il n'y a rien dans l'entendement qui n'ait été dans le sens, si ce n'est l'entendement lui-même. On pourrait faire contre Locke beaucoup d'autres remarques; car il en vient, par des voies souterraines, jusqu'à ruiner la nature immatérielle de l'âme. Il inclinait d'ailleurs aux opinions des Sociniens, dont la philosophie sur Dieu et sur l'âme a toujours été très-pauvre[1]. »

L'*Essai concernant l'entendement humain* a été, de nos jours, l'objet d'un examen qui dépasse de beaucoup la critique de Leibniz en précision et en étendue[2]. Mais Leibniz n'en a pas moins indiqué avec une sagacité pénétrante le vice radical de la doctrine de Locke.

---

1. Dutens, t. V, p. 358, *ad Bierlingium*.
2. M. Cousin, *Histoire de la philosophie au dix-huitième siècle*, Paris, 1829, 2 vol. in-8, t. II.

Que l'âme soit une table rase où l'expérience imprime d'abord, où la réflexion développe ensuite les idées, et de là tout découle : les doutes sur la nature de la matière, sur la spiritualité de l'âme, sur l'existence de Dieu, toutes ces conséquences, en un mot, que Leibniz se contentait de signaler en les déplorant, parce qu'elles ne sont pas moins funestes à la morale que compromettantes pour notre liberté et notre immortalité.

Que l'âme, au contraire, soit une force vive, pleine de virtualités, riche d'idées, que l'expérience et la réflexion font saillir, mais qu'elles ne créent pas; et l'âme ne risque plus de se confondre avec la matière. Ces idées qu'elle porte en elle-même, témoignage irrécusable de son origine céleste et de ses fins sublimes, lui deviennent autant de principes qui lui permettent de s'appliquer à la connaissance des sciences, à la culture des arts, à la pratique de la vertu.

Dans le premier cas, l'âme est, en tout, comparable au bloc de marbre de la fable, dont on peut dire :

> Sera-t-il Dieu, table ou cuvette?

Dans le second cas, l'âme est vraiment et uniquement l'image même de la Divinité; elle en porte l'indélébile empreinte, dont il s'agit d'aviver les traits et de mettre en relief les harmonieux contours.

Une telle conclusion n'est pas un résultat médiocre de la longue polémique comprise dans les *Nouveaux Essais*.

CHAPITRE IV.

Rôle de Leibniz pendant la persécution du Cartésianisme.

La polémique de Leibniz contre ses trois illustres contemporains, Descartes, Spinoza, Locke, offre un trait essentiel et commun. Dans les *Animadversiones adversus Cartesii principia*, dans ses réfutations multipliées du Spinozisme, enfin dans les *Nouveaux Essais*, c'est avant tout une fausse notion de la substance que combat Leibniz, et une vraie notion de la substance qu'il s'efforce d'établir comme la base solide de la philosophie restaurée.

Mais la polémique de Leibniz contre Spinoza, sa polémique contre Locke, ne sont, en définitive, que des épisodes plus ou moins intéressants ou obscurs, et comme des conséquences de sa polémique contre Descartes.

C'est à Descartes, c'est au Cartésianisme, que Leibniz s'attaque particulièrement et ne cesse de s'attaquer.

Et en effet, de très-bonne heure, le Cartésianisme s'était rendu considérable par ses vérités à la fois et par ses erreurs.

Ainsi, on a énuméré avec une précision supérieure

les vérités que le Cartésianisme avait mises en lumière ou accréditées.

« Descartes, écrit M. Cousin, pose les fondements de toute philosophie, à savoir :

« 1° L'autorité première et souveraine de la conscience, qui nous révèle l'existence d'une âme spirituelle avec autant de certitude, ou pour mieux dire, avec plus de certitude que les sens ne nous donnent l'étendue et la matière ;

« 2° Sur le sentiment de notre imperfection et de nos limites en tout genre, l'idée irréfragable d'un être parfait et infini, dont la conception seule montre l'existence ;

« 3° Parmi les perfections de cet être, sa véracité attestée par celle de notre raison, la confirmant à son tour, et devenant ainsi le point d'appui inébranlable de la certitude universelle ;

« 4° La spiritualité et la simplicité de l'âme, solidement établies, servant de fondement à son incorruptibilité et à l'espoir d'une autre vie ;

« 5° Partout la vertu mise dans l'empire sur soi-même, le bonheur dans la modération des désirs et dans le développement tempéré et harmonieux de toutes les facultés accordées à l'homme, sous le gouvernement de la raison, et l'œil toujours dirigé vers les lois et la volonté de la divine Providence.

« Ces grands principes posés, les plus beaux génies s'en emparent et les appliquent à toutes choses[1]. »

D'un autre côté, il faut l'avouer, le Cartésianisme était devenu redoutable par ses erreurs. Car ce n'était

---

1. *OEuvres philosophiques du P. André*, Paris, 1843, 1 vol. in-12, Introduction, p. ccxxvi.

pas rien que de contenir en germe, dans la complexité de principes mal définis, le panthéisme de Spinoza tour à tour et le sensualisme de Locke.

Il y a plus. Descartes avait eu beau, rompant avec les habitudes du moyen âge, se dégager de la théologie, il lui avait été impossible d'en sortir complétement, ou, pour mieux dire, de n'y pas rentrer par quelque endroit. C'est ainsi qu'il s'était embarrassé mal à propos, par une application inconsidérée de sa théorie douteuse de la substance, dans l'explication du mystère de la transsubstantiation. Il en avait été repris, avait tâché de s'expliquer, de se corriger. Malgré tout, le reproche d'hétérodoxie, ou du moins la suspicion devait peser sur le Cartésianisme [1].

En 1694, l'abbé Pirot écrivait à Pellisson :

« Il y a impossibilité de concilier les principes de M. Descartes (sur le corps, dont l'essence est l'étendue) avec la présence réelle de Jésus-Christ au Saint-Sacrement. Ce ne sera peut-être pas là l'opinion de tout le monde, mais c'était celle de saint Thomas, et c'est encore celle de l'École depuis que le roi a fait dire par M. l'archevêque à trois professeurs de Paris, qui paraissaient un peu donner dans le système de Descartes, de se conformer à la philosophie d'Aristote, comme les censures de l'Université et les arrêts des Parlements les y obligeaient [2]. »

Il faut rapprocher de cette lettre de l'abbé Pirot deux

---

1. En 1663, la Cour de Rome mit à l'*Index* les ouvrages de Descartes. — Voyez Baillet, *Vie de M. Descartes*, deuxième partie, liv. VIII, chap ix, p. 529. « Il faut avouer, remarque Baillet, que la bonne conscience des inquisiteurs leur a fait ajouter en faveur de M. Descartes la restriction *donec corrigantur*. »

2. Dutens, t. I, p. 729.

lettres que Bossuet écrivait sur le même sujet, en 1701, à M. Pastel, docteur de Sorbonne.

« Vous entendîtes, monsieur, ces jours passés M. Pourchot, qui me disait qu'il y avait une lettre de M. Descartes sur la transsubstantiation. Je vous prie de la lui demander. Quoique ses amis pussent désavouer pour lui une pièce qu'il n'aurait pas donnée lui-même, ses ennemis en tireraient des avantages qu'il ne faut pas leur donner.... »

« J'ai reçu, monsieur, avec votre lettre la copie que vous avez faite des deux lettres de M. Descartes. Vous pouvez dans l'occasion bien assurer notre ami qui m'en parle, qu'elles ne passeront jamais, et qu'elles se trouveront directement opposées à la doctrine catholique. M. Descartes, qui ne voulait point être censuré, a bien senti qu'il les fallait supprimer et ne les a pas publiées. Si ses disciples les imprimaient, ils seraient une occasion de donner atteinte à la réputation de leur maître, et il y a charité à les empêcher. Pour moi, je tiens pour suspect tout ce qu'il n'a pas donné lui-même; et dans ce qu'il a imprimé, je voudrais qu'il eût retranché quelques points, pour être entièrement irrépréhensible par rapport à la foi; car pour le pur philosophique, j'en fais bon marché[1]. »

Ces deux lettres de Bossuet témoignent quelles susceptibilités prolongées le Cartésianisme éveillait, par ses témérités, chez des esprits d'ailleurs tempérants et nullement prévenus.

Ce n'est pas tout encore. Dans un siècle où le pou-

---

[1]. Bossuet, *Œuvres complètes*, t. XXVI, p. 442. Ces deux lettres de Descartes sur l'Eucharistie ont été imprimées, pour la première fois, en 1811, dans l'ouvrage intitulé : *Pensées de Descartes sur la religion et la morale*, p. 250 et suiv. (Édit. de Versailles.)

voir politique et le pouvoir religieux étaient si étroitement unis l'un à l'autre, que le roi se considérait et était en réalité comme le pape des Gaules, il était simple que l'on craignît de voir les nouveautés philosophiques ou théologiques dégénérer en nouveautés politiques; par conséquent, il ne se pouvait pas qu'elles n'excitassent les ombrages de l'autorité séculière.

Aussi bien, si jamais philosophie, depuis le Platonisme, tendit à changer la politique en la vivifiant, ce fut le Cartésianisme. L'affirmation de la personnalité, par exemple, et implicitement de la dignité humaine, posée si hautement et si heureusement par Descartes, n'allait-elle pas à l'encontre de cette équivoque et insupportable maxime : « L'État, c'est moi? » Durant le dix-septième siècle, au sein du Cartésianisme, s'émeut un souffle de liberté. Car, le Cartésianisme, « c'était l'élite de la société en France et presque en Europe; c'était tout le dix-septième siècle dans ce qu'il avait de plus original et de plus grand; c'était à la fois les sciences, les lettres, la philosophie, le christianisme, dans leur plus admirable harmonie; c'était une école immense, essentiellement française et devenue promptement européenne, où les esprits les plus différents venaient puiser des inspirations communes; où se rencontraient Port-Royal et l'Oratoire, l'Ordre antique de Saint-Benoît, et la jeune Congrégation de Saint-Sulpice, la Magistrature, l'Université, l'Église. Là toutes les pensées se vivifiaient à un foyer commun, et en même temps elles s'éclairaient et se corrigeaient l'une l'autre [1]. »

Rénovateurs en philosophie, véhémentement soupçonnés d'être novateurs en religion, libéraux en poli-

---

1. Œuvres philosophiques du P. André, Introduction, p. ccxvi.

tique, les Cartésiens ne pouvaient manquer de s'attirer l'animadversion des derniers demeurants du moyen âge, de l'Église, du pouvoir civil, en un mot, de tous les partisans ou représentants constitués de l'autorité. De là les persécutions.

L'histoire de ces persécutions odieuses et ridicules, contre lesquelles les plaisanteries de Ménage et de Boileau[1] firent encore plus que la raison irritée d'Arnauld, cette histoire n'est plus à écrire. Nous n'hésitons donc pas à renvoyer au volume où elle se trouve racontée[2], nous bornant à extraire de ces remarquables pages le contexte du formulaire que fut obligée de signer la Congrégation de l'Oratoire[3], afin de n'être point inquiétée dans son enseignement.

« L'on doit enseigner : 1° Que l'extension actuelle et extérieure n'est pas de l'essence de la matière ;

« 2° Qu'en chaque corps naturel il y a une forme substantielle, réellement distinguée de la matière ;

« 3° Qu'il y a des accidents réels et absolus, inhérents à leurs sujets, réellement distingués de toute autre substance, et qui peuvent surnaturellement être sans aucun sujet ;

« 4° Que l'âme est réellement présente et unie à tout le corps et à toutes les parties du corps ;

---

1. Boileau, *Œuvres complètes*, Paris, 1809, 3 vol. in- ; t. II, p. 218, *Arrêt burlesque, donné en la grand'chambre du Parnasse, en faveur des maîtres ès arts, médecins et professeurs de l'Université de Stagire, au pays des chimères, pour le maintien de la doctrine d'Aristote* (1671-1675).

2. M. Cousin, *Fragments de philosophie moderne; De la persécution du Cartésianisme en France*, p. 174 et suiv. — Cf. *Œuvres philosophiques du P. André*, Introduction, p. ccxxix et suiv.

3. Sur les rapports du Cartésianisme et de l'Oratoire, voyez notre ouvrage intitulé : *Le cardinal de Bérulle, sa vie, ses écrits, son temps*. Paris, 1856, 1 vol. in-18.

« 5° Que la pensée et la connaissance ne sont pas de l'essence de l'âme raisonnable ;

« 6° Qu'il n'y a aucune répugnance que Dieu puisse produire plusieurs mondes en même temps ;

« 7° Que le vide n'est pas impossible[1]. »

La teneur de ce formulaire marque assez que ce n'était pas seulement les erreurs ou les occasions prochaines d'erreurs que l'on redoutait dans le Cartésianisme, mais aussi la lumière qu'il commençait à faire briller.

Or, au milieu de ces fortunes contraires, surtout parmi les persécutions que Descartes avait su décliner, mais que le Cartésianisme subissait, quels étaient les sentiments, quel fut le rôle de Leibniz à l'égard d'une doctrine que l'on s'efforçait de mettre au ban de l'opinion ?

Il faut rappeler tout d'abord que Leibniz n'a jamais été un seul instant sans rendre hommage au génie de Descartes. Qu'on parcoure ses œuvres au hasard, qu'on les prenne aux époques les plus diverses, au commencement, comme à la fin de sa carrière, et partout et toujours on y trouvera des témoignages de sa constante admiration pour celui qu'on pourrait à bon droit appeler le père de la philosophie moderne.

« J'estime M. Descartes infiniment, écrit en 1691 Leibniz à Pellisson. — On peut dire qu'il est un de ceux qui ont le plus ajouté aux découvertes de ses prédécesseurs. Mais ceux qui se contentent de lui se trompent fort[2].

« Il me semble, écrit-il en 1704 à Montmort, que

---

1. M. Cousin, *De la persécution du Cartésianisme en France*, p. 204.
2. Dutens, t. I, p. 731.

M. Descartes est d'une tout autre profondeur. Cependant sa philosophie, quoiqu'elle ait avancé de beaucoup nos connaissances, a aussi ses défectuosités.

« Pour ce qui est des disputes qui ont été entre M. Gassendi et M. Descartes, j'ai trouvé que M. Gassendi a raison de rejeter quelques prétendues démonstrations de M. Descartes touchant Dieu et l'âme; cependant dans le fond, je crois que les sentiments de M. Descartes ont été meilleurs, quoiqu'ils n'aient pas été assez bien démontrés, au lieu que M. Gassendi m'a paru trop chancelant sur la nature de l'âme et, en un mot, sur la théologie naturelle[1]. »

Leibniz n'a donc pas méconnu le génie de Descartes. Mais, outre qu'aux hommages qu'il lui rend, se trouvent toujours mêlées d'importantes restrictions, il montre, à signaler les défauts de Descartes, ou les manques du Cartésianisme, un empressement particulier.

C'est, en premier lieu, l'obscurité de Descartes qu'il reprend, à ce point qu'il va jusqu'à lui préférer Clauberg.

C'est ensuite son esprit de secte qu'il blâme et son désir de domination, insurmontable obstacle à tout progrès.

« Descartes a voulu apporter quelques corrections en physique; mais son audace le rend déplaisant et son faste, excessif; ajoutez à cela l'obscurité de son style, sa confusion, sa médisance. Je préfère de beaucoup son disciple Clauberg; il est simple, clair, concis, méthodique[2].

« Les anciens et les modernes, surtout de notre siècle, ont fait plusieurs réflexions grandes et belles; mais hors ce qu'Aristote avait mis en système, elles n'avaient pas assez d'enchaînement. Un excellent

---

1. Dutens, t. V, p. 16, lettre IV.
2. Id., t. VI, pars I, p. 311, *Leibnitiana*, LXXXV.

homme de ce siècle en a fait une nouvelle liaison avec ce qu'il y a ajouté du sien ; mais une ambition démesurée de se faire chef de secte l'a porté à fermer cette chaîne et à faire une manière de clôture, qui est cause que ses sectateurs ne font presque que tourner dans une même circonférence. Et on peut juger que cette haie n'a pu se faire qu'aux dépens de la vérité[1]. »

Nous avons vu, d'autre part[2], quelle critique détaillée et attentive Leibniz a faite des principes de Descartes.

Leibniz n'épargne pas même à Descartes les insinuations contre son orthodoxie.

« Quoique je veuille bien croire, écrit-il à l'abbé Nicaise (février 1697), que Descartes a été sincère dans la proposition de sa religion, néanmoins les principes qu'il a posés renferment des conséquences étranges, auxquelles on ne prend pas assez garde.

« Après avoir détourné les philosophes de la recherche des causes finales, il en fait entrevoir la raison dans un endroit de ses *Principes*, en voulant s'excuser de ce qu'il semble avoir attribué à la matière certaines figures et certains mouvements. Il dit qu'il a eu le droit de le faire, parce que la matière prend successivement toutes les formes possibles, et qu'ainsi il a fallu qu'elle soit venue à celles qu'il a supposées. Mais si ce qu'il dit est vrai,... il s'ensuit qu'il n'y a ni choix ni Providence[3].... »

Nous l'avons vu aussi ; Leibniz reproche ouvertement à Descartes d'avoir dissimulé les origines de sa philosophie, l'accusant, de la sorte, d'une espèce de plagiat.

---

1. Dutens, t. VI, pars I, p. 328, *Leibnitiana*, CLXVII.
2. Voyez ci-dessus, liv. II, chap. I, *Polémique contre Descartes*.
3. M. Cousin, *Fragments de philosophie moderne*, p. 279 ; *Correspondance de Leibniz et de l'abbé Nicaise*. Voyez ci-dessus, p. 153, liv. II, chap. II, *Polémique contre Spinoza*.

« M. Descartes a voulu passer pour ne s'être jamais servi de livres, et pour avoir tout produit de son fonds, quoiqu'il soit très-certain qu'il en a lu plusieurs, et qu'il a étudié la logique aux Jésuites de La Flèche. J'en ai donné quelques particularités à M. Thomasius, qui les a insérées dans son livre intitulé *Historia sapientiæ et stultitiæ*. Il était très-versé dans la philosophie scolastique, qui a bien du bon en elle-même, mais qui n'est pas assez épurée[1]. »

Enfin, on ne peut pas ne pas être frappé de toutes les peines que se donne Leibniz, de tous les détours qu'il imagine, pour se détacher du Cartésianisme et établir qu'il lui a peu emprunté, que même il ne lui doit rien, en un mot, pour mettre au-dessus de toute contestation sa propre originalité.

« Je ne sais, écrit Leibniz, si ce n'est pas un bonheur pour moi, que je sois venu un peu tard à la lecture de ce célèbre auteur (Descartes). Je ne l'ai lu avec attention que lorsque j'avais l'esprit plein de mes propres pensées. Ainsi je crois avoir profité des siennes sans m'y assujettir, comme je vois qu'il est arrivé à d'autres, qui sans cela nous auraient donné de bien plus belles choses, que je n'ose promettre[2]. »

La jeunesse de Leibniz, passée dans les Universités d'Allemagne, toutes pénétrées alors de Cartésianisme; l'étude des écrits composés par lui avant son voyage en France; son séjour en France, à partir de 1672, c'est-à-dire cinq ans après la translation des cendres de Descartes à Paris[3]; ces diverses et indéclinables con-

---

1. Dutens, t. VI, pars I, p. 334, *Leibnitiana*, CLXXXIX.
2. *Id., ibid.*, p. 304, *Leibnitiana*, LVI.
3. Voy. Baillet, *Vie de M. Descartes*, liv. VII, ch. XXIII.

sidérations, nous ont appris avec quelle réserve il convenait d'admettre les protestations de Leibniz.

Après avoir marqué ces traits généraux de la conduite de Leibniz à l'égard de Descartes et du Cartésianisme, venons à quelques particularités plus précises touchant l'attitude que prit le philosophe de Hanovre pendant la persécution du Cartésianisme.

L'illustre éditeur de la correspondance de Malebranche et de Leibniz l'a déjà et tristement observé. « En 1679, tranquille et heureux à Hanovre, lorsque l'Oratoire était près de tomber sous les attaques violentes des Jésuites et sous la double accusation de Cartésianisme et de Jansénisme, Leibniz a le courage d'adresser à Malebranche, Oratorien, Janséniste et Cartésien bien connu, des objections générales contre Descartes. Il n'épargne ni sa Mécanique, ni sa Physique, ni sa Géométrie, et encore moins sa Métaphysique. C'était assurément bien mal prendre son temps, d'autant plus que quelques-unes de ces objections n'ont aucun fondement [1]. »

Mais c'était d'une manière encore beaucoup plus immédiate, que Leibniz entrait dans la persécution dirigée contre le Cartésianisme.

La lettre écrite par Leibniz à l'abbé Nicaise en 1697, et que nous venons de rappeler, avait paru aux Cartésiens une insupportable injure. L'un d'entre eux, Sylvain Régis [2], dont l'école avait été fermée

---

[1]. M. Cousin, *Fragments de philosophie cartésienne*, p. 368.

[2]. Pierre Sylvain Leroy, dit Régis, initié par Rohault à la philosophie cartésienne, la propagea dans le Midi avec un grand éclat; vint ensuite à Paris ouvrir une école, que fit fermer l'archevêque Harlay. Sur Régis et les Cartésiens immédiats, Voy. M. Damiron, *Essai sur l'histoire de la philosophie en France, au dix-septième siècle*. Paris, 1846, 2 vol. in-8, t. II, liv. IV, *Quelques disciples de Descartes*.

en 1675, par arrêt du Conseil, en même temps que celle de Rohault, n'avait pu s'empêcher de signaler les manœuvres jalouses de Leibniz pour ruiner la réputation de Descartes.

« Il y a longtemps, écrivait Régis, qu'il semble que M. Leibniz veut établir sa réputation sur les ruines de celle de M. Descartes ; les fragments qu'il a mis de temps en temps dans le *Journal de France* en sont une grande preuve ; et la liaison particulière qu'il a faite avec les ennemis de ce philosophe, qui sont ici en grand nombre, ne permet pas d'en douter. Mais ce qu'il y a de surprenant, c'est que depuis si longtemps il ne se soit pas trouvé un seul disciple de M. Descartes qui ait entrepris de défendre son maître. Toutefois mon étonnement a cessé lorsque j'ai appris qu'on n'a gardé le silence que parce qu'on a vu que tout ce que M. Leibniz écrivait se détruisait de lui-même, et que ses meilleurs amis publiaient hautement qu'il serait à souhaiter qu'un si grand homme voulût se renfermer dans les mathématiques, où il excelle, et ne pas se mêler de la philosophie, où il n'a pas le même avantage.

« Pour moi, je me suis tu comme les autres, tandis qu'il ne s'est agi que des principes de la philosophie de M. Descartes ; mais maintenant qu'il est question de sa religion, je crois être obligé de la défendre, non en elle-même, car elle se soutient assez de ses propres forces, mais contre les raisons avec lesquelles M. Leibniz l'attaque....

« On espère, concluait Régis après une vive réfutation, on espère que M. Leibniz considérera ces raisons, et qu'y ayant fait l'attention qui est nécessaire, il aura regret d'avoir attaqué la religion et la piété de M. Descartes, sur des motifs aussi légers que ceux qui sont allégués dans sa lettre[1]. »

Leibniz, ému, s'empressa de répliquer. Cette réplique était, en même temps qu'une explication, comme une réparation d'honneur faite à la mémoire de Descartes.

« On m'accuse de vouloir établir ma réputation sur la ruine de celle de M. Descartes.... Bien loin de vouloir ruiner la réputation de ce grand homme, je trouve que son véritable mérite n'est pas assez connu, parce qu'on ne considère et qu'on n'imite pas assez ce qu'il a eu de plus excellent....

« J'ai toujours déclaré que j'estime infiniment M. Descartes. Il y a peu de génies qui approchent du sien; je ne connais qu'Archimède, Copernic, Galilée, Kepler, Jungius, MM. Huygens et Newton, et quelque peu d'autres de cette force, auxquels on pourrait ajouter Pythagore, Démocrite, Platon, Aristote, Suisset, Cardan, Gilbert, Vérulamius, Campanella, Harvæus, M. Pascal et quelques autres. Il est vrai cependant que M. Descartes a usé d'artifice pour profiter des découvertes des autres, sans leur en vouloir paraître redevable....

« Je n'aurais point parlé de Spinoza, si j'avais pensé qu'on publierait ce que j'écrivais, de peur qu'on ne crût que je voulais rendre les Cartésiens odieux, sachant assez qu'on leur a fait du tort quelquefois par un zèle mal entendu....

« Pour exprimer en peu de mots le sentiment que j'ai d'un auteur dont on m'accuse à tort de vouloir ruiner la réputation (ce qui serait une entreprise aussi injuste

---

1. Erdmann, p. 140, *Réflexions d'un Anonyme sur une lettre de M. Leibniz, écrite à M. l'abbé Nicaise.*

qu'impossible), je dirai que celui qui ne sait pas reconnaître l'éminent mérite de Descartes n'est pas fort pénétrant; mais qu'aussi celui qui ne connaît et n'estime que lui, et ceux qui le suivent, ne feront jamais de grandes choses[1]. »

C'était en 1697 que s'échangeaient de tels écrits. Or, avant cette époque, Leibniz n'avait-il pas connivé avec les persécuteurs du Cartésianisme?

Ces persécutions, en effet, ne s'étaient pas bornées à certaines mesures de police. Après que le Cartésianisme eut été, par le pouvoir civil, dépossédé de ses chaires et banni des colléges, on prit à tâche par la réfutation et par le ridicule de le bannir des esprits. Et à la tête de cette persécution d'une nouvelle espèce il faut placer Daniel Huet.

Huet, né en Normandie, d'un père Calviniste converti par les Jésuites, attiré par Saumaise à la cour de la reine Christine; à l'âge de quarante ans, était revenu en France, avait été nommé sous-précepteur du Dauphin, et plus tard promu à l'évêché d'Avranches, dont il se démit bientôt, afin de se livrer à sa passion pour l'étude.

De très-bonne heure, et pendant son séjour à Paris, Leibniz entre en relation avec Huet, qui était plus spécialement chargé des éditions des livres *ad usum Delphini*. Il accepte de lui la tâche de préparer une édition de Martianus Capella. A dater de ce moment, leurs relations, quoique de temps en temps suspendues, deviennent si étroites, qu'à Paris même ils s'écrivent[2]. Et

---

1. Erdmann, p. 142, *Réponse aux Réflexions*, etc.
2. Dutens, t. V, p. 453, *Epistolæ VI ad Petrum Danielem Huetium, episcopum Abrincensem*. — Cf. *ibid.*, p. 456, Epist. II : « Hæc spero, vir « amplissime, excusabunt me apud te, si assiduitatem præstare non

dès lors, commencent les doléances de Leibniz à l'endroit du Cartésianisme [1].

Une fois à Hanovre, Leibniz continue sa correspondance avec Huet, et toujours avide de relations nouvelles, cherche par son intermédiaire à être connu de Bossuet, ou mieux encore à lui être recommandé [2].

Alors aussi (1679), ses lettres contiennent des récriminations contre les Cartésiens, qu'il accuse de chercher à ravilir l'antiquité et à bannir l'érudition [3].

Leibniz, en écrivant de la sorte, cédait-il uniquement à sa passion, ou croyait-il entrer dans la passion de Huet? On serait tenté de se persuader l'un et l'autre à la fois. Leibniz, en tout cas, ne pouvait s'adresser à personne qui accueillît mieux ses sévérités contre le Cartésianisme et dût plutôt s'en faire l'écho. En effet, en 1689, Huet publiait une censure de la philosophie cartésienne, *Censura philosophiæ Cartesianæ* [4].

« possum, et hodie certe venire me, ut erat officii mei, mutatio domi-
« cilii mei, quod nunc in S. Germani suburbium, ac palatii Luxembur-
« gici viciniam transfero, prohibet, dissolvendis componendisque reculis
« occupatum. Spero habiturum me occasionem, si nondum San-Germa-
« num redieris, excusandi me coram. » (Lutet. 1673.)

1. Dutens, t. V, p. 453, Epist. ɪ. « Video nonnullos magnorum vi-
« rorum, Baconis, et Galilæi, et Cartesii, monitis et querelis abuti ad
« internecionem sapientiæ veteris, dissimulationemque ignorantiæ suæ,
« ut juste sprevisse videantur indigna sciri; mulctantes ipsi sese, et,
« quantum in ipsis est, orbem omnibus præsidiis atque experimentis
« tot seculorum. Et fallor, gravissimis illis scriptoribus, quorum se dis-
« cipulos profitentur, excidisse quædam in eumdem sensum, quasi in-
« stauratione quadam magna, si Baconi, aut rasa animi tabula, si
« Cartesio credimus, opus sit ad recte sapiendum. » (Lutetiæ, 1673.)

2. *Id., ibid.*, p. 462. « Obtulit se mihi nuper occasio, qua illustris-
« simo episcopo Condomensi innotescerem. Itaque, ut me illi porro
« commendes, rogo. » (Epist. v, Hanoveræ, 1679.)

3. Cf. *Id., ibid.*, p. 460. (Epist. ɪv, Hanoveræ, 1679.)

4. Paris, in-8.

Ce célèbre factum, arrivé en 1694 à sa quatrième édition, eut pourtant contre lui de fermes esprits, tels que Arnauld et Bossuet, dont il souleva presque l'indignation.

« Je ne sais pas ce qu'on peut trouver de bon dans le livre de M. Huet contre M. Descartes, disait Arnauld, si ce n'est le latin; car je n'ai jamais vu de si chétif livre, pour ce qui est de la justesse d'esprit et de la solidité du raisonnement, 1692[1]. »

Bossuet, d'autre part, accueillit très-mal l'ouvrage, au témoignage de Huet lui-même dans ses Mémoires[2].

Mais les applaudissements de la foule furent pour l'évêque d'Avranches. Dans cette foule même se remarquent des courtisans, tels que Menjot, médecin du roi, ce qui dénote où se portaient les préférences du pouvoir; des hommes de lettres, tels que Ménage ou Pellisson, ce qui indique où inclinait la faveur de l'opinion[3].

Ainsi, Régis ayant répondu à la *Censure*, Ménage en-

---

1. Lettres d'Arnauld, t. III.
2. *Commentarius de rebus ad eum pertinentibus*, in-12, Amst., 1718; p. 388 : « Jamdiu vero erat quum se Cartesianis partibus addixerat « Benignus Bossuetus.... Studium certe ille suum palam dissimulabat « satis caute ; at privatim aliquando super nonnullis dogmatis hujus « capitibus, amicæ quidem, acres tamen habitæ fuerant inter nos con- « certationes. » Ajoutons le témoignage de Jean de Witt, rapporté par M. Cousin, *Fragments de philosophie moderne*, p. 222 : « Le livre de M. Huet contre M. Descartes est imprimé dans ces pays-ci. Je n'ai pas encore eu le loisir de le lire, mais, à ce que j'entends des habiles gens de ce pays-ci, ce grand homme ne se ressemble pas là dedans; mais peut-être que l'inclination qu'on a dans nos pays pour cette philosophie y contribue. » Huygens, au contraire, applaudit à la *Censure*. Cf. *Id., ibid.*, p. 221.
3. M. Cousin, *Fragments de philosophie moderne*, p. 222.

gage Huet à répliquer[1]. De son côté, Pellisson écrit à Huet une lettre de félicitation :

« L'entreprise, selon moi, est la plus grande que vous ayez jamais faite ; car d'attaquer les païens, les juifs, les infidèles, c'est bien moins au temps où nous sommes que de s'en prendre aux Cartésiens. On n'a point d'esprit et on est du vieux temps, si on n'est de leur nombre. — Ce n'est pas que je n'admire en plusieurs choses l'esprit de M. Descartes, mais je ne veux pas l'adorer, et c'est assez pour être excommunié de toute la secte[2]. »

Au milieu de ces dispositions contraires, quelle est l'attitude de Leibniz ? Huet lui-même nous l'apprend. Avec Huygens, Leibniz se déclare contre Descartes et pour la *Censure;* il est du parti des vainqueurs.

« Je suis très-aise, écrit le 19 juillet 1691 Huet à l'abbé Nicaise, je suis très-aise que cet excellent homme (Leibniz) pense à moi, et qu'il entre dans mes sentiments sur le sujet du Cartésianisme. M. Huygens m'en écrit à peu près aux mêmes termes[3]. J'apprends en même temps que mon petit ouvrage est attaqué en bien des lieux. Ce n'est pas une mauvaise marque, mais l'interruption du commerce me prive de voir tous ces libelles ; car, hormis l'écrit de M. Régis et une thèse disputée à Leyde contre moi, je n'ai rien vu du tout, pas même le *Journal des Savants*[4]. »

Leibniz a donc, en quelque façon, préparé la *Cen-*

---

1. M. Cousin, *Fragments de philosophie moderne*, p. 226. La réfutation de Régis est de 1692. Huet y répliqua par ses *Nouveaux Mémoires pour servir à l'histoire du Cartésianisme*, 1692-1698.
2. *Id., ibid.*, p. 226.
3. *Id., ibid.*, p. 220. Lettre de Huygens à Huet, dans laquelle il applaudit à la *Censure*.
4. *Id., ibid.*, p. 220.

sure. Du moins, le factum une fois publié, il l'approuve absolument et publiquement. Il y a plus : la *Censure* a été réfutée par Régis, combattue à Leyde. Et contre Régis et contre l'opposant de Leyde, Leibniz se fait le champion de Huet. « Le jugement de M. d'Avranches sur ma réponse à M. Régis, écrit-il à l'abbé Nicaise, me donne beaucoup de contentement; *sufficit talibus placuisse*. Les bons Cartésiens, tels qu'ils sont vulgairement, n'ont pas grand sujet de se vanter de leur grimoire (1698)[1]. »

D'un autre côté, dès 1692, Leibniz adressait de Hanovre à Huet une lettre qu'il faut rapporter presque tout entière :

« Il se trouve qu'un de mes amis m'a dernièrement communiqué un écrit que Burcherus de Volder, éminent professeur de Leyde, vient de publier en faveur de Descartes et contre votre *Censure*. La réputation de l'homme, le désir même de mon ami, ont fait que j'ai lu cette publication avec une attention exceptionnelle. L'auteur m'a paru abandonner assez souvent Descartes, tout en paraissant le défendre, et il arrive même, en plus d'un endroit de la discussion, qu'il donne de nouvelles ouvertures pour condamner les Cartésiens. Or, pendant que je lisais cet écrit, il m'est venu à l'esprit qu'aux réflexions qu'il me suggère on pourrait ajouter soit mes remarques sur la partie générale de la philosophie cartésienne, que j'ai depuis quelques années déjà jetées sur le papier, soit en outre quelques écrits que j'ai adressés à des amis touchant le Cartésianisme et les inconvénients d'une philosophie toute de secte. Mais comme tout cela ne semblerait pas devoir

---

1. M. Cousin, *Fragments de philosophie moderne*, p. 319.

faire un juste volume, je me suis demandé si on ne pourrait peut-être pas le joindre à votre *Censure*, lorsqu'il en paraîtra une nouvelle édition. Ce serait, je l'avoue, coudre un vil lambeau à de la pourpre ; néanmoins les choses médiocres ont aussi parfois leur utilité, en raison même de la portée diverse des esprits. Si cette proposition vous agrée, je vous enverrai mes considérations telles quelles, et les soumettrai à votre jugement[1]. »

Non-seulement donc Leibniz approuve, défend la *Censure*; mais il se montre constamment désireux de l'améliorer et de fournir à Huet de quoi en enrichir une nouvelle édition.

C'est ainsi qu'en 1693 il écrit à Nicaise : « J'avais fait quelques remarques sur la première et la deuxième partie des *Principes*, qui comprennent la partie générale de la philosophie de Descartes, et je les ai envoyées en Hollande pour être vues avant l'impression par des habiles gens, tant Cartésiens qu'autres, pour profiter de leurs avis. La distance des lieux et la difficulté des temps m'a empêché de les envoyer en France, où j'aurais voulu les soumettre au jugement incomparable de monsieur d'Avranches, à qui je vous supplie de rendre témoignage de ma vénération et des grâces très-humbles de ma part de la bonté qu'il a eue de se souvenir de moi[2]. »

Cette préoccupation de seconder les efforts de Huet

---

1. Dutens, t. V, p. 462, Epist. VI. — En 1691, Leibniz écrivait à Huygens : « J'avais espéré que quelque habile Cartésien répondrait à la *Censure* de M. l'évêque d'Avranches, mais ceux que j'ai vus rampent bien bas, à mon avis, et disent des choses vulgaires : Péterman, à Leipzig, Sulling, à Brême, et Schotanus, chez vous. Il me semble que les Cartésiens ont fort déchu et qu'ils n'ont pas trop d'habiles gens. » *Commercium Epist.*, t. I, p. 19.

2. M. Cousin, *Fragments de philosophie moderne*, p. 229.

est surtout dominante chez Leibniz, vers le temps même où, dans sa réponse aux Réflexions de Régis, il cherche à se mettre en règle avec les Cartésiens.

« Si M. d'Avranches, écrit-il en 1696 à Nicaise, fait réimprimer un jour sa *Censure* sur la philosophie cartésienne, je pourrais lui communiquer quelques choses curieuses pour l'augmenter, et entre autres une remarque de feu M. Huygens, qui a découvert que le fondement de ce que M. Descartes a donné sur l'arc-en-ciel au delà de Marc-Antoine de Dominis a été pris d'un endroit de l'incomparable Keplerus[1]. »

« Je vous suis infiniment obligé, écrit-il encore en février 1697 au même correspondant, des extraits des lettres de l'illustre M. d'Avranches, puisqu'il a la bonté d'agréer les observations que j'ai faites sur Descartes et particulièrement touchant les auteurs dont il a profité. Je les mettrai par écrit un de ces jours[2]. »

Naturellement, Huet n'a garde de repousser ces avances :

« J'attendrai avec impatience, écrit-il à Nicaise, en avril 1697, la promesse que me fait M. Leibniz d'une liste des pilleries de M. Descartes. Ce qu'il vous écrit des dangereuses conséquences de ses principes contre la religion est très-solidement pensé[3]. »

Et le 4 mai 1697 :

« J'ai lu avec plaisir l'extrait de la lettre de M. Leibniz sur le larcin de M. Descartes touchant l'arc-en-ciel[4]. »

Ce sont là pour Leibniz des encouragements. Le 28 mai 1697, il écrit à l'abbé Nicaise : « Je ne man-

---

1. M. Cousin, *Fragments de philosophie moderne*, p. 267.
2. *Id., ibid.*, p. 279. — 3. *Id., ibid.*, p. 284. — 4. *Id., ibid.*, p. 278.

querai pas, quand j'aurai quelque loisir, de marquer quelques particularités sur ce que M. Descartes a pris aux autres sans faire semblant de rien. Je serais ravi d'un petit supplément à ce que M. d'Avranches a déjà remarqué[1]. »

Cependant les sollicitations de Huet deviennent de plus en plus pressantes. En octobre 1697, il écrit à l'abbé Nicaise :

« Exhortez, je vous prie, M. Leibniz à publier ses remarques contre la philosophie de Descartes[2]. »

Et Leibniz entretient Bernouilli des instances que l'on fait auprès de lui :

« Huet et quelques autres de mes amis de France désirent mes remarques contre Descartes (1697)[3]. »

Enfin en 1698, Leibniz écrivait à un de ses correspondants, M. Pinson :

« Je suis bien obligé au R. P. Dom Mabillon de l'offre du petit livre de Ratramnus, que j'accepte d'autant plus volontiers, que j'ai quelques autres petites pièces philosophiques non imprimées, modernes, mais rares, de M. Descartes, de Pascal, de Galilée, de Valérianus Magnus, que je veux publier, et auxquelles je pourrais joindre cet auteur plus ancien[4]. »

Était-ce quelques pièces uniquement favorables à la philosophie de Descartes, que Leibniz se proposait de publier? Cela est plus que douteux[5].

---

1. M. Cousin, *Fragments de philosophie moderne*, p. 296.
2. *Id.*, *ibid.*, p. 298. — 3. *Commercium Epistolicum*, t. I, p. 336.
4. Dutens, t. V, p. 470.
5. *Id.*, t. VI, pars I, p. 69, *Leibnitius Placcio* : « Cogitavi aliquan-
« do de cimeliis nonnullis litterariis publicandis.... His adjungerem
« animadversiones quasdam in *Vitam Cartesii*, a Bailleto editam. Vide-
« ram dudum compendium ejus, quod fere solum ad has oras perve-
« nit : sed nunc nactus sum ipsum opus majus redemtum ex biblio-

En somme, Leibniz, de longue main, constamment, a fait contre le Cartésianisme, et contre le Cartésianisme persécuté, cause commune avec Huet. Peut-être croyait-il, par une telle alliance, défendre la raison.

« J'honore infiniment M. l'évêque d'Avranches, écrivait Leibniz en 1691, et je suis ravi d'apprendre qu'il se souvient de moi; quelqu'un m'a dit que nous aurions bientôt de lui un ouvrage intitulé : *Concordia fidei et rationis*[1]. Tout ce qui vient de cette main est exquis et fera honneur à notre siècle auprès de la postérité[2]. »

Cependant la matière est délicate et Leibniz n'est pas sans quelque appréhension.

« Tout ce que donne M. Huet est plein d'érudition, écrit-il cette même année à Huygens; mais la matière *De concordia rationis et fidei* est bien délicate, et il est difficile de satisfaire en même temps à la vérité et à l'opinion, non plus que de satisfaire ensemble à la foi et à la raison[3]. »

Ces inquiétudes de Leibniz n'étaient que trop fon-

« theca Hugeniana in Batavis vendita, cui ipse *Hugenius* quædam
« notatu digna manu sua appinxit. Video *Bailletum* quædam in librum
« suum ex epistola mea ad amicum, *Bailleti* nomine rogantem, Roma
« scripta, transtulisse, mentione etiam nominis mei facta; sed non
« ea ingenuitate usum, quæ conveniebat veritatis magis, quam *Carte-*
« *sii*, amico. Nam ea tantum retulit, quæ in laudem *Cartesii* dixeram,
« suppressis nævis, quos notaram. 1696. » *Id., ibid.*, p. 72, *Leibnitius Placcio :* « Noematicæ *Jungii* disputationes haud dubie egregiæ
« sunt, ut ejus viri omnia; nescio tamen, an non e re potius futurum
« sit, dare aliquid, quod magis sit ad plausum captumque vulgi, ve-
« luti, si superessent, quæ in *Cartesium* et *Hobbium*, et alios tales
« notavit. 1696. »

1. Il s'agit des *Quæstiones Alnetanæ de concordia rationis et fidei.* Caen, 1690, in-4.
2. Dutens, t. V, p. 73.
3. *Commercium Epistolicum*, t. I, p. 19.

dées. En effet, après la mort de Huet, son secret est divulgué. En 1723, paraît le *Traité philosophique de la faiblesse de l'esprit humain*[1], qui ramène toute connaissance à l'empirisme et à la probabilité, et cela pour justifier et fortifier la *Démonstration Évangélique*[2] !

Si Leibniz eût vécu, qu'eût dit Leibniz ? Si Leibniz eût vécu, revenu de son engouement pour Huet, il l'eût évidemment compté parmi ces adversaires déraisonnables de la raison, qu'il raillait agréablement, à la manière de Saint-Évremond[3].

« Il n'y a rien de si extravagant que de voir aujourd'hui les auteurs traiter la raison en pédante incommode, qui gâte tous les plaisirs de la vie. Le maréchal d'Hocquincourt disant qu'en certaines choses, surtout en matière de bravoure et en matière de foi, il ne fallait pas de raison, le P. Canoy, Jésuite, qui se trouva à table, y applaudit fort. « Vous dites bien, Monsei-
« gneur, point de raison, c'est encore ma devise ;
« point de raison, elle ne fait que des héréti-
« ques[4]. »

Maintenant, quels motifs avaient engagé Leibniz dans cette guerre injuste, j'ai presque dit déloyale ; dans cette connivence regrettable avec les persécuteurs du Cartésianisme, et dont il semble avoir lui-même compris l'odieux ? Car en 1694, il écrivait à Pellisson :
« Mais pourquoi vous importuner de ces bagatelles ? Si

---

1. Amsterdam, 1723, in-8.
2. *Demonstratio Evangelica*, in-fol., Paris, 1679.
3. On sait que la piquante *Conversation du maréchal d'Hocquincourt et du P. Canaye*, imprimée dans les Œuvres de Saint-Évremond qui y a ajouté quelque chose à la fin, est de Charleval, bel esprit du dix-septième siècle.
4. Dutens, t. VI, pars I, p. 327, *Leibnitiana*, CLXV.

ce n'est peut-être pour vous dire que ce n'est pas légèrement ni sans quelque connaissance de cause, que je juge du Cartésianisme, comme je fais[1]. »

Les motifs qui firent de Leibniz un adversaire de Descartes et du Cartésianisme peuvent, en somme, se ramener à trois principaux.

1° L'esprit de secte des Cartésiens.

« Ce n'est pas légèrement, écrivait Leibniz, et sans quelque connaissance de cause que j'ai souhaité qu'on ne se contente pas de paraphraser M. Descartes, et que ceux qui suivent ce fameux auteur (dont j'admire les travaux comme ils le méritent) veuillent repasser sur plusieurs endroits de ses ouvrages pour les confronter avec la raison et la nature. Je suis assuré que les personnes véritablement habiles parmi ceux qu'on appelle Cartésiens ne se fâcheront pas de ces remarques, et je tiens qu'il y en a tel qui pourrait donner quelque chose d'aussi beau que ce que Descartes a donné lui-même... Il n'y a peut-être que le trop grand attachement aux sentiments du maître qui les empêche. L'esprit de secte est naturellement contraire aux progrès : pour avancer il faut prendre les choses d'un nouveau biais, ce qui n'est pas aisé, quand on a l'esprit trop occupé des pensées d'emprunt, que l'autorité a fait recevoir bien plus que la raison[2]. »

Leibniz écrivait encore :

« Je ne sais pas ce que c'est non plus que ce qu'on doit attendre d'un autre livre intitulé *Conjuration contre Descartes*. Il faut que l'auteur s'imagine que Descartes est devenu le souverain de l'empire de la philosophie,

---

1. Dutens, t. I, p. 732.
2. *Id.*, t. III, p. 200, *Réplique de M. Leibniz à M. l'abbé de Conti*.

à peu près comme le dictateur César l'était de celui de Rome[1]. »

M. Cousin lui-même n'a pas hésité à le reconnaître : « Le Cartésianisme, dit-il, s'était si bien établi dans les esprits avec son cortége de vérités et d'erreurs, qu'il y forma à son tour des obstacles presque invincibles aux nouvelles doctrines qu'enfantaient le progrès du temps et l'immortelle fécondité de l'esprit humain[2]. »

Ce sont précisément ces irritants obstacles que Leibniz prend à tâche de renverser.

Et aussi bien, il paraîtrait que les Cartésiens rendaient à Leibniz guerre pour guerre.

« Messieurs les Cartésiens vulgaires, écrit-il en 1715 à Montmort, sont bien aises d'avoir quelque chose à dire contre moi. Il faut les laisser parler, puisqu'ils ne jugent point avec connaissance de cause[3]. »

2° On l'a remarqué. Leibniz, courtisan, serviteur d'un prince, désire tout à la fois ne pas s'aliéner les puissances et faire prévaloir, avec sa propre originalité, sa propre philosophie. Comme la plupart des grands hommes, il n'admet guère de réputation qui puisse être rivale de la sienne. Le pieux abbé Émery l'accuse sans détour d'avoir été jaloux de Descartes[4].

3° En luttant contre le Cartésianisme, c'est l'in-

---

1. M. Cousin, *Fragments de philosophie moderne*, p. 262, *Correspondance de Leibniz et de l'abbé Nicaise*.
2. Id., ibid., p. 206, *Histoire de la persécution du Cartésianisme en France*.
3. Dutens, t. V, p. 24, lettre VI à Montmort.
4. *Pensées de Descartes sur la religion et la morale*, 1811. Discours préliminaire, p. 125.

fluence française que Leibniz repousse, influence qu'il s'est partout et toujours efforcé d'amoindrir[1].

[1]. Leibniz est véritablement un patriote allemand. Cf. Dutens, t. IV, p. 164, *Methodi novæ discendæ docendæque jurisprudentiæ*, etc. *Dedicatio*, 1667.

O mihi tam longæ maneat pars ultima vitæ!

« Donec videre liceat coeuntia Germaniæ ulcera, principumque « concordiam inter mutuos amplexus exultantem. »
La France lui est perpétuellement un épouvantail, et il ne cesse de signaler les périls qui résultent pour l'Europe de la prépondérance de la Maison de Bourbon. C'est ainsi qu'il combat l'élection du prince de Condé au trône de Pologne; Cf. Dutens, t. IV, pars II, p. 522, *Specimen demonstrationum politicarum pro eligendo rege Polonorum*, etc., p. 615, *Conclusio* 2, *Condæus utiliter non eligetur*. — Le *Consilium Ægyptiacum* n'est dans sa pensée qu'un dérivatif de l'influence française. — Cf. Guhrauer, *Leibnitz Biographie*, t. I, p. 88, *Plan einer Coalition*; t. II, Anmerkungen, p. 32, *Fragment d'un entretien de Leibniz avec l'Électrice Sophie*, 8 avril 1701 : « Je disais que l'Électeur de Bavière avait la mine de devenir l'héritier de la Maison d'Autriche et des provinces Allemandes entre le Danube et les Allemands, que Ragoczi et quelques autres seraient en Hongrie, etc., que le roi de Prusse le pourrait devenir en Silésie. Et Madame l'Électrice me dit que cela les rendrait très-considérables.... « Il est vrai, dis-je, Madame, je crois « que la Cour de Prusse pourrait partager les dépouilles de l'Empe- « reur avec la Bavière, mais que cet agrandissement ferait leur perte. « — Pourquoi cela? me dit-elle. — C'est que leur société avec la « France sera celle que les animaux firent avec le lion de la fable; « car faisant cesser la balance en Europe par la ruine de la Maison « d'Autriche, ils seront engloutis comme les autres par la Maison de « Bourbon. Ils contribuent à établir une grandeur comme celle de « l'empire de Charlemagne, et on sera un jour en état de traiter un « duc de Bavière comme Charlemagne traita Thassilo, qu'il mit dans « un monastère avec femme et enfants. On évitera ces malheurs par « une soumission aux volontés du grand monarque... » — Cf. Dutens, t. VI, pars I, p. 288, lettre XVII à Thomas Burnet, 1712 : « Ceux qui disent que la France est assez abattue sont fort ignorants ou fort malicieux. Nous voyons déjà la France supérieure depuis que l'Angleterre s'est retirée, et quand la Maison de Bourbon sera paisible possesseur de l'Espagne et des Indes comme de la France, elle sera humainement parlant irrésistible; et si elle a l'Angleterre de son

Mais Leibniz a beau faire. Qu'il le confesse ou qu'il le nie; qu'il le sache ou qu'il l'ignore; il appartient à la France. Car il relève de Descartes, il lui succède, et, tout en le corrigeant ou en prétendant le corriger, il le continue.

C'est pourquoi on l'a écrit avec une parfaite justesse :

« Leibniz, c'est Descartes avec un demi-siècle de progrès en tous genres, Descartes élevé à la plus haute puissance, dans un esprit d'une trempe différente, mais non pas inférieure, tout aussi inventif, tout aussi original, mais plus étendu et plus vaste, plus tempéré et plus bienveillant[1]. »

---

côté, elle abîmera l'Angleterre et le reste. Il est ridicule de fonder notre sûreté sur ce que les *Bourbons* se brouilleront entre eux : s'ils sont sages, ils ne le feront pas, et ils seront les arbitres de l'Europe : faut-il fonder notre salut sur la supposition de la sottise d'autrui? Il ne suffit pas que les couronnes de France et d'Espagne soient sur deux différentes têtes. Il est assez dangereux que ce soient deux têtes dont le vrai intérêt est de s'entendre, et qu'alors on est à leur discrétion.... »

1. M. Cousin, *Des Pensées de Pascal*, Paris, 1847, in-8, 3e édit. *Avant-propos*, p. xxxiv.

LIVRE III.

DOCTRINE GÉNÉRALE DE LEIBNIZ.

CHAPITRE I.

La Monadologie.

Nous venons de voir quelle avait été, durant la persécution du Cartésianisme, la conduite de Leibniz. Il ne s'était pas toujours montré supérieur à la passion, ni toujours équitable. Aussi est-ce avec satisfaction qu'on se détourne du spectacle des misères inséparables de l'humanité, même dans les plus grands hommes, pour reporter son attention vers la calme considération des doctrines.

Quelle que soit d'ailleurs la différence de leur génie et quelles qu'aient été les protestations contraires de Leibniz, sans Descartes, Leibniz n'eût pas été Leibniz. De même que, sans l'*Analyse* de Descartes, le *Calcul infinitésimal* de Leibniz eût été impossible, sans le *Discours de la Méthode*, nous n'aurions pas eu la *Théodicée*.

Mais si le Leibnizianisme relève du Cartésianisme, c'est, comme on l'a dit, « le Cartésianisme en mouvement et en progrès[1]. »

---

1. M. Saisset, *Discours sur la philosophie de Leibniz*, Paris, 1857, in-8, p. 11.

Leibniz ne reproduit pas seulement ce qu'il y a d'excellent chez Descartes. Il le corrige, le complète et y ajoute.

« Il faut que je vous dise pour nouvelle, écrivait Leibniz en tête de ses *Nouveaux Essais,* que je ne suis plus Cartésien, et que cependant je suis plus éloigné que jamais de votre Gassendi. — J'ai été frappé d'un nouveau système.... J'y trouve une explication intelligible de l'union de l'âme et du corps, chose dont j'avais désespéré auparavant. Je trouve les vrais principes des choses dans les unités des substances, que ce système introduit, et dans leur harmonie préétablie par la substance primitive. J'y trouve une simplicité et une uniformité surprenante, en sorte qu'on peut dire que c'est partout et toujours la même chose, aux degrés de perfection près. Je vois maintenant ce que Platon entendait quand il prenait la matière pour un être imparfait et transitoire; ce qu'Aristote voulait dire par son Entéléchie; ce que c'est que la promesse que Démocrite même faisait d'une autre vie, chez Pline; jusqu'où les Sceptiques avaient raison en déclamant contre les sens; comment les animaux sont des automates, suivant Descartes, et comment ils ont pourtant des âmes et du sentiment, selon l'opinion du genre humain; comment il faut expliquer raisonnablement ceux qui ont donné de la vie et de la perception à toutes choses, comme Cardan, Campanella.... comment les lois de la nature (dont une bonne partie était ignorée avant ce système) tirent leur origine des principes supérieurs à la matière, quoique pourtant tout se fasse mécaniquement dans la matière, en quoi les auteurs spiritualisants que je viens de nommer, avaient manqué.... et même les Cartésiens, en croyant que les substances immatérielles changeaient, sinon la force, au moins la direction ou détermination des mouvements des corps, au lieu que l'âme et le corps gardent parfaitement leurs lois, chacun les siennes, selon le nouveau système, et que néanmoins l'un obéit à l'autre autant qu'il le faut. Enfin c'est depuis que j'ai médité ce système que j'ai trouvé comment les âmes des bêtes et leurs sensations ne nuisent point à l'immortalité des âmes humaines, ou plutôt que rien n'est plus propre à établir notre immortalité naturelle que de concevoir que toutes les âmes sont impérissables (*morte carent animæ*), sans qu'il y ait pourtant des métempsycoses à craindre, puisque non-seulement les âmes, mais encore les animaux demeurent et demeureront vivants, sentants, agissants : c'est partout comme ici, et toujours et partout comme chez nous..... si ce n'est que les états des animaux sont plus ou moins parfaits et développés, sans qu'on ait jamais besoin d'âmes tout à fait séparées, pendant que néanmoins nous avons toujours des esprits aussi purs qu'il se peut, nonobstant nos organes, qui ne sauraient troubler par aucune influence les lois de notre spontanéité. Je trouve le vide et les atomes exclus, bien autrement que par le sophisme des Cartésiens, fondé dans la prétendue coïncidence de l'idée du corps et de l'étendue. Je vois toutes choses réglées et ornées au delà de tout ce qu'on a conçu jusqu'ici ; la matière organique partout, rien de vide, de stérile ou de négligé, rien de trop uniforme, tout varié, mais avec ordre, et ce qui passe l'imagination, tout l'univers en raccourci, mais d'une vue différente dans chacune de ses parties, et même dans chacune de ses unités de substance. Outre cette nouvelle analyse des choses, j'ai mieux compris celle des notions ou idées et des vérités. J'entends ce que c'est qu'idée vraie, claire, distincte, adéquante, si j'ose employer ce mot. J'entends quelles sont les vérités primitives et les vrais axiomes, la distinction des vérités nécessaires et de celles de fait, du raisonnement des hommes et des consécutions des bêtes, qui en sont une ombre. Enfin vous serez surpris d'entendre tout ce que j'ai à vous dire, et surtout de comprendre combien la connaissance des grandeurs et des perfections de Dieu en est relevée. Car je ne saurais dissimuler.... combien je suis pénétré maintenant d'admiration et (si nous osons nous servir de ce terme) d'amour pour cette souveraine source de choses et de beautés, ayant trouvé que celles que ce système découvre passent tout ce qu'on en a conçu jusqu'ici [1]. »

Certes, c'est là un éblouissant tableau.

D'un seul mot, l'idée nouvelle introduite par Leibniz, la réforme opérée par lui, s'appelle le dynamisme.

Or, afin de comprendre la profondeur de cette idée, afin d'entrer dans le secret du dynamisme, il est nécessaire de rappeler les principaux traits de la doctrine cartésienne.

Il y a dans le Cartésianisme deux résultats immortels : 1° le *cogito* ; 2° la méthode psychologique.

Mais si le *cogito* est le vrai point de départ de toute philosophie ; si la méthode psychologique est la vraie méthode applicable à la connaissance de l'homme, on ne peut attribuer à la métaphysique cartésienne la même exactitude.

Cette métaphysique, en effet, est fausse en grande partie, car elle se ramène au dualisme de la pensée et de l'étendue.

---

1. Erdmann, p. 205, *Nouveaux Essais*, liv. I, chap. I.

Quel est, pour Descartes, le fond du monde extérieur? C'est la matière. Et qu'est-ce que la matière? C'est l'étendue. Le corps est une chose essentiellement étendue, *res extensa*.

Tout se réduit par conséquent dans l'univers à un problème de mécanique. « Donnez-moi de l'étendue et du mouvement, dit Descartes, et je ferai le monde. »

Les cristaux, les plantes, les animaux, l'homme lui-même, tous les êtres physiques, dans leur organisme et dans leurs fonctions, sont assujettis aux lois de la mécanique.

Quel est, pour Descartes, le fond du monde intérieur? C'est la pensée, *res cogitans*. Y a-t-il là place pour quelque liberté? Descartes fera parfois fléchir les rigueurs de son système aux nécessités de la morale, et parlera de la liberté en termes irréprochables. Mais, à tout prendre, il atténue peu à peu, annule enfin l'activité du sujet pensant. Suivant lui, en effet, qu'est-ce que la volonté? Elle se partage entre le jugement et le désir, et le jugement et le désir dépendent de la pensée. Or la pensée a ses lois immuables comme les lois du mouvement. Une sorte de mécanique, quoique plus raffinée et plus haute, régit aussi le monde intérieur.

Voilà donc tous les êtres réduits à une abstraction géométrique.

Voilà donc tous les êtres réduits à une absolue passivité. Passifs, nécessités, ils sont moins des substances que des phénomènes. Il n'y a, en définitive, qu'une substance, l'être en général, où s'unissent la pensée et l'étendue.

On conçoit comment une semblable doctrine a pu conduire Locke à sa théorie de la table rase.

Plus immédiatement, en produisant le panthéisme de Spinoza, il était naturel qu'elle excitât des susceptibilités ombrageuses ou légitimement inquiètes. On comprend enfin qu'elle ait pu provoquer la critique de Leibniz.

C'est en effet contre le Cartésianisme, racine du Spinozisme, que Leibniz dirige tous ses coups.

« Spinoza, écrit-il en 1707 à Bourguet, Spinoza n'en est venu à concevoir sa monstrueuse doctrine que parce qu'il n'a pas compris la nature de la vraie substance ou *monade*, laquelle se trouve amplement exposée dans mon système de l'harmonie préétablie, qui fait entendre les rapports de l'âme et du corps, et montre en même temps que toute substance véritable, c'est-à-dire simple (car le composé n'est pas une substance, mais un agrégat de substances), a une spontanéité souveraine; qu'elle dérive tout de ses lois, sans concours extraordinaire de Dieu, et se trouve être une expression perpétuelle de l'univers; que les seuls esprits, c'est-à-dire les substances intelligentes, ne sont pas seulement les images de l'univers, mais aussi de Dieu, substance qui embrasse dans sa pensée et dans sa puissance non pas uniquement le seul univers qui existe réellement, mais tous les autres univers possibles, et qui crée par libre choix et non par nécessité. Ce système repose sur des vérités nécessaires, et qui l'aura bien compris, méprisera aisément ces doctrines impies ou vaines, qui confondent Dieu avec la créature[1]. »

Ainsi, une vraie théorie de la substance suffit, suivant Leibniz, pour réduire à néant ces doctrines dan-

---

1. Dutens, t. VI, pars I, p. 203, *Epistola* I.

gereuses. Une théorie de la substance, aussi bien, constitue le fonds essentiel du Leibnizianisme.

Mais cette théorie, tout illuminée du génie de son auteur devient comme une trilogie grandiose, où se distinguent la *Monadologie*, la *Loi de la Continuité*, l'*Harmonie préétablie*.

Le Leibnizianisme n'étant autre chose qu'une réforme du Cartésianisme, Leibniz commence par réformer la méthode cartésienne.

« Il y en a qui pensent, écrit-il, que la rigueur mathématique ne doit pas être cherchée en dehors des sciences mêmes que nous appelons vulgairement mathématiques. Mais ceux-là ignorent qu'écrire avec une précision mathématique, c'est la même chose que raisonner en forme, comme parlent les logiciens, et qu'en outre une seule définition prévient tout ce qu'il y a de captieux dans les distinctions, où se perd, du reste, un temps précieux.... Car pour ne citer qu'un exemple, si l'illustre Descartes s'était avisé, même une seule fois, pour sa propre satisfaction, de réduire ses méditations en propositions, et ses dissertations en démonstrations, il aurait lui-même reconnu que sa philosophie est pleine de lacunes[1]. »

En conséquence, il convient d'appliquer à l'étude des vérités métaphysiques et morales la même rigueur que les géomètres observent dans leurs démonstrations. C'est tout simplement suivre la droite raison.

« La droite raison est un enchaînement de vérités, la raison corrompue est mêlée de préjugés et de passions. Et pour discerner l'une de l'autre, on n'a qu'à procéder par ordre, n'admettre aucune thèse sans

---

1. Erdmann, p. 110, *De vera methodo philosophiæ et theologiæ*.

preuve, et n'admettre aucune preuve qui ne soit en bonne forme, selon les règles les plus vulgaires de la logique. On n'a pas besoin d'autre *criterion* ni d'autre *Juge des controverses* en matière de raison [1]. »

Cette méthode d'ailleurs suppose deux principes : le principe de contradiction et le principe de la raison suffisante. Descartes n'avait guère admis que le premier.

« Le grand fondement des mathématiques est le principe de contradiction ou de l'identité, c'est-à-dire qu'une énonciation ne saurait être vraie et fausse en même temps, et qu'ainsi A est A et ne saurait être non A. Et ce seul principe suffit pour démontrer toute l'Arithmétique et toute la Géométrie, c'est-à-dire tous les principes mathématiques. Mais pour passer de la Mathématique à la Physique, il faut encore un autre principe, c'est le principe de la raison suffisante : c'est que rien n'arrive sans qu'il y ait une raison pourquoi cela est ainsi plutôt qu'autrement. Or par ce principe seul, se démontre la Divinité, et tout le reste de la Métaphysique ou de la Théologie naturelle, et même, en quelque façon, les principes physiques indépendants de la Mathématique, c'est-à-dire les principes dynamiques ou de la Force [2]. »

Redressement de la méthode, complétement des principes qui la fécondent, tel est le premier point et comme le préliminaire de la réformation du Cartésianisme par Leibniz.

---

1. Erdmann, p. 496, *Théodicée, Discours de la conformité*, etc., 62.
2. *Id.*, p. 748, Lettres entre Leibniz et Clarke; Second Écrit de M. Leibniz. — Cf. *ibid.* « Ce ne sont pas les principes mathématiques suivant le sens ordinaire de ce terme, mais les principes métaphysiques, qu'il faut opposer à ceux des matérialistes. »

Voici le second point, et par où décidément cette réforme s'accomplit.

Descartes tendait à nier dans les créatures toute force active, à les annuler, presque à les anéantir dans une passivité universelle.

Leibniz rétablit l'idée de force active. De là tout découle. C'est l'essence de la dynamique.

« La notion que je conçois de la substance, écrit-il, est si féconde, que la plupart des plus importantes vérités touchant Dieu, l'âme et la nature du corps, qui sont ou peu connues ou peu prouvées, en sont des conséquences. Pour en donner quelque goût, je dirai présentement que la considération de la *force*, à laquelle j'ai destiné une science particulière qu'on peut appeler *Dynamique*, est de grand secours pour entendre la nature de la substance. Cette force active est différente de la *faculté* de l'École, en ce que la faculté n'est qu'une possibilité prochaine pour agir; mais morte, pour ainsi dire, et inefficace en elle-même, si elle n'est excitée par le dehors. Mais la force active enveloppe une *entéléchie* ou bien un acte; étant moyenne entre la faculté et l'action, et ayant en elle un certain effort, *conatum* : aussi est-elle portée d'elle-même à l'action sans avoir besoin d'aide, pourvu que rien ne l'empêche. Ce qui peut être éclairci par l'exemple d'un corps pesant suspendu ou d'un arc bandé : car, bien qu'il soit vrai que la pesanteur et la force élastique doivent être expliquées mécaniquement par le mouvement de la matière éthérienne, il est toujours vrai que la pesanteur et la dernière raison du mouvement de la matière est la force donnée dans la création, qui se trouve dans chaque corps, mais qui est limitée par les actions mutuelles des corps. Je tiens que cette vertu d'agir se trouve en toute substance, et même qu'elle produit toujours quelque action effective, et que le corps même ne saurait jamais être dans un parfait repos : ce qui est contraire à l'idée de ceux qui le mettent dans la seule étendue. On jugera aussi, par ces méditations, qu'une substance ne reçoit jamais sa force d'une autre substance créée; puisqu'il en provient seulement la limitation ou détermination qui fait naître la force secondaire, ou ce qu'on appelle la *force mouvante*, laquelle ne doit pas être confondue avec ce que certains auteurs appellent *impetus*, qu'ils estiment par la quantité du mouvement, et le font proportionnel à la vitesse, quand les corps sont égaux : au lieu que la force mouvante, absolue et vive, savoir celle qui se conserve toujours la même, est proportionnelle aux effets possibles qui en peuvent naître [1]. »

D'après Leibniz, la force active dans les créatures est partout, dans les minéraux, dans les plantes, dans l'animal, dans l'homme et dans l'ange.

Or, est-ce par la physique, par l'histoire naturelle, par la psychologie, par des considérations abstraites ou par toutes ces voies combinées, que Leibniz est arrivé à l'idée essentielle de sa dynamique [2] ?

La physique cartésienne, non la psychologie cartésienne, est l'endroit faible où Leibniz a tout d'abord découvert le vice radical du système et trouvé occasion de concevoir et de produire l'idée de force.

---

1. Erdmann, p. 122, *De primæ philosophiæ emendatione et de notione substantiæ*. — Cf. Bossuet, *OEuvres complètes*, t. XXVI, p. 274. Réflexions de Leibniz sur *l'avancement de la métaphysique réelle, et particulièrement sur la nature de la substance expliquée par la force.* — *OEuvres de Leibniz*, nouvelle édition par M. Jacques. Paris, 1842, 2 vol. in-12, 1re série, p. 453.

2. Voy. M. Saisset, *Discours sur la philosophie de Leibniz*, p. 23.

« Quoique je sois un de ceux qui ont fort travaillé sur les mathématiques, je n'ai pas laissé de méditer sur la philosophie dès ma jeunesse ; car il me paraissait toujours qu'il y avait moyen d'établir quelque chose de solide par des démonstrations claires. J'avais pénétré bien avant dans le pays des Scolastiques, lorsque les mathématiques et les auteurs modernes m'en firent sortir encore bien jeune. Leurs belles manières d'expliquer la nature mécaniquement me charmèrent, et je méprisais avec raison la méthode de ceux qui n'emploient que des formes ou des facultés dont on n'apprend rien. Mais depuis, ayant tâché d'approfondir les principes mêmes de la mécanique, pour rendre raison des lois de la nature que l'expérience faisait connaître, je m'aperçus que la seule considération d'une masse étendue ne suffisait pas, et qu'il fallait employer encore la notion de la force, qui est très-intelligible, quoiqu'elle soit du ressort de la métaphysique [1]. »

Les Cartésiens n'ont fait en définitive qu'échanger des préjugés anciens pour des préjugés nouveaux. Ils ont, il est vrai, raison d'affirmer que les phénomènes particuliers des corps s'accomplissent par voie de mécanisme ; mais ils n'ont pas assez vu que les principes mêmes du mécanisme dérivent d'une source plus haute. Ce leur est d'ailleurs une autre erreur de croire qu'il n'y a dans la matière aucune vertu, ni aucune action. Cela tient à ce qu'ils n'ont pas suffisamment compris quelle est la nature de la substance et de l'énergie que Dieu a départies aux choses, la-

---

1. Erdmann, p. 124, *Système nouveau de la nature et de la communication des substances*, etc.

quelle enveloppe en soi une perpétuelle action. « A mon avis, conclut Leibniz, la substance corporelle consiste en tout autre chose qu'à être étendue et à remplir un lieu ; il faut se demander, en effet, ce qu'est cela même qui remplit le lieu. L'espace, de même que le temps, ne sont rien autre chose que l'ordre des existences possibles ; ordre de simultanéité dans l'espace, de succession dans le temps ; et leur réalité par elle-même est nulle, en dehors de la divine immensité et de l'éternité. Je tiens pour certain qu'il n'y a pas de vide. Cependant j'assigne à la matière, non pas seulement l'étendue, mais une force ou effort [1]. »

Qu'est-ce donc, au juste, pour Leibniz que la matière ?

« Pour ce qui est de la nature du corps, écrit Leibniz à Bernouilli, j'ai souvent dit que tous les phénomènes dans les corps se peuvent expliquer mécaniquement, et aussi, par conséquent, la force élastique ; mais que néanmoins les principes mêmes du mécanisme ou des lois du mouvement ne sauraient se dériver de la seule considération de l'étendue et de l'impénétrabilité. C'est pourquoi il faut reconnaître dans le corps autre chose, dont les modifications donneront naissance aux efforts et aux élans, de même que les modifications de l'étendue donnent naissance aux figures. » Cela même est ce que Leibniz appelle la monade. « Par monade, j'entends, ajoute-t-il, la substance vraiment une, à savoir celle qui n'est pas un agrégat de substances.

---

1. Dutens, t. III, p. 353, *Ad Schulenburgium, de Arithmetica Dyadica Epistola* II, 1698.
Cf. *Id.*, t. I, p. 733, *Lettre à Pellisson*.

La matière en elle-même, ou la molécule, qu'on peut appeler matière première, n'est pas une substance ; bien plus, ce n'est pas un agrégat de substances, mais quelque chose d'incomplet. La matière seconde, ou la masse, n'est pas une substance, mais des substances, une collection, comme un troupeau, un étang ; car ce n'est pas le troupeau, mais l'animal, ce n'est pas l'étang, mais le poisson, qui est une substance une[1]. »

Ainsi, Leibniz admet une sorte de dualisme, un principe actif et un principe passif, une matière première et une matière seconde. C'est, en quelque façon, la forme et la matière des Scolastiques. Dans l'union de cette matière et de cette forme consiste précisément le lien substantiel.

« Il me semble qu'en ceci je m'accorde tout à fait avec les Scolastiques : leur matière première et leur forme substantielle, c'est-à-dire les puissances primitives du composé, l'une passive et l'autre active, et le complet qui en résulte, me paraissent être en réalité le lien substantiel que je poursuis[2]. »

En un mot, descendu aux dernières profondeurs de la géométrie et de l'analyse, Leibniz conçoit la substance comme l'immatériel, la cause du mouvement, et l'appelle la Force.

Ultérieurement, ou, pour mieux dire, simultanément, Leibniz, généralisant cette définition de la sub-

---

1. *Correspondance avec Bernouilli*, t. II, p. 398 (1698).
2. Erdmann, p. 739, *Ad R. P. Des Bosses Epistola*; 1716. — Cf. *Ibid*. « Mea igitur doctrina de substantia composita videtur esse « ipsa doctrina Scholæ Peripateticæ, nisi quod illa monades non « agnovit. Sed has addo, nullo ipsius doctrinæ detrimento. Aliud dis- « crimen vix invenies, etsi animum intendas. »

stance, l'applique aux esprits, de même qu'il vient de l'appliquer aux corps. Elle lui suffit pour restaurer tout ensemble, la physique et la métaphysique. Il y a plus : elle lui sert à mettre le dogme à l'abri d'explications erronées. Car ce sont les contradictions flagrantes de la physique cartésienne avec les données de la théologie qui lui ont, en premier lieu, ouvert les yeux sur les défauts de cette physique, et en la corrigeant, c'est très-expressément la Théologie qu'il croit servir[1].

« Il est vrai, écrit Leibniz à Pellisson, que, sans avoir aucun égard à la Théologie, j'ai toujours jugé, par des raisons naturelles, que l'essence du corps consiste dans quelque autre chose que l'étendue. Mais comme je vois que cela importe encore beaucoup pour soutenir ce que je tiens véritable en matière de foi, j'ai été d'autant plus porté depuis longtemps à méditer là-dessus.... Je remarque, continue Leibniz, que dans la nature des corps, outre la grandeur et le changement de la grandeur et de la situation, c'est-à-dire outre les notions de la pure géométrie, il faut mettre une notion supérieure, qui est celle de la force, par laquelle les corps peuvent agir et résister. La notion de la force est aussi claire que celle de l'action et de la passion, car c'est ce dont l'action suit, lorsque rien ne l'em-

---

1. Voyez ci-dessus, p. 126, liv. II, chap. I, *Polémique contre Descartes;* — Cf. Dutens, t. I, p. 17, *Duæ Epistolæ ad Loeflerum de Trinitate et definitionibus mathematicis circa Deum, spiritus,* etc.; — *ibid.,* p. 26, *Remarques de M. Leibniz sur le livre d'un Antitrinitaire Anglais,* etc., publié l'an 1693-4; — M. Foucher de Careil, *Nouvelles lettres et opuscules inédits,* etc., p. 392, *Fragmentum Epistolæ ad Arnaldum :* « Ex his porro propositionibus cepi fructum ingentem, non « tantum in demonstrandis motus legibus, sed et in doctrina de « mente.... Unde nonnihil lucis promittere ausim defensioni myste- « riorum Trinitatis, Incarnationis, Prædestinationis, et, de qua postre- « mum dicturus sum, Eucharistiæ. »

pêche, l'effort, *conatus* ; et au lieu que le mouvement est une chose successive, laquelle, par conséquent, n'existe jamais, non plus que le temps, parce que toutes ses parties n'existent jamais ensemble : au lieu de cela, dis-je, la force ou l'effort existe tout entier à chaque moment, et doit être quelque chose de véritable et de réel.... C'est de ce seul principe que je tire tout ce que l'expérience a enseigné sur le mouvement et sur le choc des corps, contre les règles de Descartes, et que j'établis une nouvelle science, que j'appelle la *Dynamique*. — Cela me donne encore moyen d'expliquer les anciens, et de réduire leurs pensées (qu'on a crues obscures et inexplicables) à des notions claires et distinctes. Et peut-être que cette fameuse ἐντελέχεια ἡ πρώτη, et cette nature qu'on appelle *principium motus et quietis*, n'est que ce que je viens de dire.... Cette matière a cela de curieux, que les pensées abstraites se vérifient merveilleusement bien par les expériences, et qu'il y a là un beau mélange de métaphysique, de géométrie et de physique, outre le grand usage qui en résulte pour la possibilité du mystère (de l'Eucharistie)[1]. »

Par conséquent, chose singulière ! c'était assez de reconstituer le fond de la physique, pour relever du même coup la métaphysique, éclairer son histoire, et établir, en un point essentiel, l'accord de la religion et de la philosophie. Tant il est vrai que tout se tient et que toutes les vérités dispersées se ramènent à une seule et unique vérité !

---

1. Dutens, t. I, p. 719, *Lettre à Pellisson*.
 Cf. *Ibid.*, t. III, p. 180, Brevis Demonstratio *erroris memorabilis Cartesii, et aliorum circa legem naturalem, secundum quam volunt a Deo eamdem semper quantitatem motus conservari*, etc.

En démontrant que l'essence du corps ne consiste pas dans l'étendue, mais dans la force, Leibniz rétablit l'idée de substance, de sorte qu'au lieu que les deux mondes, le monde des corps et le monde des esprits s'écoulent en un flux de phénomènes insaisissables, l'un et l'autre subsistent et offrent un tout consistant d'êtres créés, distincts du créateur.

Cette théorie générale se trouve développée notamment dans les deux écrits de Leibniz, intitulés, le premier :

« Que l'essence du corps ne consiste pas dans l'étendue[1]; »

et le second :

« De la nature et de la communication des substances[2]. »

La démonstration « que l'essence du corps ne consiste pas dans l'étendue » est aussi aisée à saisir que le résultat en est souverainement important à constater.

Si en effet il n'y avait dans les corps que de l'étendue, et s'il n'y avait pas de force, comment expliquer la résistance des corps et la pression exercée par les corps? L'étendue évidemment n'est dans les corps qu'un phénomène qui suppose un sujet étendu; qu'une répétition, une diffusion, une continuation d'une propriété inhérente, essentielle aux corps. Ce qui fait l'essence des corps, c'est donc la force; puissance de pâtir et d'agir, tantôt passive et tantôt active. L'essence des corps est entéléchie.

---

1. Erdmann, p. 112, *Lettre sur la question si l'essence du corps consiste dans l'étendue.* 1691.

2. *Id.*, p. 124, *Système nouveau de la nature et de la communication des substances, aussi bien que de l'union qu'il y a entre l'âme et le corps.* 1695.

« Si l'on admettait, écrit Leibniz au P. Des Bosses, si l'on admettait, comme le veulent les Cartésiens, le plein et l'uniformité de la matière, en y apportant seulement le mouvement, il s'ensuivrait qu'il n'y aurait jamais rien dans les choses qu'une substitution d'équivalents, comme si tout l'univers se réduisait au mouvement d'une roue parfaitement uniforme autour de son axe, ou encore aux évolutions de cercles concentriques d'une matière parfaitement similaire. De la sorte, il ne serait pas possible, même à un ange, de distinguer l'état d'un moment de l'état d'un autre moment. Car il ne pourrait pas exister de variété dans les phénomènes. C'est pourquoi, outre la figure, la grandeur et le mouvement, il faut admettre des formes par où naisse dans la matière une distinction d'apparences; et je ne vois pas d'où l'on peut tirer ces formes pour qu'elles soient intelligibles, sinon des Entéléchies[1]. »

Sur ce point capital, citons encore un passage décisif:

« Il n'est point vrai, il n'a point été prouvé, il est même éloigné des sentiments de l'ancienne philosophie, que la nature du corps consiste dans l'étendue.

« M. Huygens disait fort bien que l'idée que quelques-uns se forment du corps est justement celle qu'il a du vide.

« Au contraire, il est aisé de faire voir qu'on ne saurait expliquer par la seule notion de l'étendue, ni la force, ni les lois du mouvement, ni l'inertie naturelle du corps, ni plusieurs autres phénomènes.

---

1. Dutens, t. VI, pars I, p. 175, *Ad R. P. Des Bosses Epistola* I, 1706.
Cf. *Ibid.*, t. III, p. 315, *Specimen dynamicum*, etc.

« Bien loin que l'étendue soit quelque chose de primitif dans le corps, on voit clairement que sa notion est résoluble, et enferme multitude, continuité, diffusion; qu'ainsi elle est relative et suppose quelque chose qui doit être multiplié, résolu, diffus ou étendu, comme l'étendue de la couleur, de la pesanteur, de la résistance. Ainsi c'est en cela que l'essence ou constitution primitive du corps consiste.

« Or ce qui est continué et répété dans le corps est proprement la résistance, sans laquelle il n'y aurait point de corps, mais seulement un espace vide, incapable de changement.

« Ainsi, pour revenir aux anciens et à la vérité, l'essence du corps consiste dans la force primitive de pâtir et d'agir, dans la passivité et activité, en un mot dans la résistance. La passivité primitive est ce que j'appelle forme, ou ce qu'Aristote appelle entéléchie première.

« L'expérience fait voir qu'il y a de l'activité et de la résistance dans les corps, ce qui fait que ceux qui les mettent dans la seule étendue sont obligés de les dépouiller de toute l'action, et de Dieu, que c'est Dieu seul qui agit. Ce qui est un sentiment étrange et montre bien le défaut de l'hypothèse.

« L'essence du corps consistant dans la force, l'application de la force aux dimensions s'ensuit naturellement, par l'intention de Dieu, qui a voulu que tout se fît suivant certaines règles de mathématiques, *pondere, numero et mensura*[1]. »

Rejetant donc le vide et les atomes, Leibniz réhabilite plutôt les formes substantielles. Il déclare que le

---

1. Dutens, t. I, p. 30, *Remarques sur la perception réelle et substantielle du corps et du sang de Notre-Seigneur.*

fond des substances consiste dans des atomes de substance.

Or que faut-il entendre par ces atomes de substance? Ce ne sont pas des points physiques, atomes d'Épicure, molécules des modernes. Car ces atomes, ces molécules, quoique réellement indivisibles, sont divisibles mentalement. Et le propre de la force, au contraire, est d'être essentiellement une, c'est-à-dire indivisible.

Ce ne sont pas non plus des points mathématiques, ou extrémités idéales des lignes. Car les points mathématiques sont de purs abstraits. Et le propre de la force est d'être, puisqu'elle est l'essence de tout ce qui est.

La force est réelle comme les atomes, exacte comme les points mathématiques. Vive, une, indivisible, elle est entéléchie, ἔχων τὸ ἐντελές; à le bien prendre, elle se suffit, αὐτάρκεια; en un mot, elle est *monade*.

« Les machines de la nature, écrivait Leibniz en 1695, ont un nombre d'organes véritablement infini, et sont si bien munies et à l'épreuve de tous les accidents, qu'il n'est pas possible de les détruire. Une machine naturelle demeure encore machine dans ses moindres parties, et, qui plus est, elle demeure toujours cette même machine qu'elle a été, n'étant que transformée par de différents plis qu'elle reçoit, et tantôt étendue, tantôt resserrée et comme concentrée, lorsqu'on croit qu'elle est perdue.

« De plus, par le moyen de l'âme ou de la force, il y a une véritable unité qui répond à ce qu'on appelle *Moi* en nous. — S'il n'y avait point de véritables unités substantielles, il n'y aurait rien de substantiel ni de réel dans la collection.... Mais les atomes de matière sont contraires à la raison. — Il n'y a que les atomes de substance, c'est-à-dire les unités réelles et absolument destituées de parties, qui soient les sources des actions et les premiers principes absolus de la composition des choses, et comme les derniers éléments de l'analyse des substances. On les pourrait appeler points métaphysiques : ils ont quelque chose de vital et une espèce de perception, et les points mathématiques sont leur point de vue, pour exprimer l'univers.... Ainsi les points physiques ne sont indivisibles qu'en apparence : les points mathématiques sont exacts, mais ce ne sont que des modalités : il n'y a que les points métaphysiques ou de substance (constitués par les formes ou âmes) qui soient exacts et réels ; et sans eux il n'y aurait rien de réel, puisque sans les véritables unités, il n'y aurait point de multitude [1]. »

C'est encore la doctrine, qu'en 1697, Leibniz proposait à Bernouilli.

« Votre manière d'expliquer la dureté des corps par le mouvement harmonique des particules est très-ingénieuse.... Il semble d'ailleurs que vous combattiez les atomes, avec lesquels néanmoins convient votre opinion touchant la dureté. Qu'est-ce qui empêche, en effet, de croire que la matière, même la plus fluide, consiste en corpuscules extrêmement ténus, dans chacun desquels les parties sont perpétuellement soumises à un mouvement harmonique ? Or ces corpuscules sont les atomes, divisibles, il est vrai, mentalement, mais effectivement indivisibles [2]. »

Mais c'est surtout dans deux écrits, intitulés, l'un :

---

1. Erdmann, p. 126, *Système nouveau de la nature*, etc.
2. *Correspondance avec Bernouilli*, t. I, p. 300.

la *Monadologie*[1], l'autre : *Principes de la nature et de la grâce, fondés en raison*[2], qu'il faut chercher l'exposition de la doctrine leibnizienne.

Ces deux écrits, composés dans les derniers temps de la vie de Leibniz, en 1714, expriment sa pensée définitive.

Tout composé, suivant Leibniz, se résout en unités. Ces unités sont monades. Les monades, en s'agrégeant autour d'une monade centrale ou principale, constituent les êtres et leur diversité. De cette manière, les êtres résultent de la collection de monades, à peu près comme tout nombre résulte de la collection d'unités.

« Je soutiens même avec la plupart des anciens, écrit Leibniz, que toute la nature est pleine de force, de vie et d'âmes. Car on connaît, par le moyen des microscopes, qu'il y a une grande quantité de créatures vivantes qui ne sont point perceptibles aux yeux, et qu'il y a plus d'âmes que de grains de sable ou d'atomes. Mais je soutiens encore, comme a déjà fait Platon, et avant lui, Pythagore, qui a tiré cette opinion de l'Orient, qu'il n'y a point d'âme qui périsse, non pas même celle des animaux. M. Helmont en convient avec moi, quoique je ne puisse comprendre ses arguments et ses preuves. Tous les corps ont des parties et ne sont rien moins que des amas et des multitudes, comme des troupeaux de moutons, ou des étangs pleins de gouttes et de poissons, ou comme une montre qui a plusieurs ressorts et autres pièces nécessaires. Mais comme tous les nombres consistent en un et un, ainsi

---

[1]. Erdmann, p. 705, la *Monadologie* (*vulgo : Principia philosophiæ, seu theses in gratiam principis Eugenii conscriptæ*.

[2]. *Id.*, p. 714, *Principes de la nature et de la grâce, fondés en raison*.

toutes les multitudes sont composées des unités. Ainsi *les unités* sont la véritable source et le siége de tous les êtres, de toute leur force et de tous leurs sens, et tout cela n'est autre chose que des âmes. D'où il s'ensuit incontestablement, non-seulement qu'il y a des âmes, mais que tout est plein d'âmes, et en quoi consiste véritablement l'âme ; enfin *pourquoi chaque âme est incorruptible*. Car les unités n'ont point de parties, autrement elles seraient multitudes ; et ce qui n'a pas de parties, ne peut pas se corrompre [1]. »

C'est ainsi que Leibniz s'est trouvé conduit par la physique et par la géométrie à l'idée de la force active, qui constitue la substance des choses.

Il arrivait aussi à cette essentielle notion par la psychologie, où il l'aurait dû chercher tout d'abord et avec plus d'insistance ; il y arrivait par la morale, par l'observation et par le raisonnement.

« Si les choses ont été par un décret de Dieu formées de la sorte, qu'elles fussent rendues aptes à remplir la volonté de leur auteur, il faut dès lors accorder que les choses ont inhérente en elles une efficacité, une forme ou une force, ce que nous avons coutume d'appeler une nature, d'où la série des phénomènes suivît en conformité de la prescription initiale. Or, cette force inhérente aux choses se comprend distinctement, mais on ne saurait l'imaginer....

« Que si d'ailleurs il n'est pas suffisamment clair pour tous que la substance même des choses consiste dans la force d'agir et de pâtir, qu'on prenne garde qu'il s'ensuivrait pour conséquence que rien de durable ne pourrait être produit, si aucune force jus-

---

1. Dutens, t. VI, pars I, p. 331, *Leibnitiana,* CLXXXI.

qu'à un certain point permanente ne pouvait être imprimée aux choses par la puissance divine [1]. Veut-on comprendre ce qu'est précisément la force qui constitue toute substance, ce que sont les actions immanentes des substances, d'où il résulte qu'elles sont des substances; que l'on considère l'âme humaine. Effectivement, qui révoquera en doute que l'âme pense et qu'elle veuille, et qu'en nous, par nous, soient conçues nombre de pensées, formées nombre de volitions, que nous ayons en notre pouvoir une force spontanée? Le nier, ce ne serait pas seulement nier la liberté humaine et rejeter sur Dieu la cause de nos maux, ce serait aussi ne tenir aucun compte de notre expérience intime, repousser le témoignage de la conscience qui nous atteste que ces actions sont bien nôtres, lesquelles, sans aucune apparence de raison, nos adversaires voudraient transporter à Dieu. Or, si nous attribuons à notre âme une force inhérente, qui lui permet de produire des actions immanentes, ou, ce qui est la même chose, d'agir d'une manière immanente, dès lors rien n'empêche; bien plus, il est logique de reconnaître que cette même force est inhérente aux autres âmes ou formes, ou, si vous aimez mieux, aux autres natures de substances [2]. »

Dans le moi et hors du moi, dans le créateur et dans les créatures, la force active est donc, et il serait absurde qu'elle ne fût point partout. Partout où il y a de l'être, il y a de la vie; partout où il y a de la vie, il y a des substances, et partout où il y a des substances,

---

1. Erdmann, p. 156, *De ipsa natura, sive de vi insita actionibusque creaturarum*. 1698.
2. *Id.*, p. 157, *ibid.*

il y a des forces. La force remplit l'univers de l'inépuisable variété de ses formes.

Maintenant, comment les monades, forces partout répandues, par leurs perfections inégales, leurs degrés divers, leurs évolutions suivies, la gradation savamment ménagée de leurs espèces, composent-elles l'immense et prodigieuse épopée de la création ?

C'est là ce qui reste à expliquer.

A la *Monadologie* s'ajoutent la *Loi de la Continuité* et l'*Harmonie préétablie ;* la loi de la continuité, c'est-à-dire cette loi qui veut que la nature n'aille point par saut et par bond, *natura non facit saltum ;* l'harmonie préétablie, c'est-à-dire l'accord permanent du règne des causes efficientes et du règne des causes finales, sous le plus tendre des pères et le meilleur des rois.

CHAPITRE II.

La Loi de la Continuité.

En 1704, Leibniz écrivait à Bernouilli : « La loi que j'appelle loi de la continuité pouvait être facilement connue de tous ceux qui auraient voulu y prendre garde ; cependant elle ne l'a pas été même d'esprits éminents : car vous voyez que Descartes et Malebranche, et nombre d'autres philosophes, ont péché contre elle, surtout en dehors de la géométrie. Et si quelques-uns l'ont remarquée, ils l'ont à peine estimée assez sûre pour s'en servir. En somme, cette loi a été très-anciennement connue, tout de même que les hommes ont connu la règle des conséquences avant qu'on eût réduit la logique en système[1]. »

« C'est ce défaut même de la nécessité, écrivait plus tard Leibniz dans sa *Théodicée*, qui relève la beauté des lois que Dieu a choisies, où plusieurs beaux axiomes se trouvent réunis, sans qu'on puisse dire lequel y est le plus primitif.

---

1. Correspondance avec Bernouilli, t. II, p. 110.
Cf. *Ibid.*, t. I, p. 307 (1697). « Lex continuitatis, cum usque adeo
« sit rationi et naturæ consentanea, et usum habeat tam late paten-
« tem, mirum tamen est eam a nemine (quantum recorder) antea
« adhibitam fuisse. »

« J'ai encore fait voir qu'il s'y observe cette belle loi de la continuité, que j'ai peut-être mise le premier en avant, et qui est une espèce de pierre de touche, dont les règles de M. Descartes, du P. Fabry, du P. Pardies, du P. Malebranche et d'autres, ne sauraient soutenir l'épreuve [1]. »

C'est grâce à cette loi de la continuité, inhérente à l'esprit humain, mais oubliée, que Leibniz poursuit les développements de la monadologie.

Afin d'en saisir exactement l'étroit et délicat enchaînement, reprenons en peu de mots tout ce qui précède.

Descartes, sans se l'avouer, avait tout ramené à la passivité, au mécanisme de la pensée et de l'étendue.

Leibniz entreprend la réformation de cette philosophie. Et d'abord il réforme la méthode cartésienne, ramenant sa propre doctrine aux termes d'une logique plus sévère.

Cette doctrine est le dynamisme; l'idée de force est le fond sur lequel elle repose.

« Ma Dynamique demanderait un ouvrage exprès, écrivait en 1715 Leibniz à Montmort. Vous avez raison de juger que c'est en bonne partie le fond de mon système, parce qu'on y apprend la différence entre les vérités dont la nécessité est brute et géométrique, et entre les vérités qui ont leur source dans la convenance et dans les finales. Et c'est comme un commentaire sur ce beau passage du *Phédon*, qu'en supposant qu'une intelligence produit toutes choses, il faut trouver leurs sources dans leurs causes finales [2]. »

Or par quelle voie Leibniz est-il arrivé à la concep-

---

[1]. Erdmann, p. 605, *Théodicée*, P. III, 348.
[2]. Dutens, t. V, p. 23, lettre VI.

tion de la force ? Par la physique, l'histoire naturelle, la psychologie, l'abstraction ? Il y est arrivé par toutes ces voies à la fois ; mais en premier lieu par la physique.

Ce sont les manquements de la physique cartésienne, qu'il a tout d'abord entrepris de corriger. Mais tel est l'enchaînement des choses, que la métaphysique, la théologie même, sont intéressées à la solution de problèmes purement physiques.

En physique donc Descartes prétendait tout expliquer par la figure, l'étendue, le mouvement. C'est là, observe Leibniz, une erreur. La figure, l'étendue, le mouvement, sont des phénomènes et rien que des phénomènes. Cependant, il s'agit de rendre raison des substances, d'en reconnaître la nature, de les constituer.

Pour cela, quatre partis sont possibles :

1° On peut ramener les substances à des points mathématiques.

Mais qui ne voit que des points mathématiques sont des abstractions, de pures idéalités ?

2° On peut ramener les substances aux atomes.

Mais l'atomisme n'est rien qu'une illusion de langage, une métaphore. Car les atomes sont matériels, et par cela seul, alors même que nous n'aurions pas en notre puissance les moyens de les diviser, ils n'en sont pas moins divisibles par la pensée. Les atomes de matière ne sont pas des atomes.

3° On peut n'admettre aucune réalité dans les corps. Alors, il est vrai, on n'a point à rendre compte des substances, mais aussi toute physique s'évanouit en un phénoménisme sans consistance.

4° On peut pousser l'analyse jusqu'à ce qu'on soit

arrivé à d'indivisibles unités. C'est ce qu'a fait Leibniz. Ces unités indivisibles lui sont en même temps des forces, éléments de toute substance, ou plutôt la substance même.

« Vous avez toutes les raisons du monde, écrit Leibniz à la princesse Sophie, de dire que l'un n'est pas plusieurs; et c'est pour cela aussi que l'assemblage des êtres n'est pas un être. Cependant, là où il y a plusieurs, ou la multitude, il faut qu'il y ait aussi des unités; car la multitude ou le nombre, est composé d'unités. Ainsi, s'il n'y avait qu'une seule unité, c'est-à-dire Dieu, il n'y aurait point de multitude dans la nature et il serait seul [1]. »

Les Scolastiques, à les bien entendre, n'avaient pas tort, lorsqu'ils parlaient de formes substantielles.

Aristote s'exprimait profondément, lorsqu'il créait le mot d'entéléchie.

Les forces indivisibles et unes, éléments de la monade, ou plutôt la substance même, sont bien des formes substantielles, puisque sans elles les phénomènes seraient sans lien. Elles sont bien des entéléchies, car elles se suffisent et comportent une certaine perfection, ἔχουσι τὸ ἐντελές.

Leibniz, s'attachant à exprimer surtout leur caractère d'indivisible unité, les appelle des monades.

Mais la conception de la monade n'est pas exclusivement appropriée à la physique. Elle peut légitimement être transportée à la pneumatique. En effet, si l'expérience physique justifie la définition de la substance par la force, bien plus encore l'expérience psycholo-

---

1. Dutens, t. V, p. 14, *Extrait d'une lettre de M. Leibniz à S. A. R. Madame la princesse Sophie.*

gique, « l'âme, remarque Leibniz, pouvant dire ce moi, qui dit beaucoup [1]. »

Voilà donc l'univers entier peuplé de monades, ou, mieux encore, les monades constituent l'univers.

Comment ont lieu, dans l'univers, les manifestations de la vie? Quels sont les rapports des monades entre elles? De quelle manière expliquer l'apparente subordination des êtres, leurs fonctions et leurs tendances?

Toute la théorie des monades, dans sa plénitude, se trouve esquissée à grands traits, dans le passage suivant d'une lettre de Leibniz à Bierlingius (1711) :

« Vous demandez des définitions de la matière, du corps, de l'esprit. La *matière* est ce qui consiste dans l'antitypie, ou ce qui résiste à la pénétration ; et c'est pourquoi la matière nue est purement passive. Au contraire le *corps*, outre la matière, a aussi une force active. Le *corps* est ou une substance corporelle, ou une masse composée de substances corporelles. J'appelle *substance corporelle*, la substance qui consiste dans une substance simple ou monade (c'est-à-dire dans une âme ou un analogue de l'âme) et dans le corps organique qui lui est uni. La *masse* est un agrégat de substances corporelles. La *monade* ou la substance simple par sa nature, contient la perception et l'appétit ; elle est ou primitive, c'est-à-dire *Dieu*, en qui se rencontre la dernière raison des choses ; ou dérivée, c'est-à-dire monade créée ; dérivée, la monade est ou bien douée de raison, et alors elle est *esprit ;* ou bien douée de sentiment, et alors elle est *âme ;* ou bien douée d'un

---

[1] *Discours de métaphysique,* dans la *Correspondance de Leibniz et d'Arnauld* (*Briefwechsel zwischen Leibniz, Arnauld und dem Landgrafen Ernest von Hessen-Rheinfels*), publiée par M. Grotefend, Hanovre, 1846, in-8.

degré inférieur de perception et d'appétit, et alors elle est *un analogue de l'âme*, qui se contente du simple nom de monade; car nous n'en connaissons pas les divers degrés. Toute monade d'ailleurs est inextinguible; car les substances simples ne peuvent naître ou finir que par création ou annihilation, c'est-à-dire miraculeusement. En outre, toute monade créée est douée de quelque corps organique, suivant lequel elle perçoit et appète; quoique par les naissances et les morts ce corps soit diversement modifié, replié, transformé, soumis à un flux perpétuel. Les monades contiennent donc en elles l'entéléchie ou force primitive, de telle sorte que sans elles la matière serait purement passive, et une masse quelconque contient des monades innombrables. Quoique en effet tout corps organique de la nature ait sa monade qui lui réponde, il contient cependant dans ses parties d'autres monades, douées de même de leurs corps organiques, rudiments dont elles disposent, et la nature tout entière n'est pas autre chose. Car il est nécessaire que tous les agrégats résultent de substances simples, comme de leurs vrais éléments. Quant aux atomes, ou corps étendus et pourtant infrangibles, ce sont des choses imaginaires qui ne peuvent s'expliquer que par un miracle. Ils manquent de raison d'être; on ne pourrait par eux rendre compte des forces et des mouvements, et alors même qu'on le pourrait, ils ne seraient pas des substances vraiment simples, par cela même qu'ils sont étendus et doués de parties[1]. »

Mais il est nécessaire d'entrer plus avant dans les détails de cette théorie et de se rendre compte de toutes les solutions qu'elle implique.

---

1. Dutens, t. V, p. 375.

Or, suivant Leibniz, la loi de la continuité et l'harmonie préétablie suffisent à assurer tous les développements de la monadologie.

Pour arriver à la substance, il faut arriver à l'indivisible ; car l'indivisible est seul véritablement un, et ce qui est véritablement un, seul est véritablement.

« L'être est un ; » c'est là, dit Leibniz, une proposition identique ; elle s'établit en vertu même du principe de contradiction.

Mais le Leibnizianisme procède à l'aide de deux grands principes. Le principe de contradiction est le premier, celui qui permet de faire les premiers pas. Il y en a un second, auquel il faut avoir recours si l'on veut aller plus loin.

Ce second principe est complexe.

Il suppose à la fois un postulat et une application particulière ; on dirait peut-être mieux une application complète de l'idée de causalité.

Tout est plein, car le plein vaut mieux que le vide. Donc, tout est lié ; donc, il y a série ; voilà le postulat.

Où commence et où se termine la série ? Quelle en est la cause efficiente ? Mais surtout quelle en est la cause finale ? voilà l'application de l'idée de causalité.

De toute nécessité, en effet, on est bien obligé d'admettre à cette série un dernier terme. C'est l'infini, c'est Dieu, qui est la raison dernière ou suffisante de la série, du plein, de ce qui est. Les monades supposent une monade suprême, monade des monades, *monas monadum*.

Remarquons-le d'ailleurs. Il y a grand intérêt à reconnaître que le dernier terme de la série est en dehors de la série et qu'il la domine. A cette seule condition est maintenu le dogme de la création. Qu'on imagine que le dernier terme continue la série qu'il clôt, et l'on court droit au panthéisme. Par conséquent, le plein, la série, la chaîne des êtres aboutit à Dieu, « parce qu'il la tient, non parce qu'il la termine [1]. »

« Comme tout ce détail n'enveloppe que d'autres contingents antérieurs ou plus détaillés, dont chacun a encore besoin d'une analyse semblable pour en rendre raison, on n'en est pas plus avancé, et il faut que la raison suffisante ou dernière soit hors de la suite ou *series* de ce détail des contingences, quelque infini qu'il pourrait être.

« Et c'est ainsi que la dernière raison des choses doit être dans une substance nécessaire, dans laquelle le détail des changements ne soit qu'éminemment, comme dans la source, et c'est ce que nous appelons *Dieu*.

« Or, cette substance étant une raison suffisante de tout ce détail, lequel aussi est lié partout, il n'y a qu'un Dieu, et ce Dieu suffit [2]. »

Il est donc nécessaire de pouvoir rendre raison de tout. Et c'est là précisément en quoi consiste le principe de la convenance, des causes finales, du meilleur, dont Leibniz fait un si grand usage. C'est le second de ses principes. Et ces deux principes, celui de la contradiction, celui de la raison suffisante, à l'aide desquels il opère, ont chacun leur nécessité, mais bien différente.

Le principe de contradiction est nécessaire d'une nécessité mathématique, fatale.

---

1. Rousseau.
2. Erdmann, p. 708, *la Monadologie* (vulgo : *Principia philosophiæ seu theses in gratiam principis Eugenii conscriptæ*).

Le principe de la raison suffisante est nécessaire, d'une nécessité morale, ou de convenance.

L'un atteste l'intelligence immuable de Dieu, l'autre sa sagesse, c'est-à-dire sa puissance réglée par son intelligence et par sa bonté.

Voyons quelles sont les principales applications du principe de la convenance.

Leibniz tire d'abord de ce principe quelques conséquences abstraites et « a priori » d'une souveraine importance.

1° Il n'y a, en réalité, ni temps ni espace ; le temps n'est que le rapport des existences ; l'espace résulte de la juxtaposition des corps. En effet, si le temps, si l'espace étaient de substantiels et effectifs milieux, on ne verrait pas, on ne pourrait pas voir la raison suffisante, pour laquelle Dieu aurait créé l'univers dans telle partie du temps ou de l'espace, plutôt que dans telle autre.

2° Il n'y a pas deux monades exactement semblables, identiques. Car si deux monades étaient identiques, on ne verrait pas, on ne pourrait pas voir la raison suffisante, pour laquelle Dieu aurait créé l'une plutôt que l'autre.

3° Il n'y a pas de solution de continuité dans le plein ; pas d'*hiatus* dans la série ; pas d'anneaux qui manquent dans la chaîne. On passe d'un être à un autre être, d'une monade à une autre monade, par des transitions insensibles et habilement ménagées. En effet, si deux monades étaient séparées par un *hiatus*, on ne verrait pas, on ne pourrait pas voir la raison suffisante pour laquelle Dieu aurait passé de la création de l'une à la création de l'autre. Les Scolastiques avaient raison ; « non est vacuum formarum ; natura non facit saltum; » il n'y a pas de vide de formes ; la nature ne fait pas de sauts. C'est la formule populaire de la loi de la continuité.

Après avoir posé ces conséquences « a priori » du principe de la raison suffisante, Leibniz en vient aux conséquences concrètes et « a posteriori. » Il cherche dans l'expérience et y trouve la vérification de la loi de la continuité.

En effet, sans entrer dans des précisions, qui deviennent chaque jour plus grandes par l'effort de la science, et pour s'en tenir aux traits les plus généraux, n'est-il pas incontestable, depuis Aristote, qu'il y a continuité entre les trois règnes de la nature, de telle sorte que le règne végétal implique le règne minéral, et le règne animal le règne végétal et le règne minéral? Leibniz poussera plus avant cette vérification. Non-seulement, en se fondant sur l'expérience, il signalera le polype, intermédiaire singulier par où le règne végétal se relie au règne animal, mais surtout il embrassera théoriquement tous les détails de la création dans les évolutions de sa puissante analyse. Depuis le minéral jusqu'à l'ange, il ne laissera rien d'inexploré.

« Je pense, écrivait, en 1707, Leibniz à un anonyme, je pense avoir de bonnes raisons pour croire que toutes les différentes classes des êtres, dont l'assemblage forme l'univers, ne sont, dans les idées de Dieu qui connaît distinctement leurs gradations essentielles, que comme autant d'ordonnées d'une même courbe, dont l'union ne souffre pas qu'on en place d'autres entre deux, à cause que cela marquerait du désordre et de l'imperfection. Les hommes tiennent donc aux animaux, ceux-ci aux plantes, et celles-ci derechef aux fossiles, qui se lieront à leur tour aux corps que les sens et l'imagination nous représentent comme parfaitement morts et informes. Or, puisque la loi de la continuité exige que, quand les déterminations essentielles d'un être se rapprochent de celles d'un autre, qu'aussi, en conséquence, toutes les propriétés du premier doivent s'approcher graduellement de celles du dernier, il est nécessaire que tous les ordres des êtres naturels ne forment qu'une seule chaîne, dans laquelle les différentes classes, comme autant d'anneaux, tiennent si étroitement les unes aux autres, qu'il est impossible aux sens et à l'imagination de fixer précisément le point où quelqu'une commence ou finit : toutes les espèces, qui bordent ou qui occupent, pour ainsi dire, les régions d'inflexion et de rebroussement, devant être équivoques et douées de caractères qui peuvent se rapporter aux espèces voisines également. Ainsi, l'existence de zoophytes, par exemple, ou, comme Buddeus les nomme, de *Plant-Animaux*, n'a rien de monstrueux, mais il est même convenable à l'ordre de la nature, qu'il y en ait. Et telle est la force du principe de continuité chez moi, que non-seulement je ne serais point étonné d'apprendre qu'on eût trouvé des êtres qui, par rapport à plusieurs propriétés, par exemple celles de se nourrir ou de se multiplier, puissent passer pour des végétaux à aussi bon droit que pour des animaux, et qui renversassent les règles communes, bâties sur la supposition d'une séparation parfaite et absolue des différents ordres des êtres simultanés, qui remplissent l'univers : j'en serais si peu étonné, dis-je, que même je suis convaincu qu'il doit y en avoir de tels, que l'histoire naturelle parviendra peut-être à les connaître un jour, quand elle aura étudié davantage cette infinité d'êtres vivants que leur petitesse dérobe aux observations communes et qui se trouvent cachés dans les entrailles de la terre et dans l'abîme des eaux. Nous n'observons que depuis hier ; comment serions-nous fondés à nier la raison de ce que nous n'avons pas encore eu l'occasion de voir ? Le principe de continuité est donc hors de doute chez moi, et pourrait servir à établir plusieurs vérités importantes dans la philosophie, laquelle, s'élevant au-dessus des sens et de l'imagination, cherche l'origine des phénomènes dans les régions intellectuelles. Je me flatte d'en avoir quelques idées, mais ce siècle n'est point fait pour les recevoir [1]. »

Il n'y a pas jusqu'aux dérogations apparentes au principe de continuité, qui ne deviennent pour Leibniz une confirmation et comme une application raffinée de ce principe même.

« Tout va par degrés dans la nature, et rien par saut, et cette règle, à l'égard des changements, est une partie de ma loi de la continuité. Mais la beauté de la nature, qui veut des perceptions distinguées, demande des apparences de sauts et, pour ainsi dire, des chutes de musique dans les phénomènes, et prend plaisir de mêler les espèces [2]. »

Allant donc au plus bas degré de l'être, Leibniz signale, dans ce qu'on appelle la matière, deux matières : la matière première, qui est une simple privation, et la matière seconde, qui est un agrégat.

Dans l'agrégat, qui constitue la matière seconde, il faut distinguer la machine ou les organes, et la force

---

1. Guhrauer, *Leibnitz Biographie*, t. I, *Anmerkungen*, p. 32. Cf. *Id., ibid.*, t. II, p. 324.
2. Erdmann, p. 392, *Nouveaux Essais*, liv. IV, chap. XVI, § 12.

une et indivisible, ou la monade qui l'informe. De l'union de la machine et de la monade résulte le vivant.

Cette machine du reste n'est pas, comme une machine construite de main d'homme, réductible à une masse brute ; elle est machine partout. C'est la différence qu'il y a entre l'art divin et l'art humain.

« Ce n'est pas comme dans les montres, où, l'analyse étant poussée jusqu'aux dents des roues, il n'y a plus rien à considérer. Les machines de la nature sont machines partout, quelque petite partie qu'on y prenne; ou plutôt, la moindre partie est un monde infini à son tour, et qui exprime même, à sa façon, tout ce qu'il y a dans le reste de l'univers. Cela passe notre imagination : cependant on sait que tout cela doit être ; et toute cette variété infiniment infinie est animée dans toutes ses parties par une sagesse architectonique plus qu'infinie. On peut dire qu'il y a de l'harmonie, de la géométrie, de la métaphysique, et pour ainsi dire de la morale partout; et ce qui est surprenant, à prendre dans un sens, chaque substance agit spontanément, comme indépendante de toutes les autres créatures, bien que, dans un autre sens, toutes les autres l'obligent à s'accommoder avec elles; de sorte qu'on peut dire que toute la nature est pleine de miracles, mais de miracles de raison, et qui deviennent miracles à force d'être raisonnables, d'une manière qui nous étonne. Car les raisons s'y poussent à un progrès infini, où notre esprit, bien qu'il voie que cela se doit, ne peut suivre par sa compréhension [1]. »

---

1. Dutens, t. I, p. 531. *Lettre de M. de Leibniz à M. l'évêque de Meaux, du 8 avril* 1692.

Bossuet lui-même avait reconnu cette belle loi de la continuité. « Dieu, écrivait-il, a fait des substances séparées des corps; Dieu les peut

La monade qui informe la machine n'est jamais isolée : car l'agrégat, qui constitue la matière seconde, suppose une collection de monades, toutes réunies autour d'une monade centrale, qui en est le lien [1].

Ainsi, dans une molécule de matière, il y a tout un monde, ou plutôt une infinité de mondes, et dans une molécule quelconque d'un de ces mondes quelconques, d'autres mondes encore. Car la nature est inépuisable; elle recule à l'infini sous nos prises.

faire en divers degrés, c'est-à-dire plus ou moins parfaites ; et, en descendant toujours, on pourra enfin venir à quelqu'une qui sera si imparfaite qu'elle se trouvera en quelque sorte aux confins des corps, et sera de nature à y être unie. Là, en descendant toujours par degrés du parfait à l'imparfait, on arrive nécessairement aux extrémités et comme aux confins où le supérieur et l'inférieur se joignent et se touchent. Car je crois qu'on peut entendre facilement que tout est disposé dans la nature comme par degrés, et que le premier principe donne l'être et se répand lui-même par cet ordre et comme de proche en proche. Ainsi l'âme raisonnable se trouvera naturellement unie à un corps. » *Œuvres complètes*, t. VII, p. 89 ; *Sermon sur la résurrection dernière*. Et encore, t. XXII, p. 121, *De la connaissance de Dieu et de soi-même ;* chap. III, *De l'union de l'âme et du corps :* « Il a plu à Dieu que des natures si différentes fussent étroitement unies. Et il était convenable, afin qu'il y eût de toutes sortes d'êtres dans le monde, qu'il s'y trouvât et des corps qui ne fussent unis à aucun esprit, tels que sont la terre et l'eau et les autres de cette nature ; et des esprits, qui, comme Dieu même, ne fussent unis à aucun corps, tels que sont les anges ; et aussi des esprits unis à un corps, telle qu'est l'âme raisonnable, à qui, comme à la dernière de toutes les créatures intelligentes, il devait échoir en partage, ou plutôt convenir naturellement de faire un même tout avec le corps qui lui est uni. »

1. Dutens, t. VI, pars I, p. 198. Epistola XXXVI ad R. P. Des Bosses, 1714. « Perscripsi re magis expensa, si quod detur vinculum substan-
« tiale compositi, id fore non minus perpetuum naturaliter, quam ip-
« sam monadem, compositi dominatricem, salvis ante monadibus ingre-
« dientibus mutari, et aliis atque aliis monadibus accommodari posse ;
« naturaliter quidem paulatim, supernaturaliter autem per saltum,
« quemadmodum et supernaturaliter produci, ac tolli potest. »
Cf. *Id.*, t. II, pars II, p. 154, *Medicina, Botanica; Leibnitii Responsiones ad Stahlianas observationes*. Ad. XXI.

Au-dessus des simples vivants, Leibniz place les êtres, les monades supérieures qu'on peut appeler animaux, parce que dans ces monades il y a une âme. C'est à tort en effet qu'on ne voudrait voir dans les animaux que de pures machines. Ils ont de la mémoire, et, avec le secours de la mémoire, sont capables de certaines consécutions. Un chien qui a été frappé du bâton, fuit à la vue du bâton [1].

Mais l'intelligence des animaux n'est qu'une intelligence purement empirique. C'est pourquoi, il faut réserver le nom d'esprits aux monades qui, par la réflexion, se connaissent elles-mêmes, et, par la raison, parviennent à la connaissance des principes. Ces monades n'ont pas seulement des perceptions, comme les animaux ; elles ont, en outre, des aperceptions.

Ce n'est pas tout; de même qu'au-dessus des simples vivants, Leibniz a admis des animaux, et au-dessus des animaux, des esprits; porté par la loi de la continuité, au-dessus des esprits il admet des monades plus parfaites encore, des anges, des génies.

« Jusqu'à ce que nous arrivions aux plus basses et moins organisées parties de la matière, nous trouverons partout que les espèces sont liées ensemble et ne diffèrent que par des degrés presque insensibles. Et lorsque nous considérons la sagesse et la puissance infinie de l'auteur de toutes choses, nous avons sujet de penser que c'est une chose conforme à la somptueuse harmonie de l'univers et au grand dessin aussi bien qu'à la bonté infinie de ce souverain Architecte, que

---

1. Cf. Dutens, t. IV, pars II, p. 180, *Quæstiones philosophicæ ameniores, ex jure collectæ; quæstio* VIII ; — p. 169, *Methodi novæ discendæ docendæque jurisprudentiæ* ; Pars I. *De ratione studiorum in universum.*

les différentes espèces des créatures s'élèvent aussi peu à peu depuis nous vers son infinie perfection. Ainsi nous avons raison de nous persuader qu'il y a beaucoup plus d'espèces de créatures au-dessus de nous qu'il n'y en a au-dessous, parce que nous sommes beaucoup plus éloignés en degrés de perfection de l'être infini de Dieu que de ce qui approche le plus près du néant [1]. »

Enfin, depuis le vivant jusqu'à l'ange, toute monade, suivant Leibniz, est unie à un corps.

« Je crois avec la plupart des anciens que tous les génies, toutes les âmes, toutes les substances simples créées sont toujours unies à un corps, et qu'il n'y a jamais des âmes qui en soient entièrement séparées. J'en ai des raisons *a priori*. Mais on trouvera encore qu'il y a cela d'avantageux dans ce dogme qu'il résout toutes les difficultés philosophiques sur l'état des âmes, sur leur conservation perpétuelle, sur leur immortalité et sur leur opération, la différence de l'un de leurs états à l'autre n'étant jamais, ou n'ayant jamais été que du plus au moins sensible [2]. »

Toutes différentes entre elles, en vertu du principe de la raison suffisante; subordonnées hiérarchiquement

---

1. Erdmann, p. 312, *Nouveaux Essais*, liv. III, chap. VI, § 13.
2. Cf. *Id.*, p. 540, *Théodicée*, p. 11, 124. « Aussitôt qu'il y a un mélange de pensées confuses, voilà les sens, voilà la matière.... C'est ce qui fait que dans ma philosophie il n'y a point de créature raisonnable sans quelque corps organique, et qu'il n'y a point d'esprit créé qui soit entièrement détaché de la matière. » *Ibid.*, p. 771, *Lettres entre Leibniz et Clarke*. « Je tiens avec les anciens et avec la raison, que les anges ou les intelligences, et les âmes séparées du corps grossier, ont toujours des corps subtils, quoiqu'elles-mêmes soient incorporelles. La philosophie vulgaire admet aisément toute sorte de fictions; la mienne est plus sévère. » Ici, Leibniz se sépare manifestement de Bossuet.

dans leurs différences, en vertu de la loi de la continuité, les monades sont-elles toutes créées simultanément?

Oui et non.

La monade humaine seule, l'âme raisonnable seule est créée successivement, dans la suite des temps, comme par *traduction*, c'est-à-dire par transformation de l'animal ou du simple vivant. Les autres monades sont toutes créées ensemble et du premier coup.

« Je trouve convenable de dire que l'âme, préexistante dans les semences depuis le commencement des choses, n'est que sensitive ; mais qu'elle a été élevée au degré supérieur, qui est la Raison, lorsque l'homme, à qui cette âme doit appartenir, a été conçu, et que le corps organisé, accompagnant toujours cette âme depuis le commencement, mais sous bien des changements, a été déterminé à former le corps humain…. Ces âmes seules, qui sont destinées à parvenir un jour à la nature humaine, enveloppent la Raison qui y paraîtra un jour, et les seuls corps organiques sont préformés et prédisposés à prendre un jour la forme humaine ; les autres petits animaux, ou vivants séminaux, où rien de tel n'est préétabli, étant essentiellement différents d'eux, et n'ayant rien que d'inférieur en eux. Cette production est une manière de *traduction*, mais plus traitable que celle qu'on enseigne vulgairement : elle ne tire pas l'âme d'une âme ; mais seulement l'animé d'un animé ; et elle évite les miracles fréquents d'une nouvelle élection, qui ferait entrer une âme neuve et nette dans un corps qui la doit corrompre [1]. »

D'autre part, quelque divers que soit pour les diverses

---

1. Erdmann, p. 618, *Théodicée*, p. III, 397.

monades le mode de leur création, en raison même de leur nature; les unes et les autres sont créées avec toute la série de leurs développements, que chacune d'elles enferme en soi, comme un germe.

De même qu'il n'y a pas de repos absolu, il n'y a pas non plus d'immobilité dans la vie. Tout est activité, parce que tout est force. Mais dans chaque monade comme dans l'univers (la loi de la continuité le veut ainsi) tout se tient, tout est lié. L'état présent d'une monade est une suite de son état antérieur, et cet état présent se trouve être, à son tour, la raison suffisante de l'état qui devra suivre. « Le présent est gros de l'avenir : le futur se pourrait lire dans le passé; l'éloigné est exprimé dans le prochain. On pourrait connaître la beauté de l'univers dans chaque âme, si l'on pouvait déplier tous les replis, qui ne se développent sensiblement qu'avec le temps[1]. » Chaque monade comprend en soi et en puissance la raison de toutes ses évolutions successives. Elle est à elle seule et à elle-même un petit monde, à la lettre. Elle se peut considérer et on la peut considérer comme si elle était seule avec Dieu; comme s'il n'y avait qu'elle et Dieu.

Mais, s'il en est ainsi, comment expliquer les rapports des monades entre elles, leurs fonctions et leurs tendances?

Parvenu à ce point de sa doctrine, Leibniz « croyait avoir atteint le port. Et voilà qu'il se trouve rejeté comme en pleine mer. »

C'est ici qu'intervient la théorie de l'harmonie préétablie.

---

1. Erdmann, p. 717, *Principes de la nature et de la grâce.*

CHAPITRE III.

L'Harmonie préétablie.

On n'est d'ordinaire porté à voir dans la théorie de l'harmonie préétablie qu'une explication hypothétique des rapports de l'âme et du corps. C'est là l'idée vulgaire qu'on s'en fait. Une telle notion est étroite et incomplète.

Sans doute, c'est à propos de cet insoluble problème des rapports de l'âme et du corps, où Descartes, où Malebranche étaient venus échouer, que Leibniz imagine cette hypothèse, qu'il considère comme un coup de fortune de son génie inventif.

« Je viens de faire insérer, écrit-il en 1695 à Magliabecchi, je viens de faire insérer dans le *Journal de France* quelques-unes des discussions de haute philosophie que j'ai agitées autrefois avec Antoine Arnauld, théologien et philosophe éminent. J'y montre notamment qu'en ce qui concerne la communication, réputée jusqu'à présent inexplicable, de l'âme et du corps, Descartes et Malebranche n'ont pas vu le nœud de la difficulté, et que tout le problème peut être résolu par les lois de la nature, sans avoir recours à un dieu de théâtre, quoiqu'on reconnaisse que Dieu est l'auteur et le conservateur de toutes les substances. Après avoir longtemps tenu mon explication secrète, j'ai cédé aux exhortations de Français mêmes considérables, et, quoique sous un nom supposé, je l'ai soumise au jugement du public [1]. »

Toutefois, l'explication des rapports de l'âme et du corps n'est qu'un cas entre beaucoup d'autres, qu'une application particulière, quoique principale, d'une conception bien plus générale, universelle même, puisqu'elle embrasse tout.

Leibniz rappelle d'abord et établit fortement qu'en vertu même de leur constitution, les monades ne peuvent exercer les unes sur les autres aucune influence.

En effet, le semblable ne peut agir que sur le semblable. Or il n'y a pas deux monades qui soient semblables.

Cette influence, en outre, serait ou une pénétration de substances, ou une pénétration d'accidents.

Or, comment deux monades se pourraient-elles pénétrer? Cette pénétration serait, de toute nécessité, un changement. Mais les composés seuls peuvent être changés, et les monades sont des unités indivisibles.

Il ne peut y avoir non plus entre les monades une pénétration d'accidents. Car, qui voudrait en revenir à l'émission des espèces? Les monades, aussi bien, sont fermées; elles n'ont pas de fenêtres ouvertes sur le dehors.

Chaque monade se suffit; elle est entéléchie.

Les monades n'exercent donc les unes sur les autres aucune influence réciproque. C'est en vertu de l'har-

---

1. Dutens, t. V, p. 113, Epistola XXIV.

monie préétablie que s'expliquent leurs rapports. Et voici en quoi consiste cette harmonie préétablie.

Une monade étant donnée, tout l'univers agit sur elle; car il y a le plein. Le moindre mouvement, la moindre impression, comme par des ondes sonores, arrive jusqu'à elle.

De son côté, cette monade, chaque monade exprime l'univers. Elle reçoit, elle garde la trace de l'impression qui lui advient par le poids total de l'univers, si l'on peut s'exprimer ainsi.

Il y a donc un rapport constant et réglé entre toute monade et l'univers. C'est ce que déjà soupçonnait Hippocrate, lorsqu'il disait que tout conspire, σύμπνοια πάντα. Un État de l'univers ne reçoit jamais aucune addition, sans qu'il y ait en même temps une subtraction ou diminution pour passer dans un autre État[1].

En effet, non-seulement il y a le plein, mais encore :

1° Une même quantité de force a été déposée dans l'univers ;

2° Une même direction de force persiste dans l'univers.

Toute monade exprime donc l'univers, et qui saurait y lire, dans un grain de sable reconnaîtrait l'univers. Les monades en sont autant de représentations variées. En un mot, l'univers se peint diversement dans les monades, à peu près comme une ville nous apparaît différente suivant ses différents aspects.

Les monades sont comme autant de miroirs, mais qui réfléchissent différemment l'univers.

Qu'est-ce d'ailleurs que cette réflexion, cette image, cette peinture? Et d'où proviennent les différences qu'elle présente ?

---

1. Dutens, t. II, pars I, p. 334, *Lettre IV, à Bourgnet*, 1715.

Cette réflexion de l'univers dans la monade s'appelle perception.

Cette perception peut être obscure ou claire.

Elle n'est complétement claire qu'en Dieu. Obscure dans les simples vivants, obscure encore, quoique moins obscure, dans les animaux, elle n'acquiert une certaine clarté que dans la monade humaine. Aussi n'y a-t-il pas seulement perception dans la monade humaine, mais aperception, c'est-à-dire perception éclairée par la conscience. Cette clarté, de plus, peut diminuer ou s'accroître. Diminuée, elle constitue la passion; augmentée, l'action de la monade humaine.

En effet, toutes les perceptions, dans la monade humaine, ne sont pas aperceptions. En même temps qu'elle a des perceptions distinctes, elle a aussi des perceptions confuses, dont il importe de tenir grand compte. Le sommeil, les défaillances offrent de saisissants exemples de ce que sont dans l'âme humaine les perceptions confuses. C'est en considérant ces perceptions confuses que l'on peut comprendre comment la monade humaine, en particulier, exprime l'univers. La perception distincte du bruit de la mer ne suppose-t-elle pas les perceptions confuses des bruits de chaque vague ? De même, toute perception distincte n'est que la résultante des perceptions confuses, le total des impressions multiples qui nous assiégent. C'est de la sorte que l'âme humaine exprime l'univers.

Mais si l'âme humaine exprime l'univers en général, plus distinctement elle exprime son propre corps. Car s'il y a entre elle et l'univers un rapport constant, ce rapport subsiste aussi et plus étroit entre elle et son corps. L'âme et le corps se peuvent comparer à deux horloges bien réglées et marquant toujours la même heure, sans que l'horloger soit obligé d'intervenir à chaque instant pour accommoder le mouvement de l'une au mouvement de l'autre.

Ce n'est pas tout. Tandis que les autres monades expriment plutôt le monde que Dieu, les monades humaines expriment plutôt Dieu que le monde.

« Les seuls esprits sont faits à l'image de Dieu, et quasi de sa race ou comme enfants de la maison, puisque eux seuls le peuvent servir librement et agir avec connaissance à l'imitation de la nature divine : un seul esprit vaut tout un monde, puisqu'il ne l'exprime pas seulement mais le connaît aussi, et s'y gouverne à la façon de Dieu. Tellement qu'il semble, quoique toute substance exprime tout l'univers, que néanmoins les autres substances expriment plutôt le monde que Dieu, mais que les esprits expriment plutôt Dieu que le monde[1]. »

De là, de nouveaux progrès, de nouvelles applications du principe de la raison suffisante; de nouveaux développements de la loi de la continuité et de l'harmonie préétablie.

La bonté de Dieu a été la raison suffisante de la création des monades.

La bonté de Dieu est la raison suffisante de leur conservation. Car on ne voit pas, on ne peut pas voir la raison suffisante, pour laquelle Dieu, après avoir créé les monades, les détruirait.

Toutes les monades sont indestructibles.

Qu'est-donc que la vie ? Et qu'est-ce que la mort ? La vie est un déploiement de la monade, car il y a préformation; les animaux spermatiques humains ne de-

---

1. *Discours de métaphysique*, publication de M. Grotefend.

venant, du reste, monades humaines et raisonnables que par génération et création successives.

La mort est un reploiement de la monade.

Mais de même que les monades ne sont pas toutes créées d'une manière identique, elles ne sont pas toutes indestructibles de la même manière.

La monade humaine n'est pas seulement indestructible. Mais, par métamorphose, non par métempsycose, elle est immortelle. Elle persistera, douée de conscience et de personnalité, gardant, malgré ses transformations, souvenir du passé ; de telle sorte qu'elle soit susceptible de récompense et de châtiment, comme elle a été capable de mérite et de démérite.

« J'avoue qu'après la mort, écrit Leibniz, nous ne nous souvenons pas d'abord de ce que nous avons été, ce qui n'est ni propre, ni bienséant à la nature. Je crois cependant que ce qui est une fois arrivé à l'âme, lui est éternellement imprimé, quoique cela ne nous revienne pas toutes les fois à la mémoire ; de même que nous savons plusieurs choses, dont nous ne nous ressouvenons pas toujours, à moins que quelque chose n'y donne occasion et n'y fasse penser. Car, qui peut se souvenir de toutes choses ? Mais parce qu'il ne se fait rien en vain dans la nature, et que rien ne s'y perd, mais que tout tend à sa perfection et à sa maturité, de même chaque image que notre âme reçoit, deviendra enfin un tout avec les choses qui sont à venir, de sorte que nous pourrons tout voir comme dans un miroir, et en tirer ce que nous trouverons plus propre à notre contentement. D'où il s'ensuit que plus nous aurons pratiqué de vertu et fait de bonnes œuvres, nous en aurons plus de joie et de contentement. Nous devons donc conclure de là que nous devons être à présent contents, parce que, à le bien prendre, tout ce qui arrive est si bien disposé, que nous ne le pourrions pas mieux faire, quand même nous serions fort intelligents à ces sortes de matières[1]. »

Les autres monades sont simplement indestructibles et capables peut-être d'être rappelées par la génération sur le théâtre.

Aussi Dieu n'a-t-il pas le même gouvernement pour les monades humaines et pour les autres monades.

Il y a le gouvernement des substances brutes.

Il y a le gouvernement des esprits.

Dieu gouverne les substances brutes suivant les lois d'une nécessité géométrique. Il gouverne les esprits, comme le plus tendre des pères et le meilleur des rois.

En outre, ces deux gouvernements sont en parfaite harmonie.

Il y a accord entre le règne des causes efficientes, ou lois des mouvements des corps, et le règne des causes finales, ou lois des appétitions des âmes.

Bien plus, il y a accord entre le règne physique de la nature et le règne moral de la grâce. Et Dieu, comme architecte, contente en tout Dieu, comme législateur.

A coup sûr, on ne pouvait développer avec plus de magnificence que l'a fait Leibniz, cette formule souveraine de la vie : *la variété dans l'unité*.

La monadologie, la loi de la continuité, l'harmonie préétablie, ne sont que les prolégomènes de la *Théodicée*, ou, du moins, la *Théodicée* en est le couronnement.

« Il y a, écrivait Leibniz dans la préface de la *Théo-*

---

1. Dutens, t. VI, pars. I, p. 332, *Leibnitiana*, CLXXXI.

dicée, deux labyrinthes fameux où notre raison s'égare bien souvent : l'un regarde la grande question du libre et du nécessaire, surtout dans la production et l'origine du mal ; l'autre consiste dans la discussion de la continuité et des indivisibles, qui en paraissent les éléments et où doit entrer la considération de l'infini. Le premier embarrasse presque tout le genre humain, l'autre n'exerce que les philosophes. J'aurai peut-être une autre fois occasion de m'expliquer sur le second, et de faire remarquer que faute de bien concevoir la nature de la substance et de la matière, on a fait de fausses positions, qui mènent à des difficultés insurmontables, dont le véritable usage devrait être le renversement de ces positions mêmes. Mais si la connaissance de la continuité est importante pour la spéculation, celle de la nécessité ne l'est pas moins pour la pratique [1]. »

En corrigeant la notion de la substance, en substituant à l'idée de l'atome l'idée de la force, au mécanisme le dynamisme, Leibniz a cru tirer l'esprit humain du labyrinthe du continu et des indivisibles. C'est à le tirer du labyrinthe du libre et du nécessaire qu'est destinée la *Théodicée*.

Il nous faut maintenant étudier en détail cette composition capitale, pour la comparer ensuite avec les théodicées les plus considérables qu'ait produites l'esprit humain, avec les théodicées de Platon, d'Aristote, des Alexandrins dans l'antiquité ; de saint Anselme et de saint Thomas au moyen âge ; de Descartes, de Malebranche et de Clarke chez les modernes.

---

1. Erdmann, p. 470.

LIVRE IV.

THÉODICÉE DE LEIBNIZ.

CHAPITRE I.

Histoire de la Théodicée.

Nous voici arrivé au pied du monument où Leibniz a consigné sa pensée définitive sur les plus hautes et les plus abstruses questions. Telle est même, dans l'étude du Leibnizianisme, l'importance de la Théodicée, qu'il convient de retracer rapidement l'histoire de ce livre admirable.

Avant tout, il faut en rappeler l'occasion et la destination.

« Les controverses du Jansénisme, dit M. Cousin, avaient mis en quelque sorte à l'ordre du jour les plus hautes questions de la philosophie, la liberté de l'homme, la raison du bien et du mal, la nature de Dieu, le monde et la fin de la création. Voilà les querelles qui agitaient le dix-septième siècle et occupaient tous les esprits, les théologiens et les philosophes, les solitaires et les gens du monde, l'humble religieuse et la grande dame, depuis Mme de Sévigné jusqu'à la princesse Élisabeth, l'électrice de Hanovre, la princesse de Galles et la reine de Prusse. C'est en grande partie pour cette dernière, pour assurer sa foi contre le scepticisme de Bayle, que la Théodicée avait été composée. Comme elle était destinée à répondre aux attaques du sceptique et du dialecticien le plus habile du siècle, Leibniz, quoi qu'aient dit Pfaff et Le Clerc, y avait mis tout le sérieux et tout le profond de son esprit; et comme aussi elle était destinée à une femme, il avait été obligé de donner à sa pensée la forme la plus claire et la plus dégagée[1]. »

Ce fut donc pour satisfaire la noble curiosité de Sophie-Charlotte, et sur les *sollicitations polies*[2] de cette reine, qu'il appelle une *Princesse Divine*[3], que Leibniz rédigea les pages réunies ensuite sous le titre de *Théodicée*.

« Comme je passais autrefois à Berlin l'été presque tout entier avec la Reine, écrit Leibniz en 1708 au P. Des Bosses, j'avais réfuté, d'abord dans des entretiens, puis, sur l'invitation de la Reine, dans des notes écrites, la plupart des difficultés que Bayle soulève contre la religion. Car cette princesse lisait avec curiosité les productions de Bayle et toutes les publications de cette sorte, et se plaisait à en faire l'objet de ses médita-

---

1. M. Cousin, *Fragments de philosophie Cartésienne*, p. 417. — Pfaff et Le Clerc s'étaient avisés de soutenir que Leibniz, n'ayant voulu que se divertir en composant la *Théodicée*, avait dû beaucoup rire de voir le fidèle Wolf prendre ses plaisanteries au sérieux. « Quand même Leibniz eût plaisanté, répondit Wolf, il aurait donné malgré lui son meilleur ouvrage dans la *Théodicée*. » Brucker, *Histor. crit. philos.*, t. IV, P. II, p. 385-389. — Cf. Erdmann, *Præfatio*, p. xxv. « Nar-
« ratio illa de Pfaffio theologo Tubingensi me non terret, quippe cui
« quærenti sitne Theodicæa lusus ingenii potius quam vera Leib-
« nitii sententia, subridens noster respondisse dicitur : « Tu rem
« acu tetigisti. » Dent mihi veniam doctissimi viri, ut ex illa his-
« toria, ni fabula sit, hoc tantum intelligam, nostrum, etsi summa
« theologiæ verecundia teneretur, tamen interdum theologos elusisse. »

2. Jaucourt, *Vie de Leibniz*, Leyde, 1734.

3. Dutens, t. V, p. 134, *Ad Magliabechium Epistola XXXVI*, 1705.
« Amisimus in Regina Prussorum Principem Divinam, in qua species
« cum ingenio certabat, virtus cum sapientia. »

tions. Des amis m'ont demandé de mettre ces notes en ordre. Je l'ai fait et revois maintenant ce travail[1]. »

Toutefois, ce serait une erreur de croire que la Théodicée ait été pour Leibniz uniquement un livre de circonstance. On peut dire que ce traité renferme la pensée de sa vie tout entière.

En effet l'éducation de Leibniz, l'étude profonde qu'il avait faite des Scolastiques, les controverses religieuses au milieu desquelles s'était formée son intelligence, enfin son séjour en France et la considération des temps, lui avaient inspiré comme une constante préoccupation de l'idée de Dieu.

C'est pourquoi, de bonne heure, il prélude à la Théodicée, non-seulement par les vues sur Dieu, dont il a comme semé tous ses ouvrages, mais encore par des écrits spéciaux.

« Étant en France, je communiquai à M. Arnauld un dialogue que j'avais fait en latin sur la cause du mal et sur la justice de Dieu ; c'était non-seulement avant ses disputes avec le P. Malebranche, mais même avant que le livre de la *Recherche de la vérité* parût. Ce principe que je soutiens ici, savoir que le péché avait été permis, à cause qu'il avait été enveloppé dans le meilleur plan de l'univers, y était déjà employé ; et M. Arnauld ne parut point s'en effaroucher[2]. »

Leibniz ne s'en tint pas, on le sait, à cette communication. En 1686, il entama avec Arnauld une correspondance, qui dura jusque vers la fin de 1687, et dont il suffit de consulter le sommaire, pour voir qu'elle prépare la Théodicée et qu'elle s'y rattache[3].

---

1. Dutens, t. VI, pars I, p. 184, ad *R. P. Des Bosses Epistola* XVII, 1708.
2. Erdmann, p. 569, *Théodicée*, P. II, 211.
3. *Publication de M. Grotefend.*

Peu à peu, le projet de composer une théodicée prend consistance dans l'esprit de Leibniz. C'est ainsi qu'en 1697, il écrit à Magliabecchi :

« Rien n'est plus digne que Dieu d'être-aimé, et, de son côté, Dieu a soin du bonheur des créatures intelligentes, autant que le souffre l'harmonie des choses. J'ai depuis longtemps fondé sur ces considérations des éléments de Théodicée, qui, si je ne me trompe, pourront être approuvés par les théologiens de tous les partis, et contribueront peut-être à diminuer les dissentiments. Car j'en ai déjà conféré avec un grand nombre et des vôtres et des nôtres, et des plus notables. Je m'en suis même très-souvent ouvert à des théologiens illustres, et maintenant encore je ne cesse de m'en expliquer avec eux et de vive voix et par lettres, trouvant à cela une véritable utilité [1]. »

Voilà donc Leibniz très-préoccupé du dessein de sa Théodicée.

En 1700, le 23 janvier, il mande à Jablonski, « qu'il se propose un jour d'écrire une théodicée, et là de venger la bonté, la sagesse et la justice de Dieu...[2]. »

Dans une lettre du 26 mars de la même année et au même Jablonski, Leibniz revient sur ce projet « *De Theodicea und connexis* [3]. »

Leibniz met enfin son projet à exécution ; il rédige sa Théodicée, et, à partir de ce moment, sa correspondance atteste toute sa sollicitude pour ce dernier et substantiel produit de son génie philosophique.

---

1. Dutens, t. V, p. 118, *Ad Magliabechium Epistola* XXVII.
2. Guhrauer, *Leibnitz Biographie*, t. II, p. 246.
3. *Id.*, *ibid.*, p. 247.

Dès 1707, deux lettres au moins, l'une adressée à Hanschius, l'autre écrite à un imprimeur d'Amsterdam, Pierre Humbert, témoignent qu'il s'enquiert d'un éditeur.

« Monsieur, écrit Leibniz à Humbert, j'ai reçu l'honneur de votre lettre que M. de La Croze m'a envoyée, et je vous réponds directement. L'ouvrage dont il vous a parlé sera un livre in-octavo. Il contient des méditations de plusieurs années, mais qui sont à présent plus de saison que jamais. Le but est de justifier la justice de Dieu et la liberté de l'homme et de montrer que le mal est compatible avec l'un et l'autre de ces deux attributs.

« Il y a des pensées un peu singulières, mais qui ne choquent aucun point de la théologie établie et qui portent la sagesse de Dieu et la spontanéité de l'homme au delà de ce qu'on en avait conçu. Comme elles sont fondées en bonne partie sur mon système nouveau de l'harmonie préétablie, dont il est parlé dans les journaux et chez M. Bayle, *Article Rorarius*, et comme ce système a été assez bien reçu dans le monde, j'espère qu'on n'en désapprouvera pas tout à fait les conséquences. On satisfait aux difficultés de M. Bayle, de Laurent Valla et de plusieurs autres. On examinera le système du P. Malebranche sur les volontés particulières et générales de Dieu ; il y aura un échantillon nouveau d'une théologie d'un de mes amis ; enfin on y fait entrer beaucoup de discussions du temps. On finit par une fiction agréable commencée par Laurent Valla, mais corrigée et poussée plus loin, pour faire voir que ce qui paraissait le plus embarrassant, selon Valla lui-même, nous fournit une issue fort commode. On met devant cet écrit un discours préliminaire touchant la conformité de la foi et de la raison, le plus souvent mal entendue[1]. »

La même année, Leibniz écrit à Hanschius :

« Comme autrefois la Sérénissime Reine de Prusse prenait plaisir à lire les ouvrages de Bayle, lesquels sont pleins de doctrine et d'élégance, et qu'elle y remarquait nombre d'objections touchant la justice divine, le libre arbitre, l'origine du mal, la cause du péché, elle demandait mon avis. Pour moi, je lui montrais que les difficultés n'étaient pas aussi grandes qu'elles le semblaient, et qu'on pouvait, sauf erreur, sortir aisément et promptement d'embarras. Et je dois dire que les explications que j'apportais, ne déplaisaient pas. C'est pourquoi l'illustre Reine me pressait souvent de consigner par écrit mes méditations sur ce sujet, et de le faire en français, afin qu'elle pût les lire, ainsi que toutes les personnes qui hors de l'Allemagne n'ont pas l'habitude du latin. J'avais commencé le travail, mais la mort de la Reine me l'avait fait abandonner. Or, me trouvant cet hiver à Berlin, des amis, qui avaient eu connaissance de la volonté de la Reine, n'ont pas cessé de me presser d'obéir à ses ordres de point en point. Il est résulté de là un manuscrit, qui, livré à la presse, donnerait un juste volume in-octavo. Je voudrais qu'on imprimât en Hollande cet ouvrage rédigé en français. Car il se répandrait ainsi plus facilement dans les diverses parties de l'Europe, où le français est en usage, attendu surtout que les écrits mêmes de Bayle et de ses antagonistes ont été de même rédigés en français et édités en Hollande[2]. »

---

1. M. Foucher de Careil, *Nouvelles lettres et opuscules inédits de Leibniz*, p. 203.

2. Dutens, t. V, p. 162. La version latine de la *Théodicée*, que

Et ce n'est pas seulement de lui trouver un libraire que Leibniz prie Hanschius, mais encore de revoir sa Théodicée.

« J'apprends avec grand plaisir, lui écrit-il en 1712, que vous revoyez ma Théodicée; car vous êtes entendu en ces matières[1]. »

Leibniz en effet voudrait être irréprochable aux yeux des théologiens autorisés.

« J'aurais désiré voir, avant qu'elle parût, l'examen que vous avez fait de ma Théodicée, écrit-il de nouveau en 1712 à Hanschius.... Je n'ai certainement pas manqué de corriger un grand nombre de propositions très-peu sûres, qu'ont avancées Descartes, Malebranche, Locke, Le Clerc, Poiret et consorts[2]. »

En 1708, il écrivait sur le même sujet à l'abbé Bignon :

« Comme la feue Reine de Prusse, princesse d'une grande pénétration, qui se plaisait à la lecture des ouvrages de M. Bayle, m'avait souvent engagé à lui dire mes sentiments de vive voix et par écrit, sur les difficultés qu'il met en avant et que je ne trouvais pas des plus insurmontables, on m'a prié de mettre ces écrits ensemble et de leur donner une collection. Je crois que ce que je dirai sur ces matières pourra passer en France aussi bien qu'en Allemagne. Mais je n'ai pas encore pris de mesure pour l'impression, n'ayant pas encore tout mis dans l'état où il doit être[3]. »

Enfin, en 1710, c'est-à-dire l'année même où parut

Dutens a insérée dans son édition, t. I, p. 35 *et sq.*, est due au R. P. Des Bosses.

1. Dutens, t. V, p. 167. — 2. *Id.*, *ibid.*, p. 168.
3. Voyez le *Recueil de Feder.*— *Lettres choisies de la correspondance de Leibniz, publiées pour la première fois*, par I. G. H. Feder. Hanovre, 1805, in-8.

la Théodicée, Leibniz expose à Thomas Burnet le sujet et le plan de tout l'ouvrage, en même temps qu'il rappelle les circonstances au milieu desquelles il fut composé.

« Mon livre intitulé : *Essais de Théodicée, sur la bonté de Dieu, la liberté de l'homme, et l'origine du mal*, sera bientôt achevé à Amsterdam, chez Jacques Troyel. La plus grande partie de cet ouvrage avait été faite par lambeaux, quand je me trouvais chez la feue Reine de Prusse, où ces matières étaient souvent agitées, à l'occasion du Dictionnaire et des autres ouvrages de M. Bayle, qu'on y lisait beaucoup. J'avais coutume dans les discours de répondre aux objections de M. Bayle et de faire voir à la Reine qu'elles n'étaient pas si fortes que certaines gens, peu favorables à la religion, le voulaient faire croire. Sa Majesté m'ordonnait assez souvent de mettre mes réponses par écrit, afin qu'on pût les considérer avec attention. Après la mort de cette grande princesse, j'ai rassemblé et augmenté ces pièces sur l'exhortation des amis qui en étaient informés, et j'en ai fait l'ouvrage dont je viens de parler, qui est un octavo de grandeur raisonnable. Comme j'ai médité sur cette matière depuis ma jeunesse, je prétends l'avoir discutée à fond.

« Outre un petit abrégé méthodique en latin, joint à l'ouvrage français, il y a un discours préliminaire *sur la conformité de la raison et de la foi*, où les difficultés de M. Bayle sont encore examinées avec soin. Il y a encore une digression *sur la dispute entre M. Hobbes et l'évêque Bramhall*, et une autre digression au sujet du livre de M. King *sur l'origine du mal*. Il y a aussi par-ci par-là des éclaircissements sur mon système de l'harmonie préétablie, et sur quantité de matières de la philosophie générale, et de la théologie naturelle, où je prétends que tout peut se régler démonstrativement, et que j'en ai donné les moyens.... J'espère que ces Essais de Théodicée, ou de la justice de Dieu, ne déplairont pas en Angleterre. Et en raisonnant contre M. King, j'ai parlé si honnêtement que je me flatte que cela ne le choquera pas ; d'autant plus que j'approuve et loue quasi la moitié de son ouvrage, quoique je me trouve obligé d'en contredire l'autre moitié[1]. »

Une fois la Théodicée publiée, les soins de Leibniz ne sont pas à leur terme. On le voit très-empressé de répandre son livre et d'en assurer le succès.

Et tout d'abord, c'est d'une traduction anglaise qu'il s'agit.

« Madame la princesse de Galles, écrit Leibniz à Rémond de Montmort, me marque, dans une lettre que j'ai eu l'honneur de recevoir, qu'elle serait bien aise que ma Théodicée fût traduite en anglais. Mais ceux à qui elle en a parlé y font naître de la difficulté, et ont renvoyé les choses à des gens partiaux pour M. Newton. Il y en a sans doute assez d'autres capables d'une telle traduction.... Si quelques-uns savaient qu'ils seraient agréables à Son Altesse Royale en faisant cette traduction, je crois qu'ils seraient ravis de l'entreprendre[2]. »

Leibniz travaille même, sans qu'il paraisse y avoir réussi, à faire accepter la dédicace de son livre par la princesse de Galles.

« Pour ce qui est de la traduction de la Théodicée, écrit-il en 1716 à Des Maizeaux, j'espère que madame la princesse de Galles permettra bien que le traducteur ou le libraire la lui dédient ; et même qu'on marque

---

1. Dutens, t. VI, pars. I, 284. — 2. *Id.*, t. III, p. 448.

dans la dédicace, ou dans quelque mot de préface, qu'en la faisant, on a voulu satisfaire à ce qu'elle désirait. J'attends ses sentiments là-dessus.

« Il sera peut-être bon de savoir qui en sera le traducteur[1]. »

Leibniz cherche, d'autre part, à assurer une traduction allemande de la Théodicée, voire même des traductions latine et italienne.

En 1712, il écrit à Hanschius :

« Votre fameux libraire Fritschius voudrait trouver quelqu'un qui pût traduire ma Théodicée en allemand. Ce n'est pas là assurément l'œuvre du premier venu. Peut-être pourriez-vous en ceci nous aider de vos avis[2]. »

Vers la même époque, il écrivait à Hermann :

« Il est question maintenant de publier mes Essais de Théodicée en latin, en allemand, et peut-être en anglais. Je crois que si quelqu'un s'avisait de les traduire en italien, en omettant ou en renvoyant au bas des pages les propositions qui ne seraient point acceptées en Italie, je crois, dis-je, qu'il n'aurait pas les censeurs contre lui[3]. »

Mais ce que Leibniz ambitionne par-dessus tout, c'est le succès de sa Théodicée en France. Écrit en français, comme dans la langue la plus familière alors aux gens de cour et aux personnes cultivées, il lui semble que le triomphe de son ouvrage serait assuré, s'il obtenait le suffrage des esprits français. Qui sait même si Leibniz ne considérait pas ses Essais comme un suprême et décisif effort pour détrôner la philosophie cartésienne et y substituer sa propre philosophie ?

---

1. Dutens, t. V, p. 39. — 2. *Id. ibid.*, p. 167. — 3. *Id.*, t. III, p. 535.

« Je ne sais, écrit-il en 1712 à Grimarest, si ma *Théodicée* est connue à Paris, et ce qu'en disent les personnes intelligentes[1]. »

Malgré de hautes approbations, telles que celle de Malebranche, le succès est lent à se déclarer en France en faveur de la *Théodicée*. Leibniz ne peut même s'empêcher d'en marquer son étonnement, on dirait presque son dépit.

« Je suis un peu surpris, écrit-il de nouveau en 1712 à Grimarest, de ne pas encore apprendre que ma *Théodicée* ait été rapportée dans le *Journal des Savants*. Apparemment quelques-uns de ces messieurs qui professent un grand attachement à saint Augustin ne sont point contents que je n'aie pu me dispenser de m'écarter de quelque chose de ses sentiments…. Peut-être aussi que la difficulté de la matière a fait qu'on a différé ce rapport de mon livre, et qu'il ne laissera pas de venir un jour. Cependant il est assez curieux que cet ouvrage trouve des approbateurs célèbres, tant à Rome qu'à Genève. Suivant des lettres que j'ai reçues, le R. P. Malebranche ne le méprise pas non plus. Je ne crois pas qu'il y ait difficulté sur l'entrée de ce livre dans le royaume, et je crois qu'il ne tient qu'aux libraires de le faire venir. Mais apparemment ils n'en ont point de connaissance, parce que vos journaux n'en ont point parlé. M. l'abbé Bignon et M. de Fontenelle sauront mieux à quoi il tient[2]. »

Peu de mois après, ce sont, à l'adresse du même correspondant, les mêmes doléances.

« J'ai lu avec plaisir le beau livre de M. l'archevêque de Cambrai sur l'existence de Dieu. Il est fort propre

---

1. Dutens, t. V, p. 64, Lettre I. — 2. *Id.*, *ibid.*, p. 65, Lettre II.

à toucher les esprits, et je voudrais qu'il fît un ouvrage semblable sur l'immortalité des âmes. S'il avait lu ma *Théodicée*, il aurait peut-être trouvé quelque chose à ajouter à son bel ouvrage[1]. Je voudrais bien savoir si on a donné une recension du mien dans le *Journal des Savants* de Paris. M. l'abbé Bignon lui-même m'avait marqué qu'il était surpris que le journal ne parlât pas encore de mon livre, et qu'il y mettrait ordre. Il me semble qu'il doit suffire à un censeur de livres de ne rien rencontrer qui soit contraire à la religion, à l'État et aux bonnes mœurs. Il n'est point nécessaire d'examiner si l'auteur ne se trompe point, et ne trompe point les autres, en débitant quelques erreurs pour des vérités. Ainsi il n'est point nécessaire que votre France sous Louis le Grand subisse le jugement d'un homme capable de tout éplucher. Quand on en trouverait qui le pût, où en trouverait-on qui le voulût faire[2]? »

Enfin, en 1714, écrivant à Montmort :

« M. l'abbé Bignon, dit-il, m'avait promis qu'on me mettrait un extrait de ma *Théodicée* dans le *Journal des Savants;* mais jusqu'ici ceux qui travaillent à ce journal ne l'ont point fait. Peut-être n'approuvent-ils point que j'aie osé m'écarter un peu de saint Augustin[3]. »

Cependant les rédacteurs du *Journal des Savants* donnent les extraits si impatiemment attendus. On publie même à Paris une édition de la *Théodicée*.

---

1. Cf. Dutens, t. V, p. 449, *Ad Wolfium Epistola* IV, 1714. « Fe-
« nelonii liber, quo Deum existere probat, Gallice scriptus, in alias
« linguas verti meretur.... Est enim elegans et popularis, etsi infra
« magnitudinem argumenti et autoris. »

2. *Id.*, *ibid.*, p. 71, Lettre v. — 3. *Id.*, *ibid.*, p. 8, Lettre I.

« J'ai reçu enfin, écrit en 1715 Leibniz à Montmort, un exemplaire de l'édition de Paris de ma *Théodicée*[1]. »

Mais la froideur n'en est pas moins très-grande en France pour cet ouvrage.

Vainement Leibniz se tournera-t-il vers les Jésuites, comme vers des protecteurs, et cherchera-t-il de longue main à se ménager leur bienveillance.

« Autant que j'en puis juger, écrit-il dès 1708 au R. P. Des Bosses de la Compagnie de Jésus, mes sentiments sur ces matières (de *Théodicée*) ne s'éloignent pas des dogmes de votre Église, ni des enseignements les plus accrédités de votre Ordre; car je rejette absolument les doctrines sous lesquelles semble succomber la bonté divine, quoique d'ailleurs je fasse grand cas de saint Augustin, d'Arnauld et de Quesnel. C'est pourquoi je me promets de rencontrer approbation même parmi vous[2]. »

Les Jésuites garderont longtemps le silence, ou, s'ils le rompent, ce sera pour donner libre cours à leur critique.

« On me mande de France, écrit en 1711 Leibniz au P. Des Bosses, que les sévères ne sont pas très-

---

1. Dutens, t. V, p. 8, Lettre I, et p. 23, Lettre VI.
2. Erdmann, p. 455. Leibniz a, de tout temps, cherché dans la Compagnie de Jésus un appui pour ses doctrines. Voyez sa *Correspondance avec le Landgrave de Hesse-Rheinfels*, publiée par M. Chr. de Rommel, 2 vol. in-18, Francfort et Mayence, 1847. « J'avais ajouté le projet d'une nouvelle philosophie qui aurait effacé absolument celle de Descartes, qui fait si grand tort aux écoles..... Ce projet parut si plausible que quelques Jésuites me promirent de faire sous main de sorte que cela pourrait être vu de leurs Supérieurs comme une curiosité jolie ; mais je ne sais s'ils l'ont fait. » T. I, p. 282, *Leibniz an Landgraf Ernst*, 1680.

favorables à mon *Essai de Théodicée*. Je pourrai dire comme Cupidon chez Ovide :

Bella mihi, video, bella parantur, ait[1]. »

« J'apprends, lui écrit-il de nouveau en 1714, qu'il a enfin paru dans le *Journal de Trévoux* une recension de ma *Théodicée*, laquelle néanmoins ne va pas sans quelque blâme, mais où ne se mêle, j'espère, aucune amertume[2]. »

D'où pouvait venir en France un tel dédain pour ce beau livre de *la Théodicée?* Ne serait-ce pas surtout que l'esprit français, si net, si applicable, et qui, dès cette époque, inclinait même avec exagération aux réformes à établir dans les choses, n'éprouvait plus que de l'éloignement pour des spéculations circonscrites dans la région des idées et se sentait plus étonné que charmé par une métaphysique sublime, mais abstraite et parfois chimérique? Quoi qu'il en soit, on s'explique aisément que Leibniz se montrât très-occupé du succès de ses *Essais de Théodicée*. Car, de son aveu même, ces *Essais* le résument à peu près tout entier.

« Il est vrai, écrit-il en 1714 à Montmort, que ma *Théodicée* ne suffit pas pour donner un corps entier de mon système, mais en y joignant ce que j'ai mis en divers journaux, c'est-à-dire de Leipzig, de Paris, de

---

1. Dutens, t. VI, pars I, p. 194, *Epistola* XXXI.
2. Dutens, t. VI, pars I, p. 198, *Epistola* XXXVI. — Cf. *Id.*, t. V, p. 508, Lettre XXVI à M. Pinson, 1715. « Je ne sais comment les Jésuites se sont avisés de faire réimprimer ma *Théodicée* en *duodecimo*, à Paris, quoique Paris ne soit point marqué sur le titre. Cependant il y a des endroits où je n'ai pu m'empêcher d'insinuer que toute la dispute sur la difficulté qu'ils ont avec les Jansénistes se réduit à une logomachie. »

M. Bayle et de M. Basnage, il n'en manquera pas beaucoup, au moins quant aux principes [1]. »

Aux *Essais* proprement dits [2], comme autant de branches à un même tronc, se rattachent quelques écrits secondaires, qu'après Leibniz il faut mentionner :

1° *Abrégé de la Controverse*, réduite à des arguments en forme [3];

2° *Réflexions* sur l'ouvrage que M. Hobbes a publié en anglais : *De la liberté, de la nécessité et du hasard* [4];

3° *Remarques* sur le *Livre de l'origine du mal*, par M. King [5];

4° *La Cause de Dieu* plaidée par sa justice, conciliée avec ses autres perfections et toutes ses actions [6].

Telle est, en abrégé, l'histoire de la *Théodicée*, dont on a dit excellemment « qu'elle est le douzième livre de *la Métaphysique* et le septième livre de *la République*, élevés à leur plus haute puissance sur la base du Christianisme [7]. »

Nous pouvons désormais entamer l'étude de cet ouvrage.

Et d'abord, dans une *Préface* [8], Leibniz expose les motifs qui lui ont suggéré l'idée de sa *Théodicée* et le but qu'il s'est proposé en y travaillant.

« Des Chrétiens, écrit Leibniz, se sont imaginé de pouvoir être dévots sans aimer leur prochain, et pieux sans aimer Dieu ; ou bien on a cru pouvoir aimer son prochain sans le servir, et pouvoir aimer Dieu sans le

---

1. Dutens, t. V, p. 14, Lettre IV. — 2. Erdmann, p. 468.
3. *Id.*, p. 624.
4. Erdmann, p. 629. — 5. *Id.*, p. 635. — 6. *Id.*, p. 653.
7. M. Cousin, *De la Métaphysique d'Aristote*. Paris, 1838, in-8, p. 116. — 8. Erdmann, p. 468.

connaître.... On conçoit mal la bonté et la justice du Souverain de l'univers.... Les anciennes erreurs de ceux qui ont accusé la Divinité, ou qui en font un principe mauvais, ont été renouvelées quelquefois de nos jours. J'ai remarqué que ces sentiments, capables de faire du tort, étaient appuyés principalement sur des notions embarrassées qu'on s'était formées touchant la liberté, la nécessité et le destin, et j'ai pris la plume plus d'une fois dans les occasions pour donner des éclaircissements sur ces matières importantes. Mais enfin j'ai été obligé de ramasser mes pensées sur tous ces sujets liés ensemble, et d'en faire part au public. C'est ce que j'ai entrepris dans les *Essais* que je donne ici sur la bonté de Dieu, la liberté de l'homme et l'origine du mal[1]. »

« Il y a deux labyrinthes fameux où notre raison s'égare bien souvent. L'un regarde la grande question du libre et du nécessaire surtout dans la production et dans l'origine du mal; l'autre consiste dans la discussion de la continuité et des indivisibles.... Le premier embarrasse presque tout le genre humain, l'autre n'exerce que les philosophes[2]. »

Pour sortir de ce labyrinthe où tout le genre humain se trouve embarrassé, quel parti faut-il prendre? Faut-il abdiquer la raison, afin de s'en remettre uniquement à la foi? C'est le conseil fallacieux que donne Bayle.

« Quelques habiles gens de notre temps en sont venus jusqu'à ôter toute action aux créatures, et M. Bayle, qui donnait un peu dans ce sentiment extraordinaire,

---

1. Erdmann, p. 470. — 2. *Id., ibid.*

s'en est servi pour relever le dogme tombé des deux principes, ou de deux Dieux, l'un bon, l'autre mauvais, comme si ce dogme satisfaisait mieux aux difficultés sur l'origine du mal, quoique d'ailleurs il reconnaisse que c'est un sentiment insoutenable, et que l'unité du principe est fondée incontestablement en raisons *a priori*; mais il en veut inférer que notre raison se confond et ne saurait satisfaire aux objections, et qu'on ne doit pas laisser pour cela de se tenir ferme aux dogmes révélés, qui nous enseignent l'existence d'un seul Dieu, parfaitement bon, parfaitement puissant et parfaitement sage[1]. »

Qui voudrait prendre à la lettre ce perfide conseil? Et qui ne voit que, dès qu'on abdique la raison, on n'a plus de motif raisonnable de s'abandonner à la foi?

En opposition avec Bayle, contre lequel aussi bien sont dirigés les *Essais* tout entiers, Leibniz déclare que la raison et la foi ne luttent pas l'une contre l'autre. La *Préface* le conduit donc, par un progrès naturel, au *Discours de la conformité de la foi avec la raison*[2].

Citons simplement quelques-unes des maximes les plus essentielles de cet éloquent Discours.

« Je suppose, écrit Leibniz, que deux vérités ne sauraient se contredire; que l'objet de la foi est la vérité que Dieu a révélée d'une manière extraordinaire, et que la raison est l'enchaînement des vérités, mais particulièrement (lorsqu'elle est comparée avec la foi) de celles où l'esprit humain peut atteindre naturellement, sans être aidé des lumières de la foi. Cette définition de la raison (c'est-à-dire de la véritable

---

1. Erdmann, p. 472. — 2. *Id.*, p. 479.

et droite raison) a surpris quelques personnes accoutumées à déclamer contre la raison prise dans un sens vague[1]. »

Il faut distinguer « entre ce qui est au-dessus de la raison et ce qui est contre la raison[2]. »

« Nous n'avons pas besoin de renoncer à la raison pour écouter la foi, ni de nous crever les yeux pour voir clair, comme disait la reine Christine[3]. »

« Comme la raison est un don de Dieu aussi bien que la foi, leur combat ferait combattre Dieu contre Dieu ; et si les objections contre quelque article de foi sont insolubles, il faudra dire que ce prétendu article sera faux et non révélé ; ce sera une chimère de l'esprit humain, et le triomphe de cette foi pourra être comparé aux feux de joie que l'on fait après avoir été battu[4]. »

« Nous pouvons atteindre ce qui est au-dessus de nous, non pas en le pénétrant, mais en le soutenant, comme nous pouvons atteindre le ciel par la vue et non par l'attouchement[5]. »

Le *Discours de la conformité de la foi avec la raison* justifie toute entreprise ultérieure : c'est le dernier préliminaire franchi avant d'arriver aux *Essais* mêmes de *Théodicée*.

Il semble que le début nécessaire d'une Théodicée, ou démonstration de la justice de Dieu (le mot *Théodicée* est de Leibniz), devrait être un établissement de l'existence de Dieu. Cependant on ne trouve dans toute la *Théodicée* aucune démonstration expresse de l'exis-

---

1. Erdmann, p. 479. — 2. *Id.*, *ibid.*, p. 486. — 3. *Id.*, *ibid.*,
4. *Id. Discours sur la conformité*, etc., p. 491.
5. *Id.*, *ibid.*, p. 499.

tence de Dieu. Et c'est dans l'ensemble des ouvrages de Leibniz, un peu partout, qu'il faut la chercher.

Leibniz a ramené cette démonstration à deux preuves principales :

1° La preuve *a posteriori*. Il faut pouvoir rendre compte de tout ce qui est. Or, on ne peut découvrir la raison suffisante de rien de ce qui est, si on ne remonte jusqu'à Dieu. De plus, manifestement, il n'y a qu'un Dieu, puisque tout est lié. « Voilà en peu de mots la preuve d'un Dieu unique avec ses perfections, et par lui l'origine des choses[1]. »

2° La preuve *a priori*. C'est la preuve cartésienne de l'existence de Dieu par la notion de l'être parfait. Seulement Leibniz veut qu'à cette idée de l'être parfait on ajoute la possibilité d'un être parfait.

Nous n'insisterons pas ici plus que Leibniz sur l'établissement de l'existence de Dieu.

Cette existence, à y réfléchir, se montre plus encore qu'elle ne se démontre. Elle est, avant tout, un fait que le raisonnement confirme utilement, mais qu'il ne fonde pas. C'est un fait d'ailleurs d'une telle évidence qu'on ne saurait le nier de bonne foi et qu'à vrai dire il ne soulève aucune contestation.

Les difficultés commencent, les objections naissent, les dissentiments prennent corps, lorsqu'il s'agit de déterminer non plus que Dieu est, mais ce qu'il est; non plus son existence, mais ses attributs.

Nul n'a mieux que Leibniz indiqué, sinon pratiqué, la vraie méthode, la méthode psychologique, à l'aide de laquelle on arrive, dans une certaine mesure, à

---

1. Erdmann, *Théodicée*, P. I, 7.

pénétrer la nature de Dieu. « L'idée de Dieu, écrit-il, est dans la nôtre par la suppression des limites de nos perfections, comme l'étendue prise absolument est comprise dans l'idée d'un globe[1]. »

Nul surtout n'a trouvé de plus nobles accents que ceux qu'il fait entendre, pour exprimer les perfections de cet être ineffable.

« Il n'y a rien de plus parfait que Dieu, ni rien de plus charmant. Pour l'aimer, il suffit d'en envisager les perfections ; ce qui est aisé, parce que nous trouvons en nous leurs idées. Les perfections de Dieu sont celles de nos âmes, mais il les possède sans bornes ; il est un océan dont nous n'avons reçu que des gouttes ; il y a en nous quelque puissance, quelque connaissance, quelque bonté ; mais elles sont tout entières en Dieu. L'ordre, les proportions, l'harmonie nous enchantent, la peinture et la musique en sont des échantillons ; Dieu est tout ordre, il garde toujours la justesse des proportions, il fait l'harmonie universelle : toute la beauté est un épanchement de ses rayons [2]. »

Leibniz, d'autre part, ne tente point l'impossible, et, loin d'entreprendre une énumération des attributs de Dieu qui en épuise les profondeurs, il s'attache à la considération de quelques-uns de ces attributs les plus essentiels, à la puissance, à l'entendement, à la volonté.

« La puissance de Dieu, dit-il, va à l'être ; son entendement au vrai ; sa volonté au bien. »

« L'entendement de Dieu, dit-il encore, est la source des essences ; sa volonté est l'origine des existences. »

---

1. Erdmann, p. 636, *Remarques sur le livre de M. King.*
2. Erdmann, p. 469, *Théodicée, Préface.*

Développer les notions complexes de ces trois attributs de puissance, de sagesse, de volonté; concilier ces attributs entre eux et aussi avec la nature de l'homme et du monde, tel est proprement l'objet de la *Théodicée*.

Or, deux voies sont possibles pour explorer la *Théodicée*. On peut, premièrement, se borner à l'analyse des trois livres dont se composent les *Essais*. Mais alors on se jette dans des circuits inextricables. La *Théodicée* en effet se ressent fort des circonstances au milieu desquelles elle a été composée. Ce sont des répétitions sans nombre ; des anecdotes piquantes qui réveillent l'attention ou la reposent, mais non pas sans rompre le tissu de la démonstration ; c'est une érudition prodigieuse mais embarrassante, qui se trouve être à la fois un luxe et une surcharge. En un mot, c'est le laisser aller et l'entraînement plein de charmes d'une conversation, plutôt que le développement didactique d'un traité de métaphysique.

On peut, en second lieu, et c'est la voie que nous suivrons, on peut, sans rien omettre d'important, ramener à des précisions et à un nombre de problèmes déterminé tout ce brillant amas.

Ces problèmes peuvent, ce semble, se réduire à trois principaux :

1° Conciliation de la prescience divine avec la liberté humaine ; de la liberté divine avec l'immutabilité divine ;

2° Conciliation de la bonté de Dieu avec l'existence du mal, ou justification de la Providence ;

3° L'Optimisme.

CHAPITRE II.

Liberté humaine, prescience divine. Liberté divine, immutabilité divine.

« La puissance de Dieu, écrit Leibniz, va à l'être, sa sagesse ou son entendement au vrai, sa volonté au bien [1]. »

En effet, puisqu'il y a en nous une intelligence capable de vérité, nous devons affirmer en Dieu un entendement qui va au vrai.

Ce n'est pas tout. Notre intelligence est bornée; l'entendement de Dieu doit être sans borne. Notre intelligence est offusquée très-souvent; l'entendement de Dieu doit être toujours clair. Enfin notre intelligence est discursive et comme divisée par le temps; l'entendement de Dieu embrasse toutes choses d'une seule et même vue; il n'y a, à son égard, ni passé, ni présent, ni futur. La connaissance de Dieu est pure intuition.

Que la connaissance de Dieu soit intuitive, c'est ce que nous porte à affirmer la méthode psychologique. Leibniz confirme ce résultat par des considérations empruntées à sa théorie de l'harmonie préétablie. Dieu

---

1. Erdmann, p. 506, *Théodicée*, P. I, 7.

en effet non-seulement a créé, mais encore ordonné tout ce qui est, soumettant, de toute éternité, à une convenance imperturbable les mouvements de ses créatures. De toute éternité, de même, Dieu a donc connu tout ce qui se développe successivement à nos yeux.

Mais si cela est, le libre arbitre de l'homme n'est-il pas compromis? Toute contingence même ne disparaît-elle pas du monde?

Particulièrement, n'y a-t-il point antinomie entre la liberté humaine et les attributs divins?

Leibniz, au commencement de sa *Théodicée*, ramène à trois principales les objections que soulève la liberté de l'homme, considérée surtout dans ses rapports avec Dieu.

1° La prescience de Dieu rend tout l'avenir certain et déterminé. Or la liberté est contraire à la détermination et à la certitude quelle qu'elle soit. Donc, si Dieu prévoit les actions humaines, l'homme n'est pas libre.

2° Rien n'arrive qu'ensuite des décrets de la Providence divine. Or un acte libre échapperait à l'action de la divine providence; donc l'homme n'est pas libre.

3° Rien n'arrive sans cause; un acte libre serait un effet sans cause; donc l'homme n'est pas libre.

« L'avenir, dit-on, est nécessaire, soit parce que la Divinité prévoit tout et le préétablit même, en gouvernant toutes les choses de l'univers; soit parce que tout arrive nécessairement par l'enchaînement des causes; soit enfin par la nature même de la vérité qui est déterminée dans les énonciations qu'on peut former sur les événements futurs, comme elle l'est dans toutes les autres énonciations, puisque l'énonciation doit toujours être vraie ou fausse en elle-même, quoique nous ne connaissions pas toujours ce qui en est[1]. »

Ainsi, le libre arbitre de l'homme est combattu, 1° par la prescience divine; 2° par la providence divine; 3° par le principe de la raison suffisante; ou plutôt 1° par la futirition; 2° par la précision ou prescience; 3° par la prédétermination des causes; 4° par la prédétermination des décrets de Dieu.

Voilà l'antinomie posée. Comment Leibniz parviendra-t-il à la résoudre? Ou même, y parviendra-t-il?

Leibniz commence par remarquer qu'on se fait très-souvent une idée fausse de la liberté.

Tout d'abord, la liberté n'est pas un état d'indifférence, d'équilibre.

Un tel état de l'âme est parfaitement chimérique. Car, outre les perceptions dont nous avons conscience, il y a en nous une foule de perceptions insensibles, qui agissent sur nous à notre insu. Que nous le sachions ou que nous l'ignorions, l'état de l'âme, par conséquent, est toujours un état déterminé.

Et en effet, il ne se peut autrement. Rien n'est isolé ni dans les perceptions, ni dans les choses. Tout se tient; tout est enchaînement de causes et d'effets; et c'est notamment ce que Leibniz veut exprimer, quand il parle d'harmonie préétablie. C'est dans ce sens qu'il répète sans cesse que le présent est gros de l'avenir et plein du passé.

Il est donc impossible de jamais comparer, quelques circonstances d'ailleurs qu'on suppose, l'état de l'âme à l'équilibre d'une balance, lequel se rompt par l'acces-

---

1. Erdmann, p. 470, *Théodicée, Préface.*

sion d'un poids qu'on place sur l'un des plateaux. C'est ce que Clarke avait vu mieux encore que Leibniz.

« Il est indubitable, écrivait Clarke, que rien n'existe sans qu'il y ait une raison suffisante de son existence, et que rien n'existe d'une certaine manière plutôt que d'une autre sans qu'il y ait une raison suffisante de cette manière d'exister. Mais à l'égard des choses qui sont indifférentes par elles-mêmes, la simple volonté est une raison suffisante pour leur donner l'existence et pour les faire exister d'une certaine manière; et cette volonté n'a pas besoin d'être déterminée par une cause étrangère [1].

« Une balance n'est pas un agent; elle est tout à fait passive, et les poids agissent sur elle de sorte que quand les poids sont égaux, il n'y a rien qui puisse la mouvoir. Mais les êtres intelligents sont des agents; ils ne sont point simplement passifs et les motifs n'agissent pas sur eux comme les poids sur une balance. Ils ont des forces actives et ils agissent quelquefois par de puissants motifs, quelquefois par des motifs faibles, et quelquefois lorsque les choses sont absolument indifférentes. Dans ce dernier cas, il peut y avoir de très-bonnes raisons pour agir, quoique deux ou plusieurs manières d'agir puissent être absolument indifférentes [2].

« Supposer que lorsque différentes manières d'agir paraissent également bonnes, elles ôtent entièrement à l'esprit le pouvoir d'agir, comme des poids égaux empêchent nécessairement une balance de se mouvoir; c'est nier qu'un esprit ait en lui-même un principe

---

1. Erdmann, p. 753, *Lettres entre Leibniz et Clarke, Troisième Réplique de M. Clarke.*
2. *Id.*, p. 759, *ibid., Quatrième Réplique de M. Clarke.*

d'action et confondre le pouvoir d'action avec l'impression que ces motifs font sur l'esprit, en quoi il est tout à fait passif.... La balance, faute d'avoir en elle-même un principe d'action, ne peut se mouvoir lorsque les poids sont égaux ; mais un agent libre, lorsqu'il se présente deux ou plusieurs manières d'agir également raisonnables et parfaitement semblables, conserve encore en lui-même le pouvoir d'agir, parce qu'il a la faculté de se mouvoir. De plus, cet agent libre peut avoir de très-bonnes raisons pour ne pas s'abstenir entièrement d'agir, quoique peut-être il n'y ait aucune raison qui puisse déterminer qu'une certaine manière d'agir vaut mieux qu'une autre[1]. »

Leibniz n'en vient pas moins ici aux mêmes conclusions que Clarke.

Au lieu de comparer l'âme à une balance, ce qui implique une complète passivité, il faut bien plutôt reconnaître qu'elle est une force qui agit comme un fluide dans le vase où il est comprimé, et qui pénètre au dehors et se manifeste là où il a pu vaincre la résistance des milieux qui l'obstruent.

Ainsi il n'y a pas pour l'âme d'état d'indétermination et d'indifférence. Tout état de l'âme est certain, déterminé.

Cette certitude, cette détermination détruisent-elles la liberté ? Leibniz ne le pense pas.

En effet, il y a toute la différence de la liberté entre le certain ou le déterminé et le nécessaire.

La science de Dieu, laquelle est intuitive, exige, il est vrai, que nos actions soient certaines ou déterminées ; mais elle n'implique pas qu'elles soient nécessitées. C'est

---

1. Erdmann, p. 778, *ibid.*, *Cinquième Réplique de M. Clarke.*

précisément parce qu'elles sont déterminées que Dieu les prévoit, mais ce n'est point parce qu'il les prévoit qu'elles sont déterminées.

Et cependant, on ne peut se le dissimuler, cette détermination est prédétermination ou préordination. Car cette science de Dieu est prescience.

De là, les efforts tentés pour concilier la prescience divine et la liberté humaine.

Les uns affirment tout simplement qu'en effet Dieu prédétermine nos actes, mais qu'il les prédétermine en tant que libres et qu'ainsi cette prédétermination ne compromet en rien leur liberté. Ce sont les prédéterminateurs.

D'autres pensent sauver la liberté humaine en ramenant la prescience divine à une science moyenne. A cet effet, ils distinguent la science des actes possibles, des actes actuels, des actes conditionnels.

Sans prendre parti pour l'une ni pour l'autre opinion, Leibniz déclare qu'afin d'entendre comment subsiste la liberté humaine, nonobstant la prescience divine, il suffit de se rappeler qu'il y a deux grands principes qui règnent à travers les choses, le principe de contradiction et le principe de la raison déterminante ou suffisante.

De ces deux principes découlent deux sortes de nécessité bien différentes, une nécessité géométrique et une nécessité purement hypothétique.

La première implique le principe de contradiction. Elle est fatalité. Car elle exclut toute contingence. Un acte, par exemple, dont le contraire impliquerait contradiction, n'est plus en aucune façon un acte libre. C'est un acte vraiment nécessaire.

La seconde nécessité, qui est purement hypothétique,

implique le principe de la raison déterminante. Elle entraîne après soi un enchaînement indissoluble des choses, des causes et des effets, mais nullement la fatalité. Car le contraire de l'acte accompli sous l'empire de cette nécessité hypothétique, ne conduit pas à une contradiction. Cette nécessité n'est donc pas exclusive de la contingence. Or la contingence est une condition essentielle, qui assure à un acte sa liberté. On peut dire des motifs divers qui se résolvent en raison déterminante et constituent la nécessité hypothétique, ce que l'on disait au moyen âge de l'influence des astres. Ils inclinent, mais ne nécessitent pas. *Astra inclinant, non necessitant.*

Là se trouve, suivant Leibniz, le point précis de la solution et le nœud du problème.

Pour qu'un acte soit libre, il suffit qu'il soit contingent.

Pour qu'il soit contingent, il suffit que le contraire de cet acte n'implique pas contradiction.

La nécessité hypothétique, à l'encontre de la nécessité géométrique, ne détruit pas cette contingence.

Or, la prescience divine n'implique que cette nécessité hypothétique, et n'entraîne, en aucune sorte, une nécessité géométrique.

Donc la prescience divine, qui ne compromet en rien la contingence de nos actes, ne compromet en rien leur liberté.

Leibniz n'éprouve aucun doute sur la valeur de cette argumentation et se montre plein de confiance dans l'explication qu'il propose.

Descartes avait été à la fois plus humble et plus circonspect. Contre toutes les objections qui menacent notre libre arbitre, il se couvrait, comme d'un bouclier impénétrable, du sentiment vif interne que nous avons de notre liberté. Leibniz rejette complétement cette réponse qui ne lui paraît être qu'un faux-fuyant.

« La raison que M. Descartes a alléguée pour prouver l'indépendance de nos actions libres par un prétendu sentiment vif interne de notre liberté, n'a point de force. Nous ne pouvons pas sentir proprement notre indépendance, et nous ne nous apercevons pas toujours des causes, souvent imperceptibles, dont notre résolution dépend. C'est comme si l'aiguille aimantée prenait plaisir de se tourner vers le nord; car elle croirait tourner indépendamment de quelque autre cause, ne s'apercevant pas des mouvements insensibles de la matière magnétique. Cependant nous verrons en quel sens il est très-vrai que l'âme humaine est tout à fait son propre principe naturel par rapport à ses actions, dépendante d'elle-même et indépendante de toutes les autres créatures [1]. »

En effet, c'est un principe du Leibnizianisme que tout est certain, déterminé dans l'âme humaine, et Leibniz va jusqu'à dire que l'homme est « un automate spirituel. » La contingence et la liberté des actes humains, d'après lui, n'en subsistent pas moins.

« Ni la futurition en elle-même, toute certaine qu'elle est, conclut-il, ni la prévision infaillible de Dieu, ni la prédétermination des causes, ni celle des décrets de Dieu, ne détruisent point cette contingence et cette liberté [2]. »

Pour qu'une action soit libre, Leibniz exige, avant tout, deux conditions :

---

1. Erdmann, p. 517, *Théodicée*, P. I, 50.
2. *Id., ibid.*

Il faut : 1° qu'une action soit certaine, déterminée; c'est la condition d'intelligence.

Il faut : 2° que le contraire de cette action n'implique pas contradiction; c'est la condition de contingence.

Leibniz reconnaît subséquemment une troisième condition; c'est la spontanéité.

L'âme est douée de spontanéité, si c'est d'elle-même et non du dehors qu'elle tire les motifs, les causes, les principes de ses actes. Or, qu'il en soit ainsi, c'est ce que garantit la nature même de la monade. Monade enfermée en soi-même, l'âme humaine agit en elle-même et par elle-même; et, si elle vit avec son corps et avec les corps dans une harmonie préétablie, elle reste cependant exempte de toute influence physique. Et l'harmonie préétablie elle-même, Leibniz du moins le prétend, ne compromet en rien la liberté.

Intelligence, contingence, spontanéité, la nécessité hypothétique qu'implique la prescience divine, ne requiert rien au delà de ces conditions et n'en exclut aucune. La liberté humaine est donc sauvée. Car, encore un coup, la nécessité hypothétique ne se doit pas confondre avec la nécessité mathématique ou géométrique.

En vînt-on même à admettre cette seconde et inflexible nécessité, faudrait-il croire, pour cela, à la ruine de toute morale ? C'est ce qu'on affirme d'ordinaire.

« Quand même on ferait abstraction du concours de Dieu, tout est lié parfaitement dans l'ordre des choses, puisque rien ne saurait arriver sans qu'il y ait une cause disposée comme il faut à produire l'effet; ce qui n'a pas moins lieu dans les actions volontaires que dans les autres. Après quoi, il paraît que l'homme est forcé à faire le bien et le mal moral qu'il fait; et par conséquent, qu'il n'en mérite ni récompense, ni châtiment, ce qui détruit la moralité des actions et choque toute la justice divine et humaine [1]. »

Contrairement à l'opinion commune, Leibniz ne pense pas qu'admettre une nécessité même géométrique, ce fût abolir toute liberté.

Si tels effets sont nécessaires, dit-il, les moyens qui en ont été les causes, sont nécessaires aussi. Et cet argument suffit pour réfuter ce qu'on appelle « le sophisme paresseux. »

Encore une fois, Leibniz croit avoir levé complétement la première antinomie qu'il s'était posée.

Descartes, qui avait affirmé la liberté au nom de la conscience, Descartes, pour expliquer l'accord de la prescience divine et de la liberté humaine, s'était avisé de la comparaison d'un roi, qui, défendant les duels, fait cependant que deux officiers se rencontrent et se battent. Puis, remarquant tout le manque d'une telle comparaison, il s'était réduit à un acte de foi et avait déclaré qu'il serait insensé de commettre deux vérités faute de les pouvoir accorder, alors que la conscience nous atteste l'une clairement, c'est-à-dire notre libre arbitre, et que l'autre, c'est-à-dire la prescience divine, nous est clairement aussi attestée par la raison [2].

---

1. Erdmann, p. 504, *Théodicée*, P. I, 2.
2. Descartes, *OEuvres complètes*, t. IX, p. 373, *Lettre à la Princesse Élisabeth*. — Cf. *ibid.*, p. 369. « Comme la connaissance de l'existence de Dieu ne nous doit pas empêcher d'être assurés de notre libre arbitre, parce que nous l'expérimentons et le sentons en nous-mêmes, ainsi celle de notre libre arbitre ne nous doit point faire douter de l'existence de Dieu. » — *Id.*, t. II, p. 354, *Réponses aux Sixièmes Objections*. « Ce serait une chose tout à fait contraire à la raison, de douter des choses que nous comprenons fort bien, à cause de quelques autres que nous ne comprenons pas et que nous ne voyons point que nous ne devions comprendre. » — Erdmann, p. 552, *Théodicée*, P. II, 162.

Leibniz repousse hautainement une semblable réserve.

« Ce grand homme (Descartes), écrit Leibniz, dit positivement (1ʳᵉ Part. de ses Principes, art. 41) que nous n'avons point du tout de peine à nous délivrer de la difficulté (que l'on peut avoir à accorder la liberté de notre volonté avec l'ordre de la providence éternelle de Dieu), si nous remarquons que notre pensée est finie, et que la science et la toute-puissance de Dieu, par laquelle il a non-seulement connu de toute éternité tout ce qui est ou qui peut être, mais aussi il l'a voulu, est infinie : ce qui fait que nous avons bien assez d'intelligence pour connaître clairement et distinctement que cette science et cette puissance sont en Dieu ; mais que nous n'en avons pas assez pour comprendre tellement leur étendue, pour que nous puissions savoir comment elles laissent les actions des hommes entièrement libres et indéterminées. Toutefois la puissance et la science de Dieu ne nous doivent pas empêcher de croire que nous avons une volonté libre, car nous aurions tort de douter de ce que nous apercevons intérieurement et savons par expérience être en nous, parce que nous ne comprenons pas autre chose que nous savons incompréhensible de sa nature.

« Ce passage de M. Descartes suivi par ses sectateurs (qui s'avisent rarement de douter de ce qu'il avance) m'a toujours paru étrange[1]. »

Leibniz repousse hautainement une telle réserve. Et cependant c'est à quoi, touchant ce délicat problème, se sont résignés les plus grands esprits, depuis saint Augustin jusqu'à Descartes et jusqu'à Bossuet.

---

1. Erdmann, p. 498, *Théodicée, Discours de la conformité*, etc.

« Nous ne sommes nullement forcés, lit-on dans saint Augustin, ou de supprimer le libre arbitre pour garder la prescience, ou de nier d'une manière impie la prescience pour garder le libre arbitre. Nous les embrassons l'une et l'autre ; nous les confessons de bonne foi et avec véracité, la prescience pour bien croire, le libre arbitre pour bien vivre [1]. »

« La première règle de notre logique, écrivait Bossuet, c'est qu'il ne faut jamais abandonner les vérités une fois connues, quelque difficulté qui survienne, quand on veut les concilier ; mais qu'il faut, au contraire, pour ainsi parler, tenir toujours fortement comme les deux bouts de la chaîne, quoiqu'on ne voie pas toujours le milieu, par où l'enchaînement se continue. On peut toutefois chercher les moyens d'accorder ces vérités, pourvu qu'on soit résolu à ne les pas laisser perdre, quoi qu'il arrive de cette recherche ; et qu'on n'abandonne pas le bien qu'on tient, pour n'avoir pas réussi à trouver celui qu'on poursuit [2]. »

Et cependant Leibniz ne s'aperçoit pas qu'au lieu de résoudre la question, il ne fait qu'en embrouiller les données ; qu'au lieu d'affranchir la liberté humaine, il ne fait que la compromettre.

Quelles sont en effet, à ses yeux, les conditions d'un acte libre ? Nous l'avons rappelé : l'intelligence, la contingence, la spontanéité.

« Nous avons fait voir que la liberté, telle qu'on la demande dans les écoles théologiques, consiste dans l'intelligence, qui enveloppe une connaissance directe

---

1. Saint Augustin, cité par Reid, *Œuvres complètes, traduites par M. Jouffroy*, 6 vol. in-8, Paris, 1836 ; t. VI, p. 281.
2. Bossuet, *Œuvres complètes*, t. XXII, p. 284, *Traité du libre arbitre.*

de l'objet de la délibération ; dans la spontanéité avec laquelle nous nous déterminons ; et dans la contingence, c'est-à-dire dans l'exclusion de la nécessité logique ou métaphysique. L'intelligence est comme l'âme de la liberté, et le reste en est comme le corps et la base. La substance libre se détermine par elle-même, et cela suivant le motif du bien aperçu par l'entendement qui l'incline sans la nécessiter ; et toutes les conditions de la liberté sont comprises dans ce peu de mots. Il est bon cependant de faire voir que l'imperfection qui se trouve dans nos connaissances et dans notre spontanéité, et la détermination infaillible qui est enveloppée dans notre contingence, ne détruisent point la liberté ni la contingence [1]. »

Évidemment, à tous ces éléments de l'acte libre, il manque un autre élément, à savoir, *la liberté même*. Il a fallu que Leibniz fût sous l'empire d'une étrange illusion et comme fasciné par son propre système pour ne pas reconnaître que l'homme qu'il imaginait et qu'il pouvait bien appeler « un automate spirituel, » n'était pas un être libre. Il lui a fallu une singulière préoccupation d'inventeur, pour ne pas s'apercevoir que la plus immédiate conséquence de l'harmonie préétablie était de supprimer avec l'activité du reste des créatures la liberté de l'homme.

Leibniz, qui a eu tort de se séparer de Descartes, lorsque celui-ci faisait dépendre du témoignage de la conscience la certitude du libre arbitre, Leibniz a eu tort une seconde fois de ne pas s'en tenir à la savante ignorance de Descartes, lorsqu'il s'est agi de concilier la liberté humaine et la prescience divine.

---

1. Erdmann, p. 590, *Théodicée*, P. III, 288.

Aussi bien, est-ce à ces termes de retenue prudente, d'impuissance noblement avouée, de dictée pratique que s'arrête Leibniz, lorsqu'il en arrive à considérer comment l'activité des créatures subsiste en présence de la toute-puissance du Créateur et de son concours continuel, qu'on a pu appeler une création continuée.

« Vous me demandez, écrit Leibniz au P. Des Bosses, comment la force active des créatures se peut concilier avec le concours immédiat de Dieu dans toute action quelconque de la créature ; car ce concours admis, vous craignez que la force active de la créature ne soit réduite aux purs termes de la faculté. Je reconnais, il est vrai, que le concours de Dieu est à ce point nécessaire, que, quelle que soit la force qu'on suppose dans une créature, l'action ne s'ensuivrait pas, si Dieu venait à soustraire son concours. J'estime même que la force active elle-même; bien plus, que la faculté nue ne se trouverait pas dans les choses sans le concours divin ; parce que j'établis en général qu'autant il y a de perfection dans les choses, autant il en découle de la perpétuelle opération de Dieu. Néanmoins, je ne vois pas comment la force est par là réduite à la faculté. Car je pense qu'il y a dans la force active une certaine nécessité d'action, et ainsi, pour parler votre langage, une certaine nécessité de concours divin pour cette action même, mais une nécessité résistante, fondée sur les lois de la nature établies par la sagesse divine, nécessité qui ne se rencontre pas dans la faculté nue. L'action suit de la force active, qui enveloppe l'effort, pourvu que s'y ajoute le concours ordinaire de Dieu. L'action, au contraire, ne suit pas de la faculté, quoiqu'on y ajoute ce concours, qui est requis pour la force. Ainsi le concours de Dieu, nécessaire à l'action de la créature, qui suffit à la force, ne suffit pas à la faculté, parce qu'en effet la force elle-même a déjà été constituée par un concours antérieur de Dieu, lequel a manqué à la faculté nue [1]. »

Sans doute, c'est Dieu qui donne à toutes choses le fond de l'être.

Sans doute encore, c'est Dieu qui suggère, à chaque instant, aux créatures la force qui se résout en leurs diverses actions.

Mais Dieu doit-il être pour cela considéré comme l'unique cause? Et en présence de cette cause première, n'admettra-t-on pas qu'il y a des causes secondes, mais effectives, qu'on appelle les créatures?

Qu'on y prenne garde!

Si on fait de Dieu la cause unique, les créatures ne sont plus que des accidents, et Dieu est aussi l'unique substance. On tombe dans toutes les aberrations du Spinozisme et de l'Averroïsme.

Il est donc nécessaire, sans la pouvoir autrement expliquer, de maintenir la simultanéité de la toute-puissance de Dieu, laquelle est une action continuelle; et de l'activité des créatures, laquelle est effective causalité.

D'ailleurs, « tous les inconvénients que nous voyons, conclut Leibniz, toutes les difficultés qu'on se peut faire, n'empêchent pas qu'on ne doive croire raisonnablement, quand on ne le saurait pas d'ailleurs démonstrativement, qu'il n'y a rien de si élevé que la sagesse de Dieu, rien de si juste que ses jugements, rien de si pur que sa sainteté, et rien de plus immense que sa bonté. »

---

1. Dutens, t. VI, pars I, p. 174, ad R. P. Des Bosses, *Epistola* I.

Certainement, nous donnons les mains à de telles conclusions. Mais nous observerons, d'autre part, que Leibniz n'aurait pas dû se montrer pour Descartes d'une sévérité qui va jusqu'à l'injustice, et en définitive, jusqu'à la contradiction. Leibniz est injuste envers Descartes. Car, malgré ses affirmations théoriques, il ne résout pas plus que lui, en réalité, le problème des rapports du libre arbitre et de la prescience divine. Il se contredit. Car il finit par en venir à l'acte de foi qu'il a d'abord décliné.

Leibniz, au contraire, arrive à une pleine lumière et a raison contre Descartes, lorsqu'il est question d'accorder la liberté divine et l'immutabilité divine.

« La puissance de Dieu va à l'être, son entendement au vrai et sa volonté au bien. »

Or, comment comprendre que Dieu soit libre et qu'en même temps sa volonté soit immuable ?

Il y a là, ce semble, une seconde et insoluble antinomie.

Descartes attribue à Dieu une pleine liberté d'indifférence, de telle sorte qu'il fait dépendre de l'arbitraire de Dieu les vérités morales et les vérités mathématiques elles-mêmes.

Hobbes et Spinoza, de leur côté, conçoivent de la liberté divine l'idée la plus inexplicable. Ils assujettissent Dieu à une nécessité absolue ; Hobbes professant que ce qui n'arrive point est impossible, Spinoza qu'il n'y a rien dans la substance unique qu'une aveugle nécessité.

A l'encontre de ces illustres penseurs, Malebranche ne sépare pas la liberté de Dieu de la sagesse de Dieu, subordonnant tous les décrets de Dieu à la loi de l'ordre et de la raison.

Leibniz reproduit et précise cette doctrine, en renouvelant, mais cette fois, d'une manière pertinente et utile, la distinction de la nécessité métaphysique et de la nécessité morale. C'est d'ailleurs contre la doctrine de l'indifférence qu'il s'élève très-particulièrement.

Et d'abord, il remarque qu'en Dieu, de même que chez l'homme, cette liberté d'indifférence est illusoire.

1° Dans les choses indifférentes absolument, il n'y a point de choix, et par conséquent point d'élection, ni de volonté, puisque le choix doit avoir quelque raison ou principe.

2° Une simple volonté sans aucun motif est une fiction contraire non-seulement à la perfection de Dieu, mais encore chimérique, contradictoire, incompatible avec la définition de la volonté.

Cette indifférence fût-elle possible, elle serait bien moins une marque de toute-puissance qu'un défaut de sagesse et de bonté.

Un Dieu indifférent au bien et au mal, au vrai et au faux, ne mériterait ni notre adoration ni notre amour. Ce ne serait tout au plus qu'un odieux tyran, dont l'homme aurait à subir l'inévitable loi, la loi que le plus fort impose au plus faible.

« Il ne faut pas dire, écrit Leibniz, que ce que nous appelons justice n'est rien par rapport à Dieu ; qu'il est le maître absolu de toutes choses, jusqu'à pouvoir condamner les innocents, sans violer sa justice ; ou enfin que la justice est quelque chose d'arbitraire à son égard; expressions hardies et dangereuses, où quelques-uns se sont laissé entraîner au préjudice des attributs de Dieu : puisqu'en ce cas il n'y aurait point de quoi louer sa bonté et sa justice, et tout serait de même que si le plus méchant Esprit, le Prince des mauvais Génies, le mauvais Principe des Manichéens, était le seul maître de l'univers.... Car quel moyen y aurait-il de discerner le véritable Dieu du Dieu de Zoroastre, si toutes les choses dépendaient du caprice d'un pouvoir arbitraire, sans qu'il y eût ni règle, ni égard pour quoi que ce fût[1]? »

« Dieu, ajoute Leibniz, n'est point comme Jupiter, qui craint le Styx. Mais sa propre sagesse est le plus grand juge qu'il puisse trouver, ses jugements sont sans appel, ce sont les arrêts des destinées. Les vérités éternelles, objet de sa sagesse, sont plus inviolables que le Styx. La sagesse ne fait que montrer à Dieu le meilleur exercice de sa bonté qui soit possible [2]. »

Et encore :

« L'erreur qui abaisse la grandeur divine pourrait être appelée *anthropomorphisme*, et *despotisme* celle qui enlève à Dieu sa bonté [3]. »

Si la volonté de Dieu est purement arbitraire, qui nous assure qu'il voudra demain ce qu'il veut aujourd'hui? Que savons-nous si notre justice est la même justice que celle qu'il suit dans ses déterminations? Ou plutôt, la justice étant une et fixe, quelle certitude avons-nous que Dieu l'observe?

Supposer cet arbitraire de volonté en Dieu, cette liberté d'indifférence, c'est donc le ravilir, non l'exalter.

Dieu, souverainement intelligent, ne peut pas ne pas voir le meilleur. Dieu, souverainement sage, ne peut pas ne pas l'exécuter. Sa volonté est l'expression, non le principe, de la vérité et de la justice.

---

1. Erdmann, p. 490, *Théodicée, Discours de la conformité*, etc.
2. *Id.*, p. 538, *Théodicée*, P. II, 121.
3. *Id.*, p. 653, *Causa Dei asserta*, etc.

Affirmer par conséquent que la liberté de Dieu est réglée, que sa volonté est conforme à sa sagesse, ce n'est pas établir au-dessus de Dieu une loi qui le domine et comme une sorte de *fatum*. Cette règle, en effet, c'est Dieu lui-même, et cette sagesse c'est encore lui. Sa loi, qui est la loi, qui est la justice, c'est son entendement, lieu, substance des vérités éternelles, ou mieux encore ces vérités mêmes.

C'est donc en lui, non hors de lui, que Dieu trouve la loi de son action, et cette loi est nécessaire. Mais c'est ici une nécessité morale, de convenance, et non pas une nécessité mathématique, de contradiction, qui préside aux déterminations de Dieu.

Dans cette nécessité morale se concilient la sagesse et la liberté souveraines.

CHAPITRE III.

L'Origine du mal.

« La puissance de Dieu va à l'être, sa sagesse ou son entendement au vrai, sa volonté au bien. »

Tout le travail que s'est proposé Leibniz, tout l'objet de la *Théodicée* consiste à concilier ces attributs divins entre eux et aussi avec la liberté de l'homme et la nature du monde.

Leibniz a eu l'illusion de croire que sa théorie de l'harmonie préétablie opérait la conciliation de la liberté humaine et de la prescience divine. Définir, comme il l'a fait, un acte libre par la spontanéité, l'intelligence, la contingence, ce n'est rien moins qu'omettre l'élément constitutif de tout acte libre, à savoir la liberté.

Leibniz a été plus heureux, lorsqu'il s'est agi de concilier la liberté humaine et la puissance divine. Il a utilement distingué la cause première et les causes secondes, rappelant avec raison que refuser aux causes secondes toute efficacité propre, ce n'est rien moins que nier leur causalité, réduire les créatures à n'être plus que des accidents, réserver au créateur toute substantialité, en venir enfin au Spinozisme.

Leibniz, de même, a su concilier la liberté divine

avec l'immutabilité divine. En Dieu, non plus que chez l'homme, la liberté d'indifférence n'est pas la vraie liberté. La liberté véritable est celle qui va droit à une décision. Elle est d'autant plus grande qu'elle est plus éclairée. En Dieu, elle est adéquate à son intelligence. La liberté divine est donc, par excellence, une liberté réglée.

Tel est le détail de la première division que nous avons établie dans la *Théodicée*.

Voici le détail de la seconde :

Puisque la puissance de Dieu va à l'être, son entendement au vrai, sa volonté au bien, Dieu est Providence.

Si Dieu est Providence, comment rendre compte du mal dont l'homme est affecté et le monde désolé?

Ou Dieu n'a pas su comment empêcher le mal, ou il n'a pu l'empêcher, ou il ne l'a pas voulu. Et alors, il n'est pas Providence.

Ou Dieu a su comment empêcher le mal; il l'a pu et il l'a voulu. Et alors comment expliquer l'existence du mal et dans le monde et dans l'homme ?

« *Si Deus est, unde malum? Si non est, unde bonum?* Les anciens, dit Leibniz, attribuaient la cause du mal à la matière, qu'ils croyaient incréée et indépendante de Dieu; mais nous, qui dérivons tout être de Dieu, où trouverons-nous la source du mal? La réponse est qu'elle doit être cherchée dans la nature idéale de la créature autant que cette nature est renfermée dans les vérités éternelles qui sont dans l'entendement de Dieu, indépendamment de sa volonté [1]. »

Une telle réponse ne va pas sans nombre d'obscurités

---

1. Erdmann, p. 509, *Théodicée*, P. I, 20.

et d'objections. Peut-on espérer éclaircir les unes, résoudre les autres ?

« M. Bayle poursuit « qu'il faut alors se moquer de « ces objections, en reconnaissant les bornes étroites « de l'esprit humain. » Et moi, je crois que bien loin de là il y faut reconnaître des marques de la force de l'esprit humain, qui le fait pénétrer dans l'intérieur des choses. Ce sont des ouvertures nouvelles, et pour ainsi dire des rayons de l'aube du jour qui nous promet une lumière plus grande.... Quand on y réussira à l'égard de la justice de Dieu, on sera également frappé de sa grandeur et charmé de sa bonté, qui paraîtront à travers les nuages d'une raison apparente, abusée par ce qu'elle voit, à mesure que l'esprit s'élèvera par la véritable raison à ce qui nous est invisible, et n'en est pas moins certain [1]. »

Leibniz juge donc que c'est non pas témérité, mais devoir, d'expliquer l'origine du mal.

Et d'abord, à la manière des orateurs, il cherche à incliner les dispositions de ceux auxquels il s'adresse, afin que son argumentation porte la persuasion dans leur cœur, en même temps que la conviction dans leur esprit.

Il remarque par conséquent qu'il ne faut pas aisément se ranger parmi les mécontents dans la république où l'on vit, surtout lorsque cette république est gouvernée par le meilleur des pères.

En second lieu, non-seulement on aurait tort d'aborder ce débat concernant la Providence, avec des préventions chagrines. Il conviendrait surtout d'y apporter un jugement droit et d'équitables dispositions. Tout

---

1. Erdmann, p. 502, *Théodicée, Discours de la conformité*, etc.

compté et rebattu, le mal n'est pas aussi grand qu'on se l'imagine et qu'on se plaît à le répéter par entraînement de déclamation. Qui contesterait, par exemple, que le commun des hommes passe plus de jours en état de santé qu'en état de maladie ? Cependant on gémit de quelques instants de maladie et on ne songe point à remercier la Providence pour de longues années de santé. Telle est notre ingrate impatience. Le moindre mal nous irrite et nous blesse. Le bien semble nous échapper par sa continuité même. A coup sûr, il y a plus d'autres maisons, que de prisons ou d'hôpitaux.

Quoi qu'il en soit, encore que le cœur soit ouvert à une juste reconnaissance; à quelques proportions qu'on réduise le mal, il n'en reste pas moins qu'il y a du mal et il s'agit d'en rendre raison.

Pour découvrir quelle est l'origine du mal, Leibniz commence par déterminer la nature du mal.

Le mal est ou métaphysique, ou moral, ou physique.

Le mal métaphysique, le mal moral, le mal physique, peuvent-ils être imputés à Dieu ?

Le mal métaphysique est imperfection. A parler exactement, il n'est donc pas un mal, mais un moindre bien. Il tient à la nature idéale de la créature. On ne saurait l'opposer, comme une objection, au dogme de la Providence.

Il est vrai que le mal métaphysique est la racine du mal moral et du mal physique. Car si la créature n'était pas imparfaite, elle ne serait sujette ni à l'erreur, ni au péché, ni à la douleur.

Mais il importe d'observer que le mal métaphysique seul est nécessaire. Le mal moral et le mal physique sont simplement possibles.

Toutefois le mal moral et le mal physique se manifestent dans le monde. Or, comment se produirait le mal physique, si Dieu n'y concourait, en suggérant les moyens de le produire? Comment se produirait le mal moral, si Dieu n'y concourait, puisqu'il l'a prévu?

Il s'agit donc de démontrer que Dieu ne concourt ni au mal physique, ni au mal moral.

Dieu ne concourt pas au mal physique. Car le mal physique est négation. Il a non pas une cause efficiente, mais une cause déficiente, qui ne peut, par conséquent, être Dieu.

« Posons, écrit Leibniz, que le courant d'une même rivière emporte avec soi plusieurs bateaux qui ne diffèrent entre eux que dans la charge, les uns étant chargés de bois, les autres de pierres, et les uns plus, les autres moins. Cela étant, il arrivera que les bateaux les plus chargés iront plus lentement que les autres, pourvu qu'on suppose que le vent, ou la rame, ou quelque autre moyen semblable ne les aide point. Ce n'est pas proprement la pesanteur qui est la cause de ce retardement, puisque les bateaux descendent au lieu de monter, mais c'est la même cause qui augmente aussi la pesanteur dans les corps qui ont plus de densité.... C'est donc que la matière est portée originairement à la tardivité, ou à la privation de la vitesse; non pas pour la diminuer par soi-même, quand elle a déjà reçu cette vitesse, car ce serait agir; mais pour modérer par sa réceptivité l'effet de l'impression, quand elle le doit recevoir. Et par conséquent, puisqu'il y a plus de matière mue par la même force du courant lorsque le bateau est plus chargé, il faut qu'il aille plus lentement..... Comparons maintenant la force que le courant exerce sur les bateaux, et qu'il leur communique, avec l'action de Dieu qui produit et conserve ce qu'il y a de positif dans les créatures, et leur donne de la perfection, de l'être et de la force : comparons, dis-je, l'inertie de la matière, avec l'imperfection naturelle des créatures; et la lenteur du bateau chargé, avec le défaut qui se trouve dans les qualités et dans l'action de la créature, et nous trouverons qu'il n'y a rien de si juste que cette comparaison. Le courant est la cause du mouvement du bateau, mais non pas de son retardement; Dieu est la cause de la perfection dans la nature et dans les actions de la créature, mais la limitation de la réceptivité de la créature est la cause des défauts qu'il y a dans son action[1]. »

C'est le cylindre de Chrysippe.

« Chrysippe se sert de la comparaison d'un cylindre dont la volubilité et la vitesse ou la facilité dans le mouvement vient principalement de sa figure; au lieu qu'il serait retardé s'il était raboteux. Cependant il a besoin d'être poussé, comme l'âme a besoin d'être sollicitée par les objets des sens, et reçoit cette impression selon la constitution où elle se trouve.... Ces comparaisons, conclut Leibniz, tendent au même but[2]. »

Ainsi Dieu n'est pas la cause du mal physique, et s'il le veut quelquefois, c'est pour nous être une épreuve ou un châtiment qui nous rende méritants, ou qui amène notre correction.

« On peut dire du mal physique, que Dieu le veut souvent comme une peine due à la coulpe, et souvent aussi comme un moyen propre à une fin; c'est-à-dire pour empêcher de plus grands maux, ou pour obtenir de plus grands biens. La peine sert aussi pour l'amen-

---

1. Erdmann, p. 512, *Théodicée*, P. I, 30.
2. *Id.*, p. 600, *Théodicée*, P. II, 332, 335.

dement et pour l'exemple, et le mal sert souvent pour mieux goûter le bien, et quelquefois même il contribue à une plus grande perfection de celui qui souffre, comme le grain qu'on sème est sujet à une espèce de corruption pour germer; c'est une belle comparaison, dont Jésus-Christ s'est servi lui-même [1]. »

Déchargerons-nous Dieu également de toute participation au mal moral? Sans doute, Dieu ne concourt pas au mal moral. A la différence du mal physique, il ne le veut jamais. Seulement, il le permet quelquefois, comme condition d'un plus grand bien. En Dieu en effet, si nous voulons entendre les choses, il faut abstractivement distinguer deux volontés. Par une volonté antécédente, Dieu veut le bien; par une volonté conséquente, Dieu veut le meilleur possible.

Permettre le mal, puisque le meilleur doit s'ensuivre, ce n'est donc pas un défaut de Providence. C'est sagesse et vertu souveraine. Ce n'est pas concourir au mal. C'est aller uniquement au bien.

Afin de saisir cette distinction de la volonté antécédente et de la volonté conséquente; afin de comprendre comment Dieu, en permettant le mal moral, cependant va au bien, il est d'ailleurs nécessaire de se faire une juste idée des voies de la Providence.

Pour les uns, ces voies sont toujours particulières.

Pour les autres, ces voies ne peuvent être que générales.

Suivant Leibniz, le système des voies particulières favorise les athées et convient aux impies. Car comment rendre compte de tous les cas particuliers, où le désordre éclate avec une évidence déplorable? « C'est

---

[1]. Erdmann, p. 511, *Théodicée*, P. I, 23.

pourquoi, ajoute Leibniz, après le *despotisme*, cette doctrine du *particularisme* est celle que j'aurais le plus à cœur de dissuader[1]. »

La doctrine des voies générales est seule digne de la majesté de Dieu. C'est en même temps la doctrine des voies les plus simples.

Toutefois, une telle doctrine a besoin d'être convenablement interprétée.

« Quelques-uns ont cru avec le célèbre Durand de Saint-Portien et le cardinal Auréolus, scolastique fameux, que le concours de Dieu avec la créature (j'entends concours physique) n'est que général et médiat, et que Dieu crée les substances et leur donne la force dont elles ont besoin; et qu'après cela il les laisse faire et ne fait que les conserver sans les aider dans leurs actions. Cette opinion a été réfutée par la plupart des théologiens scolastiques, et il paraît qu'on l'a désapprouvée autrefois dans Pélage… Il faut considérer aussi que l'action de Dieu conservant doit avoir du rapport à ce qui est conservé, tel qu'il est, et selon l'état où il est; ainsi elle ne saurait être générale et indéterminée. Ces généralités sont des abstractions qui ne se trouvent point dans la vérité des choses singulières, et la conservation d'un homme debout est différente de la conservation d'un homme assis[2]. »

Mais si les voies particulières sont nécessairement comprises dans les voies générales, ce sont les voies générales seules, que Dieu veut et suit immédiatement.

« Il est vrai que quand on veut une chose, on veut aussi en quelque façon tout ce qui y est nécessaire-

---

1. Erdmann, p. 662, *Causa Dei asserta*, etc., p. 131.
2. *Id.*, p. 511, *Théodicée*, P. I, 27.

ment attaché; et par conséquent Dieu ne saurait vouloir les lois générales, sans vouloir aussi en quelque façon tous les effets particuliers qui en doivent naître nécessairement; mais il est toujours vrai qu'on ne veut pas ces événements particuliers à cause d'eux-mêmes; et c'est ce qu'on entend, en disant qu'on ne les veut pas par une volonté particulière et directe [1]. »

Les voies les plus générales sont du reste aussi les voies les plus simples. En effet, « le sage fait en sorte, le plus qu'il peut, que les moyens soient fins aussi en quelque façon, c'est-à-dire désirables, non-seulement parce qu'ils font, mais encore parce qu'ils sont. Les voies plus composées occupent trop de terrain, trop d'espace, trop de lieu, trop de temps, qu'on aurait pu mieux employer [2]. »

Ainsi, d'après Leibniz, il n'y a pas de volontés particulières primitives.

Les volontés de Dieu, touchant les événements individuels, sont toutes les conséquences d'une volonté plus générale. Dieu ne déroge jamais à l'ordre.

Les Manichéens imaginaient deux principes. On pourrait, remarque Leibniz, admettre ces deux principes, pourvu qu'on ajoutât qu'ils se trouvent en Dieu. Ce serait : l'intelligence qui fournit le principe du mal, puisqu'elle représente avec les vérités éternelles les natures telles qu'elles sont; et la volonté qui ne va qu'au bien.

Et outre ces deux principes, on en pourrait admettre un troisième, la puissance, qui précède l'entendement et la volonté, mais qui n'agit jamais que comme l'intelligence le montre et comme la volonté le demande.

---

1. Erdmann, p. 567, *Théodicée*, P. II, 204.
2. *Id.*, p. 568, *Théodicée*, P. II, 208.

Cette doctrine des voies générales donne néanmoins ouverture à une nouvelle difficulté.

Car si Dieu ne règle jamais que le général, comment expliquer des faits très-particuliers, tels que les miracles, les vœux exaucés, les prières entendues, les bonnes actions récompensées ?

Leibniz répond que le caractère des miracles consiste en ce qu'on ne peut les expliquer par la nature des choses créées. Il ajoute qu'au surplus, les miracles, tout aussi bien que les autres événements, sont décidés de tout temps.

« Comme Dieu ne saurait rien faire sans raison, lors même qu'il agit miraculeusement ; il s'ensuit qu'il n'a aucune volonté sur les événements individuels, qui ne soit la conséquence d'une vérité ou d'une volonté générale[1]. »

La même solution s'applique aux difficultés qui se tirent des vœux, des prières, des bonnes actions.

Les vœux ont été prévus de tout temps par Dieu, et aussi ce qui devait s'ensuivre ; les prières et la satisfaction qu'il jugeait à propos de leur accorder ; les bonnes actions et leurs conséquences.

C'est la même réponse que celle qu'il convient d'opposer à ce qu'on appelle en philosophie l'argument paresseux. Quoi que je fasse, dit-on, ce qui doit arriver arrivera. Sans doute, ce qui doit arriver est prévu ; mais ce qui doit arriver aura une cause, d'où il dépend. Sans doute encore, Dieu connaît la cause de ce qui arrivera ; mais sa prévision n'influe pas plus sur cette cause, que n'influe sur le passé la connaissance que nous en pouvons avoir.

---

1. Erdmann, p. 567, *Théodicée*, P. II, 206.

En somme, tous les embarras qu'on éprouve à concilier la notion de la Providence avec l'existence du mal, viennent d'une assimilation à contre-sens de la nature divine à la nature humaine. C'est un pur anthropomorphisme.

La volonté humaine ne se propose que des fins particulières. Rarement même, elle entrevoit toutes les conséquences de l'action qu'elle se propose.

Il n'en est pas ainsi de la volonté divine. Dieu veut tout à la fois, et tout avec toutes les conséquences de tout.

En somme, une exacte notion de Dieu suffit à restituer dans les âmes la notion de la Providence.

Le mal métaphysique ne peut être imputé à Dieu, puisqu'il tient à la nature idéale des créatures.

Dieu, d'un autre côté, ne concourt pas au mal physique. S'il le veut quelquefois, c'est pour nous éprouver, ou pour nous punir.

Dieu enfin ne concourt pas au mal moral. Il ne le veut jamais, et, s'il le permet quelquefois, c'est comme condition d'un plus grand bien. Antécédemment en effet Dieu veut le bien ; mais conséquemment, il veut le meilleur.

En est-il ainsi ? Dieu veut-il, a-t-il voulu le meilleur ? Ne pourrait-on pas concevoir un monde meilleur que celui qu'il a créé ?

Affirmer que le monde que Dieu a créé est le meilleur des mondes possibles, c'est soutenir la doctrine de l'optimisme.

C'est cette doctrine qui occupe toute la troisième division de la *Théodicée*, et qui se trouve comme la conclusion suprême de tout l'ouvrage.

CHAPITRE IV.

L'Optimisme.

Reprenons en quelques mots les idées principales comprises dans les deux premières divisions de la *Théodicée*.

La *Théodicée* a pour objet de concilier les attributs de Dieu entre eux et aussi avec la nature des êtres créés.

Dans une première division, Leibniz a cru concilier la liberté humaine et la prescience divine.

Il a montré réellement de quelle façon s'accordent la toute-puissance de Dieu et son concours perpétuel avec la causalité des créatures.

Enfin il a fait voir comment la liberté divine ne combat point la divine sagesse.

Dans une deuxième division, Leibniz a expliqué l'origine du mal.

Avant tout, en marquant la nature, il a distingué le mal métaphysique, le mal moral, le mal physique.

Le mal métaphysique ne saurait être imputé à Dieu; il tient uniquement à la nature idéale des créatures.

Le mal physique est d'ordinaire la conséquence des

abus que nous faisons de notre liberté. Si Dieu non-seulement le permet, mais le veut quelquefois ; c'est pour nous punir ou pour nous éprouver.

Quant au mal moral, Dieu ne le veut jamais ; seulement il le permet quelquefois comme condition d'un plus grand bien.

La volonté de Dieu en effet n'est point courte, partielle, comme celle de l'homme. D'un seul et même acte de volonté, Dieu embrasse toutes les conséquences de tout. Il y a donc à distinguer en Dieu une volonté antécédente et une volonté conséquente. Par volonté antécédente, Dieu ne veut jamais le mal moral ; par volonté conséquente, Dieu le permet quelquefois comme condition d'un plus grand bien. Antécédemment, Dieu veut le bien ; conséquemment, il veut le meilleur possible.

Dieu, en créant le monde, l'a-t-il donc voulu le meilleur possible ? Ou ne peut-on rien concevoir de meilleur que le monde qu'il a créé ?

Soutenir que Dieu a créé le meilleur des mondes possibles, c'est défendre l'optimisme. Nier que le monde créé de Dieu soit le meilleur des mondes possibles, c'est combattre l'optimisme.

Leibniz est partisan décidé de l'optimisme. La troisième division de la *Théodicée* est consacrée tout entière à établir cette doctrine d'abord, à la défendre ensuite contre les objections qu'elle soulève.

Or, tout l'optimisme peut se ramener, sans plus, aux deux propositions suivantes :

1° Il y avait une infinité de mondes possibles ou prétendants à l'existence.

2° Parmi tous ces mondes possibles, Dieu a choisi le meilleur.

Ces deux propositions maintenues ou ruinées, l'optimisme subsiste ou croule.

Leibniz établit l'optimisme de deux manières, *a posteriori* et *a priori*, par l'expérience et par la raison.

Et en premier lieu, *a posteriori* ou par l'expérience.

En effet, à prendre le monde tel qu'il est, on y rencontre beaucoup moins de mal qu'on n'aime à le dire par habitude de gémir et par goût de rhétorique plaintive.

Ainsi, on représente d'ordinaire l'inégalité des conditions comme un mal. Qui ne voit qu'elle est, au contraire, un grand bien, le ressort essentiel de toute vie sociale?

On argumente de ce qu'on appelle désordre. Mais qui nous assure que, ce désordre supprimé, il n'en naîtrait pas un plus grand? Qui nous assure que ce désordre apparent ne rentre pas dans un ordre qui nous est caché? Les révolutions de notre globe, par exemple, n'ont-elles pas préparé l'admirable harmonie que nous voyons maintenant régner sur la terre?

En définitive, la somme des biens l'emporte de beaucoup sur la somme des maux.

Aussi bien, on prend trop souvent la partie pour le tout.

Il s'agit des espèces, et on considère la destinée séparée des individus.

Il s'agit de tous les êtres, et on considère l'homme à l'exclusion de tous autres.

N'est-ce pas tomber dans cette maxime suspecte que tout a été fait pour l'homme?

« Il est sûr, ose écrire Leibniz, que Dieu fait plus de cas d'un homme que d'un lion; cependant je ne sais si l'on peut assurer que Dieu préfère un seul homme à toute l'espèce des lions à tous égards. — Cette opinion serait un reste de l'ancienne maxime assez décriée, que tout est fait uniquement pour l'homme [1]. »

Encore une fois, nous jugeons du tout par la partie. C'est aller contre les règles les plus simples de la logique et de l'équité. *Incivile est, nisi tota lege despecta, judicare.*

Nous ne considérons sur la terre que l'homme, et c'est à la terre elle-même que nous réduisons l'univers entier.

Mais n'y a-t-il pas une infinité d'autres êtres que l'homme et plus parfaits, les anges, les génies; une infinité d'autres globes que la terre, laquelle n'est qu'un point imperceptible au sein de l'immensité ?

L'univers, sachons-le, ce n'est pas le monde pris dans telle ou telle partie de l'espace. C'est le monde pris dans sa totalité absolue; le monde, où, dès lors, tout est lié, où tout est d'une pièce comme dans l'Océan.

L'univers de même, il importe de le remarquer, ce n'est point le monde, considéré à tel ou tel moment de sa durée. C'est le monde considéré dans la série complète de ses développements passés, présents et futurs ; le monde en puissance plutôt que le monde en acte ; le monde livré à un devenir perpétuel plutôt que le monde actuellement et totalement manifesté.

Et c'est pourquoi on peut dire que ce monde est le meilleur des mondes possibles.

En effet, si le monde était actuellement et totalement manifesté, il est clair qu'on pourrait concevoir et désirer une somme de biens supérieure à celle que ce monde contiendrait.

---

[1]. Erdmann, p. 535, *Théodicée*, P. II, 118.

Mais les progrès du monde allant, comme nos conceptions et nos désirs, à l'infini ou à l'indéfini, les progrès du monde égalent ces conceptions mêmes et ces désirs.

Au reste, demander une réalisation de la plus grande perfection possible, ce serait aller tout ensemble et contre l'expérience et contre la raison.

Ce serait aller contre la raison, nous venons de le démontrer.

Ce serait aller contre l'expérience. Car la réalité, qui chaque jour se déploie pour épancher de nouveaux trésors, vaut mieux manifestement que celle qui, tout d'un coup développée, demeure ensuite stérile.

Voilà comment *a posteriori*, ou par l'expérience, Leibniz établit l'optimisme.

Voici comment *a priori*, ou par la raison, il le fonde.

« La puissance de Dieu va à l'être; son entendement au vrai, et sa volonté au bien [1]. »

S'il en est ainsi, comme il en est ainsi effectivement; il s'ensuit que Dieu a créé le meilleur des mondes possibles. Car s'il n'avait pas créé le meilleur des mondes possibles, c'est qu'il n'aurait pas su comment le créer, ou qu'il ne l'aurait pas pu, ou qu'il ne l'aurait pas voulu.

Sa puissance, son intelligence, sa volonté seraient infirmées. Or cela ne peut être. Donc Dieu a créé le meilleur des mondes possibles.

« Je ne crois pas, écrit Leibniz, qu'un monde sans mal, préférable en ordre au nôtre, soit possible; autrement il aurait été préféré. Il faut croire que le mé-

---

1. Erdmann, p. 506, *Théodicée*, P. I, 7.

lange du mal a rendu le bien plus grand : autrement le mal n'aurait point été admis.

« Le concours de toutes les tendances au bien a produit le meilleur : mais comme il y a des biens qui sont incompatibles ensemble, ce concours et ce résultat peut emporter la destruction de quelque bien, et par conséquent quelque mal[1]. »

Et encore :

« Il s'ensuit de la perfection suprême de Dieu qu'en produisant l'univers, il a choisi le meilleur plan possible, où il y ait la plus grande variété avec le plus grand ordre ; le terrain, le lieu, le temps les mieux ménagés ; le plus d'effet produit par les voies les plus simples, le plus de puissance, le plus de connaissance, le plus de bonheur et de bonté dans les créatures, que l'univers en pouvait admettre[2]. »

L'optimisme établi, Leibniz a dû s'imposer une autre tâche, celle de le défendre contre les objections

Résumons ces objections, mais sans rien ôter de leur force.

On nie directement les deux propositions fondamentales sur lesquelles repose l'optimisme.

1° L'idée d'une infinité de mondes possibles est chimérique. Il n'y avait qu'un seul monde possible, et c'est celui que Dieu a fait.

2° L'idée d'un meilleur monde possible est également chimérique. Car ce meilleur possible ne peut être conçu, ni au regard de nous, ni au regard de Dieu.

Ce meilleur possible ne peut être conçu au regard de nous ; car, un monde étant donné, nous ne pouvons

---

1. Erdmann, p. 719, *Lettre 1 à Bourguet*, 1714.
2. *Id.*, p. 716, *Principes de la nature et de la grâce.*

pas ne pas en concevoir un meilleur qui le surpasse. Il nous est impossible de nous arrêter à un maximum actuel de perfection.

Ce meilleur possible ne peut être conçu au regard de Dieu; car, au regard de Dieu qui est infini, tous les finis sont égaux par leur caractère même de fini.

Ce n'est pas tout. En supposant que les deux propositions sur lesquelles repose l'optimisme, soient aussi fondées qu'elles le sont peu, les conséquences qui en découlent, se trouvent immédiatement destructives des attributs les plus essentiels de Dieu.

Ainsi, n'est-ce pas limiter étrangement la puissance et la science de Dieu, que de prétendre que ce monde était le meilleur qu'il pût créer?

N'est-ce pas, en outre, compromettre la liberté de Dieu? Car, s'il a dû créer le meilleur des mondes possibles, il n'était donc pas libre de ne le créer pas? Et même, comme créer vaut mieux que ne pas créer, il a donc été nécessité à créer.

Que les partisans de l'optimisme aient le courage de l'avouer. Toute leur doctrine aboutit à cette affirmation « que Dieu n'avait qu'une chose à faire, qu'il l'a faite et s'y est épuisé. »

A ces objections pressantes, radicales, Leibniz oppose des réponses, ce semble, péremptoires.

Il démontre que les deux propositions, fondements de l'optimisme, n'ont rien de chimérique.

1° Il n'est point absurde de prétendre qu'il y avait une infinité de mondes possibles. Dieu effectivement pouvait faire un monde moins bon que celui qu'il a fait. Car qui peut le plus, peut le moins. Sans doute, il ne le devait pas, mais il le pouvait. A faire un monde moins bon que celui qu'il a fait, il y aurait eu contradiction pour sa sagesse, mais non pas contradiction pour sa puissance. Or ici, cela seul est impossible, qui implique une telle contradiction; tout ce qui n'implique pas cette contradiction, en ce sens est possible.

2° Il n'est pas absurde non plus d'affirmer que parmi tous les mondes possibles, Dieu a choisi le meilleur, et cette idée du meilleur n'a rien de chimérique, ni au regard de notre intelligence, ni au regard de celle de Dieu.

« Quelqu'un dira qu'il est impossible de produire le meilleur, parce qu'il n'y a point de créature parfaite, et qu'il est toujours possible d'en produire une qui le soit davantage. Je réponds que ce qui se peut dire d'une créature ou d'une substance particulière, qui peut toujours être surpassée par une autre, ne doit pas être appliqué à l'univers, lequel devant s'étendre par toute l'éternité future, est un infini. De plus, il y a une infinité de créatures dans la moindre parcelle de matière, à cause de la division du *continuum* à l'infini. Et l'infini, c'est-à-dire l'amas d'un nombre infini de substances, à proprement parler, n'est pas un tout; non plus que le nombre infini lui-même, duquel on ne saurait dire s'il est pair ou impair. C'est cela même qui sert à réfuter ceux qui font du monde un Dieu, ou qui conçoivent Dieu comme l'âme du monde, le monde ou l'univers ne pouvant pas être considéré comme un animal ou comme une substance.

« Il ne s'agit donc pas d'une créature, mais de l'univers, et l'adversaire sera obligé de soutenir qu'un univers possible peut être meilleur que l'autre à l'infini; mais c'est en quoi il se tromperait et ce qu'il ne saurait prouver. Si cette opinion était véritable, il s'ensuivrait que Dieu n'en aurait produit aucun, car il est incapable d'agir sans raison, et ce serait même agir contre la raison[1]. »

« On peut former deux hypothèses, écrit Leibniz à Bourguet, l'une que la nature est toujours également parfaite, l'autre qu'elle croît toujours en perfection.... Quoique, suivant l'hypothèse de l'accroissement, l'état du monde ne pourrait jamais être parfait absolument, étant pris dans quelque instant que ce soit, néanmoins la suite naturelle ne laisserait pas d'être la plus parfaite de toutes les suites possibles, par la raison que Dieu choisit toujours le meilleur possible[2]. »

Citons un dernier passage :

« Cette suprême sagesse, jointe à une bonté qui n'est pas moins infinie qu'elle, n'a pu manquer de choisir le meilleur. Car comme un moindre mal est une espèce de bien, de même un moindre bien est une espèce de mal, s'il fait obstacle à un bien plus grand; et il y aurait quelque chose à corriger dans les actions de Dieu, s'il y avait moyen de mieux faire. Et comme dans les mathématiques, quand il n'y a point de *maximum* ni de *minimum*, rien enfin de distingué, tout se fait également; ou quand cela ne se peut, il ne se fait rien du tout, on peut dire de même en matière de parfaite sagesse, qui n'est pas moins réglée que les mathématiques, que s'il n'y avait pas le meilleur (*optimum*) parmi tous les mondes possibles, Dieu n'en aurait produit aucun. J'appelle monde toute la suite et toute la collection de toutes les choses existantes, afin qu'on ne dise point que plusieurs mondes pouvaient exister en différents temps et en différents

---

1. Erdmann, p. 564, *Théodicée*, P. II, 195.
2. *Id.*, p. 733, *Lettre* iv *à Bourguet*, 1715.

lieux; car il faudrait les compter tous ensemble pour un monde ou, si vous voulez, pour un univers. Et quand on remplirait tous les temps et tous les lieux, il demeure toujours vrai qu'on les aurait pu remplir d'une infinité de manières, et qu'il y a une infinité de mondes possibles, dont il faut que Dieu ait choisi le meilleur, puisqu'il ne fait rien sans agir suivant la suprême sagesse [1]. »

Ni les principes sur lesquels l'optimisme repose ne sont chimériques, ni les conséquences qui en dérivent ne compromettent les attributs de Dieu. Car, le monde que Leibniz affirme être le meilleur et que Dieu a choisi en tant que meilleur est « un infini qui s'étend par toute l'éternité future. »

L'intelligence divine, la puissance divine, sont donc laissées à leur infinitude.

La liberté divine elle-même est sauvée; car ce n'est pas à une nécessité géométrique que Dieu obéit, mais à une nécessité de convenance.

Ce sont les adversaires de l'optimisme, au contraire, qui méconnaissent les attributs de Dieu en les voulant préserver de toute diminution.

De l'intelligence de Dieu, en effet, et de sa puissance, ils font une véritable ignorance et une impuissance véritable, puisqu'ils en viennent à déclarer que Dieu ne peut jamais faire le plus parfait.

Quant à la liberté divine, ils la réduisent à la moindre liberté; car ils en font une liberté d'indifférence, c'est-à-dire une indécision et un aveugle arbitraire.

Que deviennent d'ailleurs, dans leur système, et la justice de Dieu et sa bonté, notre infaillible recours

---

1. Erdmann, p. 506, *Théodicée*, P I, 8.

et notre inviolable espoir? Elles disparaissent à leurs yeux, pour faire place à la volonté la plus despotique.

« Le potier, disent-ils, tourne et retourne comme il lui plaît la matière qu'il n'a pas faite, et nul ne peut lui demander pourquoi il fait ainsi. Il lui donne une forme, puis il la brise; n'en cherchez point d'autre raison que sa volonté. Dieu qui n'est pas, comme ce vil artisan, assujetti à son ouvrage par les nécessités de la vie, n'a aucun besoin de la matière; non-seulement il l'arrange, mais il la fait; elle n'est matière, elle n'est rien que par lui. Soit qu'il la forme, soit qu'il la brise, il est sage, il fait ce qu'il veut, et ce qu'il veut est toujours bon. Il a droit de le faire; il montre et il exerce son empire; il est tout, à l'égard de cette matière, elle n'est rien pour lui[1]. »

De bonne foi, cette philosophie impitoyable est-elle et peut-elle être la philosophie de l'humanité? Et l'humanité n'est-elle pas bien plutôt inclinée, par la force du sentiment, à la doctrine où nous range Leibniz par la force de son argumentation?

Toute cette argumentation en faveur de l'optimisme

---

1. Fénelon, *OEuvres philosophiques*, Paris, 1843, 1 vol. in-18. *Réfutation du système sur la nature et la grâce*, p. 388.

Cf. Erdmann, p. 622, *Théodicée*, P. III, 412. « Écoutons saint Paul, ce vaisseau qui a été ravi jusqu'au troisième ciel, qui y a entendu des paroles inexprimables, il vous répondra par la comparaison du potier, par l'incompréhensibilité des voies de Dieu, par l'admiration de la profondeur de sa sagesse. Cependant il est bon de remarquer qu'on ne demande pas pourquoi Dieu prévoit la chose, car cela s'entend; c'est parce qu'elle sera; mais on demande pourquoi il en ordonne ainsi, pourquoi il endurcit un tel, pourquoi il a pitié d'un autre. Nous ne connaissons pas les raisons qu'il en peut avoir, mais c'est assez qu'il soit très-bon et très-sage, pour nous faire juger qu'elles sont bonnes. Et comme il est juste aussi, il s'ensuit que ses décrets et ses opérations ne détruisent point notre liberté. »

se termine par un poétique épilogue tiré en partie d'un dialogue de Laurent Valla, sur le Libre Arbitre, contre Boëce[1].

A suivre l'ingénieuse fiction imaginée par Valla, et que Leibniz continue, l'ensemble des mondes n'est plus une hiérarchie infinie en hauteur et en profondeur. C'est « une pyramide qui a un commencement, mais dont on ne voit pas la fin ; qui a une pointe, mais point de base ; qui va croissant à l'infini[2].... »

« ...Théodore fit le voyage d'Athènes ; on lui ordonna de coucher dans le temple de Pallas. En songeant, il se trouva transporté dans un pays inconnu. Il y avait là un palais d'un brillant inconcevable et d'une grandeur immense. La Déesse parut à la porte, environnée des rayons d'une majesté éblouissante,

....*Qualisque videri*
Cœlicolis et quanta solet....

« Elle toucha le visage de Théodore d'un rameau d'olivier qu'elle tenait dans la main. Le voilà devenu capable de soutenir le divin éclat de la fille de Jupiter, et de tout ce qu'elle lui devait montrer.... « Vous « voyez ici, lui dit-elle, le palais des destinées, dont « j'ai la garde. Il y a des représentations, non-seule-« ment de ce qui arrive, mais encore de tout ce qui « est possible, et Jupiter en ayant fait la revue avant « le commencement du monde existant, a digéré les « possibilités en mondes et a fait le choix du meilleur « de tous.... » Là-dessus, la Déesse mena Théodore

---

1. Erdmann, p. 620, *Théodicée*, P. III, 405.
2. *Id.*, p. 623, *Théodicée*, P. III, 416.

dans un des appartements : quand il y fut, ce n'était plus un appartement, c'était un monde.

....*Solemque suum, sua sidera norat.*

« .... Les appartements allaient en pyramide ; ils devenaient toujours plus beaux à mesure qu'on montait vers la pointe, et ils représentaient les plus beaux mondes. On vint enfin dans le suprême, qui terminait la pyramide et qui était le plus beau de tous ; car la pyramide avait un commencement, mais on n'en voyait pas la fin. — C'est (comme la Déesse l'expliqua) parce que entre une infinité de mondes possibles, il y a le meilleur de tous, autrement Dieu ne se serait point déterminé à en créer aucun ; mais il n'y en a aucun qui n'en ait encore de moins parfaits au-dessous de lui : c'est pourquoi la pyramide descend à l'infini. Théodore, entrant dans cet appartement suprême, se trouva ravi en extase : il lui fallut le secours de la Déesse ; une goutte d'une liqueur divine mise sur la langue le remit. Il ne se sentait pas de joie. « Nous « sommes dans le vrai monde actuel, dit la Déesse, « et vous y êtes à la source du bonheur [1]. »

Laissant de côté les allégories, Leibniz conclut dans le même sens :

« Quand on détache les choses liées ensemble, les parties de leur tout, le genre humain de l'univers, les attributs de Dieu les uns des autres, la puissance de la sagesse ; il est permis de dire que Dieu peut faire que la vertu soit dans le monde sans aucun mélange du vice, et même qu'il le peut faire aisément. Mais

---

1. Erdmann, p. 622, *Théodicée*, P. III, 414.

puisqu'il a permis le vice, il faut que l'ordre de l'univers, trouvé préférable à tout autre plan, l'ait demandé. Il faut juger qu'il n'est pas permis de faire autrement, puisqu'il n'est pas possible de faire mieux. C'est une nécessité hypothétique, une nécessité morale, laquelle, bien loin d'être contraire à la liberté, est l'effet de son choix. *Quæ rationi contraria sunt, ea nec fieri a sapiente posse credendum est* [1]. »

Ainsi et en somme, à qui sait entendre leur nature et comprendre leurs effets, la prescience, la providence divines sont justifiées.

La prescience divine n'influe pas plus sur nos actions que la connaissance que nous avons du passé n'influe sur le passé.

La Providence n'est pas responsable d'un mal qu'elle ne veut ou qu'elle ne permet jamais, que comme condition du plus grand bien possible.

Donc l'optimisme est le vrai.

Mais si l'optimisme est le vrai, quel amour ne devons-nous pas ressentir pour Dieu ?

« La plus magnifique partie des choses, écrit Leibniz avec un accent ému, la cité de Dieu, offre un spectacle dont un jour nous serons enfin admis à connaître et à admirer de plus près la beauté, éclairés par la lumière de la gloire divine ; car ici-bas on ne peut l'atteindre que par les yeux de la foi, c'est-à-dire par une très-ferme confiance dans la perfection divine ; mais ici-bas, du moins, plus nous comprenons que c'est non-seulement la puissance et la sagesse de l'Être suprême, mais aussi sa bonté qui agit, plus nous nous échauffons de l'amour de Dieu, plus nous nous enflam-

---

1. Erdmann, p. 539, *Théodicée*, P. II, 124.

mons à imiter quelque peu sa divine bonté et sa parfaite justice [1]. »

Afin que cet amour soit pur, ne faut-il pas d'ailleurs qu'il soit désintéressé? Or, en quel sens doit-il être désintéressé?

Sur cette question, qui avait si profondément remué le dix-septième siècle, Leibniz propose la solution la plus conciliante et la plus sage.

« L'erreur sur le pur amour, dit-il, paraît être un malentendu, qui vient peut-être de ce qu'on ne s'est pas attaché à bien former les définitions des termes. Aimer véritablement et d'une manière désintéressée n'est autre chose qu'être porté à trouver du plaisir dans les perfections ou dans la félicité de l'objet, et par conséquent à trouver de la douleur dans ce qui peut être contraire à ces perfections. Cet amour a proprement pour objet des substances susceptibles de la félicité; mais on en trouve quelque image à l'égard des objets qui ont des perfections sans les sentiments, comme serait par exemple un tableau. Celui qui trouve du plaisir à le contempler et qui trouverait de la douleur à le voir gâté, quand il appartiendrait même à un autre, l'aimerait pour ainsi dire d'un amour désintéressé ; ce que ne ferait pas celui qui aurait seulement en vue de gagner en le vendant ou de s'attirer de l'applaudissement en le faisant voir, sans se soucier au reste qu'on le gâte ou non, quand il ne sera plus à lui. Cela fait voir qu'on ne saurait ôter le plaisir et la pratique à l'amour sans le détruire, et que M. Despréaux a eu également raison dans ses beaux vers de recommander l'importance de l'amour divin, et d'empêcher

---

1. Erdmann, p. 663, *Causa Dei asserta*, etc.

qu'on se forme un amour chimérique et sans effet. J'ai expliqué ma définition dans la préface de mon *Codex diplomaticus juris gentium*, publié avant la naissance de ces nouvelles disputes, parce que j'en avais besoin pour donner la définition de la justice, laquelle à mon avis n'est autre chose que la charité réglée suivant la sagesse ; et la charité étant une bienveillance universelle, et la bienveillance étant une habitude d'aimer, il était nécessaire de définir ce que c'est qu'aimer [1]. »

Rapprochons de cette citation le passage de ses écrits de jurisprudence auquel Leibniz fait ici allusion.

« Aimer ou chérir, écrit Leibniz, c'est se plaire à la félicité d'autrui ou, ce qui revient au même, faire de la félicité d'autrui sa propre félicité. Par là se trouve résolue la difficulté, qui en théologie même est de grande conséquence, et qui consiste à concevoir comment il peut y avoir un amour non mercenaire, qui soit dégagé d'espérance et de crainte et de toute considération d'utilité [2]. »

---

1. Erdmann, p. 791, *Lettre à M. l'abbé Nicaise sur la passion de l'amour divin*, 1698. — Cf., *ibid.*, p. 789, *Sentiment de M. Leibniz sur le livre de M. l'archevêque de Cambrai et sur l'amour de Dieu désintéressé.* — M. Cousin, *Fragments de philosophie moderne*, p. 329, *Lettre à l'abbé Nicaise*, 1699 : « On ne saurait se dépouiller de la considération de son bien. Mais si l'intérêt est pris pour le bien utile opposé au bien honnête et agréable, on peut se dépouiller de ce qui est intéressé. Ainsi le véritable pur amour opposé à l'amour intéressé dans ce sens subsiste toujours. C'est lorsque le bien, bonheur, perfection d'autrui, fait notre plaisir et bonheur, et est par conséquent désiré par lui-même, et non pas par raison de quelques profits qu'il nous porte. » — Dutens, t. V, p. 41, 118, 120, 125, 189, 548. Voyez aussi notre *Essai sur la philosophie de Bossuet, avec des fragments inédits*, Paris, 1852, in-8, p. 183, chap. VI, *Théorie du mysticisme*.

2. Dutens, t. IV, pars II, p. 295, *Dissertatio I. De actorum publicorum usu, atque de principiis juris naturæ et gentium, primæ codicis gentium diplomati parti præfixa*, XI.

Aimer Dieu pour lui-même d'abord, mais aussi pour la félicité que nous trouvons dans cet amour, pratiquer la vertu pour elle-même d'abord, mais aussi pour le bonheur qui en sera sinon l'immédiate, du moins l'infaillible récompense; telles sont les conclusions pratiques de la *Théodicée*, dont l'optimisme est le dernier mot.

Comparer la théodicée de Leibniz aux théodicées les plus remarquables de l'antiquité, du moyen âge, des temps modernes, ce sera précisément déterminer la valeur de cette œuvre capitale du philosophe de Hanovre.

CHAPITRE V

Platon, Aristote, les Alexandrins, Leibniz.

Nous nous proposons présentement de comparer la théodicée de Leibniz aux théodicées les plus célèbres de l'antiquité, du moyen âge, des temps modernes, et tout d'abord aux théodicées de Platon et d'Aristote.

Quels sont les éléments de théodicée que Leibniz a empruntés au fondateur de l'Académie et au chef du Péripatétisme? Quelles sont les différences qui séparent sa doctrine de celle de ces deux illustres devanciers? Comment ces différences sont-elles des supériorités? Ces différences, en outre, tiennent-elles uniquement à son génie propre, ou bien encore et surtout aux influences heureuses au milieu desquelles il a vécu? Telles sont les questions de détail qu'implique une étude comparative de la théodicée de Leibniz et des théodicées platonicienne et péripatéticienne.

L'érudition de Leibniz, nous l'avons montré [1], était immense. Nous avons observé, en particulier, qu'il

---

1. Voyez ci-dessus, livre I, chap. I, *Éducation de Leibniz*; et chap. II, *Premiers écrits de Leibniz*.

s'était profondément pénétré, dès sa jeunesse, des écrits de Platon et d'Aristote.

Protestant, élevé par des maîtres encore tout imbus des traditions scolastiques, Leibniz débute par l'étude d'Aristote. Il y ajoute bientôt celle de Platon.

Il commence par adopter les principes et jusqu'aux divisions de la doctrine péripatéticienne. C'est ce que prouvent surabondamment ses lettres à Thomasius [1].

Il s'éprend ensuite des enseignements de l'Académie, et on le voit même traduire, en les résumant, les principaux dialogues de Platon, le *Théétète* par exemple et le *Phédon* [2].

D'ailleurs, loin d'opposer, comme d'ordinaire il arrive, Platon à Aristote, il voudrait, dans son libéral et intelligent éclectisme, qu'on s'appliquât, en les conciliant, à les compléter l'un par l'autre.

« Selon moi, écrit-il, il serait utile pour bien philosopher d'unir Platon à Aristote et à Démocrite [3]. »

Enfin, encore que son admiration pour Aristote soit très-explicite et très-vive, il en vient peu à peu, no-

---

1. Voyez ci-dessus, livre I, chap. III, *Correspondance de Leibniz antérieure à* 1672. Cf. Erdmann, p. 49 : « De cætero reliqua pleraque « Aristotelis disputata in lib. VIII Physicès, et tota Metaphysica, Lo- « gica, et Ethica nemo fere sanus in dubium vocabit. » *Epistola ad Thomasium*, 1669. — *Id., ibid.*, p. 51. « Hinc mihi hæc scribenti sub « manibus nascitur pulchra quædam scientiarum harmonia, nempe « re exacte perpensa : Theologia seu Metaphysica agit de rerum « efficiente, nempe mente : Philosophia moralis agit de rerum fine, « nempe bono; Mathesis agit de rerum forma, nempe figura ; Physica « agit de rerum materia.... »

2. M. Foucher de Careil, *Nouvelles Lettres*, etc., p. 44, *Platonis Phædo, vel de animi immortalitate, salvis sententiis, a Leibnitio contractus;* p. 98, *Platonis Theætetus, sive de scientia, a Leibnitio contractus.*

3. Erdmann, p. 446, *Epistola ad Hanschium, de philosophia Platonica sive de Enthusiasmo Platonico*. 1707.

tamment sur la fin de sa vie, à témoigner pour Platon une préférence marquée.

Des textes nombreux attestent la longue pratique dans laquelle Leibniz a vécu du Péripatétisme et du Platonisme, et aussi son inclination finalement décidée pour les théories platoniciennes, analogues en tant de points à ses propres théories. Il suffira sans doute, parmi tous ces textes, d'en rapporter quelques-uns des plus décisifs, et des dernières années de sa carrière.

« De tous les anciens philosophes, écrit Leibniz, Platon me revient le plus par rapport à la métaphysique[1]. »

« Je trouve naturel, écrit encore Leibniz, s'adressant à Montmort, que vous ayez goûté quelque chose dans mes pensées, après avoir pénétré dans celles de Platon, auteur qui me revient beaucoup et qui mériterait d'être mis en système. Je crois pouvoir porter à la démonstration des vérités qu'il n'a fait qu'avancer; et ayant suivi ses traces et celles de quelques autres grands hommes, je me flatte d'en avoir profité et d'avoir atteint, dans un certain point au moins,

« *Edita doctrina sapientum templa serena*[2]. »

Et ailleurs :

« J'ai toujours été fort content, même dès ma jeunesse, de la morale de Platon, et encore en quelque façon de sa métaphysique : aussi ces deux sciences vont-elles de compagnie, comme la mathématique et la physique. Si quelqu'un réduisait Platon en système, il

---

1. Erdmann, p. 723, *Lettre III à Bourguet*, 1714.
2. *Id.*, p. 701, *Lettre I à Montmort*, 1714.

rendrait un grand service au genre humain, et l'on verrait que j'en approche un peu [1]. »

Comme celui de Platon, le nom d'Aristote se trouve très-fréquemment cité, et avec honneur, dans les ouvrages de Leibniz.

« J'ai toute raison, écrit Leibniz au P. Des Bosses, de louer la Logique d'Aristote [2]. »

« Je ne doute pas, écrit-il à Kortholt, que vous n'ayez parfaitement remarqué les défauts de la morale aristotélicienne. Cependant les notions qu'Aristote a données sur la justice, m'ont toujours pu extrêmement [3]. »

« J'ai souvent désiré, écrit-il à Wolf, qu'on réunît en abrégé les anciens interprètes d'Aristote [4]. »

De ce long et assidu commerce de Leibniz avec les doctrines platonicienne et péripatéticienne, il résulte qu'il ne se peut pas que la théodicée de Leibniz n'ait pas eu dans les théodicées de Platon et d'Aristote des antécédents très-réels. Demandons-nous, par conséquent, quoique d'une manière sommaire, quelles sont ces théodicées.

En premier lieu, rappelons les principaux traits de la théodicée platonicienne.

Platon ne prend point l'existence de Dieu comme un

---

1. Erdmann, p. 725, *Extrait d'une lettre à Montmort*, 1715.
Cf. Dutens, t. V, p. 368, *Ad Bierlingium*, 1711. « Platonis dialogi
« paulo minus (quam Ciceronis) accommodati sunt ad genium nostri
« seculi. Mihi tamen vix quicquam in illis spernitur, adeo multa
« agnosco consideratione profundiore digna. » — *Id.*, p. 369 : « De
« Platone non sentio tam contemptim ; meditationes ejus mihi et pro-
« fundæ passim et utiles videntur. Et habeo Ciceronem non malum
« judicem mecum sentientem. Non ita pridem didicimus, plus Pla-
« tonem in recessu habere, quam vulgo apparet. »
2. Dutens, t. VI, pars I, p. 189, *Epistola XXV*, 1710.
3. *Id.*, t. V, p. 329, *Epistola XXVII*, 1715.
4. *Id.*, *ibid.*, p. 448, *Epistola II*, 1712.

fait accordé ; il la démontre. Et on peut compter chez lui comme trois preuves de l'existence de Dieu :

1° Le mouvement suppose un premier moteur.

2° Le procès de la dialectique, le vol de l'amour nous portent et nous poussent à un terme suprême de nos pensées, à un objet souverain de nos désirs. C'est là la preuve platonicienne par excellence [1].

3° Platon, qui ne manque jamais de tenir compte de la tradition, fait plus d'une fois appel au consentement universel, pour établir l'existence de Dieu.

Donc Dieu est. Mais qu'est Dieu ? Dieu, répond Platon, est un, il est simple, il est éternel. En lui se découvrent la science, la bonté, la puissance, la justice.

Doué de tous ces attributs, non-seulement métaphysiques, mais intellectuels et moraux, quels sont les rapports de Dieu et du monde ?

Platon n'enseignera pas que Dieu est le créateur du monde, l'idée de la création lui étant complétement étrangère. Mais il professera du moins que Dieu est l'architecte du monde. C'est, de plus, un architecte qui se complaît dans son œuvre. Parce qu'il est exempt d'envie, Dieu s'est fait le père du monde. Dans une masse chaotique, obscure, ténébreuse, il a introduit l'ordre, l'arrangement, la lumière. Il a voulu, autant que possible, que ce monde lui ressemblât à lui-même, et l'a, pour ainsi dire, marqué à son effigie. Platon affirme donc le principe du meilleur.

Dieu, d'ailleurs, n'est pas seulement l'ordonnateur du monde ; il en est aussi la providence, providence générale qui protége l'ensemble des choses, et provi-

---

1. Voyez notre écrit intitulé : *Exposition de la théorie platonicienne des idées*. Paris, 1858, in-18.

dence particulière qui est attentive aux moindres détails.

Et cependant il y a du mal dans le monde. Platon n'a pas résolu le problème du mal; mais enfin il se l'est proposé. Déchargeant Dieu de toute responsabilité, il attribue le mal à deux causes :

1° A la nature de la matière, qui, de soi, rebelle, indocile, ne subit qu'imparfaitement l'influence ordonnatrice de Dieu.

2° A la perversité et aux abus de la liberté humaine.

Ainsi, un Dieu, premier moteur, terme de nos idées, définitif objet de nos désirs ; un Dieu acclamé par le genre humain ; un Dieu unique et possédant en soi les perfections qu'aime à y reconnaître l'humanité; un Dieu qui n'a pas créé la matière, mais qui l'a ordonnée avec toute la complaisance d'un artiste et qui conserve le monde avec toute la tendresse d'un père ; un Dieu qui, dans cette œuvre de gratuite bonté, est allé au meilleur et qu'on ne saurait, par conséquent, charger du mal qui nous afflige, tel est le Dieu de la théodicée platonicienne.

Voyons quel est le Dieu d'Aristote.

Non plus que Platon, Aristote ne pose pas l'existence de Dieu comme un fait de soi très-manifeste. Il la démontre. Et toute sa démonstration se réduit à la preuve qui se tire du mouvement. Il y a du mouvement; donc il y a un premier moteur, lui-même immobile. Mais cette preuve, en soi si simple, on peut dire qu'il l'épuise, et qu'il lui donne, à l'aide des merveilleuses ressources de sa logique, tous les développements qu'elle est susceptible de recevoir.

Dieu est donc. Mais qu'est Dieu ?

« Faut-il poser cette essence comme unique, ou bien

y en a-t-il plusieurs ? Et s'il y en a plusieurs, combien y en a-t-il ? » Dieu, répond Aristote, Dieu est un. Le premier moteur est entéléchie.

D'autre part, pour se rendre exactement compte de la manière dont Aristote a conçu la nature de Dieu, il faudrait pénétrer dans les profondeurs de la théorie des quatre causes ou principes, à quoi se ramène tout son système : la cause matérielle, la cause formelle, la cause efficiente, la cause finale.

Dieu, conclut Aristote, Dieu est acte pur ; Dieu est pensée ; Dieu se pense lui-même éternellement ; il est la pensée de la pensée.

Unique, acte pur, pensée de la pensée, quels sont les rapports de Dieu et du monde ?

Suivant Aristote, connaître le monde, pour Dieu, ce serait s'avilir ; soutenir le monde, ce serait se fatiguer.

C'est pourquoi, non-seulement Dieu n'a pas créé le monde, mais il ne le connaît pas ; il n'agit pas sur le monde, au moins le sachant. Toutefois, l'action divine sur le monde n'en est pas moins efficace et permanente. Dieu en effet est le souverain désirable, en même temps qu'il est le souverain intelligible. De même, par conséquent, que l'aimant attire nécessairement le fer ; de même Dieu, par sa nature excellente, attire le monde, qui s'éveille sous cet irrésistible attrait, se meut, devient vivant, harmonieux, fécond, et offre un système indissoluble de choses où tout est lié. Dieu, ainsi, est l'extrême cime à laquelle sont suspendus le ciel et la terre. Mais évidemment un tel Dieu n'est point providence. Solitaire, égoïste, inaccessible, son influence est aveugle, fatale.

Comment, dès lors, expliquer l'origine du mal ?

On hésite à savoir si une telle question existait même, aux yeux d'Aristote.

Tout est lié, dit le Stagirite; donc tout est à sa place; donc tout est bien. C'est ici encore, si l'on veut, l'optimisme, mais un optimisme désespérant, qui repose sur la fatalité et non sur le principe du meilleur; tel, en un mot, que le concevaient plus tard les Stoïciens.

Aussi bien, la distinction essentielle exprimée par Aristote, du νοῦς ποιητικός et du νοῦς παθητικός, fait-elle craindre que ce grand homme n'ait eu d'autre fonds à ses théories que le panthéisme matérialiste, que devaient bientôt professer les sectateurs de Zénon.

Ultérieurement, l'Averroïsme ne fut encore autre chose qu'une interprétation panthéistique du Péripatétisme. Et Leibniz lui-même craignait que cette interprétation ne fût que trop légitime.

« Plusieurs personnes ingénieuses ont cru et croient encore aujourd'hui qu'il n'y a qu'un seul esprit, qui est universel et qui anime tout l'univers et toutes ses parties, chacune suivant sa structure et suivant les organes qu'il trouve, comme un même souffle de vent fait sonner différemment différents tuyaux d'orgue; et qu'ainsi, lorsqu'un animal a ses organes bien disposés, il y fait l'effet d'une âme particulière; mais lorsque les organes sont corrompus, cette âme particulière revient à rien ou retourne, pour ainsi dire, dans l'océan de l'esprit universel.

« Aristote a paru à plusieurs d'une opinion approchante, qui a été renouvelée par Averroës, célèbre philosophe arabe. Il croyait qu'il y avait en nous un *intellectus agens* ou entendement actif, et aussi un *intellectus patiens* ou entendement passif; que le premier, venant au dehors, était éternel et universel pour tous, mais que l'entendement passif, particulier à chacun, s'éteignait dans la mort de l'homme [1]. »

En résumé, ni le Dieu de Platon, ni le Dieu d'Aristote n'est créateur.

Mais le Dieu de Platon, cause efficiente, est revêtu de tous les attributs intellectuels et moraux qui permettent de concevoir son action bienfaisante sur le monde.

Le Dieu d'Aristote, cause finale, est destitué, au contraire, des perfections qui rendent la Divinité particulièrement aimable et secourable à l'humanité [2].

Il faut maintenant, d'après des textes précis, signaler les rapprochements qui se peuvent offrir entre la théodicée de Leibniz et les théodicées de ses deux illustres devanciers de l'antiquité.

Commençons par Aristote.

Outre les données générales que Leibniz approuve dans la doctrine péripatéticienne, il applaudit singulièrement à cette maxime que « c'est l'Esprit qui est le principe de tout mouvement. »

« La matière est par elle-même privée de mouvement. Le principe de tout mouvement c'est l'Esprit, ce qu'Aristote a parfaitement vu [3]. »

---

1. Erdmann, p. 178, *Considérations sur la doctrine d'un esprit universel.* — Cf. *ibid.*, p. 82, *Epistola ad Ludov. de Seckendorff*, *de loco quodam Aristotelis*, 1684. « Præclarus est locus Aristotelis.... esse
« aliquid in nobis agens, ratione præstantius, imo divinum.... Aristo-
« teles autem vereor ne hic in animo habuerit sententiam pernicio-
« sam, cujus sese alibi suspectum reddidit : de intellectu agenti uni-
« versali, qui solus et in omnibus idem, post mortem supersit, quam
« sententiam renovarunt Averroistæ. »

2. Voyez M. Jules Simon, *Études sur la Théodicée de Platon et d'Aristote*, Paris, 1840, in-8.

3. Erdmann, p. 52, *Epistola ad Thomasium*.

Tout le Leibnizianisme repose sur la conception de la monade.

Or, en second lieu, c'est en grande partie à Aristote que Leibniz emprunte cette essentielle notion.

« J'espère, écrit-il, d'avoir avancé la connaissance générale de l'âme et des esprits. Une telle métaphysique est ce qu'Aristote demandait; c'est la science qui s'appelle chez lui Ζητουμένη, la désirée, ou qu'il cherchait, qui doit être à l'égard des autres sciences théorétiques ce que la science de la félicité est aux arts dont elle a besoin et ce que l'architecte est aux ouvriers[1]. »

« Au commencement, écrit-il ailleurs, lorsque je m'étais affranchi du joug d'Aristote, j'avais donné dans le vide et dans les atomes, car c'est ce qui remplit le mieux l'imagination; mais en étant revenu, après bien des méditations je m'aperçus qu'il est impossible de trouver les principes d'une véritable unité dans la matière seule, ou dans ce qui n'est que passif, puisque tout n'y est que collection ou amas de matière à l'infini. Or la multitude ne pouvant avoir sa réalité que des unités véritables, qui viennent d'ailleurs, et sont tout autre chose que les points dont il est constant que le continu ne saurait être composé; donc pour trouver ces unités réelles je fus contraint de recourir à un atome formel, puisqu'un être matériel ne saurait être en même temps matériel et parfaitement indivisible ou doué d'une véritable unité. Il fallut donc rappeler et comme réhabiliter les formes substantielles,

---

1. Erdmann, p. 372, *Nouveaux Essais*, liv. IV, chap. VIII, § 5. Cf. *Ibid.*, p. 381, *Nouveaux Essais*, liv. IV, chap. XII, § 4. — *Ibid.*, p. 121, *De primæ philosophiæ emendatione et de notione substantiæ*.

si décriées aujourd'hui ; mais d'une manière qui les rendît intelligibles et qui séparât l'usage qu'on en doit faire de l'abus qu'on en a fait. Je trouvai donc que leur nature consiste dans la force, et que de cela s'ensuit quelque chose d'analogique au sentiment et à l'appétit, et qu'ainsi il fallait les concevoir à l'imitation de la notion que nous avons des âmes. Mais comme l'âme ne doit pas être employée pour rendre raison du détail de l'économie du corps de l'animal, je jugeai de même qu'il ne fallait pas employer ces formes pour expliquer les problèmes particuliers de la nature, quoiqu'elles soient nécessaires pour établir de vrais principes généraux. Aristote les appelle, entéléchies premières. Je les appelle peut-être plus intelligiblement, forces primitives, qui ne contiennent pas seulement l'acte ou le complément de la possibilité, mais encore une activité originale[1]. »

Et encore :

« L'entéléchie d'Aristote, qui a fait tant de bruit, n'est autre chose que la force ou l'activité, c'est-à-dire un état, dont l'action suit naturellement si rien ne l'empêche[2]. »

La notion de la monade d'ailleurs étant générale, Leibniz la transportera à Dieu, qu'il appellera « la monade des monades. »

A l'imitation, ou du moins à l'instigation encore de la doctrine péripatéticienne, Leibniz dira de Dieu « qu'il est un vivant éternel et parfait; » qu'il est « acte pur. »

1. Erdmann, p. 124, *Système nouveau de la nature*, etc.
2. *Id.*, p. 736, *Lettre à Montmort*, 1715.

« Dieu seul, écrit-il, est une substance vraiment séparée de la matière, car il est acte pur[1]. »

Non-seulement Leibniz emprunte à Aristote quelques-unes de ses vues les plus profondes sur Dieu et plusieurs de ses expressions les plus pleines de sens, mais il semble que ces deux grands esprits s'accordent sur la méthode qu'il convient de suivre pour déterminer les attributs de Dieu.

« Nous goûtons le bonheur de penser passagèrement, dit Aristote; Dieu le possède éternellement. » — « En pensant à nous-mêmes, dit Leibniz, nous pensons à l'être, à la substance, soit simple, soit composée, à l'immatériel et à Dieu lui-même; car nous concevons que ce qui est limité en nous, se trouve en lui sans limites[2]. »

Enfin, si Aristote ne conçoit entre Dieu et le monde que des rapports aveugles et nécessités, du moins il déclare que tout est lié dans le monde, qu'il n'y a rien d'inutile, que le monde est un et que Dieu est le bien du monde.

« L'inutile est banni du monde comme le vide; tout pour une fin; toutes les fins particulières pour une fin suprême; il n'y a pas d'épisode; le monde est un et Dieu est le bien du monde. »

Ce sont là des principes que Leibniz s'empresse d'adopter, et qui, d'une certaine façon, justifient son optimisme.

Voilà les rapports de la théodicée de Leibniz avec la théodicée d'Aristote; voici ses rapports avec la théodicée de Platon.

---

1. Erdmann, p. 466, *Epistola ad Wagnerum de vi activa corporis, de anima, de anima brutorum*, 1710.
2. Dutens, t. II, p. 24. *Principia philosophiæ*, etc.

Leibniz remarque d'abord avec quel sentiment des harmonies du monde Platon a su reconnaître qu'il n'y a qu'une seule cause de tout ce qui est.

Comme Platon, il professe que Dieu est la région des idées éternelles et pénètre dans la signification un peu détournée de la théorie de la réminiscence.

« Je ne suis nullement pour la *tabula rasa* d'Aristote; et il y a quelque chose de solide dans ce que Platon appelait la réminiscence. Il y a même quelque chose de plus, car nous n'avons pas seulement une réminiscence de toutes nos pensées passées, mais encore un pressentiment de toutes nos pensées [1]. »

« Je crois avec Platon et même avec l'École et avec tous ceux qui prennent dans cette signification le passage de saint Paul (Rom., II, 15) où il marque que la loi de Dieu est écrite dans les cœurs ; je crois que l'âme contient originairement les principes de plusieurs notions et doctrines que les objets extérieurs réveillent seulement dans les occasions [2]. »

« En Dieu se trouve la source du vrai et du bon, et c'est ce que Platon avait parfaitement compris ; car il avait toujours les regards tournés vers le vrai en soi, αὐτοαληθὲς [3]. »

D'un autre côté, il y a chez Leibniz comme un écho de cette poétique et philosophique théorie de l'amour, si divinement exposée par Platon dans le *Phèdre* et dans le *Banquet*.

« Il est aisé d'aimer Dieu comme il faut. Car quoique Dieu ne soit point sensible à nos sens externes, il

---

1. Erdmann, p. 137, *Réflexions sur l'Essai de l'entendement humain de M. Locke*. — Cf. *Id.*, p. 446, *Epistola ad Hanschium*.
2. *Id.*, p. 194, *Nouveaux Essais, Avant-propos*.
3. *Id.*, p. 446, *Epistola ad Hanschium*, 1707.

ne laisse pas d'être très-aimable et de donner un très-grand plaisir. Nous voyons combien les honneurs font plaisir aux hommes, quoiqu'ils ne consistent point dans les qualités des sens extérieurs.... La musique nous charme, quoique sa beauté ne consiste que dans les convenances des nombres.... Les plaisirs que la vue trouve dans les proportions, sont de la même nature.... On peut même dire que dès à présent l'amour de Dieu nous fait jouir d'un avant-goût de la félicité future[1]. »

Le Dieu de Platon n'est pas créateur. Mais enfin, il est l'architecte du monde et le géomètre qui a mis dans l'univers les lois qui le régissent.

Ce sont là des expressions que reprendra Leibniz, des sentiments qu'il se plaira à reproduire.

« M. Bayle a raison de dire avec les anciens que Dieu exerce la géométrie, et que les mathématiques sont une partie du monde intellectuel et sont plus propres pour y donner entrée. »

« La nature-architecte, » dit-il ailleurs [2].

Ce n'est pas tout. Leibniz est frappé de l'idée que Platon se faisait de la matière, qu'il considérait comme un être imparfait et transitoire, lui opposant la substantielle réalité des idées, τὰ ὄντως ὄντα.

Aussi, quoique la monade leibnizienne soit presque exclusivement conçue à l'image de l'entéléchie d'Aristote; en tant que les monades sont des substances, les monades de Leibniz ne sont pas sans offrir quelque lointaine analogie avec les idées de Platon.

---

1. Erdmann, p. 717, *Principes de la nature et de la grâce.* Cf. Id., p. 469, *Théodicée, Préface.*

2. *Id.*, p. 266, *Nouveaux Essais*, liv. II, chap. xxi, § 65.

« Je vois maintenant ce que Platon entendait, quand il prenait la matière pour un être imparfait et transitoire ; ce qu'Aristote voulait dire par son entéléchie[1]. »

Pour Platon d'ailleurs, l'Être n'est-il pas une puissance, et l'âme une force qui a la faculté de se mouvoir elle-même[2] ?

Enfin, Platon a exprimé sur les rapports de Dieu et du monde certaines assertions que Leibniz éclaircit, en y découvrant un sens très-plausible, auquel apparemment il ajoute.

« Platon a dit dans le *Timée* que le monde avait son origine dans l'entendement joint à la nécessité. D'autres ont joint Dieu et la Nature. On y peut donner un bon sens. Dieu sera l'entendement, et la nécessité, c'est-à-dire la nature essentielle des choses, sera l'objet de l'entendement[3]. »

Leibniz surtout adopte le principe du meilleur, si heureusement mis en lumière par Platon, et en fait la base assurée de son optimisme.

En somme, Leibniz se rapproche plus d'Aristote par la conception de Dieu en soi ; de Platon, par la conception de Dieu manifesté dans le monde et Providence.

En somme aussi, Leibniz doit plus, en théodicée, à Platon, par l'étude duquel il a fini, qu'au Stagirite, par l'étude duquel il a commencé.

Il leur reste supérieur à l'un et à l'autre ; mais cette supériorité tient à plusieurs causes qu'il importe d'indiquer.

---

1. Erdmann, p. 205, *Nouveaux Essais*, liv. I, chap. I.
2. Τίθεμαι γὰρ ὅρον ὁρίζειν τὰ ὄντα, ὡς ἔστιν οὐκ ἄλλο τι πλὴν δύναμις. (*Sophista*). — Τὴν δυναμένην αὐτὴν κινεῖν κίνησιν. (*De legibus*, liv. X).
3. Erdmann, p. 510, *Théodicée*, P. I, 20.

Et d'abord le génie de Leibniz se relève de son originalité propre. Ce grand homme ne peut être un simple paraphraste de Platon ni d'Aristote. Il en est venu sur les points les plus essentiels de la théodicée, et c'est là tout ensemble sa force et sa faiblesse, à des précisions que Platon ne soupçonnait pas, dont Aristote n'avait pas connu le besoin.

Il faut tenir compte, ensuite, du progrès naturel du temps et de l'admirable épanouissement de toutes les sciences, au dix-septième siècle, en particulier.

Comment enfin, plus que tout le reste, ne pas signaler l'intervention du Christianisme ?

On l'a dit avec raison :

« La force des choses devait nécessairement amener un progrès, et ce progrès résulte surtout de l'esprit chrétien qui pénètre et vivifie la philosophie au moyen âge. Pour s'en convaincre, on n'a qu'à comparer les solutions des anciens et des modernes sur tous les grands problèmes qui touchent à la morale ou à la théologie. Ainsi, par exemple, les modernes ont bien mieux reconnu et déterminé la dépendance des choses par rapport à Dieu, et son concours avec toutes les actions des créatures. L'École, à ce sujet, n'a fait que répéter et commenter l'opinion de saint Augustin, à savoir que le mal est une privation de l'être, au lieu que l'action de Dieu va au positif. »

Le dogme de la création avait renouvelé la théodicée de fond en comble.

Le dogme de l'Eucharistie, en attirant l'attention des esprits sur la notion de substance, les avait préparés à mieux concilier le concours de Dieu avec les créatures.

Le dogme de la grâce avait aussi donné de nouvelles

ouvertures pour expliquer la dépendance des créatures par rapport à Dieu.

Leibniz lui-même a équitablement reconnu ces raisons de supériorité de sa théodicée sur les théodicées d'Aristote et de Platon.

« Aucune philosophie dans l'antiquité, écrit-il à Hanschius, n'approche davantage de la philosophie chrétienne que le Platonisme, quoique ce fût une grave erreur de croire que Platon peut se concilier avec le Christ. Mais il faut pardonner aux anciens s'ils niaient les commencements des choses ou la création et la résurrection de nos corps; car ce sont là des vérités qui ne peuvent être connues que par la seule révélation.

« Il n'y en a pas moins dans Platon grand nombre de dogmes admirables. En effet, il enseigne que la cause de toutes choses est unique; qu'il y a dans l'esprit divin un monde intelligible, que j'ai coutume d'appeler la région des idées; que la science a pour objet les substances simples, τὰ ὄντως ὄντα, que j'appelle monades, et qui existant une fois persistent toujours, πρῶτα δεκτικὰ τῆς ζωῆς, à savoir Dieu et les âmes, et parmi les âmes surtout les esprits, images de la divinité produites par Dieu même. Suivant lui enfin, les sciences mathématiques qui traitent des vérités éternelles, lesquelles ont dans l'entendement divin leurs racines, nous préparent à la connaissance des substances. Au contraire, il tient que les choses sensibles, c'est-à-dire en général les choses composées, et, pour ainsi parler, substantifiées, sont fluides, et deviennent plus qu'elles n'existent [1]. »

---

1. Erdmann, p. 445, *Epistola ad Hanschium*.

Leibniz, en définitive, se résume dans les termes suivants :

« Mes sentiments tiennent le milieu entre Platon et Démocrite, puisque je crois que tout se fait mécaniquement, comme le veulent Démocrite et Descartes, contre l'opinion de M. Morus et ses semblables, et que néanmoins tout se fait encore vitalement et suivant les causes finales, tout étant plein de vie et de perception, contre l'opinion des Démocritiens[1]. »

En un mot, la théodicée de Leibniz dépasse donc les théodicées de Platon et d'Aristote de tous les progrès du temps, de tous les efforts accumulés du génie, mais surtout de toute la divine sublimité du Christianisme.

Or, un siècle environ après l'apparition du Christianisme, une école se rencontre, dernière expression de l'esprit de l'antiquité, laquelle s'efforce de faire rentrer dans le Platonisme les dogmes de la religion révélée, en même temps qu'au Platonisme, par un syncrétisme confus, elle amalgame le Péripatétisme et le Stoïcisme : c'est l'école d'Alexandrie. Toute la philosophie de cette école se résout d'ailleurs en une théodicée, et cette théodicée a successivement pour interprète Plotin, à Rome, et Proclus à Athènes.

Leibniz ne pouvait pas avoir étudié Platon sans avoir étudié aussi les Platoniciens[2]. Des textes attestent que, dans une certaine mesure, il connaissait, en particulier, les écrits de Plotin et de Proclus.

---

1. Dutens, t. VI, pars I, p. 262, *Lettre* VII *à Thomas Burnet*, 1697.
2. Cf. Dutens, t. II, pars II, p. 53, *De ipsa natura*, etc. « Sane si
« res corporales nil nisi materiale continerent, verissime dicerentur
« in fluxu consistere, neque habere substantiale quicquam, quemad-
« modum et Platonici olim recte agnovere. »

« Étant enfant, j'appris Aristote, et même les Scolastiques ne me rebutèrent point ; et je n'en suis pas fâché présentement. Mais Platon aussi, dès lors, avec Plotin, me donnèrent quelque contentement[1]. »

Et ailleurs :

« Toute âme, comme l'observe très-bien Plotin, contient en soi un monde intelligible[2]. »

Leibniz n'est pas plus étranger aux écrits de Proclus qu'à ceux de Plotin.

« A propos de la philosophie des anciens que M. Wolfius est si capable d'éclaircir, je vous dirai, monsieur, écrit Leibniz à La Croze, que j'ai la traduction latine d'un ouvrage de Proclus, dont on n'a point le grec. Le livre est sur la liberté, la contingence et l'origine du mal. C'est justement l'objet de ma Théodicée. L'auteur de cette version est un certain Guilielmus de Morbeka, archevêque de Corinthe ; je crois qu'il était Anglais de nation. Cette version est si littérale et expressive du grec, qu'on a quelquefois de la peine à l'entendre, et il faut quasi deviner quel a été le grec pour en venir à bout. Ainsi cette version demanderait quasi une autre version, ou bien une paraphrase. Mais, pour cet effet, il faudrait être bien versé dans la lecture des écrits de Proclus et d'autres Platoniciens. Le même Morbek a aussi traduit les éléments théologiques de Proclus, faits à l'imitation des démonstrations des mathématiciens ; mais je crois qu'on en a le grec[3]. »

---

1. Dutens, t. V, p. 8, *Lettre* I *à Montmort*, 1714.
2. Erdmann, p. 445, *Epistola ad Hanschium*.
3. Dutens, t. V, p. 501, *Lettre* xx, 1712. — Cf. *Id., ibid.*, p. 421, *Epistola* II *ad Fabricium*, 1707. « Cogitavi, addito Suisseto, subtilis-
« simo homine et in philosophia pene mathematico, confici posse cor-

« La philosophie platonicienne mériterait assurément qu'on en fît un corps de doctrine; car elle me paraît excellente à beaucoup d'égards. Tout récemment en France, Dacier a traduit en français et commenté quelques ouvrages de Platon. Il y faudrait joindre Plotin, et aussi Proclus. L'un et l'autre, en effet, ont pris à tâche d'expliquer Platon[1]. »

Cela posé, quels peuvent être les rapports de la théodicée de Leibniz et de la théodicée des Alexandrins?

Rien de plus élémentaire à la fois et de plus embarrassé que la théodicée Alexandrine, dont le premier interprète est Plotin.

Pour Plotin, le suprême effort de toute philosophie se réduit à l'identification du sujet et de l'objet, ἅπλωσις καὶ ἕνωσις.

Le sujet, c'est l'âme humaine; l'objet, c'est Dieu. Dieu est successivement univers, intellect, unité. Il y a en lui trois hypostases, non pas personnes, mais simples manifestations et phénomènes. Ces manifestations de Dieu sont nécessaires; mais Dieu n'en conserve pas moins la liberté, par où il est Providence. Non-seulement, par conséquent, tout est au mieux, mais tout est bien.

C'est en Dieu, ainsi conçu, que l'âme doit s'absorber par l'élan de l'amour et par l'extase.

Proclus ne change rien d'essentiel à cette théodicée et n'y apporte que des complications qui sentent la décadence.

Pour lui, il y a trois termes de l'être : le monde,

« pusculum κειμηλίων φιλοσοφικῶν, cui non male accessissent illa
« Procli, a Guilielmo de Morbeka latine versa, neque alias extantia, si
« nancisci licuisset. »

1. Dutens, t. V, p. 172, *Epistola* XXIII, *ad Hanschium*, 1716.

l'homme, Dieu ; l'homme étant l'intermédiaire entre le monde et Dieu.

Dieu est successivement âme, intelligence, unité. Seulement Proclus doue cette unité d'une énergie créatrice, et dans chaque hypostase, introduit une triplicité d'hypostases subalternes.

Dieu ainsi défini, c'est en substituant à l'effort de la volonté l'action de l'intelligence, et à cette action même l'élan de l'amour, que l'âme doit se proposer pour fin suprême de s'y abîmer par l'extase.

En résumé, Trinité, Optimisme, Panthéisme, voilà les trois points essentiels où se ramène la théodicée Alexandrine.

Aussi, entre la théodicée de Leibniz et la théodicée des Alexandrins, n'y a-t-il que d'apparentes et trompeuses analogies.

I. Leibniz se donne garde de mêler le dogme et la spéculation, et quand il parle de la Trinité, c'est à la Trinité chrétienne qu'il s'attache, unité de Dieu en trois personnes, laquelle n'a rien de commun avec la Trinité factice d'un Dieu, manifesté sous trois modes différents.

II. L'optimisme des Alexandrins n'est rien que le destin de l'antiquité ; il implique une nécessité qui est fatalité. L'optimisme de Leibniz, au contraire, repose sur une nécessité de pure convenance, qui se réduit à cette affirmation irréfragable qu'en Dieu la puissance est coéternelle à l'intelligence et à la bonté.

III. Le panthéisme des Alexandrins répugne à toute la philosophie de Leibniz. Sans doute, lorsqu'il s'agira d'expliquer les rapports de Dieu et des créatures, ce sublime esprit pourra fléchir, et infirmer, par sa théorie de l'harmonie préétablie, qui fait de Dieu le seul acteur, ses propres principes. Mais ces principes n'en subsistent pas moins dans toute leur énergie.

Par ces principes mêmes, Leibniz s'est fait le défenseur et le promoteur, en même temps que de la notion de substance, de l'activité des créatures.

C'est ainsi qu'il a restitué la notion de substance compromise par Descartes.

C'est ainsi qu'il l'a défendue contre Locke, qui la destituait de toute virtualité.

C'est ainsi qu'il l'a revendiquée contre Spinoza, qui, absorbant tout en un, proclamait l'unité de substance.

C'est ainsi enfin que dégageant de dangereuses chimères la théorie du pur amour, il l'a protégée contre les envahissements du faux mysticisme.

De la théodicée Alexandrine à la théodicée de Leibniz, je ne sais quel souffle d'éloquence, quel éclat de poétique enthousiasme, quel goût des choses divines peut s'être communiqué et propagé. Entre les deux doctrines, il n'y a de commun rien de plus et on voit aisément, de ces deux théodicées, quelle est celle qui est préférable à l'autre.

CHAPITRE VI.

Saint Anselme, saint Thomas, Leibniz.

Le Christianisme, en appelant l'attention sur des problèmes jusque là ignorés, en posant d'une manière inattendue les problèmes anciens, surtout en affirmant de sa propre autorité certaines solutions ; le Christianisme avait donné à la théodicée une face nouvelle.

Quelle n'était point, par exemple, en théodicée, la nouveauté, l'importance du dogme de la création ?

Le Christianisme d'ailleurs n'abolissait pas la philosophie. Il la vivifiait. Et Leibniz a remarqué avec justesse que toute la Scolastique s'est particulièrement efforcée « d'employer utilement pour le Christianisme ce qu'il y avait de passable dans la philosophie des païens [1]. »

De là, l'importance de la Scolastique. Nul, au dix-septième siècle, ne l'a plus expressément avouée que Leibniz.

« Même les Scolastiques, écrit Leibniz, ne me rebutèrent point. [2] »

---

1. Dutens, t. V, p. 13, *Lettre* III *à Montmort*, 1714.
2. *Id., ibid.*, p. 8, *Lettre* I *à Montmort*, 1714.

« Je reconnais, écrit-il ailleurs, que les Scolastiques abondent en inepties, mais il y a de l'or dans cette boue[1]. »

Et encore :

« J'ai souvent dit aux partisans exclusifs de la philosophie des modernes, que les Scolastiques ne sont point absolument méprisables ; j'ai souvent répété que dans leur fange se cache de l'or ; si bien que ce serait rendre un grand service, que de donner au public un recueil d'extraits choisis de leurs ouvrages.

« Je regrette qu'il nous manque une histoire de la Théologie, et de la Philosophie scolastique[2]. »

Dès sa jeunesse, Leibniz a donc en grande estime la Scolastique. Sans doute, il y trouve des subtilités syllogistiques, voisines de la puérilité, des ténèbres, des scories, de la boue ; mais, sous cet amas qui le cache, il sait apercevoir l'or le plus pur et le plus affiné.

Leibniz ne s'en tient pas non plus à ces jugements généraux, et de nombreux passages de ses écrits attestent qu'il avait fait une étude approfondie des Scolastiques les plus illustres.

Et d'abord, bien qu'il ait peu suivi saint Augustin et qu'il s'en sépare en des points essentiels, il ne lui refuse pas l'expression de sa louange, ni même de son admiration.

« Saint Augustin était un grand homme sans doute, et avait infiniment d'esprit ; il paraît assez qu'il a

---

1. Dutens, t. V, p. 355, *Ad Bierlingium*, 1709. — Cf. Erdmann, p. 481, *Théodicée, Discours de la conformité*, etc. « Il faut avouer avec l'incomparable Grotius qu'il y a quelquefois de l'or caché sous les ordures du latin barbare des moines. »

2. *Id.*, t. VI, pars I, p. 178, *Ad R. P. Des Bosses*, *Epistola* IV, 1707.

formé son système peu à peu, selon qu'il était engagé, sans avoir eu d'abord un plan complet. Ainsi n'ayant point prévu toutes les difficultés qui l'incommodaient, il a été réduit quelquefois à recourir à de mauvaises excuses[1]. »

« Il faut avouer que l'ouvrage d'Origène contre Celse, de Lactance contre les païens en général, de saint Cyrille contre l'empereur Julien, et de saint Augustin, *de Civitate Dei*, contiennent des choses excellentes[2]. »

« Je distingue les propositions dont je voudrais qu'on fît des établissements en deux espèces. Les unes se peuvent démontrer absolument par une nécessité métaphysique et d'une manière incontestable; les autres se peuvent démontrer moralement, c'est-à-dire, d'une manière qui donne ce qu'on appelle certitude morale, comme nous savons qu'il y a une Chine et un Pérou, quoique nous ne les ayons jamais vus, et n'en ayons point de démonstration. Saint Augustin, dans son livre *de Utilitate credendi*, a déjà fait de bonnes réflexions sur cette espèce de certitude[3]. »

Leibniz va même jusqu'à étudier et à estimer saint Augustin dans ses disciples et ses commentateurs.

D'autre part, ainsi qu'il l'observe, il y a bien plutôt chez saint Augustin des vues qu'un système, des maximes profondes et comme des semences, qu'une doctrine arrêtée et un enseignement qui fasse corps. C'est pourquoi Leibniz s'est beaucoup moins attaché à saint Augustin qu'à saint Anselme et à saint Thomas, dont les noms reviennent plus d'une fois sous sa

---

1. Dutens, t. V, p. 65, *Lettre* II *à Grimarest*, 1712.
2. *Id*, t. VI, pars I, p. 244, *Lettre* V *à Thomas Burnet*.
3. *Id., ibid.*, pars I, p. 245, *ibid.*

plume et dont il a dit d'une manière générale et équitable :

« Nos modernes ne rendent pas assez justice à saint Thomas et à d'autres grands hommes de ce temps-là, et il y a dans les sentiments des philosophes et des théologiens scolastiques bien plus de solidité qu'on ne s'imagine, pourvu qu'on s'en serve à propos et en leur lieu. Je suis même persuadé que si quelque esprit exact et méditatif prenait la peine d'éclaircir et de digérer leurs pensées à la façon des géomètres analytiques, il y trouverait un trésor de quantité de vérités très-importantes et tout à fait démonstratives[1]. »

Rappelons par conséquent, en abrégé, quelles ont été les théodicées de saint Anselme, de saint Thomas. Nous chercherons ensuite en quoi la théodicée de Leibniz se rattache à ces théodicées.

Saint Anselme (1033), abbé du Bec, puis archevêque de Cantorbéry, a offert à son siècle ce bel exemple d'allier la raison à la foi et de chercher à asseoir une théodicée sur les seules évidences de l'entendement[2].

Pour un moine, pour un évêque, c'est-à-dire pour un représentant accrédité, pour un défenseur officiel du dogme, l'entreprise était hardie. Aussi saint Anselme a-t-il éprouvé le besoin de se justifier à l'avance et de se couvrir des maximes de saint Augustin.

Toute sa théodicée est comprise dans deux écrits : le *Monologium*, le *Proslogium*.

Dans le *Monologium*, saint Anselme fait cette remarque essentielle que la notion de biens divers conduit à la notion du souverain bien, qui est Dieu.

---

1. *Discours de métaphysique*, publication de M. Grotefend, p. 163.
2. Voyez *Saint Anselme*, par *M. Ch. de Rémusat*. Paris, 1852, 1 vol. in-8.

Le souverain bien, qui est Dieu, doit être unique ; il doit être créateur ; il doit être Providence. Car ce sont autant de perfections que d'être unique, que d'être créateur, que d'être Providence.

Est-ce d'ailleurs uniquement par des déductions logiques que saint Anselme arrive à cette notion de l'existence et des attributs de Dieu ? Nullement. Des déductions logiques ne donneraient qu'un Dieu logique, c'est-à-dire qu'une pure abstraction et comme le vide de l'être. C'est dans l'âme que saint Anselme prend les principes de sa connaissance de Dieu. Il croit même découvrir dans l'âme des vestiges de la Trinité. En un mot, il pratique avec sagacité et profondeur cette maxime de la sagesse sacrée et profane : « qu'il faut se connaître soi-même. »

Série de déductions, non abstraites, mais vivantes, le *Monologium* n'en est pas moins un tissu de raisonnements qui se pressent et dont le développement exige, pour qu'on le suive, une sévère et laborieuse attention.

Saint Anselme en vint donc à désirer une preuve tellement simple de l'existence de Dieu, qu'elle fût capable de saisir les intelligences les plus distraites. Et cette preuve, il la chercha plus encore par la prière et par les larmes, que par l'effort de l'esprit. Il la trouva. Elle fait l'objet du *Proslogium*, espèce d'invocation, d'élan, d'aspiration de l'être créé vers son créateur.

Anselme commence par déplorer la folie de ceux qui disent dans leur cœur que Dieu n'est pas : « *Dixit insipiens in corde suo : Non est Deus.* » Et voici par quel décisif raisonnement il condamne l'insensé, dont parle David : « On ne peut penser que Dieu n'est pas ; la pensée de Dieu est nécessaire à l'esprit. D'autre part, on ne peut penser rien de plus grand que Dieu. Dieu est plus grand que toute pensée. Ce qui est plus grand que toute pensée ne peut être seulement dans la pensée ; car, en ce cas, il y aurait quelque chose de plus grand, savoir ce qui existerait dans la pensée, et existerait aussi réellement, objectivement. Ainsi la pensée de Dieu prouve la nécessité de Dieu. »

Cette argumentation ne resta pas sans contradicteur. Un moine de l'abbaye de Marmoutiers, Gaunilon, prit parti pour l'insensé, *pro insipiente*. Évidemment, il n'entendait pas défendre un système d'athéisme ; mais il soutenait que l'idée de Dieu étant purement subjective, on ne pouvait légitimement conclure de la présence de cette idée dans notre esprit, à la réalité même de l'existence de Dieu. C'était l'objection que Kant devait un jour reproduire.

« Vous avez entendu parler, disait Gaunilon à l'abbé du Bec, de cette grande île perdue, qu'on appelle l'île Fortunée. Si vous me parlez de cette île, je vous comprends très-bien ; mais si vous me dites que votre idée prouve l'existence de cette terre (car, pour être ce qu'il y a de plus excellent, il faut qu'elle existe non-seulement en idée, mais en réalité), je penserai que vous plaisantez. » A cet autre argument d'Anselme : « On ne peut penser que Dieu n'est pas Dieu, » Gaunilon répond : « Dites : on ne peut le comprendre, car on peut penser le faux. » — Anselme répliquait : « Trouvez-moi un objet existant en réalité ou par la pensée seule, tel qu'on ne puisse rien supposer de plus grand, et vous serez en droit de vous en servir contre mon argumentation ; mais évidemment il n'en est pas ainsi de l'île perdue. »

Quant à la distinction entre comprendre et penser, Anselme est d'une opinion complétement opposée à celle de son adversaire; selon lui, « rien de ce qui est ne peut être compris n'être pas; mais tout ce qui est, excepté ce qui est souverainement, peut être pensé ne pas être. »

Saint Thomas (1227) rejeta presque aussi absolument que l'avait fait Gaunilon, la preuve de saint Anselme. Mais il se montra animé du même esprit conciliant que l'archevêque de Cantorbéry, du même amour de l'intelligence, de la même persuasion qu'en vertu de la puissance qui lui est propre, la raison est capable d'obtenir des certitudes sur l'existence et la nature de Dieu.

Saint Thomas est d'ailleurs, par-dessus tout, un disciple d'Aristote, et c'est au Stagirite qu'il emprunte les éléments de sa théodicée.

Les preuves qu'il donne de l'existence de Dieu sont au nombre de cinq :

1° Le mouvement suppose un premier moteur;

2° Il ne peut y avoir de série indéfinie de causes subordonnées;

3° Il ne peut y avoir de série indéfinie d'êtres contingents;

4° Les différents degrés de perfection ne se conçoivent qu'au regard d'un type de perfection souveraine;

5° L'harmonie de l'univers prouve un ordonnateur.

On le voit, ce sont autant d'applications diverses du principe de causalité.

C'est encore par la considération du mouvement et en le niant de Dieu, que saint Thomas détermine les attributs de Dieu.

En effet, Dieu est. Mais qu'est-il? Dieu sans doute

est ineffable. Toutefois, saint Thomas remarque que le propre du moteur immobile sera de posséder le contraire des formes ou des qualités que le mouvement vient attribuer aux choses mobiles. Par conséquent, Dieu n'est ni limité, ni passif, ni composé, ni corporel, ni ignorant, ni en quoi que ce soit imparfait. Au contraire, il est immense, toujours agissant, simple, pur esprit, la science, la perfection même. Saint Thomas ne s'en tient donc pas sur Dieu à l'essentielle notion de l'être. Il développe, il détermine, en suivant la méthode d'Aristote ou la syllogistique, les inséparables attributs de cette divine unité.

Saint Thomas est donc, avant tout, et Leibniz ne s'y est pas mépris, un représentant du Péripatétisme au moyen âge[1].

Mais à l'influence d'Aristote s'ajoute chez saint Thomas l'influence du Christianisme, en même temps qu'à son insu peut-être, il participe à tous les avantages qui résultent de l'emploi, même irréfléchi, de la méthode psychologique, de la considération de l'âme. Aussi a-t-il conçu et pénétré d'une manière bien autrement profonde que le Stagirite, les rapports du monde et de Dieu[2].

Après avoir tracé ce rapide crayon des théodicées de saint Anselme et de saint Thomas, comparons-leur la théodicée leibnizienne.

---

1. Cf. Dutens, t. VI, pars I, p. 185, *Ad R. P. Des Bosses, Epistola* XIX, 1708.

« Memini vestrum *Franciscum de Lanis* alicubi, uti inter medios
« Aristotelis interpretes nullum *Thomæ Aquinati*, ita inter recen-
« tiores nullum *Sylvestro Mauro* ex vestra societate præferre. »

2. Voyez *la Philosophie de saint Thomas d'Aquin*, par M. Ch. Jourdain. Paris, 1858, 2 vol. in-8.

Leibniz partage l'esprit libéral et conciliant de saint Anselme touchant la conformité de la foi avec la raison.

De toute la théodicée de l'archevêque de Cantorbéry, il n'emprunte d'ailleurs et ne discute que la preuve qui occupe le *Proslogium*.

« Anselme, archevêque de Cantorbéry, dans son livre *contra insipientem*, ou contre un athée, a le premier produit cet argument *a priori* de l'existence de Dieu, lequel se tire de l'idée ou de la définition de Dieu. Cette démonstration a été reprise par Descartes et, avant lui, par Thomas d'Aquin et par d'autres Scolastiques, quoique saint Thomas ne me semble pas l'avoir assez attentivement examinée. Elle consiste à remarquer que l'existence est de l'essence de l'être le plus parfait ou le plus grand, et suit de sa définition ; car il y a plus dans l'idée de l'être le plus parfait que dans l'idée d'existence ; l'existence d'ailleurs est une sorte de perfection ; donc l'existence doit être attribuée à l'être le plus parfait. Quant à moi, cette conséquence me paraît très-légitime, pourvu qu'on accorde cet antécédent, à savoir que l'essence d'un être le plus parfait ou le plus grand est possible. Aussi bien, Dieu a-t-il cette prérogative, que de sa seule possibilité suit aussi son existence, ce qui ne peut se dire des autres êtres. Pour amener la chose à une démonstration absolue, *il faut donc démontrer que cet Être est possible*. Cependant, comme on prend pour possible tout ce dont le contraire n'est pas prouvé, cette démonstration même a une grande force de persuasion [1]. »

---

1. Dutens, t. VI, pars II, p. 147, *Ex G. G. Leibnitii Epistola ad G. Meierum*, 1696.

Leibniz a-t-il, comme il le croit, complété la preuve donnée par saint Anselme? En aucune façon.

Renouvelée par Descartes, cette preuve de l'archevêque de Cantorbéry est en elle-même irréfragable, si on sait l'entendre. En effet, Dieu est l'être dont la réalité et la possibilité ne se distinguent pas [1].

Les rapports entre la théodicée de saint Thomas et celle de Leibniz sont beaucoup plus étroits et beaucoup plus nombreux.

Leibniz ne rappelle pas seulement l'esprit général de saint Thomas, comme de saint Anselme, cette haute sagesse, qui accorde, au lieu de les commettre l'une avec l'autre, la théologie et la philosophie; mais il suit le Docteur Angélique, il reproduit son langage et s'en autorise sur des questions déterminées.

Et d'abord, c'est presque dans les mêmes termes qu'avait déjà employés saint Thomas, que Leibniz marque les rapports de la foi avec la raison.

« En obéissant à la raison, écrit Leibniz, on remplit les ordres de la suprême raison [2]. »

« La connaissance des principes qui nous sont naturellement connus, écrivait saint Thomas, nous a été donnée de Dieu, puisque Dieu lui-même est l'auteur de notre nature. La sagesse divine contient donc aussi ces principes. Par conséquent, tout ce qui est contraire aux principes de cette sorte, est contraire à la divine sagesse. Or une telle contrariété ne saurait venir de Dieu [3]. »

---

1. Voyez ci-dessus, liv. II, chap. I, p. 123, *Polémique contre Descartes*; plus loin, liv. IV, chap. VII, *Descartes, Leibniz*, p. 359 et suiv.
2. Erdmann, p. 469, *Théodicée*, Préface. — Cf., ci-dessus, liv. IV, chap. I, *Histoire de la Théodicée*, p. 263.
3. *Contra Gentes*, lib. I, cap. VII.

D'un autre côté, Leibniz témoigne une approbation reconnaissante pour le soin que saint Thomas a pris de réfuter l'Averroïsme, c'est-à-dire une des formes les plus perfides et les plus accréditées du panthéisme.

« Du temps des Scolastiques, on a fait plusieurs bons livres contre les Juifs et les Mahométans, à quoi on peut ajouter ce que Thomas d'Aquin a fait *Contra Gentes*[1]. »

Ce sont ensuite des applications très-particulières.

1° Le principe des indiscernables, le principe de la raison suffisante établissent nettement, aux yeux de Leibniz, la différence des âmes et fondent la loi de la continuité. Le philosophe de Hanovre ne s'en plaît pas moins à invoquer sur ce point le témoignage de l'Ange de l'École.

« L'opinion que j'ai de la différence originelle entre les âmes n'est pas entièrement nouvelle. Thomas d'Aquin a déjà remarqué que deux anges ne sauraient être parfaitement semblables, et la même raison a aussi lieu à l'égard des âmes. Quand il serait vrai que les anges fussent tous revêtus de corps subtils (en quoi il n'y a pas d'absurdité), les âmes de ces corps ne laisseraient pas d'être différentes en elles-mêmes. Car il faut nécessairement qu'il y ait une raison pourquoi l'âme A est dans le corps B, et l'âme E dans le corps F, par la règle générale que rien n'arrive sans quelque raison. Mais s'il n'y avait point de différence entre A et E, ces âmes seraient indifférentes à l'égard des corps B et F, et par conséquent elles auraient été placées sans raison[2]. »

---

1. Dutens, t. VI, pars I, p. 244, *Lettre* v *à Th. Burnet*.
2. *Id., ibid.*, p. 233, *Lettre* III *à Th. Burnet*, 1696.

2° Leibniz croit trouver chez saint Thomas jusqu'à des antécédents de la monadologie.

« Les unités sont la véritable source et le siége de tous les êtres, de toute leur force et de tous leurs sens, et tout cela n'est autre chose que des âmes. D'où il s'ensuit incontestablement, non-seulement qu'il y a des âmes, mais encore que tout est plein d'âmes, et en quoi consiste véritablement l'âme, enfin pourquoi chaque âme est incorruptible. Car les unités n'ont point de parties, autrement elles seraient multitudes, et ce qui n'a point de parties ne peut se corrompre. Thomas d'Aquin a déjà dit que les âmes des animaux sont indivisibles, d'où il s'ensuit qu'elles sont incorruptibles. Apparemment qu'il n'a pas voulu s'expliquer plus ouvertement et qu'il s'est contenté de poser le fondement[1]. »

3° Pour saint Thomas comme pour Leibniz, le temps, sans l'être créé, n'est qu'une possibilité idéale. Le temps coexiste aux créatures et ne se conçoit que par l'ordre et la quantité de leurs changements. En conséquence, il est déraisonnable de demander pourquoi Dieu a créé le monde à telle époque plutôt qu'à telle autre; *avant* et *après* ne se conçoivent que des existences finies et nullement au sein de la durée éternelle de Dieu[2].

---

1. Dutens, t. VI, pars I, p. 332, *Leibnitiana*, CLXXXI. Cf. *Id.*, t. II, pars I, p. 50 : « Je voyais que ces formes et ces âmes devaient être indivisibles, aussi bien que notre esprit, comme en effet je me souvenais que c'était le sentiment de Saint Thomas à l'égard de l'âme des bêtes. » *Système nouveau*, etc.

2. Cf. Dutens, t. II, pars I, p. 121, 130 et 156, *Troisième, Quatrième et Cinquième Écrits de Leibniz en réponse à Clarke.* — M. Jourdain, *Opere citato*, t. I, p. 237, a rapproché de ces textes de Leibniz un curieux passage de la *Somme contre les Gentils*, lib. II, cap. XXXV : « Non

4° En accordant la liberté humaine et la prescience divine par le système de la prémotion physique, saint Thomas, comme Leibniz, reconnaît que Dieu fait le fond de l'acte des créatures.

De là, de nouvelles ressemblances.

5° Comme Leibniz, saint Thomas tient que le mal n'est qu'une privation de l'être. Dieu le permet, il ne le cause pas. La distinction du bien et du mal est d'ailleurs indépendante de l'arbitraire de Dieu ; elle est absolue. La notion du bien est consubstantielle à l'intelligence de Dieu.

6° Saint Thomas professe un optimisme restreint, tel que l'entendront plus tard Bossuet et Fénelon. Suivant lui, il n'y a pas de meilleur possible, parce que tous les créés sont égaux au regard de Dieu. Mais, le monde actuel étant donné, il est le meilleur qu'il se pouvait.

L'optimisme de Leibniz est plus complet ; car il affirme et que l'idée du meilleur possible n'est pas chimérique, et que parmi tous les possibles, Dieu a choisi le meilleur.

« est, ante totius creaturæ inchoationem, diversitatem aliquam par-
« tium alicujus durationis accipere.... Nam nihil mensuram non ha-
« bet nec durationem. Dei autem duratio, quæ est æternitas, non habet
« partes, sed est simplex omnino, non habens prius et posterius....
« Non est igitur comparare inchoationem totius creaturæ ad aliqua
« diversa signata in aliqua præexistente mensura, ad quæ initium
« creaturarum similiter et dissimiliter se possit habere, ut oporteat
« rationem esse apud agentem quare in hoc signato illius durationis
« creaturam in esse produxerit, et non in alio præcedenti vel se-
« quenti ; quæ quidem ratio requireretur, si alia duratio in partes
« divisibiles esset præter totam creaturam productam, sicut accidit
« in particularibus agentibus, a quibus producitur effectus in tempore,
« non autem ipsum tempus. Deus autem simul in esse produxit et
« creaturam et tempus. »

L'optimisme de Leibniz et celui de saint Thomas reposent du reste sur des maximes communes, et Leibniz lui-même les a signalées.

« On a sujet de dire généralement que la volonté antécédente de Dieu va à la production du bien et à l'empêchement du mal, chacun pris en soi, et comme détaché (*particulariter et secundum quid*), Thom. I, quest. 19, art. 6, suivant la mesure du degré de chaque bien et de chaque mal; mais que la volonté divine conséquente, finale ou totale, va à la production d'autant de biens qu'on en peut mettre ensemble, dont la combinaison devient par là déterminée, et comprend aussi la permission de quelques maux et l'exclusion de quelques biens, comme le meilleur plan possible de l'univers le demande [1]. »

Leibniz a donc profité dans le commerce de saint Anselme, de saint Thomas. D'une manière générale, la fréquentation des Scolastiques a comme trempé son génie. Il leur a emprunté le goût, la passion des questions les plus ardues.

« Il faut, écrivait-il, rendre cette justice aux Scolastiques plus profonds, comme Suarès (dont Grotius faisait si grand cas), de reconnaître qu'il y a quelquefois chez eux des discussions considérables, comme sur le *continuum*, sur l'infini, sur la contingence, sur la réalité des abstraits, sur le principe de l'individuation, sur l'origine et le vide des formes, sur l'âme et

---

1. Erdmann, p. 627, *Théodicée, Abrégé de la Controverse*, IV° Objection.
Cf. *Id.*, p. 654, *Causa Dei asserta*, etc.: « Itaque Thomas et Scotus, « aliique divisionem hanc, eo, quo nunc utimur, sensu sumunt, ut « voluntas antecedens ad bonum aliquod in se.... feratur; voluntas « autem consequens spectet totale.... »

sur ses facultés, sur le concours de Dieu avec les créatures, etc.; et même en morale, sur la nature de la volonté, et sur les principes de la justice; en un mot, il faut avouer qu'il y a encore de l'or dans ces scories, mais il n'y a que des personnes éclairées qui en puissent profiter[1] : »

Leibniz ne dissimule point le profit que lui-même en a tiré. Descartes, au contraire, qui, à la Flèche, avait été initié aux enseignements du moyen âge, ne s'en relève jamais.

Entre la théodicée de Leibniz, si équitable envers la Scolastique, et la théodicée de Descartes, sinon injuste, du moins silencieux, quels sont les rapports?

---

1. Erdmann, p. 371, *Nouveaux Essais*, liv. IV, chap. VIII, § 5.

CHAPITRE VII.

Descartes, Leibniz.

De saint Anselme et de saint Thomas à Descartes, la transition n'a rien de brusque. Imbu, pendant sa jeunesse, d'un enseignement tout scolastique, Descartes se montre plus d'une fois pénétré des doctrines thomistes. L'argument de saint Anselme concernant l'existence de Dieu, se retrouve par exemple, mot pour mot, dans ses ouvrages.

« Les Scolastiques, écrivait Leibniz, sans excepter leur Docteur Angélique, ont méprisé cet argument et l'ont fait passer pour un paralogisme; en quoi ils ont eu grand tort, et M. Descartes, qui avait étudié assez longtemps la philosophie scolastique au Collége des Jésuites de la Flèche, a eu grande raison de le rétablir[1]. »

Nous savons avec quelle ardeur de contention Leibniz avait opposé aux principes cartésiens ses propres principes. En comparant maintenant la théodicée de Descartes avec celle du philosophe de Hanovre, nous nous convaincrons que celui-ci ne se relâche en rien de sa sévérité; ajoutons même, à plusieurs égards, de son injustice envers la philosophie cartésienne.

---

1. Erdmann, p. 374, *Nouveaux Essais*, liv. IV, chap. x, § 7.

Les jugements répandus dans les œuvres de Leibniz sur la métaphysique de Descartes, sont une vérification préliminaire de cette assertion.

« La métaphysique de cet auteur, écrit Leibniz, quoiqu'elle ait quelques beaux traits, est mêlée de grands paralogismes et a des endroits bien faibles[1]. »

« Pour se rendre exactement compte de la différence qui sépare mes principes des principes cartésiens, écrit-il encore, il convient de lire d'abord ce qu'il y a de principal dans les Objections proposées par de très-savants hommes contre les Méditations de Descartes, et les Réponses de Descartes ; on y joindra ensuite mes Répliques, et on apercevra comment j'ai suppléé ce que ces illustres personnages attendaient vainement de Descartes[2]. »

Effectivement, la prétention avouée de Leibniz, c'est de subvenir à tous ces manques, de redresser toutes les erreurs, de corriger toutes les faiblesses du Cartésianisme.

Esquissons, en peu de mots, mais avec fidélité, la théodicée de Descartes.

Opposons-lui la théodicée de Leibniz.

Examinons si, tout en étant supérieure à la théodicée cartésienne, la théodicée leibnizienne ne lui doit pas son fonds essentiel.

Toute théodicée débute par une sorte d'établissement des preuves de l'existence de Dieu.

La voie par laquelle Descartes arrive à cette fondamentale vérité, est double.

« Il n'y a que deux voies par lesquelles on puisse

---

1. Erdmann, p. 121, *Extrait d'une lettre à l'abbé Nicaise*, 1693.
2. *Id.*, p. 89, *Guilielmi Pacidii Plus ultra*, etc.

prouver qu'il y a un Dieu, savoir : l'une par ses effets, et l'autre par son essence et sa nature même. »

Parti de cette double voie, Descartes pose un argument qui est triple.

1° Être imparfait, j'ai l'idée d'un être parfait.

2° Je n'existe point par moi-même; car je me serais donné toutes les perfections dont j'ai en moi quelque idée.

3° J'ai l'idée d'un être parfait; or l'existence est comprise dans l'idée de cet être.

Ce sont là trois preuves distinctes de l'existence de Dieu, et qui néanmoins, en définitive, constituent un argument unique.

Si Descartes a pris à tâche d'établir l'existence de Dieu, on peut dire que, chez lui, la question des attributs de Dieu est, au contraire, toute épisodique. Il indique la vraie méthode à suivre pour arriver à cette détermination; il ne l'applique qu'incidemment. Il n'a point, sur la nature de Dieu, de système; il procède par traits épars. Essayons de les réunir.

Avant tout, Descartes reconnaît en Dieu le double attribut de créateur et de conservateur. On pourrait même dire qu'il l'exagère. Car en faisant de l'existence des êtres créés et de la permanence de cette existence le résultat d'une création continuée, il semble compromettre la substantialité des créatures.

Créateur et conservateur, Dieu est éternel et immense. Son ubiquité n'est pas de substance, mais d'action.

Il est intelligent et ne trompe jamais, et c'est dans cette véracité même que nous trouvons une confirmation de la certitude qui est en nous[1].

---

[1]. Cf. Descartes, *OEuvres complètes*, t. I, p. 403, 426, *Secondes Objections*, etc. « Puisque vous n'êtes pas encore assuré de l'existence de Dieu, et que vous dites néanmoins (*Méditation II*) que vous ne sau-

Dieu est entièrement libre; et cette liberté la plus haute apparaît à Descartes devoir être une liberté de pleine indifférence.

C'est la volonté de Dieu qui produit les vérités de fait; c'est elle encore qui produit les vérités de raisonnement et de raison.

« Quant à la liberté du franc arbitre, écrit Descartes, il est certain que la raison ou l'essence de celle qui est en Dieu est bien différente de celle qui est en nous, d'autant qu'il répugne que la volonté de Dieu n'ait pas été de toute éternité indifférente à toutes les choses qui ont été faites ou qui se feront jamais....

« Parce qu'il a voulu créer le monde dans le temps, par cela il est ainsi meilleur, que s'il eût été créé dans l'éternité, et d'autant qu'il a voulu que les trois angles d'un triangle fussent nécessairement égaux à deux droits, pour cela, cela est maintenant vrai, et il ne peut pas être autrement[1]. »

Dieu est Providence. Et Descartes maintient, quoi-

---

riez être assuré d'aucune chose, ou que vous ne pouvez rien connaître clairement et distinctement, si premièrement vous ne connaissez certainement et clairement que Dieu existe, il s'ensuit que vous ne savez pas encore que vous êtes une chose qui pense, puisque, selon vous, cette connaissance dépend de la connaissance claire d'un Dieu existant, laquelle vous n'avez pas encore démontrée, aux lieux où vous concluez que vous connaissez clairement ce que vous êtes. » — « J'ai dit en termes exprès, répond Descartes, que je ne parlais que de la science des conclusions dont la mémoire nous peut venir en l'esprit, lorsque nous ne pensons plus aux raisons d'où nous les avons tirées.... Lorsque quelqu'un dit : « Je pense, donc je suis, » il ne conclut pas son existence de la pensée, comme par la force de quelque syllogisme, mais comme une chose connue de soi; il la voit par une simple inspection de l'esprit. »

1. Descartes, *OEuvres complètes*, t. II, p. 348.
Réponses aux Sixièmes Objections. — Cf. ci-dessus, liv. II, chap. I, *Polémique contre Descartes*, p. 118.

qu'il ne puisse pas les accorder et le reconnaisse, la liberté humaine et la prescience divine.

Descartes professe-t-il l'optimisme? Sa théorie sur la liberté divine semble s'y opposer. Car si Dieu a été indifférent à tout, il n'y a pas eu de meilleur qu'il pût choisir. Çà et là néanmoins, Descartes se plaît à exalter la sagesse et la bonté souveraines du créateur, rappelant jusqu'aux expressions des optimistes les plus déclarés.

« Il est vrai, écrit-il, que Dieu veut toujours ce qui est le meilleur [1]. »

« Il me vient encore à l'esprit qu'on ne doit pas considérer une seule créature séparément, lorsqu'on recherche si les ouvrages de Dieu sont parfaits, mais généralement toutes les créatures ensemble [2]. »

« J'aurais été beaucoup plus parfait que je ne suis, si Dieu m'avait créé tel que je ne faillisse jamais; mais je ne puis pas pour cela nier que ce ne soit en quelque façon une plus grande perfection dans l'univers, de ce que quelques-unes de ses parties ne sont pas exemptes de défauts, que d'autres le sont, que si elles étaient toutes semblables [3]. »

« La comparaison peut être.... établie entre celui qui voudrait que le corps humain fût couvert d'yeux, afin qu'il en parût plus beau, d'autant qu'il n'y a point en lui de partie plus belle que l'œil, et celui qui pense qu'il ne devrait point y avoir de créatures au monde qui ne fussent exemptes d'erreurs, c'est-à-dire qui ne fussent entièrement parfaites [4]. »

---

1. Descartes, *Œuvres complètes*, t. I, p. 296, *Méditation Quatrième*.
2. *Id., ibid.*, p. 297, *ibid.* — 3. *Id. ibid.*, p. 306, *ibid.*
4. *Id.* t. II, p. 282, *Réponses aux Cinquièmes Objections.*

Enfin, pour Descartes, Dieu est bonheur et il est amour.

Encore une fois, il n'y a pas là de système. Ce sont des données dispersées et qu'il faut réunir.

Par réserve, disons même par timidité, Descartes s'est surtout abstenu de toucher à la question de l'immortalité de l'âme et à la morale. Ou du moins, c'est à peine si dans son *Abrégé des Méditations* et sur les insistances de ses contradicteurs, il a donné une solution ébauchée du problème de l'immortalité. Comme Pascal, il renvoie là-dessus au chevalier d'Igby :

« Nous ne trouvons pas un seul mot dans vos *Méditations* sur l'immortalité de l'âme de l'homme, lui objectait Mersenne.... Qui sait si sa nature n'est point limitée selon la durée de la vie corporelle, et si Dieu n'a pas tellement mesuré ses forces et son existence qu'elles finissent avec le corps[1] ? »

Descartes, expliquant son silence sur cet important problème, écrivait plus tard à Chanut :

« Messieurs les régents sont si animés contre moi, à cause des innocents principes de physique qu'ils ont vus, et si en colère de ce qu'ils n'y trouvent aucun prétexte de me calomnier, que si je traitais après cela de morale, ils ne me laisseraient aucun repos.... Que ne diraient-ils point si j'entreprenais d'examiner quelle est la juste valeur de toutes les choses qu'on peut désirer ou craindre, quel sera l'état de l'âme après la mort, jusqu'où nous devons aimer la vie, et quels nous devons être pour n'avoir aucun motif d'en craindre la perte[2] ? »

---

1. Descartes, *OEuvres complètes*, t. I, p. 408, *Secondes Objections*.
2. *Id.*, t. III, p. 258.

Descartes, nous l'avons rappelé [1], n'a point osé davantage regarder en face les rapports de la raison et de la foi, de la religion et de la philosophie, de l'École et de l'Église.

Quoi qu'il en soit, la doctrine cartésienne n'en offrait pas moins tous les éléments d'une grande théodicée.

Or, quelles sont les critiques que Leibniz a dirigées contre la théodicée de Descartes ?

En premier lieu, Leibniz s'efforce de battre en brèche l'établissement des preuves de l'existence de Dieu, tel que Descartes l'a fondé.

Les trois preuves de l'existence de Dieu, énoncées par Descartes, peuvent se ramener à deux : celle qui se tire de l'idée de l'être parfait, et celle qui résulte de la considération de l'essence de l'être parfait. Leibniz rejette successivement l'une et l'autre preuves.

Et d'abord, contre l'argument qui se tire de la considération de l'essence de l'être parfait, Leibniz renouvelle les objections qu'avait déjà élevées Gassendi.

« Soit que vous considériez l'existence en Dieu, remarquait Gassendi, soit que vous la considériez en quelque autre sujet, elle n'est point une perfection, mais seulement une forme ou un acte sans lequel il n'y en peut avoir. C'est pourquoi, comme en nombrant les perfections du triangle vous n'y comprenez pas l'existence et ne concluez pas aussi que le triangle existe, de même en faisant le dénombrement des perfections de Dieu, vous n'avez pas dû y comprendre l'existence, pour conclure de là que Dieu existe, si vous ne vouliez prendre pour une chose prouvée ce

---

[1]. Voy. ci-dessus, liv. II, chap. I, *Polémique contre Descartes*, p. 126.

qui est en dispute, et faire de la question un principe[1]. »

Leibniz, il est vrai, avait commencé par admettre de toute pièce l'argument cartésien.

« Considérons Dieu comme un être souverainement parfait, c'est-à-dire dont les perfections n'admettent aucune limitation ; il nous apparaîtra alors clairement qu'il ne répugne pas moins de concevoir un Dieu (c'est-à-dire un être souverainement parfait) auquel manque l'existence (c'est-à-dire auquel manque quelque perfection), que de concevoir une montagne à laquelle manque une vallée. En vertu de cette seule considération et sans recourir à aucune preuve développée, nous connaîtrons que Dieu existe.

« Par là aussi, en même temps, nous apercevrons ce qu'est Dieu, autant que le comporte l'infirmité de notre nature[2]. »

Mais, peu à peu et de plus en plus, Leibniz se prend à douter de la valeur de cet argument.

« A coup sûr, rien n'est plus vrai que ceci, et que nous avons l'idée de Dieu, et que l'Être souverainement parfait est possible, bien plus qu'il est nécessaire ; toutefois, l'argument n'est pas assez concluant et a déjà été rejeté par Thomas d'Aquin[3]. »

« Je tiens le milieu, dit ailleurs Leibniz, entre ceux qui prennent ce raisonnement pour un sophisme et d'autres pour une démonstration…. C'est une démonstration, mais imparfaite[4]. »

---

1. Descartes, *OEuvres complètes*, t. II, p. 201, *Cinquièmes Objections*.
2. Erdmann, p. 74, *De vita beata*.
3. *Id.*, p. 80, *Meditationes de cognitione, veritate et ideis*, 1684.
4. *Id.*, p. 177, *De la démonstration Cartésienne de l'existence de Dieu du R. P. Lami*, p. 1701.

Dans une lettre à Malebranche, Leibniz paraissait accorder encore beaucoup moins.

« Je tiens pour assuré, écrivait-il, que les preuves que M. Descartes rapporte de l'existence de Dieu sont imparfaites, tandis qu'il ne prouve pas que nous avons une idée de Dieu ou du plus grand de tous les êtres. Vous me direz qu'autrement on n'en pourrait pas raisonner. Mais on peut raisonner du plus grand de tous les nombres qui ne laisse pas d'impliquer contradiction aussi bien que la plus grande de toutes les vélocités; c'est pourquoi il faut encore beaucoup de démonstrations profondes pour achever cette démonstration. Mais quelqu'un me dira : « Je conçois le plus parfait de « tous les êtres, parce que je conçois mon imperfec- « tion et celle des autres êtres imparfaits, quoique plus « parfaits peut-être que moi; ce que je ne saurais sans « savoir ce que c'est que l'être absolument parfait. » Mais cela n'est pas encore assez convaincant, car je puis juger que le binaire n'est pas un nombre infiniment parfait, parce que j'ai ou je puis apercevoir dans mon esprit l'idée d'un autre nombre plus parfait que lui et encore d'un autre plus parfait que celui-ci. Mais, après tout, je n'ai pas pour cela aucune idée du nombre infini[1], quoique je voie bien que je puis toujours trouver un nombre plus grand qu'un nombre donné, quel qu'il puisse être[2]. »

Où est, suivant Leibniz, le manque de cette preuve cartésienne de l'existence de Dieu? Et où en chercher la correction? Nous l'avons vu. Pour trouver

---

1. Ici Leibniz a ajouté en marge, avec raison : « Perfectionem sum- « mam tamen absolute concipio; alioqui non possem applicare ad « numerum, ubi frustra applicatur. »
2. M. Cousin, *Fragments de philosophie Cartésienne*, p. 383.

impliquée dans l'essence de l'être parfait l'existence même de cet être parfait, Leibniz voudrait qu'on en établît d'abord la possibilité.

« Il est très-vrai que nous connaissons notre existence par une intuition immédiate, et celle de Dieu par démonstration…. Je ne méprise point l'argument inventé, il y a quelques siècles, par Anselme, qui prouve que l'être parfait doit exister, quoique je trouve qu'il manque quelque chose à cet argument, parce qu'il suppose que l'être parfait est possible. Car si ce seul point se démontre encore, la démonstration tout entière sera entièrement achevée[1]. »

Leibniz conteste même la preuve de l'existence de Dieu, qui se tire de l'idée de l'être parfait.

Sans doute Leibniz écrira :

« J'ai toujours été, comme je suis encore, pour l'idée innée de Dieu, que M. Descartes a soutenue, et par conséquent pour d'autres idées innées et qui ne nous sauraient venir des sens[2]. »

Mais autre part, il ajoute :

« Quoique je sois pour les idées innées et particulièrement pour celle de Dieu, je ne crois pas que les démonstrations des Cartésiens soient parfaites. J'ai montré amplement ailleurs que celle que M. Descartes a empruntée d'Anselme, archevêque de Cantorbéry, est très-belle et très-ingénieuse à la vérité, mais qu'il y a encore un vide à remplir….L'autre argument de M. Descartes, qui entreprend de prouver l'existence de

---

1. Erdmann, p. 138, *Réflexions sur l'Essai de Locke*. — Cf. Dutens, t. III, p. 554, *Colloquium D. Leibnitii cum Eckhardo, professore Rinteliensi Cartesiano, præsente Dn. Abbatis Molani fratre, habitum Hanoveræ d. 5 Aprilis* 1677.

2. Erdmann, p. 206, *Nouveaux Essais*, liv. I, chap i, § 1.

Dieu, parce que son idée est en notre âme et qu'il faut qu'elle soit venue de l'original, est encore moins concluant. Car ce qu'allègue M. Descartes, qu'en parlant de Dieu, nous savons ce que nous disons et que par conséquent nous en avons l'idée, est un indice trompeur, puisqu'en parlant du mouvement perpétuel mécanique, par exemple, nous savons ce que nous disons, et cependant ce mouvement est une chose impossible, dont par conséquent on ne saurait avoir l'idée qu'en apparence. Et secondement, ce même argument ne prouve pas assez que l'idée de Dieu, si nous l'avons, doit venir de l'original.... Vous me dites que reconnaissant en nous l'idée innée de Dieu, je ne dois point dire qu'on peut révoquer en doute s'il y en a un ? Mais je ne me permets ce doute que par rapport à une démonstration rigoureuse, fondée sur l'idée toute seule. Car on est assez assuré d'ailleurs de l'idée et de l'existence de Dieu.... Et l'harmonie préétablie même en fournit un nouveau moyen incontestable. Je crois d'ailleurs que presque tous les moyens qu'on a employés pour prouver l'existence de Dieu sont bons et pourraient servir, si on les perfectionnait, et je ne suis nullement d'avis qu'on doive négliger celui qui se tire de l'ordre des choses[1]. »

Cette critique générale, dirigée par Leibniz contre les preuves cartésiennes de l'existence de Dieu, est aussi excessive que peu concluante.

Leibniz a prétendu compléter la démonstration cartésienne ; il n'y a pas réussi, ce complément, aussi bien, étant inutile.

Leibniz a substitué une démonstration syllogistique

---

1. Erdmann, p. 374, *Nouveaux Essais*, liv. IV, chap. x, § 7.

à la pure énonciation d'un fait, ne s'apercevant pas que c'était à la fois poser dans la majeure ce qu'on voulait obtenir dans la conclusion, et donner un caractère de morte abstraction à ce qu'il y a de plus vivant au monde, c'est-à-dire à l'être de Dieu.

L'idée de l'infini, du parfait en nous, voilà la preuve cartésienne par excellence de l'existence de Dieu, et celle-là est inattaquable. Toutes les autres s'y ramènent.

« Les raisonnements, même les meilleurs, remarque éloquemment M. Cousin, ne viennent ici qu'après coup. Le fait est que primitivement la raison, dès qu'elle conçoit l'imperfection de mon être, conçoit un être parfait. Voilà le fait primitif, merveilleux, si on veut, mais incontestable. Plus tard la réflexion et le raisonnement s'en emparent et le produisent dans l'école sous un appareil de formules générales qui ont leur légitimité tant que ce fait leur sert de fondement, et qui, dès qu'on l'ôte, s'écroulent avec lui.... Ces formules sont excellentes et vraies ; elles servent de principe au raisonnement et à la logique, mais leur racine est ailleurs, dans l'énergie naturelle de la raison. La logique règne dans l'école, *illa se jactet in aula ;* mais la raison appartient à l'humanité tout entière : elle est la lumière de tout homme à son entrée en ce monde ; elle est le trésor des pauvres d'esprit comme des plus riches intelligences. Le dernier des hommes, dans le sentiment de la misère inhérente à sa nature bornée, conçoit obscurément et vaguement l'être tout parfait, et ne peut le concevoir sans se sentir soulagé et relevé, sans éprouver le besoin et le désir de retrouver et de posséder encore, ne fût-ce que pendant le moment le plus fugitif, la puissance et la douceur de cette contemplation, conception, notion, idée, sentiment; car qu'importe ici les mots, puisqu'il n'y a pas de mots pour l'âme? La pauvre femme, dont Fénelon enviait la prière, ne prononçait pas de savantes paroles, elle pleurait en silence, abîmée dans la pensée de l'être parfait et infini, témoin invisible et consolateur secret de ses misères. Nous ressemblons tous à cette pauvre femme. Concevoir l'être parfait du sein de notre imperfection, c'est déjà un perfectionnement, un pressentiment sublime, un éclair dans notre nuit, une source vive dans notre désert, un coin du ciel dans la prison de la vie. Toutes ces fortes expressions peignent la scène intérieure qui se passe dans toutes les âmes, dans celle de Platon ou de Leibniz comme dans celle du dernier des hommes, qui relève l'un, humilie l'autre, et les confond dans le sentiment de la même nature, de la même misère, de la même grandeur.... C'est à la psychologie à éclairer et à féconder la logique. Elle lui transmet des éléments vivants et réels que la logique combine ensuite, développe et systématise légitimement, si elle ne se sépare pas de la psychologie. S'en sépare-t-elle et présente-t-elle ses formules générales, ses principes abstraits, ses raisonnements les plus réguliers pour fonder la réalité, elle y succombe; elle manque le but en voulant le dépasser, et elle ouvre la porte au scepticisme[1]. »

La critique que fait Leibniz de la théodicée cartésienne porte mieux coup, lorsqu'il s'agit de la détermination des attributs de Dieu.

Ainsi, pendant que Descartes, par sa théorie de la création continuée, affaiblit la notion des substances

---

[1]. *Leçons sur Kant*, Paris, 1846, in-12, p. 219. *Sixième Leçon.*

créées, Leibniz restitue, développe, assure l'idée de la substance, adéquate pour lui à l'idée de force.

Descartes a proclamé Dieu une intelligence souveraine. Dieu par conséquent, en créant le monde, s'est proposé un but, une fin. Descartes toutefois proscrit, sinon de la métaphysique, du moins de la physique, la recherche des causes finales, presque avec la même sévérité que Bacon.

Et déjà, les auteurs des Objections lui en avaient fait le reproche.

« Quant à ce que vous dites, écrivait Gassendi, que tout ce genre de causes qui a coutume de se tirer de la fin n'est d'aucun usage dans les choses physiques, vous auriez pu peut-être le dire avec raison dans une autre rencontre; mais lorsqu'il s'agit de Dieu, il est à craindre que vous ne rejetiez le principal argument par lequel la sagesse de Dieu, sa puissance, sa providence et son existence même peuvent être prouvées par raison naturelle[1]. »

Leibniz répète cette observation de Gassendi avec une vivacité et une persistance singulières.

« Je ne suis pas le premier, écrivait-il, en 1697, à l'abbé Nicaise, qui ai blâmé M. Descartes d'avoir rejeté la recherche des causes finales. Outre le R. P. Malebranche, feu M. Boyle l'a fait avec beaucoup de zèle et de solidité[2]. »

Nous nous sommes rendu compte de ce qu'il fallait rabattre, en cette matière, de la critique de Leibniz[3].

---

1. Descartes, *OEuvres complètes*, t. II, p. 177, *Cinquièmes Objections*.

2. M. Cousin, *Fragments de philosophie moderne*, p. 279. Voy. ci-dessus, liv. II, chap. IV, *Persécution du Cartésianisme*, p. 178.

3. Voy. ci-dessus, liv. II, chap. I, *Polémique contre Descartes*, p. 121.

Le philosophe de Hanovre n'en a pas moins assigné l'usage légitime qu'on peut faire en physique de la considération des causes finales.

« Mais, dit-on, en physique, on ne demande point pourquoi les choses sont, mais comment elles sont? Je réponds qu'on y demande l'un et l'autre. Souvent, par la fin, on peut mieux juger des moyens. Outre que pour expliquer une machine, on ne saurait mieux faire que de proposer son but et de montrer comment toutes ses pièces y servent. Cela peut être même utile à trouver l'origine de l'intention. Je voudrais qu'on se servît de cette méthode encore dans la médecine. Le corps de l'animal est une machine en même temps hydraulique, pneumatique et pyrobolique, dont le but est d'entretenir un certain mouvement; et en montrant ce qui sert à ce but et ce qui nuit, on ferait connaître tant la physiologie que la thérapeutique. Ainsi on voit que les causes finales servent en physique, non-seulement pour admirer la sagesse de Dieu, ce qui est le principal, mais encore pour connaître les choses et pour les manier[1]. »

« La véritable physique, concluait Leibniz, doit être puisée effectivement de la source des perfections divines. C'est Dieu qui est la dernière raison des choses, et la connaissance de Dieu n'est pas moins le principe des sciences, que son essence et sa volonté sont les principes des êtres.... Les philosophes les plus raisonnables en demeurent d'accord.... Bien loin d'exclure les causes finales et la considération d'un être agissant avec sagesse, c'est de là qu'il faut tout déduire en physique. C'est ce que Socrate dans le Phédon de Platon a

---

1. Erdmann, p. 143, *Réponses aux Réflexions*, etc.

déjà admirablement bien remarqué.... J'accorde que les effets particuliers de la nature se peuvent et se doivent expliquer mécaniquement, sans oublier pourtant leurs fins et usages admirables que la Providence a su ménager ; mais les principes généraux de la physique et de la mécanique même dépendent de la conduite d'une intelligence souveraine et ne sauraient être expliqués sans la faire entrer en considération. C'est ainsi qu'il faut concilier la piété avec la raison[1]. »

Dieu est pour Descartes une source de certitude. Cependant, Descartes ne professe point comme Leibniz, qui lui reste en cela bien supérieur, que l'entendement divin soit la région des vérités éternelles.

Descartes, d'un autre côté, a conçu en Dieu une liberté d'indifférence, une volonté arbitraire, d'où dépendent toutes les vérités, ne s'apercevant pas qu'une semblable conception se trouve contradictoire avec la perfection infinie, qui est la détermination même. Là donc, avec raison en même temps qu'avec force, Leibniz redresse Descartes.

« Après avoir rapporté le sentiment de M. Descartes et d'une partie de ses sectateurs, qui soutiennent que Dieu est la cause libre des vérités et des essences, M. Bayle ajoute : « J'ai fait tout ce que j'ai pu pour
« bien comprendre ce dogme. Je confesse ingénument
« que je n'en suis pas venu encore tout à fait à bout.
« Cela ne me dérange point ; je m'imagine que le
« temps développera ce beau paradoxe. » Je ne saurais même m'imaginer, poursuit Leibniz, que M. Descartes ait pu être tout de bon de ce sentiment, quoiqu'il

---

1. Erdmann, p. 106, *Extrait d'une lettre à M. Bayle sur un principe général, utile à l'explication des lois de la nature.*

ait eu des sectateurs qui ont eu la facilité de le croire, et de le suivre bonnement où il ne faisait que semblant d'aller. C'était apparemment un de ses tours, une de ses ruses philosophiques; il se préparait quelque échappatoire, comme lorsqu'il trouva un tour pour nier le mouvement de la terre, pendant qu'il était Copernicien à outrance. Je soupçonne qu'il a eu en vue ici une autre manière de parler extraordinaire de son invention, qui était de dire que les affirmations et les négations et généralement les jugements internes, sont des opérations de la volonté. Et par cet artifice, les vérités éternelles, qui avaient été jusqu'à cet auteur un objet de l'entendement divin, sont devenues tout d'un coup un objet de sa volonté. Or les actes de la volonté sont libres, donc Dieu est la cause libre des vérités. Voilà le dénoûment de la pièce, *Spectatum admissi*. Un petit changement de la signification des termes a causé tout ce fracas. Mais si les affirmations des vérités nécessaires étaient des actions de la volonté du plus parfait esprit, ces actions ne seraient rien moins que libres, car il n'y a rien à choisir. Il paraît que M. Descartes ne s'expliquait pas assez sur la nature de la liberté, et qu'il en avait une notion assez extraordinaire, puisqu'il lui donnait une si grande étendue, jusqu'à vouloir que les affirmations des vérités nécessaires étaient libres en Dieu. C'était ne posséder que le nom de la liberté[1]. »

---

1. Erdmann, p. 562, *Théodicée*, P. II, 185. — Cf. Id., p. 438, *Epistola* IV *ad R. P. Des Bosses*, 1706. « Valde improbavi in Cartesianis
« quod putant inter objecta et nostras de iis sensiones arbitrariam
« tantum esse connexionem, et in Dei fuisse arbitrio, an odores vellet
« repræsentare per perceptiones, quæ nunc sunt colorum, quasi non
« Deus omnia summa ratione faciat, aut quasi circulum per triangulum
« repræsentaturus sit, naturaliter operando. » *Id.*, p. 636, *Remarques sur le livre de M. King*.

Leibniz d'ailleurs reconnaît que par sentiment, sinon en vertu de principes arrêtés, Descartes incline à l'optimisme.

« M. Descartes a eu raison d'écrire (t. I, lettre ix). que la raison naturelle nous apprend que nous avons plus de biens que de maux en cette vie [1]. »

Mais évidemment, Descartes a moins dégagé que n'a fait Leibniz le principe du meilleur.

D'autre part, c'est à faux que Leibniz reproche à Descartes d'avoir maintenu, sans les concilier, la liberté humaine et la puissance divine, tranchant de la sorte le nœud gordien, mais ne le dénouant pas.

« Tout est dirigé dans l'univers par la providence de Dieu ; mais il en naissait naturellement cette objection : qu'il n'y a donc point de liberté. A cela, M. Descartes répondait que nous sommes assurés de cette providence par la raison, mais que nous sommes assurés aussi de notre liberté par l'expérience intime que nous en avons ; et qu'il faut croire l'une et l'autre, quoique nous ne voyions pas le moyen de les concilier.

« C'était couper le nœud gordien et répondre à la conclusion d'un argument, non pas en le résolvant, mais en lui opposant un raisonnement contraire, ce qui n'est point conforme aux lois des combats philosophiques. Cependant, la plupart des Cartésiens s'en sont accommodés, quoiqu'il se trouve que l'expérience intérieure qu'ils allèguent ne prouve pas ce qu'ils prétendent, comme M. Bayle l'a fort bien montré [2]. »

---

1. Erdmann, p. 580, *Théodicée*, Ire: III, 251.
2. *Id*, p. 590, *ibid.*, 292, 293. — Cf. ci-dessus liv. IV, chap. ii, *Liberté humaine*, *Prescience divine*, p. 274.

Enfin, c'est avec une âpreté qui va presque jusqu'à l'injure, que Leibniz accuse Descartes de n'avoir point cherché les rapports de la raison et de la foi, ou de s'y être fourvoyé [1].

En somme, que conclure?

Il y a chez Leibniz une théodicée complétement organisée, tandis qu'on ne trouve pas chez Descartes un tel système.

Leibniz a touché à des points importants, que Descartes a complétement omis; par exemple, à la morale, à la question de l'immortalité, et cela avec un esprit aventureux et plein d'une poétique audace.

Leibniz a expliqué plus amplement que Descartes, et en général, mieux que lui, les rapports de Dieu et du monde.

Surtout, Leibniz a corrigé, en des parties essentielles, la théodicée cartésienne.

Mais, sans parler d'un assez grand nombre de vues de détail qu'il est juste de rapporter à Descartes, c'est à Descartes que Leibniz doit les preuves fondamentales de l'existence de Dieu, preuves qu'il a moins améliorées qu'il ne les aurait, à certains égards et sans le vouloir, compromises, si ces preuves avaient pu l'être.

Aussi est-il permis d'appliquer ici, et en les étendant beaucoup au delà, quelques paroles de Leibniz lui-même :

« Au reste, écrivait, en 1711, Leibniz à Des Maizeaux, à propos du système de l'harmonie préétablie, vous avez raison, monsieur, de m'attribuer dans ce fragment un

---

[1]. Voyez ci-dessus, liv. II, chap. I, *Polémique contre Descartes*, p. 127.

reste de Cartésianisme, car j'avoue que j'approuve une partie de la doctrine des Cartésiens[1]. »

Tout prévenu qu'il fût contre les Cartésiens, c'est en métaphysique que Leibniz trouvait qu'ils avaient dépassé leur maître. Et, entre tous autres, c'était Malebranche qu'il plaçait le plus haut dans son estime.

« Il n'y a que la métaphysique où on peut dire que les Cartésiens ont enchéri sur leur maître, surtout le R. P. Malebranche, qui a joint à des méditations profondes une belle manière de les expliquer. Mais il paraît aussi que c'est le dernier effort de cette espèce de philosophie[2]. »

Nous sommes ainsi naturellement conduit à comparer la théodicée de Malebranche avec la théodicée leibnizienne.

---

1. Erdmann, p. 677, *Lettre à M. Des Maizeaux, contenant quelques éclaircissements sur quelques endroits du système de l'harmonie préétablie.*
2. Dutens, t. VI, pars I, p. 304, Leibnitiana, LVI.

CHAPITRE VIII.

Malebranche, Leibniz.

La théodicée cartésienne reçoit chez Malebranche ses derniers développements. Il est tout simple, par conséquent, après avoir comparé cette théodicée à celle de Leibniz, de comparer, de même, à la théodicée leibnizienne la théodicée de Malebranche.

Aussi bien, entre le méditatif de l'Oratoire et le sage de Hanovre, les rapports ont été assez étroits, assez longs, assez soutenus, pour qu'on puisse utilement s'enquérir des analogies et des différences de leur pensée.

Ces rapports sont attestés par toute une correspondance, où ces deux sublimes génies agitent les problèmes les plus délicats.

Cette correspondance s'entame à Paris même, durant le séjour qu'y fit Leibniz, de 1672 à 1676. Elle a principalement pour objet, durant cette période, la question de savoir si l'étendue est l'attribut fondamental de la matière.

En 1679, les deux philosophes se remettent à s'écrire, et leurs lettres roulent alors sur les rapports de l'âme et du corps, dont Malebranche, suivant Leibniz, n'a compris qu'à demi la nature.

« Je suis tout à fait de votre sentiment, lui écrit-il, touchant l'impossibilité qu'il y a de concevoir qu'une substance, qui n'a rien que l'étendue sans pensée, puisse agir sur une substance qui n'a rien que la pensée sans étendue. Mais je crois que vous n'avez fait que la moitié du chemin, et qu'on en peut tirer d'autres conséquences que celles que vous avez faites. A mon avis, il s'ensuit que la matière est quelque autre chose que l'étendue toute seule, dont je crois d'ailleurs qu'il y a démonstration [1]. »

Interrompue de nouveau pendant près de quatorze années, la correspondance se renoue en 1693.

Les Cartésiens soutenaient que le corps implique quelque force; que la même quantité de mouvement est toujours conservée dans l'univers. Malebranche abandonne le premier principe et maintient le second. C'est pourquoi, Leibniz reconnaît qu'on est redevable à Malebranche de la correction de quelques préjugés cartésiens assez graves. Mais il pense que c'est de la même quantité de force, non de mouvement, qu'il faut parler, en même temps qu'il convient d'affirmer que la direction de la force reste la même dès l'origine.

Enfin, interrompu une dernière fois en 1699, le commerce des deux philosophes reprend en 1710, année où Leibniz envoie à Malebranche sa *Théodicée*, et se continue jusqu'en 1712.

Depuis son voyage en France, jusqu'à la fin de sa vie, Leibniz a donc été en fréquentes relations avec Malebranche.

Commençons par exposer la théodicée du pieux Ora-

---

1. M. Cousin, *Fragments de Philosophie Cartésienne*, p. 371, *Correspondance inédite de Malebranche et de Leibniz*.

torien. Nous la comparerons ensuite à la théodicée du penseur allemand.

Or, c'est dans la *Recherche de la vérité*, dans les *Entretiens sur la métaphysique et la religion*, enfin dans le *Traité de la nature et de la grâce*, que se trouve la théodicée de Malebranche.

Pour Malebranche comme pour Descartes, il n'y a que des esprits et des corps, de la matière et des âmes.

La matière a deux capacités : celle de recevoir certaines figures; celle de recevoir certains mouvements.

L'âme a également deux capacités correspondantes : celle de recevoir certaines idées ; celle de recevoir certaines inclinations.

La matière est passive, l'âme est passive.

D'où viennent à l'âme ses idées ? A cette question, Malebranche répond par la *Théorie de la vision en Dieu*.

Il y a, suivant Malebranche, quatre manières de connaître : 1° immédiatement, 2° par les idées, 3° par sentiment, 4° par conjecture.

1° Nous connaissons Dieu en lui-même ;

2° Nous connaissons les corps par les idées ;

3° Nous connaissons notre âme par sentiment ;

4° Nous connaissons les âmes de nos semblables par conjecture.

Assertion singulière chez un Cartésien ! L'âme, à ce compte, nous est moins bien connue que le corps.

En effet, ce n'est pas seulement Dieu que nous voyons en Dieu, en même temps que l'idée d'ordre, dont Malebranche, à l'encontre de Descartes, a raison d'affirmer l'immutabilité. Ce sont aussi les corps que nous voyons en Dieu, dans l'étendue intelligible qui est en lui. De là, l'irrésistible clarté de cette connaissance.

La connaissance de l'âme, au contraire, est obscure, parce qu'elle ne nous vient que du sentiment.

Quoi qu'il en soit de cette distinction entre la manière dont nous connaissons les corps et la manière dont nous connaissons l'âme, Malebranche n'en affirme pas moins que nous voyons tout en Dieu.

Mais si c'est de Dieu que viennent à l'âme ses idées, c'est de Dieu aussi que lui viennent ses inclinations. A la *Théorie de la vision en Dieu*, est liée la *Théorie des causes occasionnelles*.

Malebranche est tout Cartésien sur la nature des êtres. Avec Descartes, il n'admet que des âmes et des corps. Les animaux lui sont des automates. Avec Descartes, conséquemment, il nie qu'il y ait influence réciproque des âmes et des corps. Car quelle influence un sujet étendu sans pensée pourrait-il exercer sur un sujet pensant sans étendue, ou réciproquement?

L'âme et le corps n'agissant pas l'un sur l'autre, c'est Dieu qui exerce cette réciproque action. L'âme, par ses idées, produit les occasions, à propos desquelles Dieu excite dans les corps des mouvements correspondants. Le corps, par ses mouvements, produit les occasions, à propos desquelles Dieu excite dans l'âme des idées qui y correspondent. Ainsi l'âme et le corps, les âmes et les corps ne sont que des pièces de mécanique; Dieu est le seul acteur.

La *Théorie de la vision en Dieu*, la *Théorie des causes occasionnelles*, impliquent si manifestement l'existence de Dieu, que toute démonstration de cette existence est superflue.

Indiquons cependant une preuve de l'existence de Dieu proposée par Malebranche. C'est la preuve cartésienne par excellence, qui se tire de l'idée d'infini.

Malebranche, venant aux attributs de Dieu, reconnaît que Dieu est immense, qu'il est créateur, qu'il est conservateur. Il sait d'ailleurs tenir un juste milieu entre les défenseurs du pur amour et les partisans de l'amour mercenaire.

Quoique tout soit égal au regard de l'infini, cependant Malebranche enseigne que Dieu, sagesse et bonté souveraine, a choisi et réalisé le meilleur monde qu'il se pouvait. Cette perfection relative du monde s'aperçoit à la perfection de la fin et à celle des moyens. Malebranche ajoute d'ailleurs, et ce trait particulier de son optimisme mérite d'être noté, que l'incarnation de Dieu a été nécessaire pour donner à cet univers un prix qui le rendît préférable à tout autre et digne du choix de Dieu.

Enfin, lorsqu'il s'agit d'expliquer le gouvernement de la Providence, Malebranche se déclare pour les voies générales, n'admettant les voies particulières que dans des cas d'une rare exception, qui sont alors comme autant de miracles.

Qu'est-ce en définitive qu'une telle théodicée? Le règne absolu de Dieu établi sur le néant des créatures.

Passive comme la matière, l'âme reçoit ses idées de Dieu, et son entendement n'est que la capacité de recevoir ces idées. Elle voit tout en Dieu. Sa volonté, de même, n'est que la capacité de recevoir l'action de Dieu; elle n'est que la cause occasionnelle de cette action.

Donc, tout est Dieu.

Et Malebranche se félicite d'un pareil résultat! Exalter la grandeur de Dieu et montrer aux créatures leur néant, n'est-ce pas en effet les incliner nécessairement à la piété, rabattre leur insolent orgueil, les tourner forcément à l'adoration? Le docte religieux ne s'aperçoit pas que, pour amoindrir les créatures, il les annule, et que d'êtres substantiels il n'en fait plus que des phénomènes fugitifs. La théologie le retiendra sans doute sur les bords du panthéisme, mais le gouffre est ouvert.

Dieu est tout; les créatures ne sont rien.

Une telle aberration de doctrine, qui va si loin, provient en grande partie de ce que Malebranche a trop peu envisagé, ou du moins, de ce qu'il a mal entendu la notion de la substance.

Telle est, en somme, la théodicée de Malebranche, laquelle se lie étroitement à sa psychologie et à sa cosmologie.

Entre cette doctrine et celle de Leibniz, quels sont les rapports, quelles sont aussi les différences?

On a fort bien indiqué les ressemblances qui paraissent ramener, jusque dans les termes, les théories de Leibniz à celles de Malebranche.

« A la place d'*ordre physique*, Leibniz met : *règne des causes efficientes* ; à la place d'*ordre moral*, *règne des causes finales;* à la place d'*ordre de la grâce*, *règne de la grâce*, et à la place de *causes occasionnelles* et de *combinaisons*, *harmonie préétablie*[1]. »

Mais ces analogies verbales cachent des oppositions assez profondes dans les choses.

Et d'abord, Leibniz n'accorde point que tout se réduise dans la matière à la passivité. Il y distingue deux éléments : une force active primitive qu'il appelle entéléchie, et une force passive primitive qu'il nomme antitypie. Le monde des corps peut donc, à son sens,

---

1. M. Bordas-Demoulin, *Le Cartésianisme*, t. II, p. 330.

se ramener aux lois de la mécanique. Mais ces lois, ces principes de la mécanique doivent être empruntés à une science plus haute, à la dynamique. Et c'est dans la métaphysique, ou science de l'incorporel, que la dynamique trouve son fondement.

C'est la doctrine que Leibniz professe, ou pour mieux dire, qu'il reproduit dans un écrit spécial, intitulé : *Examen des principes du P. Malebranche*[1].

Nous réduirons cet écrit à quelques propositions principales :

1° « Les philosophes qui ne sont point Cartésiens n'accordent point qu'il suffise d'avoir de l'étendue pour former un corps; ils demandent encore quelque autre chose que les anciens appelaient antitypie, c'est-à-dire ce qui fait qu'un corps est impénétrable à l'autre; et selon eux, l'étendue ne sera que le lieu ou l'espace dans lequel les corps se trouvent....

« Dieu détruisant l'étendue détruirait le corps; mais en ne produisant que de l'étendue, il ne produirait peut-être que l'espace sans corps[2]. »

2° « Une substance est un être qui subsiste en lui-même. — Cette définition de la substance n'est pas exempte de difficultés. Dans le fond, il n'y a que Dieu

---

1. Erdmann, p. 690, *Examen des Principes du R. P. Malebranche.* Leibniz a eu recours ici à la forme du dialogue. Erdmann rapporte la composition de cet opuscule à l'année 1711-1712. D'autre part, Leibniz écrit en 1715 à Montmort : « M. le baron d'Imhof., vous portera encore quelques bagatelles de ma part : mes premières *Remarques* sur un livre de milord Shaftesbury, et une espèce de *Dialogue* contenant quelques réflexions sur certains entretiens du R. P. Malebranche (ce sont les *Entretiens sur la métaphysique et la religion*, imprimés à Rotterdam en 1688). Il y a *bien longtemps* que j'ai fait ce *Dialogue*, et ce n'est pas grand'chose. » Dutens, t. V, p. 23, *Lettre vi.*

2. Erdmann, p. 691, *Examen des Principes du R. P. Malebranche.*

seul qui puisse être conçu comme indépendant d'autre chose¹. »

3° « Il semble que dans la rigueur philosophique les corps ne méritent point le nom de substances; ce qui paraît avoir été déjà le sentiment de Platon, qui a remarqué qu'ils sont des êtres transitoires qui ne subsistent jamais au delà d'un moment.... Car, pour en dire un mot, le corps n'a point de véritable unité; ce n'est qu'un *agrégé* que l'École appelle un *per accidens*, un assemblage comme un troupeau; son unité vient de notre perception. C'est un être de raison, ou plutôt d'imagination, un phénomène.... Ainsi, les corps sont composés de deux natures, savoir : de la force active primitive, appelée entéléchie première par Aristote, et de la matière ou de la force passive primitive, qui semble être l'antitypie. C'est pour cela que je soutiens que tout se peut expliquer mécaniquement dans les choses matérielles, excepté les principes mêmes du mécanisme qui ne sauraient être tirés de la seule considération de la matière². »

4° « Non-seulement l'étendue, mais encore l'antitypie attribuée aux corps, est une chose purement passive, et par conséquent l'origine de l'action ne saurait être une modification de la matière; donc le mouvement aussi bien que la pensée doivent venir de quelque autre chose....

« Cette force active est justement ce qui montre le mieux, et d'une manière bien sensible, la distinction de l'âme et de la masse; parce que les principes du mécanisme, dont les lois du mouvement sont les suites,

---

1. Erdmann, *Examen des Principes du R. P. Malebranche*, p. 691.
2. *Id., ibid.*, p. 693.

ne sauraient être tirés de ce qui est purement passif, géométrique ou matériel, ni prouvés par les seuls axiomes de mathématique[1]. »

Restituant la notion d'activité dans les corps, Leibniz, à l'encontre de Malebranche, n'a garde de refuser l'activité à l'âme.

« Si le P. Malebranche croit véritablement qu'il y a quelque chose d'actif en nous qui détermine notre volonté, pourquoi ne veut-il rien admettre d'analogique dans les autres substances? Mais j'ai peur qu'il n'admette en nous ce principe déterminant que pour se tirer de quelques difficultés théologiques. Quand je parle de la force et de l'action des créatures, j'entends que chaque créature est grosse de son état futur, et qu'elle suit naturellement un certain train, si rien ne l'empêche; et que les monades, qui sont les véritables et uniques substances, ne sauraient être empêchées naturellement dans leurs déterminations intérieures, puisqu'elles enveloppent la représentation de tout externe. Mais je ne dis pas pour cela que l'état futur de la créature suive de son état présent sans le concours de Dieu, et je suis plutôt dans le sentiment que la conservation est une création continuelle avec un changement conforme à l'ordre[2]. »

De cette notion corrigée de la matière, de l'âme, de la substance en un mot, il s'ensuit clairement qu'il n'y a pas lieu d'admettre l'automatisme que Malebranche renouvelle de Descartes. Les bêtes ne sont pas uniquement des machines. Ce sont des forces, en un certain degré, intermédiaires entre les corps et les esprits.

1. Erdmann, p. 694, *Examen des Principes du R. P. Malebranche.*
2. *Id.*, p. 722, *Lettre III à M. Bourguet*, 1714.

Ainsi Leibniz redresse les principes dont Malebranche a fait le support de sa doctrine.

Sans rejeter, non plus, absolument les théories par où cette doctrine se développe, il prend à tâche de les modifier.

Tout d'abord et sans hésitation, il signale ce qu'il y a de vrai dans la *Théorie de la vision en Dieu*.

Malebranche a eu raison de condamner l'émission des espèces que professait la Scolastique.

Malebranche a eu raison encore de reconnaître qu'il y a tout un ensemble d'idées qui constituent l'idée d'ordre, lesquelles sont immuables et éternelles en Dieu, pour Dieu comme pour nous. Ce sont ces idées que nous voyons en Dieu.

Mais en même temps qu'on admet cette vision en Dieu, il faut affirmer une vision en nous.

« Lorsque Malebranche dit qu'il n'y a point de substance purement intelligible que Dieu, j'avoue que je ne l'entends pas assez bien. Il y a quelque chose dans l'âme que nous entendons distinctement, et il y a bien des choses en Dieu que nous n'entendons point du tout[1]. »

« Le Père disant que les idées sont des êtres représentatifs, M. Locke a sujet de demander si ces êtres sont des substances, des modes ou des relations? Je crois qu'on peut dire que ce ne sont que des rapports qui résultent des attributs de Dieu[2]. »

« Malebranche dit que nous connaissons notre âme par un sentiment intérieur de conscience, et que pour

---

1. Erdmann, p. 450, *Remarques sur le sentiment du P. Malebranche, qui porte que nous voyons tout en Dieu, concernant l'examen que M. Locke en a fait*. 1708.

2. *Id., ibid.*, p. 451.

cela la connaissance de notre âme est plus imparfaite que celle des choses que nous connaissons en Dieu. M. Locke remarque fort à propos que l'idée de notre âme étant en Dieu aussi bien que celle des autres choses, nous la devrions voir aussi en Dieu. La vérité est que nous voyons tout en nous et dans nos âmes, et que la connaissance que nous avons de l'âme est très-véritable et juste, pourvu que nous y prenions garde; que c'est par la connaissance que nous avons de l'âme, que nous connaissons l'être, la substance, Dieu même, et que c'est par la réflexion sur nos pensées, que nous connaissons l'étendue et les corps; qu'il est vrai cependant que Dieu nous donne tout ce qu'il y a de positif en cela, et toute perfection y est enveloppée par une émanation immédiate et continuelle en vertu de la dépendance que toutes les créatures ont de lui, et c'est par là qu'on peut donner un bon sens à cette phrase, que Dieu est l'objet de nos âmes et que nous voyons tout en lui....

« Peut-être que le dessein du Père, en disant que nous voyons les essences des choses dans les perfections de Dieu et que c'est la raison universelle qui nous éclaire, tend à faire remarquer que les attributs de Dieu fondent les notions simples que nous avons des choses; l'être, la puissance, la connaissance, la diffusion, la durée, prises absolument, étant en lui et n'étant dans les créatures que d'une manière limitée[1]. »

Et encore :

« Il y a plus d'apparence de combattre le sentiment du P. Malebranche sur les idées. Car il n'y a aucune

---

1. Erdmann, p. 452. *Remarques sur le sentiment du P. Malebranche*, etc.

nécessité, ce semble, de les prendre pour quelque chose qui soit hors de nous. Il suffit de considérer les idées comme des notions, c'est-à-dire comme des modifications de notre âme. C'est ainsi que l'École, M. Descartes et M. Arnauld les prennent. Mais comme Dieu est la source des possibilités et par conséquent des idées, on peut excuser et même louer ce Père d'avoir changé de termes et d'avoir donné aux idées une signification plus relevée, en les distinguant des notions et en les prenant pour des perfections qui sont en Dieu, auxquelles nous participons par nos connaissances. Ce langage mystique du Père n'était donc pas nécessaire ; mais je trouve qu'il est utile, car il nous fait mieux envisager notre dépendance de Dieu. Il semble même que Platon parlant des idées, et saint Augustin parlant de la vérité, ont eu des pensées approchantes que je trouve fort raisonnables ; et c'est la partie du système du P. Malebranche que je serais bien aise qu'on conservât, avec les phrases et formules qui en dépendent ; comme je suis bien aise qu'on conserve la partie la plus solide de la théologie des mystiques. Et bien loin de dire que le système de saint Augustin est un peu infecté du langage et des opinions platoniciennes, je dirais qu'il en est enrichi et qu'elles lui donnent du relief.

« J'en dis presque autant du sentiment du P. Malebranche, quand il assure que nous voyons tout en Dieu. Je dis que c'est une expression qu'on peut excuser et même louer, pourvu qu'on la prenne bien[1]. »

Il faut expliquer par conséquent et ramener à des termes exacts la *Théorie de la vision en Dieu*.

---

1. Erdmann, p. 737, *Lettre à M. Remond de Montmort, contenant des remarques sur le livre du P. Du Tertre contre le P. Malebranche.* 1715.

« Ce n'est pas moi-même que je vois en voyant l'espace, les figures; je vois donc quelque chose hors de moi.

« Pourquoi ne verrais-je pas ces choses en moi? Il est vrai que je vois leur essence ou possibilité, lors même que je ne m'aperçois point de leur existence, et que ces possibilités, lors même que nous ne les voyons point, subsistent toujours comme des vérités éternelles, des possibles dont toute la réalité doit pourtant être fondée dans quelque chose d'actuel, c'est-à-dire en Dieu; mais la question est si nous avons sujet de dire que nous les voyons en Dieu. — Voici comment je pense qu'on peut justifier ce sentiment, quoiqu'il passe pour fort paradoxe auprès de ceux qui n'élèvent point l'esprit au delà des sens. Je suis persuadé que Dieu est le seul objet immédiat externe des âmes, puisqu'il n'y a que lui hors de l'âme qui agisse immédiatement sur l'âme. Et nos pensées avec tout ce qui est en nous, en tant qu'il renferme quelque perfection, sont produites sans intermission par son opération continuée. Ainsi, en tant que nous recevons nos perfections finies des siennes, qui sont infinies, nous en sommes affectés immédiatement. Et c'est ainsi que notre esprit est affecté immédiatement par les idées éternelles qui sont en Dieu, lorsque notre esprit a des pensées qui s'y rapportent et qui en participent. Et c'est dans ce sens que nous pouvons dire que notre esprit voit tout en Dieu[1]. »

---

1. Erdmann, p. 697, *Examen des Principes du R. P. Malebranche.*— Cf. *Id.*, p. 81, *Meditationes de cognitione*, etc. « Quod ad controversiam « attinet, utrum omnia videamus in Deo (quæ utique vetus est sententia, « et si sano sensu intelligatur, non omnino spernenda), an vero proprias « ideas habeamus, sciendum est, etsi omnia in Deo videremus, necesse

Nous avons à dessein cité longuement les textes sur ce point important, où se découvrent les rapports du Malebranchisme et du Leibnizianisme, qui s'y accommode.

Or, si Leibniz a éprouvé le besoin de corriger la *Théorie de la vision en Dieu*, il s'attache bien plus encore à compléter la *Théorie des causes occasionnelles*, qu'il pousse jusqu'au bout, de telle sorte qu'elle se transforme en la *Théorie de l'harmonie préétablie*.

En ramenant toutes choses à la pensée et à l'étendue, non-seulement Descartes avait supprimé toutes les natures intermédiaires, mais encore il avait rompu tout rapport entre les substances. De quelle manière, en effet, concevoir que l'âme, pensée sans étendue, puisse agir sur le corps, étendue sans pensée, ou le corps sur l'âme? Descartes s'était comme arrêté court devant cette difficulté. Malebranche, reconnaissant la même impossibilité de réciproque influence, avait invoqué son grand principe de l'action immanente de Dieu. Il affirmait donc que Dieu fait tout en nous, comme dans le reste de l'univers; mais il ajoutait que les idées de l'âme sont autant d'occasions à propos desquelles Dieu produit certains mouvements dans le corps, et les

---

« tamen esse ut habeamus et ideas proprias, id est non quasi icun-
« culas quasdam, sed affectiones sive modificationes mentis nostræ,
« respondentes ad id ipsum, quod in Deo perciperemus; utique enim
« aliis cogitationibus subeuntibus aliqua in mente nostra mutatio fit;
« rerum vero actu a nobis non cogitatorum ideæ sunt in mente nostra,
« ut figura Herculis in rudi marmore. » — *Ibid.*, p. 446. — *Epistola ad Hanschium*, etc. « Interim ob concursum divinum, qui cuique crea-
« turæ continuo tribuit, quidquid in ea est perfectionis, potest dici
« objectum animæ externum esse solum Deum, eoque sensu Deum
« esse ad mentem, ut lux ad oculum. Hæc est illa divina relucens in
« nobis Veritas, de qua toties Augustinus, eumque in ea re secutus
« Malebranchius. »

mouvements du corps, autant d'occasions à propos desquelles Dieu excite dans l'âme certaines idées. C'est là le sens de la *Théorie des causes occasionnelles*.

« M. Descartes, écrit Leibniz, avait quitté la partie là-dessus, autant qu'on le peut connaître par ses écrits; mais ses disciples, voyant que l'opinion commune est inconcevable, jugèrent que nous sentons les qualités des corps, parce que Dieu fait naître des pensées dans l'âme à l'occasion des mouvements de la matière; et lorsque notre âme veut remuer le corps à son tour, ils jugèrent que c'est Dieu qui le remue pour elle. Et comme la communication des mouvements leur paraissait comme inconcevable, ils ont cru que Dieu donne du mouvement à un corps à l'occasion du mouvement d'un autre corps. C'est ce qu'ils appellent le *Système des causes occasionnelles*, qui a été fort en vogue par les belles réflexions de l'auteur de la *Recherche de la vérité*[1]. »

Suivant Leibniz, tout n'est pas à rejeter dans la *Théorie des causes occasionnelles*, et il déclare en adopter, en approuver merveilleusement ces deux principes essentiels :

1° Il n'y a point influence d'une substance sur une autre;

2° Toute réalité est produite par Dieu.

Mais il fallait suivre les développements de ces principes, tirer de ces propositions tout ce qu'elles renferment. Malebranche ne s'en est pas avisé. Il s'est arrêté à mi-chemin. De là, tous les manquements de sa théorie.

Car 1° il supprime la considération des causes se-

---

1. Erdmann, p. 127, *Système nouveau*, etc.

condes, en ayant sans cesse recours à l'intervention de la cause première.

Or, remarque Leibniz, « par le même droit de faire des fictions que la seule toute-puissance miraculeuse de Dieu pourrait rendre possibles, il serait permis de soutenir que je suis seul au monde et que Dieu produit tous les phénomènes dans mon âme, comme s'il y avait d'autres choses hors de moi, sans qu'il y en eût[1]. »

2° Il admet un miracle perpétuel, le mot miracle étant entendu dans le sens de ce qui passe la force naturelle des créatures.

3° Il assimile Dieu à un ouvrier malhabile, qui est sans cesse obligé de retoucher son ouvrage.

Sans doute la *Théorie des causes occasionnelles* vaut mieux que la *Théorie de l'influence réciproque;* mais, comme elle est incomplète, elle est fautive. Leibniz veut qu'on aille jusqu'à la *Théorie de l'harmonie préétablie.*

« On peut, écrit Leibniz, imaginer trois systèmes pour expliquer le commerce qu'on trouve entre l'âme et le corps, savoir : 1° le système de l'influence de l'un sur l'autre, qui est celui des écoles, pris dans le sens vulgaire, que je crois impossible après les Cartésiens; 2° celui d'un surveillant perpétuel, qui représente dans l'un ce qui se passe dans l'autre, à peu près comme si un homme était chargé d'accorder toujours deux méchantes horloges, qui d'elles-mêmes ne seraient point capables de s'accorder, et c'est le système des causes occasionnelles; et 3° celui de l'accord naturel de deux substances, tel qu'il serait entre deux horloges bien exactes, et c'est ce que je trouve aussi possible

---

1. Erdmann, p. 695, *Examen des Principes du R. P. Malebranche.*

que le système du surveillant, et plus digne de l'auteur de ces substances, horloges ou automates. Cependant, voyons si le système des causes occasionnelles ne suppose point en effet un miracle perpétuel. On dit que non, parce Dieu n'agirait, suivant ce système, que par des lois générales. Je l'accorde; mais, à mon avis, cela ne suffit pas pour lever les miracles. Si Dieu en faisait continuellement, ils ne laisseraient pas d'être des miracles, en prenant ce mot non pas populairement pour une chose rare et merveilleuse, mais philosophiquement pour ce qui dépasse les forces des créatures[1]. »

Que fallait-il pour passer de la *Théorie des causes occasionnelles* à la *Théorie de l'harmonie préétablie?* Mieux connaître, mieux comprendre les lois du mouvement, ou plutôt de la force.

Descartes affirmait :

1° Qu'il y a toujours la même quantité de mouvement dans le monde;

2° Que l'âme a la puissance de changer la direction de ce mouvement, comme un cavalier dirige un cheval avec les rênes.

Ce qui est vrai, suivant Leibniz, c'est que : 1° il y a toujours dans le monde, non pas une même quantité de mouvement, mais de force;

C'est que : 2° l'âme n'a pas plus le pouvoir de changer la direction que la quantité du mouvement.

« Si l'on avait su du temps de M. Descartes cette nouvelle loi de la nature, que j'ai démontrée, qui porte que non-seulement la même quantité de la force totale

---

1. Erdmann, p. 152, *Lettre à l'auteur de l'Histoire des ouvrages des Savants* (Basnage), *contenant un éclaircissement des difficultés que M. Bayle a trouvées dans le système nouveau de l'union de l'âme et du corps,* 1698.

des corps, qui ont commerce entre eux, mais encore leur direction totale se conserve, il serait venu apparemment à mon système de l'harmonie préétablie; car il aurait reconnu qu'il est aussi raisonnable de dire que l'âme ne change point la quantité de la direction des corps, qu'il est raisonnable de refuser à l'âme le pouvoir de changer la quantité de leur force, l'un et l'autre étant également contraire à l'ordre des choses et aux lois de la nature, comme l'un et l'autre est également inexplicable. Ainsi, d'après mon système, les âmes ou les principes de vie ne changent rien dans le cours ordinaire des corps, et ne donnent pas même à Dieu occasion de le faire [1]. »

Malebranche s'était, sur quelques points importants de la dynamique, rangé à l'avis de Leibniz.

« Je m'étonne, écrivait Leibniz, qu'on dit encore qu'il se conserve toujours une égale quantité de mouvement au sens cartésien; car j'ai démontré le contraire, et déjà d'excellents mathématiciens se sont rendus [2]. »

Mais le redressement de ses idées sur la dynamique n'avait pas été complet chez Malebranche. S'il l'eût été, il en serait immanquablement venu à la *Théorie de l'harmonie préétablie*. Car voici simplement en quoi consiste cette théorie :

1° Il n'y a pas influence réciproque entre l'âme et le corps. L'âme et le corps agissent chacun comme s'il était seul.

2° C'est Dieu qui opère les rapports qui existent entre l'âme et le corps.

---

1. Erdmann, p. 429, *Considérations sur le principe de vie et sur les natures plastiques, par l'auteur de l'harmonie préétablie*, 1705.
2. *Id.*, p. 136, *Troisième Éclaircissement*, 1696.

Jusque-là la *Théorie de l'harmonie préétablie* est donc identique à la *Théorie des causes occasionnelles*. Voici par où elle en diffère.

Ce n'est pas à chaque instant et par une intervention réitérée que Dieu fait correspondre l'âme et le corps. Une fois pour toutes, en créant l'âme, il y a déposé la série des idées qui devaient correspondre aux mouvements du corps. Une fois pour toutes, en créant le corps, il y a déposé la série des mouvements qui devaient correspondre aux idées de l'âme. Entre l'âme et le corps, il a donc assuré une inviolable harmonie, et cette harmonie, décrétée dès avant la réalisation de l'âme et du corps, est de la sorte une harmonie préétablie. De la *Théorie des causes occasionnelles* à celle de l'*harmonie préétablie*, le passage n'était donc pas difficile.

« Je ne trouve pas que les sentiments du R. P. Malebranche soient trop éloignés des miens, écrivait Leibniz; le passage des causes occasionnelles à l'harmonie préétablie ne paraît pas très-difficile [1]. »

Le passage n'était pas difficile; cependant Leibniz fait observer avec insistance que Malebranche ne l'a pas franchi.

La notion de force restituée à la notion de substance; la vision en nous rétablie à côté de la vision en Dieu, et la vision en Dieu bien interprétée; la théorie de l'harmonie préétablie substituée à la théorie des causes occasionnelles; ce sont là, entre Malebranche et Leibniz, d'essentielles différences, malgré les analogies de leurs doctrines.

---

1. Dutens, t. V, p. 13, *Lettre III à Montmort*, 1714. — Cf. Erdmann, p. 520, *Théodicée*, P. I, 62.

Ces analogies et ces différences se continuent à mesure que l'on compare l'une à l'autre les deux théodicées.

Tout ce qui précède implique surabondamment l'existence de Dieu et rend superflue une démonstration régulière de cette existence.

Malebranche n'a pas laissé toutefois d'énoncer la preuve de l'existence de Dieu par l'infini ; ce qui l'a conduit à dire que Dieu est l'être par excellence. Quelques-uns ont voulu voir dans cette dénomination, appliquée à Dieu, comme une formule panthéistique. Leibniz décharge loyalement Malebranche de cette odieuse imputation.

« Ce Père disant que Dieu est l'être en général, on prend cela pour un être vague et notional, comme est le genre dans la logique ; et peu s'en faut qu'on n'accuse le P. Malebranche d'athéisme ; mais je crois que ce Père a entendu non pas un être vague et indéterminé, mais l'être absolu qui diffère des êtres particuliers bornés, comme l'espace absolu et sans bornes diffère d'un cercle ou d'un carré[1]. »

Leibniz se plaît à remarquer avec quelle exactitude Malebranche a parlé de la création.

« Je suis du sentiment du P. Malebranche, qu'en général la création, entendue comme il faut, n'est pas aussi difficile à admettre qu'on pourrait penser et qu'elle est enveloppée en quelque façon dans la notion de la dépendance des créatures. « Que les philosophes sont « stupides et ridicules ! s'écrie-t-il (Méd., ch. ix, n. 3) ; « ils s'imaginent que la création est impossible, parce « qu'ils ne conçoivent pas que la puissance de Dieu

---

1. Erdmann, p. 737, *Lettre à Montmort*, 1715.

« soit assez grande pour faire de rien quelque chose !
« Mais conçoivent-ils mieux que la puissance de Dieu
« soit capable de remuer un fétu ? » Il ajoute encore
fort bien (n. 5) : « Si la matière était incréée, Dieu ne
« pourrait la mouvoir ni en former aucune chose. Car
« Dieu ne peut remuer la matière ni l'arranger avec
« sagesse, sans la connaître. Or, Dieu ne peut la con-
« naître s'il ne lui donne l'être; il ne peut tirer ses
« connaissances que de lui-même. Rien ne peut agir en
« lui, ni l'éclairer [1]. »

D'autre part, Leibniz s'accorde parfaitement avec Malebranche touchant la question de l'amour pur.

Mais c'est surtout par leur doctrine sur l'optimisme que Malebranche et Leibniz se rapprochent en théodicée.

« Les voies de Dieu sont les plus simples et les plus uniformes : c'est qu'il choisit les règles qui se limitent le moins les unes les autres.

« Elles sont aussi les plus fécondes par rapport à la simplicité des voies.

« On peut même réduire ces deux conditions, la simplicité et la fécondité, à un seul avantage, qui est de produire le plus de perfection possible, et, par ce moyen, le système du P. Malebranche en cela se réduit au mien. Car si l'effet était supposé plus grand, mais les voies moins simples, je crois qu'on pourrait dire que, tout pesé et tout compté, l'effet lui-même serait moins grand, en estimant non-seulement l'état final, mais aussi l'effet moyen [2]. »

Néanmoins, l'optimisme de Leibniz diffère de l'op-

---

1. Erdmann, 618, *Théodicée*, P. III, 398.
2. *Id.*, p. 568, *Théodicée*, P. II, 208.

timisme de Malebranche. En effet, pour fonder son optimisme, Malebranche invoquait le dogme de l'Incarnation. Il n'y a chez Leibniz rien de pareil.

Ce n'est pas tout. En soutenant le système des voies générales, Malebranche, dans des cas particuliers, exceptionnels, qu'il appelle des miracles, Malebranche admettait des voies particulières. C'était une insuffisante concession à des adversaires qui lui reprochaient de rendre, par exemple, la prière inutile. Leibniz, de son côté, condamne cette dérogation au système absolu des voies générales. D'après lui, le particulier est toujours inclus dans le général. En Dieu, il n'y a point de volontés particulières primitives.

« L'excellent auteur de *la Recherche*, ayant passé de la philosophie à la théologie, publia enfin un fort beau *Traité de la nature et de la grâce*; il y fit voir à sa manière que les éléments qui naissent de l'exécution des lois générales ne sont point l'objet d'une volonté particulière de Dieu. Il est vrai que quand on veut une chose, on veut aussi, en quelque façon, tout ce qui y est nécessairement attaché, et, par conséquent, Dieu ne saurait vouloir les lois générales, sans vouloir aussi, en quelque façon, tous les effets particuliers qui en doivent naître nécessairement; mais il est toujours vrai qu'on ne veut pas ces événements particuliers à cause d'eux-mêmes, et c'est ce qu'on entend en disant qu'on ne les veut pas par une volonté particulière et directe....

« Je suis d'accord, avec le R. P. Malebranche, que Dieu fait les choses de la manière la plus digne de lui. Mais je vais un peu plus loin que lui, à l'égard des volontés générales et particulières. Comme Dieu ne saurait rien faire sans raison, lors même qu'il agit miraculeusement, il s'ensuit qu'il n'a aucune volonté sur les événements individuels, qui ne soit une conséquence d'une vérité et d'une volonté générale.

« Ainsi, je dirais que Dieu n'a jamais de volontés particulières telles que ce Père entend, c'est-à-dire particulières primitives....

« Mais je ne dirais pas, avec ce Père, que Dieu déroge aux lois générales, toutes les fois que l'ordre le veut; il ne déroge à une loi que par une autre loi plus applicable, et ce que l'ordre veut ne saurait manquer d'être conforme à la règle de l'ordre, qui est du nombre des lois générales. Le caractère des miracles (pris dans le sens le plus rigoureux) est qu'on ne les saurait expliquer par la nature des choses créées[1]. »

Malebranche, en outre, déclarait Dieu impassible devant le mal, voulant signifier par là que Dieu n'a aucun rapport au mal.

Enfin, Malebranche rapportait à Dieu tout bien, prétendant de cette manière rappeler aux créatures leur néant.

Leibniz combat de telles exagérations.

Il répond que cette impassibilité de Dieu ressemble beaucoup à l'indifférence, et qu'un Dieu indifférent n'est qu'un despote, qui, n'aimant pas, ne peut être aimé. Dieu, sans doute, n'est pas l'auteur du mal; mais il consent à un mal partiel, dans l'intérêt de la perfection de l'ensemble.

En second lieu, Leibniz relève le mérite de la vertu, en même temps qu'il en reconnaît l'insuffisance, conformément au dogme de la grâce.

En proclamant Dieu le seul acteur, Malebranche prétendait exalter Dieu et tourner violemment les âmes à

---

1. Erdmann, p. 566, 567, *Théodicée*, P. II, 204, 206, 207.

l'adoration. Il ne s'apercevait pas que, de la sorte, il marchait contre son but. Car si Dieu est tout, les créatures ne sont rien. Si Dieu est tout, tout est Dieu, tout est adorable comme Dieu et en tant que Dieu. L'idolâtrie de soi-même, le culte de la nature est justifié.

Ce sont là les conséquences déplorables que Leibniz pénètre à fond et qu'il repousse.

« M. Bayle, après quelques auteurs modernes, porte le concours de Dieu trop loin ; il paraît craindre que la créature ne soit pas assez dépendante de Dieu. Il va jusqu'à refuser l'action aux créatures ; il ne reconnaît pas même de distinction réelle entre l'accident et la substance. Il fait surtout grand fonds sur cette doctrine reçue dans les écoles, que la conservation est une création continuée. En conséquence de cette doctrine, il semble que la créature n'existe jamais, et qu'elle est toujours naissante et toujours mourante, comme le temps, le mouvement et autres êtres successifs[1]. »

Si Dieu est tout dans les créatures, conclut Leibniz, les créatures, à leur tour, sont Dieu ou des parties de Dieu, et réclament l'adoration qui lui est due. Or, ceci n'est pas un danger, mais une nécessité. Voilà comme on ôte l'idole de la nature et comme on augmente la gloire de Dieu[2] !

---

1. Erdmann, p. 614, *Théodicée*, P. II, 381, 382.
2. Dutens, t. II, pars II, p. 58, *De ipsa natura*, etc. « Ex quibus
« rursus intelligitur, doctrinam a nonnullis propugnatam causarum
« occasionalium.... periculosis consequentiis obnoxiam esse, ductissi-
« mis licet defensoribus haud dubie invitis. Tantum enim abest, ut Dei
« gloriam augeat, tollendo idolum naturæ, ut potius rebus creatis in
« nudas divinæ unius substantiæ modificationes evanescentibus, ex
« Deo facturá cum Spinoza videatur ipsam rerum naturam; cum id
« quod non agit, quod vi activa caret, quod discriminabilitate, quod
« denique omni subsistendi ratione ac fundamento spoliatur, substan-
« tia esse nullo modo possit. »

En deux mots, Malebranche, de même que Descartes, avait compromis sa doctrine, en comprenant mal l'idée de la substance. Malgré lui, il inclinait au Spinozisme.

Leibniz rectifie cette doctrine, en rétablissant dans sa plénitude la notion de substance.

Mais, phénomène singulier et que nous avons déjà plusieurs fois signalé ! Au moment même où Leibniz corrige l'erreur foncière de Malebranche, il y tombe lui-même à son insu. Il ne s'élève du mécanisme au dynamisme que pour revenir, par détour, au mécanisme. Il ne fait de tous les êtres créés autant de forces que pour les réduire, en définitive, et l'âme elle-même, au rôle d'automates.

En effet, après avoir déclaré que les êtres créés sont des forces, il supprime entre eux tout immédiat rapport, c'est-à-dire toute action réciproque. Pour lui, comme pour Malebranche, Dieu est le seul acteur. L'unique différence qui les sépare, c'est qu'aux yeux de Malebranche l'action de Dieu est divisée par les moments de la durée, tandis que, suivant Leibniz, elle s'étend d'un seul coup à la durée tout entière. Mais, pour l'un aussi bien que pour l'autre, il n'y a que Dieu qui agisse. Pour l'un aussi bien que pour l'autre, le monde n'est donc plus qu'une mécanique immense, j'ai presque dit un pur phénomène.

« On a grande raison, écrit Leibniz, de réfuter le P. Malebranche en particulier, lorsqu'il soutient que l'âme est purement passive. Je crois avoir démontré que toute substance est active, et l'âme surtout. C'est aussi l'idée que les anciens et les modernes en ont eue....

« Quant à l'efficace des causes secondes, on a encore raison de la soutenir contre le sentiment de ce Père.

J'ai démontré que chaque substance simple ou monade, telles que sont les âmes, suit ses propres lois en produisant ses actions, sans y pouvoir être troublée par l'influence d'une autre substance simple créée ; et qu'ainsi les corps ne changent pas les lois éthico-logiques des âmes, comme les âmes ne changent point non plus les lois physico-mécaniques des corps. C'est pourquoi les causes secondes agissent véritablement, mais sans aucune influence d'une substance créée sur une autre ; et les âmes s'accordent avec les corps et entre elles en vertu de l'harmonie préétablie, et nullement par une influence physico-naturelle[1]. »

« L'âme, dira ailleurs Leibniz, est une espèce d'automate spirituel[2]. »

Ainsi la *Théorie de l'harmonie préétablie* convient plus que ne le croyait Leibniz avec la *Théorie des causes occasionnelles*.

Dans Malebranche on pourrait même découvrir et Leibniz semblait reconnaître comme les éléments de sa monadologie.

« On voit bien, écrivait Malebranche, si on ne veut avoir recours à une providence extraordinaire, que c'est une nécessité de croire que le germe d'une plante contient en petit celle qu'elle engendre, et que l'animal renferme dans ses entrailles celui qui en doit sortir.

« Quand le monde durerait plusieurs milliers de siècles, Dieu a pu former dans une seule mouche toutes celles qui en sortiraient[3]. »

« Il n'y a point de métempsycose, écrivait Leibniz,

1. Erdmann, p. 736, *Lettre à Montmort*, 1715.
2. *Id.*; p. 517, *Théodicée*, P. I, 52.
3. *Entretiens sur la Métaphysique, Œuvres de Malebranche.* Paris, 1842, 2. vol. in-18. 1re Série, p. 162, 164. *Dixième Entretien.*

et c'est ici que les transformations de MM. Swammerdam, Malpighi et Leewenhoek, qui sont des plus excellents observateurs de notre temps, sont venues à mon secours, et m'ont fait admettre plus aisément que l'animal et toute autre substance organisée ne commence point lorsque nous le croyons, et que sa génération apparente n'est qu'un développement, et une espèce d'augmentation. Aussi ai-je remarqué que l'auteur de la *Recherche de la vérité*, M. Régis, M. Hartsoeker, et d'autres habiles hommes, n'ont pas été fort éloignés de ce sentiment[1]. »

C'était à propos de la nature de l'étendue et de l'espace, que s'était instituée entre Malebranche et Leibniz une savante correspondance, et qu'il y avait eu, entre ces deux grands esprits, échange et contradiction d'idées.

Ces notions deviennent ailleurs aussi le capital de la critique du Malebranchisme par Leibniz.

« Le P. Malebranche s'était servi de cet argument, que l'étendue n'étant pas une manière d'être de la matière, doit être sa substance....

« On peut dire que l'étendue n'est pas une manière d'être de la matière et cependant qu'elle n'est pas une substance non plus. Qu'est-elle donc? Je réponds qu'elle est un attribut des substances, et il y a bien de la différence entre les attributs et les manières d'être[2]. »

« Le Père ayant dit que Dieu est la place des esprits,

---

1. Erdmann, p. 125, *Système nouveau de la nature*, etc. — Cf. Dutens, t. V, p. 319, *Epistola xxi ad Sebastianum Kortholtum*, 1712. « Et « sane Swammerdamius, Leewenhoekius, Malebranchius et alii non « male judicarunt, generationem animalium non esse re vera, nisi « augmentationem et transformationem. Ego ulterius procedo. »

2. Cf. Erdmann, p. 492. *Examen des Principes du R. P. Malebranche.*

comme l'espace est la place des corps, M. Locke dit qu'il n'entend pas un mot de cela.

« La vérité est échappée ici à Malebranche, et il a conçu quelque chose de commun et d'immuable, auquel les corps ont un rapport essentiel et qui fait même leur rapport entre eux. Cet ordre donne lieu à faire une fiction et à concevoir l'espace comme une substance immuable; mais ce qu'il y a de réel dans cette notion regarde les substances simples, sous lesquelles les esprits sont compris, et se trouve en Dieu, qui les unit[1]. »

Cette discussion sur la notion de l'étendue et de l'espace était comme le préliminaire de la lutte suprême que Leibniz soutint contre Clarke, dans les années 1715 et 1716.

M. Cousin l'a remarqué.

« Les lettres, dit l'illustre éditeur de la correspondance de Leibniz et de Malebranche, les lettres que nous venons de publier et qui ont été écrites de 1672 à 1675, sont comme le prélude, et en quelque sorte la première escarmouche du sérieux combat qui eut lieu en 1715 et 1716.

« Les arguments se croisent sans que la pensée de l'un et de l'autre adversaire en soit éclairée et fortifiée. Leibniz ne fait pas même connaître la théorie de laquelle il part et à laquelle il tend. Il n'en est pas ainsi de la dernière polémique qu'il soutint, vers la fin de sa vie, sur le même sujet, contre Newton et Clarke. Là il s'explique clairement[2]. »

Leibniz en effet devait finir par où il avait commencé, par le point de vue ontologique.

---

1. Erdmann, p. 451, *Remarques sur le sentiment du P. Malebranche*, etc.
2. M. Cousin, *Fragments de philosophie Cartésienne*, p. 366.

CHAPITRE IX.

Clarke, Leibniz.

Ce n'était pas seulement avec des savants ou des penseurs tels que Malebranche, que Leibniz traitait de métaphysique, soit de vive voix, soit par écrit.

Les questions les plus abstruses, dans ce dix-septième siècle, si grand par tant de côtés, avaient le privilége de passionner jusqu'aux femmes, et les plus illustres.

Ainsi, c'était pour rassurer la Reine de Prusse, Sophie-Charlotte, contre les doutes que lui avait suggérés le scepticisme de Bayle, que Leibniz avait rédigé sa *Théodicée*.

Ce livre admirable ne fut pas sans circuler beaucoup dans le grand monde. La Princesse de Galles, Guillelmine-Dorothée, en eut connaissance. On en fit chez elle des lectures. Parmi les assistants, se trouvait un chapelain du roi, Samuel Clarke, disciple de Newton, lequel s'avisa de soulever des objections contre les théories leibniziennes.

La Princesse en ayant informé Leibniz, celui-ci lui répondit. On était en novembre 1715, et au mois de décembre de la même année. Leibniz écrivait à Wolf dans les termes suivants :

« La Sérénissime Princesse de Galles, qui a lu ma *Théodicée* avec grande attention, et qui en a été charmée, me mande qu'elle a eu vivement à la défendre contre un ecclésiastique anglais, familier de la Cour. Elle se refuse à admettre cette assertion de Newton et des Newtoniens, qui veulent que Dieu ait de temps à autre besoin de corriger sa machine et de la ranimer. Elle estime que je parle d'une manière plus conforme aux perfections de Dieu, lorsque j'affirme que toutes choses se développent en perfection suivant un ordre préétabli, étant suffisant que Dieu soutienne la création sans qu'il y ait à la corriger. Mon adversaire a remis à Sa Sérénité Royale un libelle écrit en anglais, où il s'efforce de défendre le sentiment de Newton et de détruire le mien. Volontiers il m'imputerait de supprimer le gouvernement divin, par cela seul que j'avance que tout va bien de soi-même. Mais il ne considère pas que le gouvernement divin dans les choses naturelles consiste à les soutenir et qu'il ne doit pas être pris anthropologiquement. Je viens de répondre tout récemment et ai envoyé ma réponse à la Princesse[1]. »

Vers la même époque, Leibniz entretient Bernouilli des commencements de cette controverse[2].

---

1. Dutens, t. II, pars I, p. 105, 23 décembre.
2. *Commercium philosophicum*, etc., t. II, p. 364, déc. 1715. « Phi-
« losophiam Newtoni Angli dicunt esse mere experimentalem, meam
« conjecturalem; sed ni fallor harmonia præstabilita seu quale nos
« statuimus commercium animæ et corporis res demonstrata est : de-
« monstratum etiam, ni fallor, firmitatis seu nexus in corporibus originem
« non posse desumi nisi a motibus conspirantibus, atomosque esse
« rem absurdam. At Newtonus minime per sua experimenta demonstrat
« materiam ubique esse gravem, seu quamvis partem a quavis attrahi,
« aut vacuum dari, ut ipse quidem jactat. De Deo etiam miras fovet
« sententias, extensum esse, sensorium habere, et vereor ne revera
« inclinet in sententiam Averrhois et aliorum, etiam Aristoteli tri-

Cependant, quelle était la teneur de la lettre que Leibniz adressait à la Princesse? Des Maizeaux nous en a conservé la substance dans la préface qu'il a mise en tête de l'édition des lettres qu'échangèrent Leibniz et Clarke.

« M. Leibniz, écrit Des Maizeaux, attaqua la philosophie de M. Newton dans une lettre qu'il adressait à S. A. R. madame la Princesse de Galles, au mois de novembre 1715. Il se prévalut d'une expression susceptible de plusieurs sens (*sensorium*) pour accuser M. Newton d'attribuer à Dieu un organe par lequel il aperçoit les choses. Il prétendit aussi que M. Newton ravalait la sagesse et la puissance de l'Être suprême en disant qu'il se trouvait obligé de redresser de temps en temps la machine du monde, pour y entretenir de l'ordre et de la régularité : comme un horloger a besoin de remonter de temps en temps sa montre, sans quoi elle cesserait d'agir.

« Madame la Princesse de Galles, accoutumée aux recherches philosophiques les plus abstraites et les plus sublimes, fit voir cette lettre à M. Clarke, et souhaita qu'il y répondît. Son Altesse Royale jugea bien qu'une dispute qui roulait sur des matières si importantes, et qui se trouvait en de si bonnes mains, pourrait donner lieu à des éclaircissements considérables; et, pour animer davantage cette espèce de combat philosophique, elle voulut qu'il se fît, pour ainsi dire, sous ses yeux. Elle envoyait à M. Leibniz les réponses de

---

« butam de anima seu intellectu agente generali in corpore quovis
« pro ratione organorum operante. Illud etiam mihi plane absurdum
« videtur, quod putat machinæ mundanæ motum ex se desiturum, nisi
« a Deo subinde rursus animaretur. Itaque miraculis opus habet, nec
« sine perpetuis miraculis suam attractionem explicare poterit. »

M. Clarke, et communiquait à M. Clarke les nouvelles difficultés ou les missives de M. Leibniz[1]. »

La Princesse de Galles provoquait donc Leibniz et Clarke à de savantes discussions. Elle se faisait même comme leur intermédiaire.

« M. Clarke, écrivait en mars 1716 Leibniz à Montmort; M. Clarke, chapelain du roi de la Grande-Bretagne, attaché à M. Newton, dispute avec moi pour son maître, et madame la Princesse de Galles a la bonté de prendre connaissance de notre dispute. Je lui envoyai dernièrement une démonstration que l'espace, qui est *idolum tribus* de plusieurs, comme parle *Verulamius*, n'est plus une substance, ni un être absolu, mais un ordre comme le temps. C'est pour cela que les anciens ont eu raison d'appeler l'espace hors du monde, c'est-à-dire l'espace sans le corps, imaginaire.... Jusqu'ici on n'a pas bien vu les conséquences de ce grand principe que *rien n'arrive sans une raison suffisante ;* et il s'ensuit, entre autres, que l'espace n'est pas un être absolu[2]. »

Effectivement, peu à peu la discussion s'agrandit.

« M. Leibniz, ajoute Des Maizeaux, en vint à des objections contre *l'attraction* mutuelle des corps; il traita de la nature des *miracles;* du *libre* et du *volontaire;* de la *force des corps* qui se meuvent; il s'étendit particulièrement sur la nature de *l'espace*, du *temps* et de *la durée.*

« Il rejeta absolument *le vide* ou *l'espace réel absolu,* regardant *l'espace* comme une pure relation. Ce n'est, dit-il, que *l'ordre* ou *l'arrangement des corps :* c'est *l'ordre des situations* ou des *coexistences,* c'est-à-dire

---

1. Dutens, t. II, pars I, p. 105. — 2. *Id.*, t. V, p. 33.

des choses qui coexistent, comme le *temps* est *l'ordre des successions*, ou des *choses qui se succèdent l'une à l'autre*[1]. »

A cinq écrits de Leibniz, Clarke opposa cinq répliques. La mort devait, d'ailleurs, donner au philosophe anglais le dernier mot, car Leibniz mourut sans avoir pu dupliquer[2].

Avant d'arriver aux dissidences qui séparent Clarke et Leibniz, montrons en quels points ils se rencontrent.

Samuel Clarke, né à Noorwick (Norfolk) en 1675, avait étudié à Cambridge, où s'enseignait la philosophie de Descartes, où Newton avait lui-même récemment étudié et professé.

Les doctrines cartésiennes, les principes newtoniens, voilà les influences que subit l'intelligence de Clarke,

---

1. Dutens, t. II, pars I, p. 106.
2. Leibniz mourut presque subitement, à l'âge de soixante-dix ans, le 14 novembre 1716.

« Quels témoignages, à cette triste nouvelle, donna la Société de Berlin, dont Leibniz était le fondateur? Elle garda un silence profond qui se perdit dans l'injuste silence de la Cour de Prusse, dans le silence révoltant de la Cour de Hanovre, laquelle laissa le secrétaire de Leibniz, le fidèle et studieux Eckhart, accompagner seul son maître au champ du repos. La Cour de Hanovre, en rendant les derniers honneurs à un serviteur si dévoué, eût craint de choquer la Société Royale de Londres. Cette Compagnie, dont Leibniz avait été un des plus anciens membres, était alors aveuglée par l'esprit de parti. Subjuguée par un étroit sentiment de nationalité, elle n'accorda pas un regret à l'émule de ce Newton, dont le cercueil fut porté, dix ans plus tard, à l'abbaye de Westminster, par les premiers personnages de la Grande-Bretagne. L'Académie des sciences de Paris, seule impartiale et juste, fut seule digne et grande, et seule l'organe de la postérité, par le cri de douleur et d'admiration qu'elle fit retentir dans la belle séance du 13 novembre 1717, par la bouche de Fontenelle, assis entre l'abbé Bignon et le cardinal de Polignac. » M. Bartholmèss, *Histoire philosophique de l'Académie de Prusse*, t. I, p. 72.

intelligence droite et sûre bien plus qu'étendue, soumise presque en tout à la tradition, et lorsqu'elle devient originale, paraissant s'ignorer soi-même.

Telle du moins elle se révèle dans la *Démonstration de l'existence et des attributs de Dieu, pour servir de réponse à Hobbes, Spinoza et à leurs sectateurs*[1].

Dans ce traité, Clarke commence par signaler l'insuffisance de la preuve *a posteriori* de l'existence de Dieu. Il la trouve sans doute morale, raisonnable, facile à comprendre; mais elle n'établit pas, suivant lui, l'existence de Dieu avec une certitude métaphysique; elle est, d'ailleurs, impuissante à révéler aucun des attributs essentiels de Dieu.

La nécessité, voilà le fondement et *a priori* de l'existence de Dieu.

1° Quelque chose a existé de toute éternité, puisque quelque chose existe aujourd'hui.

2° Un être indépendant et immuable a existé de toute éternité; car le monde contingent suppose hors de soi sa raison d'être.

3° Cet être indépendant et immuable, qui a existé de toute éternité, existe aussi par lui-même.

En deux mots, le contingent suppose le nécessaire. On le voit, c'est, sous une autre forme et un peu délayée, la démonstration cartésienne de l'existence de Dieu, l'idée de cause s'ajoutant à l'idée de l'être parfait.

Clarke n'a pas ignoré non plus la preuve qui se tire de l'essence de l'être parfait. Il semble même qu'il l'ait fort judicieusement appréciée.

« Je ne déciderai pas, écrit-il, si c'est à juste titre

---

1. Paris, 1843, in-18.

qu'on infère de ce que Dieu a toutes les perfections son existence actuelle, ou si cet argument est un sophisme; mais je dis qu'il paraît par les disputes éternelles des savants, qui n'ont pu encore ni s'entendre, ni s'accorder là-dessus, que ce n'est pas un argument clair et démonstratif, propre à convaincre un athée et à le réduire au silence. Il me semble que le défaut et l'obscurité de cet argument consiste en ceci : c'est qu'il ne porte que sur l'idée nominale ou sur la définition de l'être qui existe par lui-même, et que la liaison entre cette idée nominale et l'idée réelle d'un être actuellement existant hors de moi, n'y est pas assez clairement développée pour qu'on puisse conclure de l'une à l'autre[1]. »

Ainsi, Clarke l'a constaté avec justesse, il faut qu'à l'essence de l'Être parfait s'ajoute l'idée effective de l'Être parfait, à la déduction abstraite la réalité et le concret.

Jusque-là, Clarke ne fait que suivre le courant de la philosophie établie. Voici comment il devient, presque à son insu, original.

Newton avait dit :

« Dieu n'est pas l'espace, mais en existant partout, il le constitue; de même qu'en durant toujours il constitue la durée. »

Nous concevons un *espace* sans bornes, dit Clarke, ainsi qu'une *durée* sans commencement ni fin. Or, ni la durée, ni l'espace ne sont des substances, mais bien des propriétés, des attributs; et toute propriété est la propriété de quelque chose, tout attribut appartient à un sujet. Il y a donc un Être réel, nécessaire, infini,

---

1. *De l'Existence de Dieu*, p. 24, ch. IV.

dont l'*espace* et le *temps* nécessaires et infinis sont les propriétés, qui est le *substratum* ou le fondement de la durée et de l'espace. Cet être est Dieu [1].

Nous aurons à apprécier cette preuve de l'existence de Dieu.

Rappelons présentement qu'à la démonstration de l'existence de Dieu, Clarke ajoutant la détermination des attributs divins, établit solidement l'unité, la liberté, la toute-puissance, l'absolue et immuable justice de Dieu.

Avec Leibniz, le philosophe anglais repousse donc l'empirisme de Locke, le panthéisme de Spinoza, la morale intéressée de Hobbes. Avec Leibniz, il défend contre Collins et Dodwell la liberté. On peut même dire qu'il a mieux entendu que Leibniz la nature de la liberté humaine.

Pour Leibniz en effet, la liberté humaine se réduit à la spontanéité. La monade humaine, non plus qu'aucune autre monade, ne subit d'influence extérieure; elle a en soi-même le principe de son action. Mais, en vertu de l'harmonie préétablie, son état présent est lié d'une manière si étroite à son état passé et à son état futur, que dans cette chaîne aux anneaux serrés, on ne voit guère où est la place de la liberté. Il semble trop que les motifs de nos actions en soient les causes indéclinables.

Clarke, au contraire, remarque utilement qu'il ne faut pas confondre le motif de nos actions avec le principe d'action qui est en nous comme dans tout agent. Dans

---

1. Cf. *Lettres d'un Gentilhomme de la province de Glocester, écrites au docteur Clarke, au sujet de son Traité de l'Existence de Dieu.* — Réponses à la Lettre II et à la Lettre III, à la suite du *Traité*, p. 147, 148, 152.

les agents animés, ce principe d'action s'appelle spontanéité. Dans les agents intelligents, il s'appelle proprement liberté.

Ce sont là, ce dernier point excepté, qui d'ailleurs est considérable, les détails de théodicée où, d'une manière générale, se rencontrent Clarke et Leibniz. Examinons par où ils diffèrent et entrons dans les développements de leur polémique, restée célèbre.

Cette polémique offre comme deux parties distinctes.

La première porte sur les rapports de Dieu et du monde.

La deuxième a pour objet la nature du temps et de l'espace.

Et d'abord, comment le philosophe anglais conçoit-il les rapports de Dieu et du monde?

Interprète du sentiment de Newton, autant que promoteur de sa propre pensée, Clarke pose que, le monde une fois créé, l'intervention de Dieu dans le monde n'en est pas moins constamment nécessaire.

Si on nie cette proposition, on risque fort:

1° de faire le monde éternel;

2° d'ôter à Dieu le titre de providence, pour ne plus voir en lui qu'une sorte de gouverneur;

3° d'imposer à Dieu une nécessité, qui se tourne en fatalité.

Leibniz nie cette proposition et répudie les conséquences qu'on voudrait inférer d'une pareille négation.

Il commence par rappeler qu'il y a deux principes qui dominent tout : 1° le principe de contradiction; 2° le principe de la raison suffisante.

Le principe de contradiction est le fondement des

sciences mathématiques, de la mathématique en général.

Le principe de la raison suffisante est le fondement de toute science métaphysique et morale.

En vertu du principe de la raison suffisante, Leibniz énonce, contre le sentiment de Clarke, la proposition suivante :

Le monde une fois créé, l'intervention de Dieu n'est plus nécessaire. En effet, si elle était nécessaire, c'est que Dieu serait obligé de remonter sa montre ; il y aurait donc défaut dans son ouvrage ; la création ne serait plus en rapport avec la sagesse et la puissance souveraine de Dieu ; elle n'aurait plus sa raison suffisante.

Leibniz repousse d'ailleurs les pernicieuses conséquences que Clarke attribue à cette doctrine.

1° On ne court pas risque de faire le monde éternel. Le dogme de la création, à lui seul, exclut cette détestable extrémité. Or, on professe que le monde a été créé, mais avec une beauté et une harmonie préétablies.

2° Loin de réduire l'action de Dieu à celle d'un simple gouverneur, on conçoit de sa providence une idée très-haute et très-juste. Car on n'affirme pas seulement qu'il conserve tout, mais encore qu'il y a en lui une sagesse qui, du premier coup, a tout prévu ; une prévoyance qui, une fois pour toutes, a pourvu à tout.

3° Enfin, on ne réduit pas Dieu au Dieu des Stoïciens. En effet, il importe de distinguer deux nécessités : une nécessité hypothétique ou morale, et une nécessité fatale ou géométrique. C'est cette seconde nécessité qui doit être niée de Dieu. Quant à la première, il faut, au contraire, l'affirmer de Dieu. Car, loin qu'elle exclue la liberté, elle est l'expression la plus accomplie de la liberté. Le principe de la raison suffisante exige que Dieu ne fasse rien sans raison. C'est pourquoi, nécessairement, mais d'une nécessité toute morale, Dieu non-seulement va au bien, mais au meilleur.

Jusqu'ici manifestement, tout le fort de la discussion porte sur le principe de la raison suffisante.

Ce principe maintenu, Leibniz a raison.

Ce principe infirmé, ou modifié profondément, c'est Clarke qu'il faut croire.

« Monsieur Clarke et moi, écrit en octobre 1716 Leibniz à Montmort, nous avons cet honneur que notre dispute passe par les mains de madame la Princesse de Galles. J'ai envoyé ma quatrième réponse, et j'attends la sienne sur laquelle je me réglerai. Il a fait quasi semblant d'ignorer ma *Théodicée*, et m'a forcé à des répétitions. J'ai réduit l'état de notre dispute à ce grand axiome, que *rien n'existe ou n'arrive sans qu'il y ait une raison suffisante, pourquoi il en est plutôt ainsi qu'autrement*. S'il continue à me le nier, où en sera la sincérité? S'il me l'accorde, adieu le vide, les atomes et toute la philosophie de M. Newton[1]. »

Clarke ne peut pas rejeter absolument le principe de la raison suffisante; il tâche du moins de le modifier.

« Il est indubitable, écrit-il, que rien n'existe, sans qu'il y ait une raison suffisante de son existence, et que rien n'existe d'une manière plutôt que d'une autre, sans qu'il y ait aussi une raison suffisante de cette manière d'exister. Mais à l'égard des choses qui sont indifférentes par elles-mêmes, la simple volonté est une raison suffisante pour leur donner l'existence, ou

---

1. Dutens, t. V, p. 30.

pour les faire exister d'une certaine manière, et cette volonté n'a pas besoin d'être déterminée par une cause étrangère[1]. »

Ainsi, sans doute, on peut d'ordinaire chercher et trouver la raison suffisante des choses. Mais il y a tels cas, telles situations de si complète indifférence, qu'il est impossible de leur assigner d'autre raison suffisante que la simple volonté de Dieu.

Leibniz nie qu'il y ait de tels cas, de telles situations de complète indifférence.

1° La liberté d'indifférence est le plus bas degré de la liberté. Chez l'homme, elle équivaut presque au pur hasard. Donc, on ne saurait l'admettre en Dieu.

2° Cette liberté d'indifférence n'existe pas; c'est un état chimérique de l'âme.

« Une simple volonté sans aucun motif, écrit Leibniz, est une fiction non-seulement contraire à la perfection de Dieu, mais encore chimérique, contradictoire, incompatible avec la définition de la volonté. La volonté sans raison serait le hasard des Épicuriens. Un Dieu qui agirait par une telle volonté serait un Dieu de nom.... Lorsque deux choses incompatibles sont également bonnes et que, tant en elles que par leur combinaison avec d'autres, l'une n'a point d'avantage sur l'autre, Dieu n'en produira aucune[2]. »

---

1. Erdmann, p. 753, *Lettres entre Leibniz et Clarke*, 1715-1716, *Troisième Réplique de M. Clarke*.
2. *Id.*, p. 755, *ibid.*, *Quatrième Écrit de M. Leibniz*. — Bernouilli applaudissait à cette argumentation de Leibniz. Cf. *Commercium Philosophicum, etc.*, t. II, p. 396. « Clarkium, ut videtur, ad incitas redegisti,
« quando coactus est dicere Dei voluntatem nulla ratione esse nixam :
« hoc enim pacto ex Deo fiet Ens brutum, et irrationale, quod agat
« tantum cæco quodam impetu, nisi omnino cum Democrito et Epi-
« curo recurrendum esset ad fortuitum atomorum concursum. »

Le principe de la raison suffisante s'appuie sur le principe des indiscernables, lequel ne souffre aucune indifférence.

En effet, les individus diffèrent toujours plus que *numero*, et c'est faute d'avoir compris cette vérité, manifestée pourtant si pleinement par l'expérience, qu'on s'est si souvent embarrassé dans la question du principe d'individuation.

Si Dieu n'avait pas eu de motif de préférence entre créer le monde et ne le créer pas, il ne l'aurait pas créé. Puisqu'il l'a créé, c'est qu'il a eu une raison suffisante. Et cette raison suffisante est sa sagesse. Le monde n'est donc pas seulement bon par certains côtés; il est le meilleur qu'il se pouvait. Et puisqu'il est le meilleur qu'il se pouvait, il est un ouvrage parfait, et qui, par conséquent, n'a pas besoin d'être retouché.

C'est là toute une phase et toute la première partie de la discussion.

Mais Clarke insistait afin d'établir, contrairement au principe de la raison suffisante, qu'il y a des cas, des situations de telle indifférence, que la seule raison suffisante qu'on puisse assigner de ce qui est, consiste uniquement à invoquer la volonté de Dieu.

Si on demande, disait Clarke, pourquoi le monde n'a pas été créé ailleurs que là où il a été créé, et à un autre moment, on répond qu'un lieu étant égal à un autre lieu et les parties de la matière qui remplissent le lieu, étant parfaitement similaires; et de même, un moment de la durée étant identique à un autre moment de la durée, il était indifférent de créer le monde en tel lieu, en tel temps, ou en tel autre lieu, ou en tel autre temps.

La seule raison de la création en un temps, en un lieu, plutôt qu'en un autre temps, plutôt qu'en un autre lieu, est la volonté de Dieu.

Voilà donc un cas où la raison suffisante se ramène à la simple volonté de Dieu, ce qu'il fallait prouver.

C'était se prononcer implicitement sur la nature de l'espace et de la durée, et y ramener tout le débat.

D'un autre côté, Newton avait dit et Clarke soutenait qu'il avait pu dire que l'espace est le *sensorium*, au moyen duquel Dieu voit toutes choses.

C'était s'engager encore davantage dans la considération de l'idée d'espace.

La deuxième partie de la discussion, laquelle a pour objet la notion du temps et celle de l'espace, naît donc de la première.

Ici, il est peut-être utile de rappeler que Leibniz, en luttant contre Clarke, luttait contre Newton, et que déjà entre ces deux grands hommes et surtout entre leurs partisans, une polémique s'était engagée à propos de la priorité de la découverte du calcul infinitésimal, que Newton appelait le *calcul des fluxions* et Leibniz le *calcul des différences*.

« Comme certains Anglais, écrit en août 1716 Leibniz à M. Pinson, comme certains Anglais m'ont attaqué sur l'invention du calcul des différences, mais d'une manière qui me paraissait peu convenable, j'ai, au lieu de répondre, fait publier le jugement du célèbre M. Bernouilli sur cette controverse; il est tout à fait neutre, et il n'a pu s'empêcher de prononcer pour moi. Maintenant M. Newton, voyant que je ne voulais pas répondre à ses émissaires, a écrit lui-même une lettre à un tiers pour m'être communiquée. J'y ai répondu par une autre lettre, et j'espère qu'elle aura pu le désabuser. Cependant nous sommes encore en dispute sur la philosophie naturelle, et cette dispute est agitée sans aigreur. Les communications se font par écrit, mais un jour le public en pourra être informé[1]. »

La dispute portait essentiellement sur la manière différente d'entendre le principe de la raison suffisante.

Or, Clarke semblait à Leibniz infirmer ce principe et en limiter excessivement les applications.

« Il est vrai, dit-on, écrivait Leibniz, qu'il n'y a rien sans une raison suffisante pourquoi il est, et pourquoi il est ainsi plutôt qu'autrement. Mais on ajoute que cette raison suffisante est souvent la simple volonté de Dieu; comme lorsqu'on demande pourquoi la matière n'a pas été placée autrement dans l'espace, les mêmes situations entre les corps demeurant gardées. Mais c'est justement soutenir que Dieu veut quelque chose, sans qu'il y ait aucune raison suffisante de sa volonté, contre l'axiome, ou la règle générale de tout ce qui arrive. C'est retomber dans l'indifférence vague, que j'ai montrée chimérique absolument, même dans les créatures, et contraire à la sagesse de Dieu, comme s'il pouvait opérer sans agir par raison[2]. »

De là, incidemment, la question de la nature de l'espace, et aussi la question de la nature du temps.

« On m'accorde ce principe important, que rien n'arrive sans qu'il y ait une raison suffisante pourquoi il en est ainsi plutôt qu'autrement. Mais on me l'accorde en paroles, et on me le refuse en effet, ce qui

---

1. Dutens, t. V, p. 474.
2. Erdmann, p. 752, *Lettres entre Leibniz et Clarke, Troisième Écrit de M. Leibniz.*

fait voir qu'on n'en a pas bien compris toute la force. Et pour cela on se sert d'une de mes démonstrations contre l'*espace réel absolu*, idole de quelques Anglais modernes....

« Ces messieurs soutiennent donc que l'espace est un être réel absolu ; mais cela les mène à de grandes difficultés. Car il paraît que cet être doit être réel et infini.

« C'est pourquoi, il y en a qui ont cru que c'était Dieu lui-même, ou bien son attribut, son immensité. Mais comme il a des parties, ce n'est pas une chose qui puisse convenir à Dieu[1]. »

Donc, qu'est-ce que l'espace ? Qu'est-ce que le temps ?

Tel est le problème abstrus, auquel ont conduit Leibniz et Clarke : 1° La proposition de Newton touchant le *sensorium* ; 2° La différence d'interprétation du principe de la raison suffisante.

A ce problème, trois solutions semblent seules possibles :

1° Le temps et l'espace sont des substances.

2° Le temps et l'espace sont des attributs.

3° Le temps et l'espace sont de pures conceptions de l'esprit.

Et d'abord, du *sensorium*. Voici en peu de mots l'analyse exacte de la discussion de Leibniz et de Clarke.

Leibniz. — « M. Newton dit que l'espace est l'organe dont Dieu se sert pour sentir les choses. Mais s'il a besoin de quelque moyen pour les sentir, elles

---

1. Erdmann, p. 751, *Lettres entre Leibniz et Clarke, Troisième Écrit de M. Leibniz.*

ne dépendent donc pas entièrement de lui et ne sont point sa production[1]. »

Clarke. — « M. le chevalier Newton dit que comme l'âme, étant immédiatement présente aux images qui se forment dans le cerveau par le moyen des organes des sens, voit ces images comme si elles étaient les choses mêmes qu'elles représentent; de même Dieu voit tout par sa présence immédiate, étant actuellement présent aux choses mêmes, à toutes les choses qui sont dans l'univers, comme l'âme est présente à toutes les images qui se forment dans le cerveau. C'est tout ce que M. Newton a voulu dire par la comparaison dont il s'est servi, lorsqu'il suppose que l'espace infini est, pour ainsi dire, le *sensorium* de l'être qui est présent partout[2]. »

Leibniz. — « Il se trouve expressément dans l'appendice de l'Optique de M. Newton, que l'espace est le *sensorium* de Dieu. Or le mot *sensorium* a toujours signifié l'organe de la sensation. Permis à lui et à ses amis de s'expliquer maintenant tout autrement. Je ne m'y oppose pas....

« La raison pourquoi Dieu s'aperçoit de tout, n'est pas sa simple présence, mais encore son opération[3]. »

Clarke. — « Le mot de *sensorium* ne signifie pas proprement l'organe, mais le lieu de la sensation. L'œil, l'oreille, etc. sont des organes, mais ce ne sont pas des *sensoria*. D'ailleurs, M. le chevalier Newton ne dit pas que l'espace est un *sensorium*, mais qu'il

---

1. Erdmann, p. 746, *Lettres entre Leibniz et Clarke. Premier Écrit de M. Leibniz.*
2. *Id.*, p. 747, *ibid.*, *Première Réplique de M. Clarke.*
3. *Id.*, p. 748, 749, *ibid.*, *Second Écrit de M. Leibniz.*

est (par voie de comparaison) pour ainsi dire le *sensorium*[1]. »

Leibniz. — « Le sens de *sensorium* est fort bien déterminé à l'article *Sensitorium* du *Dictionarium philosophicum* de *Rudolphus Goclenius*[2]. »

Clarke. — « Il ne s'agit pas de savoir ce que Goclenius entend par le mot de *sensorium*, mais en quel sens M. le chevalier Newton s'est servi de ce mot dans son livre[3]. »

Leibniz. — « Je serais bien aise de voir le passage d'un philosophe qui prenne *sensorium* autrement que Goclenius[4]. »

Clarke. — « Il n'est pas nécessaire de rien ajouter à ce que j'ai dit sur cela[5]. »

Leibniz. — « Si Dieu sent ce qui se passe dans le monde par le moyen d'un *sensorium*, il semble que les choses agissent sur lui, et qu'ainsi il est comme on conçoit l'âme du monde. On m'impute de répéter les objections, sans prendre connaissance des réponses; mais je ne vois pas qu'on ait satisfait à cette difficulté; on ferait mieux de renoncer tout à fait à ce *sensorium* prétendu[6]. »

Aussi bien, la question du *sensorium* n'est vraiment qu'une question de mots et il en faut venir à la question de choses, qui est celle de la nature de l'espace et du temps.

Qu'est-ce que l'espace? Qu'est-ce que le temps? « This is all that y contended for. »

---

1. Erdmann, p. 750, *Lettres entre Leibniz et Clarke*, *Seconde Réplique de M. Clarke*.
2. *Id.*, p. 752, *ibid.*, *Troisième Écrit de M. Leibniz*.
3. *Id.*, p. 754, *ibid.*, *Troisième Réplique de M. Clarke*.
4. *Id.*, p. 757, *ibid.*, *Quatrième Écrit de M. Leibniz*.
5. *Id.*, p. 761, *ibid.*, *Quatrième Réplique de M. Clarke*.
6. *Id.*, p. 773, *ibid.*, *Cinquième Écrit de M. Leibniz*.

Leibniz commence par détruire ce qui lui paraît être la double chimère du vide et des atomes.

Admettre la doctrine du vide et des atomes est d'une grande simplicité. « On borne là ses recherches, on fixe la méditation comme avec un clou; on croit avoir trouvé les premiers éléments, un *non plus ultra* [1]. » Mais c'est une simplicité décevante. N'en pût-on apporter d'autres et excellentes raisons, en vertu du seul principe de la raison suffisante, il n'y a ni vide, ni atomes.

« Sans parler de plusieurs autres raisons contre le vide et les atomes, écrit Leibniz, voici celles que je prends de la perfection de Dieu et de *la raison suffisante*. Je suppose que toute perfection que Dieu a pu mettre dans les choses, sans déroger aux autres perfections qui y sont, y a été mise. Or figurons-nous un espace entièrement vide; Dieu y pouvait mettre quelque matière, sans déroger en rien à toutes les autres choses : donc il l'y a mise; donc il n'y a point d'espace entièrement vide; donc tout est plein. Le même raisonnement prouve qu'il n'y a point de corpuscule qui ne soit subdivisé. Voici encore l'autre raisonnement pris de la nécessité d'une raison suffisante. Il n'est point possible qu'il y ait un principe de déterminer la proportion de la matière, ou du rempli au vide, ou du vide au plein. On dira peut-être que l'un doit être égal à l'autre; mais comme la matière est plus parfaite que le vide, la raison veut qu'on observe la proportion géométrique, et qu'il y ait d'autant plus de plein qu'il mérite d'être préféré. Mais ainsi il n'y aura point de vide

---

1. Erdmann, p. 758, *Lettres entre Leibniz et Clarke*, Quatrième Écrit de M. Leibniz.

du tout, car la perfection de la matière est à celle du vide, comme quelque chose est à rien. Il en est de même des atomes. Quelle raison peut-on assigner de borner la nature dans le progrès de la subdivision ? Fictions purement arbitraires et indignes de la vraie philosophie ! Les raisons qu'on allègue pour le vide, ne sont que des sophismes[1]. »

Le vide et les atomes détruits, Leibniz tient que l'opinion de Clarke sur le temps et sur l'espace est bien près de succomber et la sienne de rester victorieuse.

Quelle est donc l'opinion de Clarke sur la nature de l'espace et du temps ? A consulter les lettres de Clarke, et notamment la préface mise à ces lettres par Des Maizeaux, qui pourtant, rapporteur de la querelle, se montre favorable au philosophe anglais, cette opinion est très-confuse, équivoque, et se ramène assez, sans que son auteur se l'avoue, à l'opinion de Leibniz.

« M. Clarke, dit Des Maizeaux, soutient que l'*espace* n'est point une simple relation d'une chose à une autre, qui résulte de leur situation ou de l'ordre qu'elles y ont entre elles ; mais que c'est une *qualité* ou *propriété* de la même manière que la *durée*.

« L'*espace infini* ou l'*immensité* est une propriété de la

---

[1]. Erdmann, p. 758, *Lettres entre Leibniz et Clarke*, *Quatrième Écrit de M. Leibniz*. Cf. Dutens, t. II, pars I, p. 79. « On donne mal des limites à la division et subtilité aussi bien qu'à la richesse et beauté de la nature, lorsqu'on met des atomes et du vide, lorsqu'on se figure certains premiers éléments (tels même que les Cartésiens) au lieu des véritables unités, et lorsqu'on ne reconnaît pas l'infini en tout et l'exacte expression du plus grand dans le plus petit, jointe à la tendance de chacun de se développer dans un ordre parfait ; ce qui est le plus admirable et le plus bel effet du souverain principe, dont la sagesse ne laisserait rien à désirer de meilleur à ceux qui en pourraient entendre l'économie. » *Lettre à l'auteur de l'Histoire des ouvrages des Savants*, etc.

substance qui est immense, comme la *durée infinie* ou l'*éternité* est une propriété de la substance qui est éternelle : ou, pour mieux dire, ce sont des suites de l'existence d'un être infini et éternel.

« Cependant, comme les termes de *qualité* ou de *propriété* ont d'ordinaire un sens différent de celui dans lequel il les faut prendre ici, M. Clarke souhaite que j'avertisse ses lecteurs que, « lorsqu'il parle de l'*espace infini* ou de l'*immensité*, et de la *durée infinie* ou de l'*éternité*, et qu'il leur donne, par une imperfection inévitable de langage, le nom de *qualités* ou de *propriétés* de la substance qui est immense ou éternelle, il ne prétend pas prendre le terme de *qualité* ou de *propriété* dans le même sens que le prennent ordinairement ceux qui traitent de la logique et de la métaphysique, lorsqu'ils les appliquent à la matière; mais que par là il veut seulement dire que l'*espace* et la *durée* sont des *modes d'existence* dans tous les êtres, et des *modes infinis* et des *conséquences* de l'*existence* de la substance qui est réellement, nécessairement et substantiellement *toute-présente* et *éternelle*. Cette existence n'est ni une *substance*, ni une *qualité* ou *propriété ;* mais c'est l'*existence d'une substance* avec tous ses *attributs*, toutes ses *qualités* et toutes ses *propriétés ;* et le *lieu* et la *durée* sont des *modes* de cette existence, de telle nature qu'on ne saurait les rejeter sans rejeter l'existence elle-même [1]. »

A travers beaucoup d'obscurités, n'était-ce pas en venir, au fond, aux termes mêmes de Leibniz?

L'opinion de Leibniz, au contraire, est aussi nette et constante que celle de Clarke paraît flottante, embarrassée.

---

1. Dutens, t. II, pars I, p. 106.

Dès 1694, Leibniz écrivait :

« Il peut y avoir des substances immatérielles, qui ne sont pas spirituelles ; c'est ainsi que quelques-uns prennent l'espace pour une substance, et l'espace n'est pourtant rien de matériel, car c'est bien plutôt la matière qui est placée dans l'espace. Du reste, pour ce qui est de moi, je ne pense pas que l'espace soit une substance [1]. »

En 1698, cette opinion devient plus explicite encore :

« Nous concevons l'*étendue*, écrit Leibniz, en concevant un ordre dans les coexistences ; mais nous ne devons pas la concevoir, non plus que l'*espace*, à la façon d'une substance. C'est comme le *temps* qui ne présente à l'esprit qu'un ordre dans les changements. Et quant au *mouvement*, ce qu'il y a de réel est la *force* ou la puissance, c'est-à-dire ce qu'il y a dans l'état présent qui porte en soi un changement pour l'avenir. Le reste n'est que phénomène et rapports [2]. »

En 1709, c'est la même doctrine que l'on retrouve chez Leibniz :

« L'espace, de même que le temps, est un ordre.... L'espace est un continu, si l'on veut, mais idéal [3]. »

Enfin, engagé avec Clarke dans la discussion dont nous venons de reproduire les principaux traits, Leibniz s'exprime sur la nature du temps et de l'espace avec une parfaite décision et dans le même sens qu'au commencement, qu'au milieu de sa carrière.

« Pour moi, j'ai marqué plus d'une fois que je tenais

---

1. Dutens, t. I, p. 17. *Duæ Epistolæ ad Loeflerum de Trinitate*, etc., *Epistola* I.

2. *Id.*, t. II, pars I, p. 79, *Lettre à l'auteur de l'Histoire des ouvrages des Savants*, etc.

3. Erdmann, p. 461, *ad R. P. Des Bosses, Epistola* XIII.

l'espace pour quelque chose de purement relatif, comme le temps; pour un ordre des coexistences, comme le temps est un ordre des successions. Car l'espace marque en termes de possibilité un ordre de choses qui existent en même temps, en tant qu'elles existent ensemble, sans entrer dans leurs manières d'exister. Et lorsqu'on voit plusieurs choses ensemble, on s'aperçoit de cet ordre des choses entre elles.

« Pour réfuter l'imagination de ceux qui prennent l'espace pour une substance, ou du moins pour quelque être absolu, j'ai plusieurs démonstrations; mais je ne veux me servir à présent que de celle dont on me fournit ici l'occasion. Je dis donc que, si l'espace était un être absolu, il arriverait quelque chose dont il serait impossible qu'il y eût une raison suffisante. — Voici comment je le prouve. L'espace est quelque chose d'uniforme absolument; et sans les choses y placées, un point de l'espace ne diffère en rien d'un autre point de l'espace. Or, il suit de cela (supposé que l'espace soit quelque chose en lui-même outre l'ordre des corps entre eux) qu'il est impossible qu'il y ait une raison pourquoi Dieu, gardant les mêmes situations des corps entre eux, ait placé les corps dans l'espace ainsi et non pas autrement; et pourquoi tout n'a pas été pris à rebours, par exemple par un échange de l'Orient et de l'Occident. Mais si l'espace n'est autre chose que cet ordre ou rapport, et n'est rien du tout dans les corps que la possibilité d'en mettre, ces deux états, l'un tel qu'il est, l'autre supposé à rebours, ne différeraient point entre eux. Leur différence ne se trouve donc que dans notre supposition chimérique de la réalité de l'espace en lui-même. Mais dans la vérité l'un serait justement la même chose que l'autre, comme ils sont absolument indiscernables; et par conséquent, il n'y a pas lieu de demander la raison de la préférence de l'un à l'autre.

« Il en est de même du temps. Supposé que quelqu'un demande pourquoi Dieu n'a pas tout créé un an plus tôt, et que ce même personnage veuille inférer de là que Dieu a fait quelque chose dont il n'est pas possible qu'il y ait une raison pourquoi il l'a faite ainsi plutôt qu'autrement, on lui répondrait que son illation serait vraie, si le temps était quelque chose hors des choses temporelles ; car il serait impossible qu'il y eût des raisons pourquoi les choses eussent été appliquées plutôt à de tels instants qu'à d'autres, leur succession demeurant la même. Mais cela même prouve que les instants hors des choses ne sont rien, et qu'ils ne consistent que dans leur ordre successif; lequel demeurant le même, l'un des deux états, comme celui de l'anticipation imaginée, ne différerait en rien et ne saurait être discerné de l'autre qui est maintenant[1]. »

Résumons en quelques propositions, s'il se peut, très-claires, cette dernière et abstraite discussion de Leibniz et de Clarke, touchant la nature de l'espace et du temps.

A l'encontre de Clarke, Leibniz établit que non-seulement :

1° L'espace et le temps ne sont pas des substances en dehors de Dieu et du monde ;

Mais encore 2° que l'espace et le temps ne sont pas des attributs de Dieu, ni des propriétés des corps ;

3° Que ce sont de pures conceptions de l'esprit.

« I° L'espace et le temps ne sont pas des substances en dehors de Dieu et du monde. »

---

1. Erdmann, p. 752, *Lettres entre Leibniz et Clarke*, Troisième Écrit de M. Leibniz.

Si l'espace est une réalité hors de Dieu, loin d'être une propriété, un accident, opposé à la substance, il sera plus subsistant que les substances. Dieu ne le saurait détruire ni même le changer. Non-seulement il est immense dans le tout, mais encore immuable et éternel en chaque partie. Il y a donc hors de Dieu une infinité de choses éternelles.

Cette doctrine fait d'ailleurs de l'espace la place de Dieu. L'espace est donc une chose coéternelle à Dieu et indépendante de lui, et même de laquelle il dépend, s'il a besoin de place.

Les mêmes raisonnements se reproduisent à propos du temps. Dieu, de même, aura besoin du temps, s'il est dans le temps. Par conséquent, au lieu que le temps dépende de lui, il dépendra du temps.

Ce n'est pas tout.

Mettre le monde dans un temps et dans un espace distincts du monde et indépendants de Dieu, c'est soulever cette double question :

Pourquoi Dieu n'a-t-il pas créé l'univers plus tôt ou plus tard qu'il ne l'a fait ?

Pourquoi Dieu a-t-il placé l'univers dans tel point de l'espace infini plutôt que dans tout autre ?

Si Dieu a agi sans raison, sa sagesse est en défaut, puisqu'il a capricieusement choisi l'époque et le lieu de la création.

Or, il n'aurait pu avoir de raison, tous les points de cette durée et de cet espace uniforme étant indifférents et absolument indiscernables.

L'espace et le temps qui ne sont pas des substances en dehors de Dieu, ne peuvent donc pas davantage être considérés, le principe de la raison suffisante s'y oppose, comme des substances en dehors du monde.

II° « L'espace et le temps ne sont ni des attributs de Dieu, ni des propriétés des corps. »

L'espace a des parties et Dieu est un.

L'espace est divisible. Prétendre que l'espace infini est sans parties, c'est prétendre que les espaces finis ne le composent point. Si l'espace est un attribut de Dieu, il y a donc des parties dans l'essence de Dieu.

Les espaces sont tantôt vides, tantôt pleins. Par conséquent en Dieu il y aura des parties tantôt vides, tantôt pleines, et ainsi un perpétuel changement.

L'espace est conçu vide ou plein. Si on le conçoit plein, les corps, remplissant l'espace, rempliraient une partie de l'essence de Dieu et y seraient commensurés. Si on le suppose vide, une partie de l'essence de Dieu sera dans le récipient, et ainsi on aura le Dieu des Stoïciens, un Dieu-Univers, un animal divin.

Enfin, l'immensité de Dieu fait que Dieu est dans tous les espaces. Mais si Dieu est dans l'espace, comment dire que l'espace est en Dieu, et qu'il est attribut de Dieu? La propriété est dans le sujet, mais non le sujet dans la propriété.

D'un autre côté, la durée est multiple, successive, par conséquent incompatible avec l'immutabilité divine.

Tout ce qui tient au temps périt continuellement; il n'y a dans le temps que des instants, et l'instant n'est pas même une partie du temps. Le temps ne peut donc être un attribut de Dieu.

L'espace, le temps, ne peuvent pas être davantage des propriétés des corps. Car le même espace étant successivement occupé par plusieurs corps différents, et le même temps par plusieurs faits différents, l'espace et le temps seraient des affections qui passeraient de sujets en sujets, en sorte que les sujets « quitteraient leurs accidents comme un habit, afin que d'autres sujets s'en pussent revêtir [1]. »

III° L'espace et le temps sont de pures conceptions de l'esprit.

Qu'est-ce que l'espace? L'espace, répond Leibniz, est un ordre existant, un rapport de situation et de distance calculé par la comparaison de plusieurs coexistants avec l'un d'entre eux.

Ce rapport, primitivement saisi dans le concret, est conçu ensuite comme l'ordre possible de coexistences, conçues elles-mêmes comme possibles. Ce n'est plus alors qu'une abstraction, la simple possibilité de mettre des corps possibles dans de certaines relations conçues. Et comme l'on conçoit la possibilité d'en mettre sans fin et sans terme, l'espace est dit infini.

Au regard de Dieu, comme au nôtre, l'espace n'est qu'une pure possibilité dans les idées.

Qu'est-ce que le temps? La durée, répond Leibniz, est aux successifs ce que l'espace est aux coexistants : c'est un ordre, une relation des successifs.

Cette relation, perçue comme réelle dans la succession des événements réels, conçue comme idéale par la force de l'abstraction, n'est qu'une pure possibilité de concevoir sans fin les événements possibles.

Si donc il n'y avait pas de créatures, il n'y aurait ni temps, ni lieu. C'est l'imagination qui réalise ces abstractions et se crée des idoles.

Par l'opposition de deux textes précis, opposons l'une

---

1. Erdmann, p. 767, *Lettres entre Leibniz et Clarke*, *Cinquième Écrit de M. Leibniz.*

à l'autre l'opinion de Clarke et l'opinion de Leibniz sur la nature de l'espace et du temps.

Clarke disait :

« Nous avons des idées, comme celles de l'éternité et de l'immensité, qu'il nous est absolument impossible d'anéantir ou de bannir de notre esprit; idées qui doivent être par conséquent les attributs d'un Être nécessaire actuellement existant [1]. »

« L'espace est une propriété de la substance qui existe par elle-même, et non pas une propriété de toute autre substance. Toutes les autres substances sont dans l'espace, et l'espace les pénètre, mais la substance existante par elle-même n'est pas dans l'espace et n'en est pas pénétrée.

« Elle est, si je puis m'exprimer ainsi, le *substratum* de l'espace, elle est le fondement de l'existence et de l'espace et de la durée elle-même. Or l'espace et la durée étant évidemment nécessaires, et n'étant pourtant point des substances, mais des propriétés, il est clair que la substance sans qui ces propriétés ne sauraient subsister, est elle-même encore plus nécessaire, s'il est possible. Et comme l'espace et la durée, en tant qu'elles sont des conditions *sine qua non*, sont nécessaires à l'existence de toute autre chose, ainsi la substance à qui ces propriétés appartiennent, est de même nécessaire [2]. »

Leibniz répond :

Sans doute, Dieu est éternel et immense. Mais « l'immensité de Dieu est indépendante de l'espace, comme l'éternité de Dieu est indépendante du temps. Elles

---

1. *De l'Existence de Dieu*, p. 25, ch. IV.
2. *Lettre à un Gentilhomme*, etc ; *Réponse à la Lettre* III, p. 151.

portent seulement, à l'égard de ces deux ordres de choses, que Dieu serait présent et coexistant à toutes les choses qui existeraient. L'immensité et l'éternité de Dieu sont quelque chose de plus éminent que la durée et l'étendue des créatures, non-seulement par rapport à la grandeur, mais encore par rapport à la nature de la chose. Ces vérités sont assez reconnues par les théologiens et les philosophes[1]. »

Quelle est, en définitive, la valeur de cette polémique ?

Remarquons d'abord le procédé que suit l'esprit pour arriver à la conception de l'espace et du temps.

1° Par la considération de quelques corps, de quelques faits, pris en particulier, nous concevons une étendue et une durée finies.

2° Passant du concret à l'abstrait, comme au delà des corps, comme au delà des faits déterminés qui s'offrent à nous, nous concevons d'autres corps, d'autres faits, si l'on peut s'exprimer de la sorte, à l'indéfini, nous concevons aussi une étendue indéfinie, une durée illimitée. Ce sont là proprement les conceptions de l'espace et du temps.

3° Tout fini, tout indéfini nous étant une suggestion de l'infini, de la conception de l'étendue indéfinie, de la durée illimitée, de la notion de l'espace et de la notion du temps, nous arrivons à la conception de l'immensité et de l'éternité.

Il résulte de là et nous concluons avec un philosophe contemporain[2] :

---

1. Erdmann, p. 776, *Lettres entre Leibniz et Clarke*, *Cinquième Écrit de M. Leibniz.*

2. M. Saisset, *Essai de philosophie religieuse*, Paris, 1859, in-8, p. 172, *le Dieu de Newton.*

1° Que Clarke a commis une erreur psychologique des plus graves, en confondant les notions d'espace et de temps avec les notions d'immensité et d'éternité.

2° Qu'il a fait une hypothèse inexplicable et rien de plus, en admettant un temps et un espace réels, absolus, indépendants des choses étendues et des êtres qui durent.

3° Qu'en concevant Dieu comme embrassant l'univers par une extension et une durée infinies, il a proposé une théorie qui paraît inconciliable avec la simplicité et l'immutabilité de l'être absolu.

Voici, par conséquent, en quoi Leibniz a raison contre Clarke :

Autre chose est l'espace, autre chose l'immensité de Dieu ; autre chose est le temps, autre chose l'éternité divine.

L'espace et le temps ne sont pas des êtres réels hors de Dieu, hors de nous.

L'espace et le temps ne sont pas des attributs de Dieu. Dieu est immuable, donc il n'est pas dans le temps; Dieu est un, donc il n'est pas dans l'espace.

Mais voici, d'un autre côté, en quoi Clarke a raison contre Leibniz :

L'espace et le temps ne sont pas de pures conceptions de l'esprit, un pur ordre, un simple rapport. Ce sont des modes, des attributs des corps, des êtres qui durent.

On ne peut pas plus concevoir un corps sans concevoir qu'il est étendu, on ne peut pas plus concevoir un être fini sans concevoir qu'il dure, qu'on ne peut concevoir Dieu sans concevoir qu'il est immense, qu'il est éternel.

« Dieu, dit Platon dans le *Timée*, Dieu résolut de faire une image mobile de l'éternité; et par la disposition qu'il mit entre toutes les parties de l'univers, il fit de l'éternité qui repose dans l'unité cette image éternelle, mais divisible, que nous appelons le temps [1]. »

Ces paroles de Platon donnent, ce nous semble, la clef du problème qu'on se propose, lorsqu'on s'interroge sur la nature de l'espace et du temps.

Qu'est-ce que l'espace? La généralisation de l'étendue. Et qu'est-ce que l'étendue? La limite des corps, qui correspond à cet illimité en Dieu, qu'on appelle l'immensité.

Qu'est-ce que le temps? La généralisation de la durée. Et qu'est-ce que la durée? La limite des existences finies, qui correspond à cet illimité en Dieu, qu'on appelle l'éternité.

Clarke réalise et tourmente des abstractions, lorsque en dehors des corps, en dehors des existences finies, il s'interroge sur la nature de l'espace et du temps. Non-seulement il confond l'espace et l'immensité, le temps et l'éternité, mais il ne démêle pas que l'espace n'est qu'une généralisation de l'étendue, que le temps n'est qu'une généralisation de la durée.

Leibniz, par une erreur contraire, réduit le réel à l'abstrait, en ne voyant dans l'espace et le temps que des conceptions d'ordre et de rapport. Car il ne suffisait pas de distinguer, comme il l'a fait, l'espace et le temps de l'immensité et de l'éternité. Il fallait, de plus, reconnaître que si l'espace et le temps sont de pures généralisations de l'esprit, il n'en est pas de même de l'étendue et de la durée, modes, attributs des êtres

---

[1]. *OEuvres de Platon*, traduites par M. Cousin, t. XII, p. 130

finis, sans lesquels, encore une fois, les corps, les existences finies ne sauraient se concevoir.

Ainsi donc en résumé :

1° L'espace et le temps ne sont pas des substances en dehors de Dieu ou du monde.

2° L'espace et le temps ne sont pas des attributs de Dieu.

3° L'espace et le temps ne sont pas de pures conceptions de l'esprit.

L'espace et le temps sont des généralisations de l'étendue et de la durée, modes, attributs des corps, des êtres finis.

Confondre l'espace et le temps avec l'immensité et l'éternité est une erreur.

Confondre l'étendue et la durée avec l'espace et le temps est une autre erreur.

Ce qui subsiste, c'est en Dieu l'immensité et l'éternité ; c'est dans les corps l'étendue, dans les existences finies la durée.

Distraire des corps l'étendue, des existences finies la durée, n'est pas moins chimérique que distraire de Dieu l'immensité et l'éternité.

CONCLUSION.

Discussion de la philosophie de Leibniz.

Nous serions heureux d'avoir justifié le titre même de cet ouvrage, et donné de la philosophie de Leibniz une exacte idée.

A tout le moins, n'avons-nous, dans cette étude, rien négligé qui pût être de quelque conséquence. Nous avons vu naître, pour ainsi parler, la pensée du philosophe de Hanovre; nous l'avons vue s'affermir et lutter, puis d'un sublime essor s'élever, comme la pensée de Dante, jusqu'à ces vertigineux sommets où brille la lumière incréée.

Effectivement, remontant jusqu'aux origines de cette grande philosophie, nous avons recherché d'abord sous quelles influences d'éducation s'était formée la pensée de Leibniz. L'éducation ne crée rien, mais elle transforme tout. La famille et les maîtres, les livres et les circonstances agissent sur l'intelligence, même à son insu, déterminent sa direction, la marquent de leur empreinte. Nous avons montré Leibniz respirant, dès sa naissance, la salubre atmosphère d'une maison d'étude et de prière. Nous avons rappelé ses dispositions précoces, cette ardeur de lecture qui chez lui ne se ralentira jamais; cette universalité d'aptitudes qui fait hésiter sur son aptitude véritable ses amis les plus clairvoyants.

Nous l'avons suivi dans les Universités d'Allemagne, où il s'applique à toutes les sciences à la fois, également occupé de jurisprudence et de mathématiques, de philosophie et de théologie, attentif aux leçons de ses maîtres et aux controverses de son temps, charmé par l'antiquité et bientôt émerveillé des horizons que lui révèle ce puissant initiateur, qui s'appelle Descartes. Cette forte culture, et, en même temps que cette prodigieuse dispersion de l'esprit, l'hésitation qui s'en doit suivre, se manifestent à chaque ligne dans ses premiers écrits. Nous ne les en avons pas moins analysés avec étendue, et contrôlés par l'examen de sa correspondance à la même époque.

Ce sont là les débuts de Leibniz.

Incertaine et flottante, quoiqu'on puisse déjà, à travers ses incertitudes mêmes, pressentir ce qu'elle sera un jour, c'est en France, en plein Cartésianisme, que cette pensée se fixe et que Leibniz arrête ses principes.

Ce n'est pas tout. Il n'affirme ses principes que lorsqu'il s'en croit assuré. Il les éprouve donc, si l'on peut parler ainsi, il les trempe dans le courant des âges, et, sondant avec une sagacité hardie les profondeurs les plus obscures de l'histoire de l'esprit humain, il met autant de soin à découvrir des antécédents à ses théories que d'autres à les dissimuler. Ainsi la philosophie de Leibniz n'est pas sortie de son cerveau, comme Minerve toute armée du cerveau de Jupiter. Fille de son génie, elle est fille du temps et de la tradition.

Constituée de la sorte, arrivée lentement et par degrés à cette complète organisation d'elle-même, cette philosophie nous est apparue comme critique tout ensemble et comme dogmatique. Nous l'avons successivement envisagée sous ce double aspect.

En premier lieu, nous avons exposé sans omission et apprécié sans réticence la longue et intéressante polémique que Leibniz institua contre ses trois illustres contemporains, Descartes, Spinoza, Locke : polémique toute d'abstractions et où cependant abondent les applications les plus importantes ; où la physique et la métaphysique, la géométrie et la morale deviennent tour à tour le sujet de hautes controverses ; où l'amour de la gloire humaine peut bien altérer par moments, mais non pas abolir l'amour de l'éternelle vérité.

En second lieu, nous avons étudié la doctrine de Leibniz. Cette doctrine nous a offert comme une trilogie grandiose. La monadologie, la loi de la continuité, l'harmonie préétablie, la résument tout entière. Nous avons tenté, au milieu de leurs délicatesses, comme aussi de leurs subtilités et de leurs contradictions, de mettre en lumière ces trois théories, d'en marquer la connexion, plus ingénieuse, malgré tout, que solide, plus artificielle que naturelle.

La monadologie, la loi de la continuité, l'harmonie préétablie ne sont d'ailleurs que les supports, la base de la doctrine de Leibniz. C'est dans la connaissance de Dieu qu'il en faut chercher le couronnement. Comment savons-nous que Dieu est, et quels sont ses attributs ? De quelle manière concilier ces attributs entre eux et ces attributs avec l'existence du monde envahi par le mal ? Quelle est enfin la destinée de l'homme et quelle idée concevoir de la vie définitive qui lui est réservée? Tous ces ardus problèmes où l'infini se trouve soumis en quelque façon à la pesée du fini, où d'ordinaire le suprême effort de la raison consiste à comprendre qu'elle ne comprend plus et qu'elle ne peut plus comprendre; toutes ces formidables questions dont le charme nous attire et dont le mystère nous accable, ont été réunies et traitées par Leibniz sous le beau nom de Théodicée, ou De la justice de Dieu. Mais si le nom est nouveau, la chose est fort ancienne, aussi ancienne que la réflexion humaine. De tout temps, les plus sublimes esprits en ont fait le but de leurs recherches et l'objet de leurs méditations. C'est pourquoi, après avoir attentivement exploré toutes les parties de la Théodicée, nous avons dû comparer les solutions que Leibniz y propose avec les enseignements de Platon, d'Aristote, des Alexandrins dans l'antiquité; de saint Anselme et de saint Thomas au moyen âge; de Descartes, de Malebranche, de Samuel Clarke dans les temps modernes. Cette comparaison était nécessaire pour déterminer avec le mérite relatif de la doctrine de Leibniz sa valeur absolue.

Nous voudrions maintenant porter un jugement d'ensemble sur cette doctrine et sur la polémique qui l'a préparée; signaler les parties caduques de cette philososophie dogmatique et critique; en indiquer les parties impérissables. Certes la tâche est difficile et peut sembler téméraire. Quel nom en effet que celui de Leibniz, et quel monument que sa philosophie! Et cependant, que serait une étude de cette philosophie, qui n'aboutirait pas à de telles conclusions? Qui ne sait, en outre, que c'est dans des balances de cuivre que se pèsent et l'or et le diamant?

Essayons donc, sans engouement, mais non pas sans

une admiration très-vive, sans rigueur excessive, mais sans faiblesse, de démêler dans le Leibnizianisme ce qu'il y a de vrai et ce qu'il y a de faux ; de faire voir ce qui en a péri et ce que la philosophie du dix-neuvième siècle peut encore en mettre à profit.

Évidemment, la philosophie critique de Leibniz vaut ce que sa philosophie dogmatique peut valoir, et sa doctrine elle-même dépend de la méthode qu'il a suivie et des principes qu'il a posés.

Par conséquent, la méthode de Leibniz, ses principes, sa doctrine, c'est-à-dire d'une part la monadologie, la loi de la continuité, l'harmonie préétablie ; d'autre part les théories leibniziennes sur Dieu, sur les rapports de Dieu avec le monde, sur la vie future : voilà les différents chefs auxquels doivent se ramener nos conclusions.

Il y a deux points de vue auxquels on peut se placer en philosophie, le point de vue ontologique et le point de vue psychologique.

Étudier l'âme et y chercher les éléments de toute connaissance ultérieure, c'est se placer au point de vue psychologique. On procède alors par des inductions bien conduites. C'est la même méthode que suit le physicien qui étudie les corps.

Par delà toutes les existences relatives, aller immédiatement à l'absolu, et l'être absolu, Dieu, étant conçu comme la dernière raison des choses, descendre de l'absolu à la connaissance du relatif, c'est se placer au point de vue ontologique. On procède alors par déduction. C'est la méthode que pratiquent les géomètres, qui ont assez d'un petit nombre de principes pour en tirer la chaîne sans fin des conséquences.

Ces deux méthodes se complètent l'une par l'autre.

Les employer chacune exclusivement, c'est s'exposer aux plus graves erreurs. Dans le premier cas, on n'a guère que des phénomènes sans lien comme sans lois; dans le second cas, que d'impuissantes et mortes abstractions.

Nul n'a sondé avec plus de hardiesse et de bonheur la nature de l'âme que n'a fait parfois Leibniz. Mais en somme la méthode qu'il préfère et que le plus souvent il emploie, est la méthode des géomètres.

Une de ses prétentions, c'est même d'avoir, un des premiers, pratiqué cette méthode avec succès[1]. En effet, presque constamment il se tient au point de vue ontologique; du possible il conclut au réel. C'est pourquoi la méthode de Leibniz est entachée de deux vices radicaux.

1° Il se meut trop dans l'abstraction.

2° Il ramène toutes choses au calcul.

De là la machine arithmétique[2].

De là surtout, le projet d'une langue universelle, d'une caractéristique, d'un alphabet des pensées humaines.

« Si j'avais été moins distrait, écrivait Leibniz, ou si j'avais été plus jeune, ou assisté par des jeunes gens bien disposés, j'espérais donner une manière de spécieuse générale, où toutes les vérités de raison seraient

---

1. Cf. Dutens, t. I, p. 505, *Remarques de M. Leibniz sur la Sixième Lettre philosophique, imprimée à Trévoux*, 1703. « On est très-louable de vouloir appliquer la méthode des géomètres aux matières métaphysiques; mais il faut avouer qu'on y a rarement réussi jusqu'ici. »

2. Dutens, t. VI, pars I, p. 59, *Leibnitius Placcio*, 1695. « Jam viginti et amplius anni sunt, quod Galli Anglique videre meum instrumentum arithmeticum, sine exemplo novum, et a Neperiana rhabdologia, a Pascaliana machina pariter et a Morlandiana toto cœlo diversum. »

réduites à une façon de calcul. Ce pourrait être en même temps une manière de langue ou d'écriture universelle, mais infiniment différente de toutes celles qu'on a proposées jusqu'ici[1]. »

« Lorsque Dieu calcule et qu'il pense, écrivait encore Leibniz, le monde se fait[2]. »

De même, pour Leibniz, la vérité logique équivaut à la vérité vivante. Tout faux raisonnement est une erreur de calcul.

En toute controverse, il suffit de dire : *Calculons*[3].

A coup sûr, Leibniz ne se serait pas cru si près de l'auteur de la *Langue des calculs*[4].

Et cependant, par un étrange aveuglement sur sa propre doctrine, Condillac n'hésitait pas à reprocher à Leibniz ses abstractions et l'avait particulièrement en vue, lorsqu'il écrivait le chapitre de son *Traité des systèmes*, intitulé : *De l'inutilité des systèmes abstraits*[5].

Avec plus d'autorité, on a pu reprocher à Leibniz les vices de sa méthode.

« Qu'est-ce que l'être pour Leibniz ? remarque M. Cousin. C'est le complément du possible, l'actualité

---

1. Dutens, t. V, p. 7, *Lettre* I *à Montmort*, 1714. — Cf. Erdmann, p. 162, *Historia et commendatio linguæ charactericæ universalis, quæ simul sit ars inveniendi et judicandi;* — ibid., p. 355, *Nouveaux Essais*, liv. IV, chap. VI, § 2.

2. Erdmann, p. 77, *Dialogus de connexione rerum et verborum, et veritatis realitate*, 1677. — Cf. ibid., p. 93, *Fundamenta calculi ratiocinatoris.* « Mihi rem altius agitanti dudum manifeste apparuit, omnes « humanas cogitationes in paucas admodum resolvi tanquam primi- « tivas. Quod si his characteres assignentur, posse inde formari cha- « racteres notionum derivatarum. »

3. *Id.*, p. 83, *De scientia universali, seu calculo philosophico*.

4. Ouvrage posthume de Condillac, publié en 1798 par M. Laromiguière.

5. Paris, 1771, in-18, chap. II.

de la possibilité; c'est à peu près la même méthode que suivent les géomètres, quand, au lieu de tirer d'un solide donné des surfaces, des lignes et des points, ils construisent un solide avec des points, des lignes et des surfaces. C'est la méthode mathématique....

« Or la vraie métaphysique est une physiologie à sa manière. Il faut suivre les conseils de ceux qui ont osé étudier l'homme comme un objet d'histoire naturelle....

« Leibniz a allié toutes les méthodes comme tous les systèmes, et on trouve parfois dans ses écrits une admirable et profonde psychologie; mais en lui domine la méthode géométrique. Aussi Hanschius, son ami et son disciple, voulant publier la pure doctrine de son maître, l'exposa en un traité de géométrie métaphysique, sous ce titre : *Principia Leibnitii more geometrico demonstrata*, 1728, in-8[1]. »

Mais pour être fautive, parce qu'elle est exclusive, la méthode de Leibniz n'en offre pas moins, à certains égards, un légitime usage et d'utiles applications.

1° Leibniz insiste à bon droit sur l'avantage qu'il y aurait à imiter les géomètres, à suivre la rigueur de leurs démonstrations, à réduire tout raisonnement aux formes du syllogisme, où il voit un art d'infaillibilité, une sorte de mathématique universelle, et qu'il déclare être une des plus belles inventions de l'esprit humain[2]. C'est signaler la puissance de la déduction.

2° Il s'avise d'une promotion considérable de la logique, en marquant toute l'importance du calcul des probabilités.

---

1. M. Cousin, *Cours de l'histoire de la philosophie moderne*. Paris, 5 vol. in-12, t. I. p. 103.
2. Erdmann, p. 395, *Nouveaux Essais*, liv. IV, chap. XVII, § 4.

« J'ai dit plus d'une fois qu'il faudrait une nouvelle espèce de logique qui traiterait des degrés de probabilité....

« Il serait bon que celui qui voudrait traiter cette matière, poursuivît l'examen des jeux de hasard, et généralement je souhaiterais qu'un habile mathématicien voulût faire un ample ouvrage bien circonstancié et bien raisonné sur toutes sortes de jeux, ce qui serait de grand usage pour perfectionner l'art d'inventer, l'esprit humain paraissant mieux dans les jeux que dans les matières les plus sérieuses [1]. »

C'est indiquer toutes les ressources de l'induction.

3°. Il descend quelquefois au plus profond de l'âme pour y saisir avec les principes de la vie les éléments de la connaissance. Il sait enfin reconnaître que s'il faut, avant tout, s'attacher aux idées claires, il n'en est pas moins nécessaire de tenir compte des idées confuses. Comme Bossuet, quoique par d'autres motifs, il professerait volontiers qu'on renverse tout, en les niant.

Voilà pour la méhode; voici pour les principes.

Tous les principes de Leibniz se réduisent à deux principes essentiels: le principe de contradiction, le principe de la raison suffisante.

Le premier est le ressort de la mathématique et du nécessaire, le second la base de toute science morale et du contingent.

Examinons si Leibniz a eu raison d'accorder à ces deux principes la valeur absolue qu'il leur attribue.

---

1. Erdmann, p. 388, *ibid.*, chap. xvi, § 9. — Cf. *ibid.*, p. 343, *Nouveaux Essais*, liv. V, chap. ii, § 14. « Je tiens que la recherche des degrés de probabilité serait très-importante et nous manque encore, et c'est un grand défaut de nos logiques. »

Et d'abord, du principe de contradiction.

Toutes les vérités sont ou primitives, ou dérivées.

Les vérités primitives sont des vérités primitives de raison, ou des vérités primitives de fait.

C'est à l'aide du principe de contradiction que l'esprit passe, par raisonnement, des vérités primitives de raison aux vérités dérivées de raison.

C'est aussi à l'aide du principe de contradiction, puisque c'est par raisonnement que l'esprit passe des vérités primitives de fait aux vérités dérivées de fait.

D'ailleurs, les vérités primitives de fait sont des expériences internes ou des expériences externes.

Leibniz affirme que c'est en elles-mêmes, parce que c'est en nous-mêmes que nous connaissons les vérités primitives de fait, expériences internes.

Comment connaissons-nous les vérités primitives de fait, expériences externes? Suivant Leibniz, c'est uniquement ou surtout grâce au principe de contradiction que nous passons de nous hors de nous.

« Pour juger si nos aperceptions internes ont quelque réalité dans les choses, et pour passer des pensées aux objets, mon sentiment est qu'il faut considérer si nos perceptions sont bien liées entre elles et avec d'autres que nous avons déjà eues, en sorte que les règles mathématiques et autres vérités de raison y aient lieu[1]. »

Le réel hors de nous dépend donc, à ce compte, du possible conçu en nous. Et Leibniz ne s'aperçoit pas que les vérités primitives de fait sont des vérités d'expérience non moins que les vérités primitives de raison, l'expérience étant une au fond, et la certitude

---

1. Erdmann, p. 344, *Nouveaux Essais*, liv. IV, chap. ii, § 14. — Cf. *ibid.*, p. 353, 378.

que nous avons de l'existence des corps se trouvant, à d'essentiels égards, aussi immédiate que la certitude de notre propre existence. Subordonner l'existence du monde extérieur au raisonnement, c'est faire du monde une pure construction. « Réduire les choses matérielles à des phénomènes bien fondés et bien liés[1], » c'est convertir la réalité en idéalité.

A ce premier abus, chez Leibniz, du principe de contradiction s'en ajoute un second.

Qu'il s'agisse de vérités dérivées de raison ou de vérités dérivées de fait, tout raisonnement bien conduit implique une certitude. Or, à quel signe reconnaîtrons-nous la certitude qui doit nous fixer? A ce signe, répond Leibniz, que le principe de contradiction n'aura pas été violé. Et Leibniz ne s'aperçoit pas que la question recule, mais qu'elle n'est point résolue. Car on demande à quel signe on reconnaîtra que le principe de contradiction n'a pas été violé, et on en vient inévitablement à proclamer que le criterium de la certitude consiste, en définitive, dans l'évidence. Tant s'en faut, par conséquent, que le principe de contradiction soit, comme le pensait Leibniz, le criterium de la certitude, qu'il suppose ce criterium même. Il justifie l'évidence et la confirme; il ne saurait la suppléer.

Si Leibniz s'est doublement trompé sur la valeur du principe de contradiction, il a bien plus encore exagéré, ce semble, la portée du principe de la raison suffisante.

Leibniz attache à ce principe une importance extraordinaire. C'est ainsi qu'il n'hésite pas à écrire : « Ces

---

1. Dutens, t. V, p. 9, *Lettre* I *à Montmort.* — Cf. Erdmann, p. 745, *Extrait d'une Lettre à M. Dungicourt*, 1716. « La matière n'est qu'un phénomène réglé et exact. »

grands principes de la raison suffisante et de l'identité des indiscernables changent l'état de la métaphysique, qui devient réelle et démonstrative par leur moyen, au lieu qu'autrefois elle ne consistait qu'en termes vides[1]. »

Effectivement, Leibniz a fait de ce principe de la raison suffisante les applications les plus nombreuses et souvent les plus inattendues. Ce principe ne lui sert pas seulement à établir l'existence de Dieu, la création, et la création du monde tel qu'il est. Il lui suffit pour nier le vide et les atomes, pour rejeter les qualités occultes, pour ramener à des abstractions pures les notions de temps et d'espace, pour décliner toute influence physique entre l'âme et le corps, enfin pour mettre l'attraction au rang des chimères[2].

Qu'est-ce donc, au demeurant, qu'un tel principe? Pas autre chose qu'une loi logique de l'esprit humain, qui n'admet pas que rien arrive sans raison.

Or, qui ne voit que ce principe, qu'il faut rendre raison de ce qui est, s'applique aux vérités dérivées, mais qu'il n'est d'aucun usage en ce qui touche les vérités primitives?

Et il en est des vérités primitives de fait comme des vérités primitives de raison. Ce qui est, est. Il ne s'agit pas tant de savoir pourquoi sont les choses, que ce qu'elles sont et d'où elles sont; il ne s'agit pas tant d'en rechercher la cause finale que la cause efficiente. M. de Biran l'a remarqué : Leibniz confond ces deux

---

1. Erdmann, p. 755, *Lettres entre Leibniz et Clarke*, Quatrième Écrit de M. Leibniz.

2. Cf. M. de Gérando, *Histoire comparée des systèmes de philosophie*, Paris, 1847, 4 vol. in-8, t. III, p. 53 et suiv.

notions pourtant si distinctes, ces deux principes de causalité[1].

De là chez Leibniz des erreurs de plus d'une sorte.

Qu'on imagine un historien qui, tout préoccupé de rendre raison des faits et d'indiquer comment ils s'enchaînent, au lieu de les raconter simplement, procéderait sans cesse en disant : « Il devait arriver, donc il arriva. » Ne pourrait-on pas demander à cet historien d'où il a su qu'il devait arriver ? N'y aurait-il pas lieu d'objecter qu'il pose une simple possibilité, une nécessité tout hypothétique, d'où il déduit, ou tout au moins, à laquelle il ramène les faits ?

Enfin, ne devrait-on pas observer que dans cette indissoluble succession des choses il ne laisse que peu ou point de place au libre arbitre ?

Ce sont là précisément les objections que soulève l'usage que s'est permis Leibniz du principe de la raison suffisante.

1° Fréquemment, les positions que fait Leibniz de ce principe, se réduisent à de gratuites assertions. *Il fallait, il convenait, il était meilleur.* Qui autorise Leibniz, en matière de vérités primitives, à tenir un pareil langage ?

2° Du possible, Leibniz conclut au réel, de l'abstrait au concret. Aussi, par ses conclusions, n'arrive-t-il qu'au possible et à l'abstrait. La réalité se montre ; elle ne se démontre pas. A la vouloir démontrer, Leibniz la perd et la fait perdre de vue. Il s'évanouit dans ses pensées.

---

1. *Œuvres philosophiques de M. Maine de Biran*, publiées par M. Cousin. Paris, 1841, 4 vol. in-8, t. IV, p. 355, *Exposition de la doctrine philosophique de Leibniz.*

3° Non-seulement tout a sa raison suffisante, mais encore, d'après Leibniz, tout ce qui est a sa raison suffisante dans ce qui a été, de même que ce qui a été est la raison suffisante de ce qui sera. Le présent est plein du passé et gros de l'avenir. Tout état actuel de l'âme a sa raison dans l'état qui l'a précédé; toute pensée dans une pensée antérieure, quoique obscure peut-être; toute perception dans une perception antérieure, quoique peut-être insensible. Dans cet enchaînement des choses où est la place de la liberté ?

C'est pourquoi le Leibnizianisme n'a pas échappé à la qualification sévère que déjà le Cartésianisme s'était attirée. La philosophie de Leibniz a pu être considérée comme « un roman de métaphysique[1]. »

Mais si Leibniz s'est exagéré la portée du principe de contradiction, si plus d'une fois il a confondu avec la cause efficiente la cause finale ou le principe de la raison suffisante, il n'en est pas moins vrai qu'il a mieux compris qu'on n'avait fait avant lui la force et la nature de ces deux essentiels principes.

« Tout est déterminé dans les choses, écrit Leibniz, ou par des raisons comme géométriques de la nécessité, ou par des raisons comme morales de la plus grande perfection[2]. »

Certainement Leibniz n'est pas le premier qui ait connu ou appliqué ces principes, puisqu'ils sont inhé-

---

1. La philosophie de Leibniz, dit Hégel dans ses *Leçons sur l'histoire de la philosophie*, ressemble à un roman de métaphysique, qu'on n'apprend à estimer que lorsqu'on a compris ce que l'auteur a voulu éviter. » Wilm, *Histoire de la Philosophie allemande*. Paris, 1849, 4 vol. in-8, t. IV, p. 86.

2. Feder, *Commercii Epistolici Leibnitiani nondum vulgati selecta specimina*, etc., p. 136; *Lettre de Leibniz à Malebranche*, 1698.

rents à l'intelligence humaine. Mais, le premier peutêtre les dégageant de leurs applications, il en a déterminé la nature véritable. C'est ainsi qu'il a su distinguer et caractériser la nécessité relative à chacun d'eux. En effet, s'il n'y a qu'une nécessité géométrique dans les choses, et si tout se gouverne en vertu du principe de contradiction, que devient la liberté divine? S'il n'y a qu'une nécessité morale, comme cette nécessité se ramène à une pure convenance, et que cette convenance elle-même n'a rien d'absolu, que devient l'immutabilité divine? Dans le premier cas, tout est fatal; dans le second cas, tout est arbitraire[1]. Ici, le chaos; là, un inflexible enchaînement de choses. Et de même qu'il importe de reconnaître ces deux sortes de nécessités, il y a un intérêt particulier à ne les prendre point l'une pour l'autre. Assimilez la nécessité morale à la nécessité géométrique, et Dieu n'aura plus été libre de créer le monde, ou de ne le créer pas. Assimilez la nécessité géométrique à la nécessité morale, et Dieu aura été libre de faire que tous les points de la circonférence ne fussent plus à une égale distance d'un point commun nommé centre, ou que le vice fût identique à la vertu.

Ce sont là les distinctions capitales que Leibniz a constamment pris à tâche d'accréditer.

D'un autre côté, Leibniz a signalé toute la force de l'un et de l'autre principe.

Sans doute, le principe de contradiction est, de soi, stérile; c'est un principe régulateur de la pensée, et

---

1. Cf. Erdmann. p. 403, *Nouveaux Essais*, liv. IV, chap. XVII, § 23. « L'ordre de la nature même n'étant d'aucune nécessité métaphysique, n'est fondé que dans le bon plaisir de Dieu. » — *Ibid.*, p. 763, *Lettres entre Leibniz et Clarke, Cinquième Écrit de M. Leibniz.*

rien de plus. Mais Leibniz a, en outre, observé que cette règle même, ressort de tout raisonnement, nous permet de démêler le possible de l'impossible, ce qui est au-dessus de la raison de ce qui va contre la raison. L'impossible en effet ne se doit pas confondre avec l'invraisemblable, ni le surnaturel avec l'absurde. Cela seul est impossible, ou absurde, qui va contre la raison.

Donc, qu'on n'aille point mesurer les choses à l'angle étroit de l'expérience personnelle, sous peine de recevoir d'éclatants démentis.

Omnia jam fiunt, fieri quæ posse negabam.

Qu'on ait soin, de même, de ne point opposer à la foi la raison. Car la foi dépasse la raison, mais elle ne la contredit pas. « Il se rencontre, écrit Leibniz, dans quelques objets de foi, deux qualités capables de la faire triompher de la raison : l'une est l'incompréhensibilité, l'autre est le peu d'apparence. Mais il faut bien se donner garde d'y joindre la troisième qualité, dont M. Bayle parle, et de dire que ce qu'on croit est insoutenable; car ce serait faire triompher la raison à son tour, d'une manière qui détruirait la foi[1]. » — « La distinction, ajoute Leibniz, qu'on a coutume de faire entre ce qui est au-dessus de la raison et ce qui est contre la raison, s'accorde assez avec la distinction entre les deux espèces de la nécessité[2]. »

Leibniz n'a pas moins heureusement insisté sur la force qui est propre au principe de la raison suffisante. Évidemment, ce ne serait pas constituer la science que

---

1. Erdmann, p. 491, *Théodicée, Discours de la Conformité*, etc.
2. *Id.*, p. 486, *ibid.*

de résoudre tous les problèmes que comprend l'étude de la nature, par un perpétuel appel aux causes finales. Mais on ne saurait contester que la considération de la fin des êtres ne soit d'un merveilleux secours pour pénétrer dans le secret de leur constitution. Surtout on ne saurait contester que s'il ne faut point, dans l'explication des phénomènes, aller tout d'abord à la cause suprême qui est Dieu,

Nec Deus intersit, nisi dignus vindice nodus,

il est nécessaire néanmoins de remonter de cause en cause à cette cause première, sans laquelle les causes secondes restent inintelligibles. Leibniz avait raison d'écrire : « C'est sanctifier la philosophie, que de faire couler ses ruisseaux de la fontaine des attributs de Dieu. Bien loin d'exclure les causes finales et la considération d'un être agissant avec sagesse, c'est de là qu'il faut tout déduire en physique[1]. »

En recherchant ce qu'il y a de fautif ou d'applicable dans la méthode suivie par Leibniz, ce qu'il y a de factice ou de consistant dans les principes sur lesquels il se fonde, nous nous sommes mis à même de découvrir les parties caduques ou impérissables de ses théories.

Et d'abord, parlons de la monadologie, support du Leibnizianisme tout entier et qui repose elle-même sur la notion de la monade.

Substance une et indivisible, simple et sans figure parce qu'elle est simple, les tendances ou perceptions de la monade dérivent d'un principe interne d'action.

---

1. Erdmann, p. 106, *Extrait d'une Lettre à M. Bayle sur un principe général, utile à l'explication des lois de la nature*, 1687.

L'ensemble de toutes les perceptions ou tendances de la monade forme dans chaque monade la représentation de l'univers.

Obscures ou claires, ces perceptions différencient les monades entre elles. Obscures, elles sont le propre des corps bruts. Plus ou moins claires, aperceptions et non plus simplement perceptions, elles constituent l'âme des bêtes et l'âme de l'homme. C'est pourquoi, toute monade réfléchit l'univers; mais chaque monade est un point de vue particulier de l'univers.

Renfermées en elles-mêmes, sans fenêtres sur le dehors, les monades n'exercent les unes sur les autres aucune influence réciproque. Créées, elles sont impérissables. Mais, tandis que cette impérissabilité se réduit pour les unes à l'indestructibilité, elle devient pour les autres immortalité.

Tels sont les traits principaux de la monadologie.

Cette théorie n'a pas trouvé de juge plus sévère qu'Euler[1]. Mais quoi qu'il faille rabattre de la critique acerbe de l'auteur des *Lettres à une Princesse d'Allemagne*, il demeure indubitable que rien n'est moins nettement défini que la notion de la monade chez Leibniz.

En effet, de deux choses l'une. Ou la monade est indivisible, et alors on en revient à la doctrine des atomes. Ou la monade est divisible à l'infini, et alors elle échappe à nos prises; elle les fuit d'une fuite éternelle, elle se dissout en un pur phénoménisme.

Or, d'une part, Leibniz rejette les atomes et soutient que la matière est divisible à l'infini. Mais alors, si dans

---

1. *Lettres à une Princesse d'Allemagne.* Paris, 1843, in-12, p. 320, *Deuxième Partie*; Lettre LVII, *De la fameuse dispute sur les monades.*

chaque monade se découvre un monde de monades, et dans chacune de ces nouvelles monades un autre monde, les monades n'ont plus qu'une unité de collection. C'est l'unité fictive d'un étang, d'une forêt, de la mer. De plus, toute collection, et Leibniz lui-même l'a reconnu, suppose des principes simples, indivisibles. Ces principes, où les trouver? Bernoulli presse Leibniz de les indiquer[1].

C'est pourquoi, d'autre part, Leibniz affirme des forces, des substances, des unités, qui sont indivisibles parce qu'elles sont inétendues, quoiqu'elles représentent l'étendue.

Qu'est-ce donc en définitive que la monade? Une étendue sans étendue, une unité qui à la fois exclut et admet la multiplicité.

Quintessence d'atome, extrait de la lumière!

Il ne se peut rien imaginer de plus contradictoire, ou tout au moins, de plus difficile à saisir.

---

1. *Commercium Philosophicum et Mathematicum*, t. II, p. 401. « Quid
« per materiam primam per se, seu per molem distinctam a materia se-
« cunda, seu massa intelligas, non satis capio; neque etiam quid sit
« tibi incompletum. Si materia secunda, seu massa, non est substan-
« tia, sed substantiæ; si bene comparas cum grege, vel cum piscina,
« divide ergo mihi certam portionem materiæ in suas substantias
« solitarias, singulares et individuas; quemadmodum grex dividitur
« in animalia, exercitus in milites, etc., et explica, quæso, clare in
« quo putes talem substantiam singularem consistere. Esto esse ali-
« quod animæ analogum; concedis portionem materiæ nullam esse
« tam exiguam, in qua non infinitæ existant tales animæ, tales sub-
« stantiæ, tales monades, seu quocunque nomine velis notare; quous-
« que ergo progrediendum ut perveniam ad simplicem unitatem, et
« individuam, ut possim dicere hanc esse substantiam, non substan-
« tias? Sane materia non modo dividenda erit in partes infinite exi-
« guas, sed in minimas, id est puncta, seu non quanta, quæ non
« dantur. »

S'il est malaisé de comprendre ce qu'est la monade dans son fond, on a tout autant de peine à entendre ce qu'est la force représentative que Leibniz attribue aux monades.

L'âme, dit Leibniz, représente le corps, le corps représente l'âme. Les monades, avec une variété de points de vue infinie, représentent l'univers.

M. de Biran objecte que le mot de représentation, de perception, a été un leurre pour Leibniz. Car « sur quoi fonder l'hypothèse d'une sorte de représentation réciproque entre l'objet et le sujet, entre le signe pensé ou conçu et l'esprit qui pense ou conçoit, en donnant au signe sa capacité représentative? C'est là le côté obscur de la monadologie, et Leibniz n'a pas cherché à l'éclaircir[1]. »

Ce n'est pas tout. Si, aux yeux de Dieu, chaque monade représente l'univers, que peut être, dans l'intérieur même de cette monade, une représentation dont le sujet ne sait pas qu'il représente, ou n'a pas même conscience de son existence?

Enfin, douées d'une force représentative, miroirs de de l'univers, mais en même temps concentrées en elles-mêmes, comment Leibniz n'a-t-il pas vu qu'il faisait des monades autant d'individus sans rapport avec la réalité?

Chaque monade ne connaît dans l'univers que son propre être et peut-être l'être de Dieu. Hors de là, tout ce qui est pourrait n'être pas, sans qu'il y eût dans la monade rien de changé. Que réfléchirait-elle alors? Le néant? Soit, bien qu'on ne comprenne guère ce que serait une pareille réflexion. Mais Leibniz ne s'est pas rendu

---

1. Œuvres philosophiques, t. IV, p. 325, *Exposition de la Doctrine philosophique de Leibniz.*

compte que toute la puissance réflexive de la monade ne lui donne que des représentations, et qu'il la met dans une impuissance radicale de passer jamais de la représentation à l'objet représenté. Nous voilà donc en plein idéalisme et on comprend comment Leibniz a été conduit à affirmer non-seulement que le temps n'est qu'une succession et que l'espace n'est qu'un ordre, mais encore à professer que les choses matérielles se réduisent « à des phénomènes bien liés. » Que dis-je? nous voilà en plein scepticisme subjectif. Ni Leibniz ne peut établir les vérités d'expérience externe, puisque, suivant lui, la sensation naît de la force intérieure de l'âme; ni il n'est autorisé à poser l'innéité comme un criterium de distinction inviolable entre les connaissances contingentes et les connaissances nécessaires, puisque l'innéité se trouve être le caractère même de toute connaissance[1].

En somme, la monadologie soulève des objections sans réplique :

1° Elle n'explique pas le monde; car la monade n'a ni étendue, ni figure, ni couleur, aucune des qualités primaires, aucune des qualités secondaires des corps.

2° Elle conduit à l'égoïsme absolu; car, que le monde soit altéré, ou même détruit, et, pour la monade, ces changements passeront inaperçus. Miroir vivant, c'est le spectateur du dehors qui peut lire dans la monade, et non la monade du dedans qui voit en elle-même. La perception est une dénomination purement extérieure.

---

1. Cf. Galuppi, *Lettres philosophiques*, traduites par M. Peisse. Paris, 1844, in-8. *Lettres* IV et V.

3° Elle ne rend pas compte des phénomènes à expliquer, par exemple des rapports de l'âme et du corps.

4° Elle n'est qu'une hypothèse, et une hypothèse qui oblige à forger d'autres hypothèses. Et c'est en quoi Démocrite, au génie duquel Leibniz se plaisait d'ailleurs à rendre hommage, lui reste supérieur. Car si l'atome est sans connaissance, du moins il n'emprunte sa force qu'à lui-même, et la puissance de déclinaison qu'on lui attribue, suffit à expliquer l'univers [1].

Telle n'est pas la nature de la monade. Douée de spontanéité, elle porte en soi-même le principe de ses déterminations, et de la sorte échappe, il est vrai, aux influences du dehors, de même qu'elle n'exerce sur le dehors aucune influence. Mais cette spontanéité est-elle énergie, force vive, action et libre action, qui

---

1. Cf. Thomas Reid, *OEuvres complètes, traduites par M. Jouffroy.* Paris, 1828, 6 vol. in-8, t. III, p. 256, *Système de Leibniz.* « 1. Il n'y a rien, remarque Reid, de plus obscur et de moins philosophique que la distinction établie par Leibniz entre la perception et l'aperception. Nous ne connaissons point d'opération de notre esprit qui ne soit accompagnée de conscience. — 2. Admettre que les corps organisés et non organisés sont composés de monades indivisibles et sans parties, c'est faire une supposition contraire à tout ce que nous savons de la matière. — 3. Il est également contraire aux notions que nous avons des corps, d'attribuer l'activité et la perception aux monades qui en sont les éléments. Si un philosophe croit pouvoir dire qu'une motte de terre perçoit et agit, qu'il produise ses preuves. — 4. Ce système anéantit l'autorité des sens et toute raison de croire à l'existence de ce qu'ils nous attestent; car nos perceptions auraient été et continueraient d'être ce qu'elles sont, l'univers n'eût-il jamais existé, ou fût-il subitement annihilé. — 5. Ce système est purement hypothétique. De telles suppositions, dénuées de toutes preuves, ne sont que des fictions de l'imagination et méritent la même foi que l'arc d'Apollon, le bouclier de Minerve et la ceinture de Vénus, dans les poëmes d'Homère. » — « Les monades, dit, de son côté, un chimiste éminent, M. Dumas, *Philosophie chimique*, p. 251, les monades offrent le plus bel abus du système atomique. »

convienne à l'âme humaine? Leibniz l'a cru et Leibniz s'est trompé. Du dynamisme fondé sur l'idée de force, il revient au mécanisme par la conception de la monade, entéléchie qui se suffit à soi-même, qui a en soi et de soi tout ce qu'elle est, tout ce qu'elle a été et tout ce qu'elle sera. Par la spontanéité, Leibniz remplace et, du même coup, annule toute énergie dans les créatures, particulièrement la liberté de la monade humaine.

C'est ce qui apparaît avec la dernière évidence, à mesure que se développe la doctrine leibnizienne, et ce qu'implique expressément une application trop absolue de la loi de la continuité.

On sait quel état fait Leibniz de la loi de la continuité. La formule de cette loi est ancienne : *non est vacuum formarum; natura non facit saltum.* Mais Leibniz a tiré cette loi de l'oubli; il l'a comme rajeunie, il en a montré la fécondité. Il y attache tout le prix d'un inventeur.

Cette loi porte qu'il n'y a pas de lacune dans la nature, qu'il n'y a pas d'hiatus entre les êtres. Ce serait en effet un espèce de vide que Leibniz nie, comme il a nié le vide en général, non pas seulement au nom de l'expérience, mais encore et surtout au nom du principe de la raison suffisante. La loi de la continuité correspond au principe des indiscernables, qu'appelle également le principe de la raison suffisante. Car, si les êtres sont tous dissemblables entre eux, leurs différences sont ménagées avec art et on ne passe de l'un à l'autre que par des degrés insensibles. Tout autre passage n'aurait pas sa raison. D'ailleurs, suivant Leibniz, cette loi de la continuité ne s'applique point simplement aux substances, mais aussi aux phénomènes. Ainsi, il n'y a pas de saut dans le passage d'un phénomène de la nature à un autre phénomène. Et il en est des phénomènes de l'âme, comme des phénomènes du monde des corps. En conséquence, Leibniz affirme que tous les phénomènes, que tous les états, que tous les changements de l'âme sont une suite les uns des autres. C'est là précisément en quoi consiste ce qu'il appelle la spontanéité de l'âme.

Or, cette spontanéité n'est-elle pas, pour l'âme, exclusive de la liberté véritable? Et si tous les états de l'âme dérivent les uns des autres, si toutes nos déterminations s'enchaînent parce qu'elles s'engendrent, si en un mot il n'est pas en notre pouvoir de produire une détermination toute nouvelle, sans autre rapport avec les déterminations qui l'ont précédée qu'un rapport de succession, sans autre raison suffisante que notre vouloir, on se demande encore une fois ce que devient la liberté.

Obscurcie par la conception de la monade, compromise par une application trop absolue de la loi de la continuité, l'activité humaine en particulier, l'activité des créatures en général, demeure complétement ruinée par l'harmonie préétablie.

Les substances sont des monades, mais les monades sont renfermées en elles-mêmes; elles n'exercent pas d'influence les unes sur les autres. Il faut donc expliquer le mode de leur action. Déjà on avait imaginé la théorie des causes occasionnelles. Leibniz, développant cette conception, propose la théorie de l'harmonie préétablie.

Or, Reid a parfaitement remarqué « qu'il est difficile de concilier cette partie du système (par où dans l'univers tout subit l'action de tout) avec celle qui établit que toutes les modifications d'une monade résultent du développement de ses facultés propres, et ne s'en produiraient pas moins, existât-elle seule dans l'univers[1]. » En outre, puisqu'il n'y a aucune communication entre les substances, il n'y a par conséquent entre l'âme et le corps aucune influence réciproque. L'âme et le corps sont comme deux horloges bien réglées, qui marquent exactement la même heure. Qui le croirait? N'est-ce point opposer un étrange paradoxe à la conscience du genre humain tout entier? Sans doute, le comment de l'influence réciproque de l'âme et du corps nous échappe presque absolument, et Dieu seul le connaît. Mais quand a-t-on rejeté un phénomène, faute d'en pouvoir déterminer la loi? Dira-t-on qu'il est impossible, parce qu'il est contradictoire, qu'une substance immatérielle agisse sur une substance matérielle? Mais alors il faudrait nier que Dieu, par excellence esprit pur, agisse sur les corps.

Aussi l'harmonie préétablie donne-t-elle ouverture à de nombreuses difficultés.

Bayle, dans son *Dictionnaire philosophique*, a exprimé les plus apparentes avec l'originalité de son esprit :

« Leibniz, écrit-il, veut, par exemple, que l'âme d'un chien agisse indépendamment des corps. D'où il résulte qu'elle sentirait la faim et la soif à telle et telle heure, quand même il n'y aurait aucun corps dans l'univers, quand même il n'existerait rien que Dieu et elle.

« Que l'âme de ce chien soit construite de telle sorte, qu'au moment qu'il est frappé, il sentirait la douleur,

---

1. *OEuvres complètes*, t. III, p. 256, *Système de Leibniz*.

quand même on ne le frapperait pas, quand même il continuerait de manger son pain sans empêchement, c'est ce que je ne saurais comprendre.

« Je trouve fort incompatible la spontanéité de cette âme avec les sentiments de douleur, et en général avec toutes les perceptions qui lui déplaisent.

« Comme Leibniz suppose avec raison que toutes les âmes sont simples et indivisibles, on ne comprend pas qu'elles puissent être comparées à une pendule, ni que, par leur constitution originale, elles puissent diversifier leurs opérations, en se servant de l'activité spontanée qu'elles reçoivent de leur créateur. Si l'âme était composée de plusieurs pièces comme une machine, elle agirait diversement, parce que l'activité particulière de chaque pièce pourrait changer à tout moment le cours de celle des autres. Mais, dans une substance unique, où trouver la cause du changement d'opérations [1] ? »

Depuis Bayle, M. de Biran est survenu, qui est descendu à une profondeur encore bien plus grande d'observation.

« Si, dans le système de l'harmonie préétablie, écrit M. de Biran, l'on peut entendre, en un certain sens, comment l'influence de l'âme sur le corps est purement idéale en Dieu...., comment, dans le point de vue de l'homme, concilier une influence purement idéale avec la perception intérieure de l'effort qui manifeste au sujet pensant et voulant l'existence du corps organique obéissant à son action ?

« Dieu peut voir et juger notre effort d'en haut; mais il ne fait pas cet effort; il ne l'aperçoit pas comme

[1]. Article *Rorarius*.

nous; autrement Dieu serait le *moi,* ou le *moi* serait Dieu.

« Dieu, de même, peut voir distinctement les deux termes de ce rapport fondamental, constitutif de la personne humaine, le lien qui les unit, le comment de leur influence. Mais, pour voir ou expliquer dans l'absolu la liaison de l'âme et du corps, il faudrait cesser d'être nous-mêmes; il faudrait que le moi n'étant plus, ou étant autre, pût s'expliquer en même temps comment il est lui.

« Pour nier l'influence physique ou l'action des substances les unes sur les autres, et d'abord l'action réelle de l'âme sur le corps, il faut, pour ainsi dire, nier l'humanité et détruire le sujet qu'on veut connaître ou expliquer.

« De plus, cette négation d'influence exercée par l'âme, comme par toute autre monade hors d'elle-même, est opposée au principe fondamental du Leibnizianisme.

« En aspirant à se placer de prime abord dans l'absolu, l'auteur du système des monades n'a pas signalé distinctement l'origine de toute force (laquelle se trouve dans le *moi,* sujet actif et libre qu'elle constitue); et s'il l'eût fait, son système de l'harmonie préétablie ne serait pas né; mais nous pourrions avoir à sa place un système vrai et complet de psychologie [1]. »

Leibniz avait récusé la preuve de la liberté qui se tire du témoignage immédiat de la conscience.

Il avait récusé comme un faux-fuyant, comme une fin de non-recevoir indigne d'un philosophe, l'affir-

---

[1]. *OEuvres philosophiques*, t. IV, p. 326, *Exposition de la Doctrine philosophique de Leibniz.*

mation simultanée, dans leur incompatibilité apparente, de la prescience divine et de la liberté humaine.

Où ont abouti ces récusations hautaines? Sorti des bas-fonds du mécanisme par la théorie de la substance, Leibniz, par la théorie de l'harmonie préétablie, retombe du dynamisme dans le mécanisme; car il refuse aux substances le pouvoir d'agir les unes sur les autres. Les monades, quoi qu'il en ait, ne sont plus des forces vives et efficaces. Ce sont les pièces d'une mécanique immense, dont Dieu seul est le moteur.

On arrive à une doctrine non équivoque de fatalisme. Descartes avait parlé de l'homme-automate. Spinoza avait appelé l'homme un automate spirituel. Leibniz, à son tour, reproduit la même expression. « Tout est donc certain et déterminé à l'avance dans l'homme, comme partout ailleurs, conclut-il, et l'âme humaine est une espèce d'automate spirituel [1]. »

De la sorte, Leibniz en venait au Spinozisme, qu'il avait pourtant si directement combattu. Et ces pernicieuses conséquences n'avaient point échappé à ses contemporains, non plus qu'elles n'ont échappé à ceux qui ont suivi [2].

---

1. Erdmann, p. 517, *Théodicée*, P. I, 52.
2. Que l'harmonie préétablie fût une doctrine de fatalité, c'est ce qu'Euler rappelait non sans malignité. *Lettres à une Princesse d'Allemagne*, p. 215, *Deuxième Partie; Lettre* XVI, *Autre objection contre le système de l'harmonie préétablie*. « Là dessus, écrivait-il, on a eu un exemple bien éclatant, lorsque du temps du feu roi, M. Wolf enseigna à Halle le système de l'harmonie préétablie. Le roi s'informa de cette doctrine, qui faisait alors bien du bruit, et un courtisan répondit à Sa Majesté que tous les soldats, selon cette doctrine, n'étaient que de pures machines, et quand quelques-uns désertaient, que c'était une suite nécessaire de leur structure, et, par conséquent, qu'on avait tort de les punir, comme on l'aurait lorsqu'on voudrait punir une machine pour avoir produit tel ou tel mouvement. Le roi se

Vainement Leibniz protestera contre une accusation qui lui est odieuse [1]. Ces protestations honorent ses intentions, mais ne justifient pas ses théories.

S'ensuit-il que l'harmonie préétablie, la loi de la continuité, la monadologie doivent être reléguées au rang des chimères? En aucune sorte. Ce ne sont pas là en effet uniquement de savantes erreurs, ou de stériles quoique spécieuses hypothèses. Une critique attentive y démêle aisément des vérités fondamentales, d'une nouveauté égale à leur importance.

Ainsi, deux points de vue considérables doivent être notés dans la monadologie.

Premièrement, toute créature est une substance, et toute substance est une force une et simple, une monade.

« Pour éclaircir l'idée de substance, écrit excellemment Leibniz, il faut remonter à celle de force ou d'énergie.... La force active ou agissante n'est pas la puissance nue de l'École ; il ne faut pas l'entendre.... comme une simple faculté ou possibilité d'agir, qui, pour être effectuée ou réduite à l'acte, aurait besoin d'une excitation venue du dehors, et comme d'un *stimulus* étranger. La véritable force active renferme l'acte en elle-

---

fâcha si fort sur ce rapport, qu'il donna ordre de chasser M. Wolf de Halle, sous peine d'être pendu, s'il s'y trouvait au bout de vingt-quatre heures. Ce philosophe se réfugia alors à Marsbourg. »—Cf. Wilm, *Opere citato*, t. II, p. 461. « Le système de Leibniz, disait Jacobi, est de tous les systèmes celui qui s'accorde le plus avec le Spinozisme. Mendelssohn a prouvé que l'harmonie préétablie se trouve dans Spinoza. Je me fais fort de dériver de Spinoza toute la psychologie de Leibniz. » Toutefois, Jacobi remarquait équitablement que « le système de Leibniz se distingue essentiellement de celui de Spinoza, par ce que le premier appelle le *principium individuationis*, par sa théorie des formes substantielles, par l'hypothèse des monades. » *Ibid.*, p. 475.

1. Voyez ci-dessus, liv. II, chap. II, *Polémique contre Spinoza*, p. 150.

même; elle est entéléchie, pouvoir moyen entre la simple faculté d'agir et l'acte déterminé ou effectué : cette énergie contient ou enveloppe l'effort (*conatum involvit*[1]). »

« La force, écrit-il encore, peut être conçue distinctement (*distincte intelligi*); mais elle ne peut être expliquée par aucune image (*non explicari imaginabiliter*)[2]. »

Ce point de vue est capital, et M. de Biran, comme émerveillé des horizons qu'il révèle, avait raison de déclarer « que la monadologie contient plus de vérités d'expérience que toute la philosophie du dix-huitième siècle[3]. » En ramenant la notion de la substance à la notion de la force, et à la notion de la force une, simple, indivisible, de la monade en un mot, Leibniz restaure du même coup la physique, la psychologie, la métaphysique.

En effet, si tout être est une force, parce que toute substance est une cause; si toute monade a reçu, par cela même qu'elle a été créée, une force qui lui est propre, *vim insitam*, la monade humaine est aussi une force, et qui, en outre, a conscience d'elle-même, *vis sui conscia*. L'aperception de la conscience nous donne la connaissance du moi, substance et cause tout ensemble, force simple, monade qui se développe par l'activité, activité qui se manifeste par l'effort, sans que le fond de la monade soit changé. « *Non fit individuum alterum, sed fit continuo indi-*

---

1. Dutens, t. II, pars I, p. 20, *De primæ philosophiæ emendatione, et de notione substantiæ*.
2. Erdmann.
3. Cf. Œuvres philosophiques, t. IV, *Deuxième Appendice sur l'origine de l'idée de force, d'après M. Engel*.

viduum alteratum. Ce n'est pas d'ailleurs dans la pensée, c'est moins encore dans la sensation que gît l'essence de l'âme, c'est dans la volonté. Vouloir et pouvoir, exercer une énergie qui nous soit propre, produire des effets que nous nous rapportons et qu'on nous rapporte, voilà ce qui constitue notre personnalité, et par suite notre responsabilité. Enfin, au-dessus des monades créées apparaît la monade des monades, Dieu, substance et cause à la fois ; substance parce qu'il est cause et cause parce qu'il est substance, force une et simple, douée de conscience et de liberté, indivisible, personnelle, incommunicable, mais force créatrice. Nous avons un moi vivant, un univers vivant, un Dieu vivant!

Secondement, en un certain sens, il est vrai, d'une part, que chaque monade est un miroir de l'univers ; il est vrai, d'autre part, que chaque monade comprend un monde de monades.

Il est vrai, en un sens, que chaque monade réfléchit l'univers. Car la création tout entière n'agit-elle pas sur nous? La monade humaine, notamment, n'est-elle pas un abrégé du monde? Platon l'appelait un microcosme, Pascal un raccourci d'abîme. Et Pascal, sans le savoir, interprétait la doctrine de Leibniz, lorsqu'il disait : « Toutes choses étant causées et causantes, aidées et aidantes, médiatement et immédiatement, et toutes s'entretenant par un lien naturel et insensible, qui lie les plus éloignées et les plus différentes, je tiens impossible de connaître les parties sans connaître le tout, non plus que de connaître le tout sans connaître particulièrement les parties[1]. »

---

1. M. Cousin, *Des Pensées de Pascal*, p. 300.

D'autre part, il est également vrai, en un sens, que chaque monade comprend un monde de monades.

« Je crois, écrivait Leibniz, qu'il n'y a point de portion de matière si petite, dans laquelle il n'y ait un monde infini de créatures[1]. »

« La subtilité de la nature s'étend à l'infini[2]. »

La science, par ses investigations patientes, a confirmé ces vues de Leibniz. En effet, les bryozoaires, par exemple, ne sont-ils pas comme des infiniment petits, dont la paléontologie nous a récemment révélé l'existence? « Les bryozoaires, ou animaux-mousses, ont été rapportés à plus de neuf cents espèces, et chaque espèce étant séparée dans des tubes de verre longs seulement de quelques millimètres, il se trouve que la plupart de ces tubes si petits renferment une multitude d'échantillons microscopiques dont la simple énumération serait un travail immense[3]. » Il y a plus. « Si ténus que soient les bryozoaires, il existe encore des animaux fossiles beaucoup plus exigus; ce sont les foraminifères. Trois grammes de sable des Antilles ont fourni à l'observateur quatre cent quatre-vingt mille coquilles de ces petits êtres. Une partie du sol des environs de Paris est formé de leurs dépouilles, leur entassement a fini par composer les masses de pierres que nous exploitons pour nos monuments; on peut dire qu'ils sont les premiers constructeurs de cette grande capitale[4]. »

---

1. Dutens, t. I, p. 530, *Lettre de Leibniz à M. l'Évêque de Meaux*, 1692.

2. Erdmann, p. 678, *Epistola ad Bierlingium*, 1711.

3. *Revue des Deux-Mondes*, 15 février 1859, *Alcide d'Orbigny, ses voyages et ses travaux*, par M. Albert Gaudry.

4. *Id., ibid.*

Oui, l'art qui éclate dans la nature surpasse infiniment l'art humain. Rien n'y est mort, rien n'y est brut. Encore une fois tout y est vivant! « Tout se meut pour l'œuvre universelle! Toutes les activités travaillent et vivent l'une dans l'autre! Les forces célestes montent et descendent, et se passent de main en main les seaux d'or, et, sur leurs ailes d'où la bénédiction s'exhale du ciel à la terre incessamment portées, remplissent l'univers d'harmonie[1]. »

A ces données impérissables de la monadologie s'ajoutent les applications chaque jour plus fécondes de la loi de la continuité.

Effectivement, la monadologie implique la hiérarchie des monades et comme une succession graduellement ménagée, c'est-à-dire continuité. Non-seulement donc, d'après Leibniz, chaque monade contient en soi la série de ses développements, mais encore chaque monade est précédée et suivie de monades, desquelles elle se rapproche par des transitions insensibles.

En psychologie, nous l'avons démontré, cette loi de la continuité est chimérique ou dangereuse. Car professer que l'âme humaine renferme en soi la série de tous ses développements, *legem continuationis seriei operationum suarum*, c'est, d'une certaine façon, compromettre sa liberté. Sans doute, il est incontestable que rien n'est isolé dans le monde de l'âme, non plus que dans l'univers des corps, et que d'un état à un autre état, comme d'un être à un autre être, il y a un passage, qui, pour nous être souvent insensible, n'en existe pas moins. Mais cette succession ne précède point les déterminations de notre libre arbitre; elle provient de

---

1. Gœthe, *Faust, Première Partie, la Nuit*.

ces déterminations mêmes. Pour l'homme donc, elle ne peut être affirmée qu'*a posteriori*. Dieu seul la connaît *a priori*, parce que seul il connaît à l'avance nos déterminations. De là, aussi bien, l'insoluble problème de l'accord de la prescience divine et de la liberté humaine.

Mais si la loi de la continuité ne convient pas aux déploiements de la liberté, en mathématiques, au contraire, en physique[1], en métaphysique, Leibniz en a fait ou signalé des applications aussi intéressantes qu'elles étaient hardies.

Ainsi en mathématiques, l'invention du calcul infinitésimal n'est autre chose qu'une application de la loi de la continuité.

Vainement chercherait-on dans le calcul infinitésimal je ne sais quelle application mystique aux mathématiques de l'idée de l'infini. Çà et là, certaines expressions de Leibniz peuvent donner le change et produire une sorte d'illusion. Au demeurant, par l'infini mathématique Leibniz entend l'indéfini, l'incomparable, l'état des nombres ou des grandeurs qui croissent indéfiniment ou qui s'évanouissent.

Leibniz lui-même s'en est, plus d'une fois, clairement expliqué.

« On s'embarrasse, écrit-il, dans les séries des nombres qui vont à l'infini. On conçoit un dernier terme, un nombre infini, ou infiniment petit; mais tout cela n'est que des fictions. Tout nombre est fini

---

1. Erdmann, p. 115, *Extrait d'une Lettre à M. Foucher*, 1692. « Mon axiome que la nature n'agit jamais par sauts est d'un grand usage dans la physique. Il détruit les atomes, les petits repos, les globules du second élément et les autres semblables chimères. Il rectifie les lois du mouvement. »

et assignable, toute ligne l'est de même, et les infinis ou infiniment petits n'y signifient que des grandeurs qu'on peut prendre aussi grandes ou aussi petites que l'on voudra, pour montrer qu'une erreur est moindre que celle qu'on a assignée, c'est-à-dire qu'il n'y a aucune erreur : ou bien on entend par l'infiniment petit, l'état de l'évanouissement ou du commencement d'une grandeur, conçus à l'imitation des grandeurs déjà formées[1]. »

C'est surtout dans l'extrait d'une lettre de Leibniz à Varignon qu'il faut chercher, sur le calcul infinitésimal, la pensée de notre philosophe tout entière.

« On n'a pas besoin, écrit Leibniz, de faire dépendre l'analyse mathématique des controverses métaphysiques, ni d'assurer qu'il y a dans la nature des lignes infiniment petites à la rigueur, en comparaison des nôtres, ni par conséquent qu'il y a des lignes infiniment plus grandes que les nôtres. C'est pourquoi, afin d'éviter ces subtilités, j'ai cru que, pour rendre le raisonnement sensible à tout le monde, il suffirait d'expliquer ici l'infini par l'incomparable.... Cependant il ne faut point s'imaginer que la science de l'infini est dégradée par cette explication et réduite à des fictions, car il reste toujours un infini syncatégorématique, comme parle l'École, et il demeure vrai, par exemple, que 2 est autant que $\frac{1}{1} + \frac{1}{2} + \frac{1}{4} + \frac{1}{8} + \frac{1}{16} + \frac{1}{32}$ etc.[2] »

---

1. Erdmann, p. 499, *Théodicée, Discours de la Conformité*, etc. —Cf., id., p. 436, *Epistola* II *ad R. P. Des Bosses*, 1706. « Ego philosophice lo-
« quendo non magis statuo magnitudines infinite parvas quam infinite
« magnas, seu non magis infinitesimas quam infinituplas. Utrasque
« enim per modum loquendi compendiosum pro mentis fictionibus
« habeo, ad calculum aptis, quales etiam sunt radices imaginariæ in
« algebra. »

2. Dutens, t. III, p. 370.

L'équivoque n'est donc point permise. Le calcul infinitésimal, sans que la portée de cette découverte s'en trouve amoindrie, se ramène simplement à une application particulière de la loi de la continuité.

Leibniz enfin applique cette loi à la mécanique, comme aux mathématiques.

« En vertu de cette loi, dit-il, il faut qu'on puisse considérer le repos comme un mouvement évanouissant après avoir été continuellement diminué[1]. »

Et encore :

« En vertu de ma loi de la continuité, il est permis de considérer le repos comme un mouvement infiniment petit, et la coïncidence comme une distance infiniment petite, et l'égalité comme la dernière des inégalités[2]. »

Mais c'est surtout lorsqu'on l'étudie dans la physique, que la beauté de cette loi est plus saisissante encore. Là en effet, avec une éclatante lumière, se manifeste la succession réglée, le développement progressif, l'enchaînement des êtres. Aristote, dans l'antiquité, avait entrevu cette loi; Belon au seizième siècle, et parmi les contemporains de Leibniz, Newton. Mais nul avant Leibniz, et nul après lui, ne l'a proclamée avec cette netteté, formulée avec cette conviction triomphante qui brille dans ses écrits. Ceux qui sont venus après lui, Buffon et Vicq-d'Azyr, Herder et Gœthe, Geoffroy-Saint-Hilaire et Blainville, n'ont fait que marcher sur ses traces[3].

---

1. Erdmann, p. 605, *Théodicée*, P. III, 348.
2. Dutens, t. III, p. 372, *Extrait d'une Lettre de Leibniz à M. Varignon*, 1702.
3. « Il existe, écrit Buffon dans l'article *Ane*, il existe un dessein primitif et général qu'on pourrait suivre très-longtemps.... En créant les animaux, l'Être suprême n'a voulu employer qu'une idée et la varier

et les autres êtres qui ont été les premiers habitants du globe; dans une autre s'élèveront les plantes de cette période houillère où la végétation a été plus luxuriante que dans les pays les plus favorisés de nos jours; dans une autre, on admirera la prodigieuse variété des fossiles de l'époque secondaire, ammonites, bélemnites, mégalosaures, reptiles volants; dans les salles de la période tertiaire, autour de tables chargées de mille espèces de coquillages, se dresseront les squelettes des mastodontes, des dinotherium, des megatherium et des autres animaux gigantesques, qui semblent le dernier effort du monde matériel au moment où va apparaître une nouvelle puissance destinée à le dominer : l'intelligence.

« Enfin, à l'extrémité des galeries, on apercevra l'homme, chef-d'œuvre de la création, dernier terme de tant de merveilles qui se sont succédé depuis le jour où la vie a paru sur le globe[1]. »

Quel serait l'homme dont il conviendrait de placer la statue à l'extrémité de ces galeries ? Ne serait-ce pas Leibniz, l'auteur de la Protogée[2], le promoteur de la loi de la continuité, le démonstrateur, si on nous permet cette expression, de tous les prodiges dont la terre a été le théâtre ?

Cependant, comment ne pas s'élever de ces considérations à des considérations encore plus hautes ? De la physique, la loi de la continuité nous porte à la métaphysique et vivifie la morale[3].

---

1. *Revue des Deux-Mondes* : *Alcide d'Orbigny, ses voyages et ses travaux*, par M. A. Gaudry.
2. Voyez *Protogée ou de la formation et des révolutions du globe*, par Leibniz; ouvrage traduit pour la première fois par le docteur Bertrand de Saint-Germain. Paris, 1859.
3. Voyez ci-dessus, liv. III, chap. II, *La loi de la continuité*, p. 233.

Qu'est-ce en effet que tout cet ordre invariable, sinon l'œuvre d'une puissance et d'une sagesse souveraines? Qu'est-ce que cette continuité persistante des choses, sinon une harmonie, et une harmonie préétablie?

De même donc que de la monadologie naît la continuité, de la continuité naît la doctrine de l'harmonie préétablie. Toutefois cette doctrine demande à être discrètement entendue.

Si on suppose que l'harmonie préétablie exclut toute influence réciproque des monades, elle convient mal, nous l'avons remarqué, avec la monadologie, dont le principe est l'action perpétuelle des monades.

Au contraire, l'harmonie préétablie est une conséquence légitime, acceptable de la monadologie, si on observe que toutes les forces se ressemblant par certains côtés, leurs lois sont plus semblables aussi qu'on ne pense, et qu'ainsi parce qu'elles se ressemblent, elles s'accordent.

Leibniz, il est vrai, a abondé dans le premier sens, et en cela même a consisté une de ses plus graves erreurs. Mais il serait injuste et peu philosophique de ne pas dégager de la complexité de ses théories toute la part de vérité qu'elles renferment.

A interpréter sainement la doctrine de l'harmonie préétablie, il n'est point question par conséquent d'affirmer dans les choses un ordre tel que la causalité des créatures disparaissant, elles perdent leur substantialité et s'évanouissent en phénomènes, ou ne soient plus que des pièces de mécanique.

Il s'agit seulement d'admettre qu'il n'y a pas dans le monde place pour le hasard, que tout est réglé, que tout est disposé, comme l'apprennent les Écritures, en poids, nombre et mesure, encore une fois que tout est lié. Et effectivement, que l'on considère les êtres. Quelle harmonie préétablie entre les pensées de l'âme et les mouvements du corps! entre le règne des causes efficientes et le règne des causes finales! entre le règne de la nature et le règne de la grâce!

De la doctrine de Leibniz sur la création, passons à sa doctrine sur Dieu, sur les rapports du monde avec Dieu, sur la vie future.

Leibniz s'est particulièrement appliqué à consolider, à étendre l'établissement des preuves de l'existence de Dieu. Et un des résultats dont il se félicite le plus dans son hypothèse de l'harmonie préétablie, consiste précisément en ce que cette harmonie, d'une manière invincible, suppose Dieu.

On doit observer néanmoins que Leibniz, loin de toujours fortifier les preuves de l'existence de Dieu, court plutôt risque assez souvent de les infirmer par abus de logique et par esprit de système.

En effet, Leibniz n'estime pas à sa juste valeur la preuve cartésienne par excellence, qui montre par quel irrésistible élan, du sein de sa misère et des étroites limites où elle se sent renfermée, l'âme s'élance vers l'infini et conçoit un être parfaitement heureux. C'est là évidemment la trace, la marque de Dieu en nous; il suffit de regarder en nous-mêmes pour l'y découvrir, et l'y découvrir c'est moins démontrer l'existence de Dieu que la constater.

Or, à cette affirmation d'une réalité concrète et vivante, Leibniz tend à substituer, et préfère, ce semble, le procédé syllogistique. Il paraît donc faire dépendre d'une conclusion syllogistique, en lui imprimant par là un caractère abstrait, l'existence de Dieu, qui, de même et plus que toute autre existence, est avant tout l'objet d'une expérience immédiate.

Mais Leibniz n'a pas constamment déserté pour l'abstraction l'expérience, et le psychologue a plus d'une fois chez lui corrigé ou tempéré le géomètre. De là, dans sa philosophie, de nouvelles et précieuses vérités, notamment cette fondamentale théorie des idées en nous, lesquelles réalisées dans les êtres finis, conçues par l'entendement humain, ont en Dieu, indépendamment des êtres qui les réalisent et de l'entendement qui les conçoit, leur substratum et leur raison. Il y a plus. L'idée de l'être dans sa simplicité, l'idée de la monade considérée dans la force qui constitue son essence, nous sont autant de manifestations de Dieu. Car, où trouver la simplicité première, la force indéfectible, le principe des principes que nous portons en nous-mêmes, le fondement des vérités, qui légitiment la sensation, mais qui n'en proviennent pas [1] ?

« Cela nous mène, conclut Leibniz, au dernier fondement des vérités, à savoir à cet esprit suprême et universel qui ne peut manquer d'exister, dont l'entendement, à dire vrai, est la région des vérités éternelles, comme saint Augustin l'a reconnu et l'exprime d'une manière assez vive. Et afin qu'on ne pense pas qu'il n'est point nécessaire d'y recourir, il faut considérer que ces vérités nécessaires contiennent la raison déterminante et le principe régulateur des existences mêmes, et en un mot des lois de l'univers. Ainsi, ces

---

1. Cf. Erdmann, p. 190, *Réplique aux Réflexions de M. Bayle.* « Ce monde intellectuel, dont les anciens ont fort parlé, est en Dieu et en quelque façon en nous aussi. »

vérités nécessaires étant antérieures aux existences des êtres contingents, il faut bien qu'elles soient fondées dans l'existence d'une substance nécessaire. C'est là où je trouve l'original des idées et des vérités qui sont gravées dans nos âmes, non pas en forme de propositions, mais comme des sources, dont l'application et les occasions feront naître des énonciations actuelles[1]. »

De cette restitution de la théorie des idées, Leibniz a tiré deux immédiates et importantes conséquences, l'une mathématique et l'autre morale, l'une et l'autre supports assurés de la théodicée.

En premier lieu, Leibniz a assigné aux mathématiques d'indiscutables principes.

Il a parlé le langage de Képler.

« Avant l'origine des choses, écrivait Képler, la géométrie coéternelle à l'intelligence divine, que dis-je! Dieu lui-même (car qu'y a-t-il en Dieu qui ne soit pas Dieu lui-même?) a suggéré à Dieu le plan de la création du monde et avec l'image de Dieu a passé dans l'homme. »

« C'est dans l'entendement de Dieu, écrivait Leibniz, et indépendamment de sa volonté que subsiste la réalité des vérités éternelles ; car toute réalité doit se fonder sur quelque chose de réellement existant. Il est vrai qu'un homme qui ne croit pas en Dieu peut être géomètre ; mais si Dieu n'existait pas, la géométrie n'aurait aucun objet ; car sans Dieu, non-seulement rien n'existerait, mais rien ne serait possible. Il est vrai encore que ceux qui ne voient point le rapport et la liaison des choses entre elles et avec Dieu, peuvent apprendre certaines

---

1. Erdmann, p. 379, *Nouveaux Essais*, liv. IV, ch. XI, § 13.

sciences, mais ils ne sauraient en concevoir la première origine qui est en Dieu¹. »

Secondement, en restaurant la vraie doctrine de l'innéité, Leibniz asseoit la morale et la justice sur une base inébranlable. Car il montre, d'une part, que la morale et la justice doivent être rapportées à Dieu; d'autre part, qu'elles sont des attributs de l'entendement divin, cet entendement même, et non point d'arbitraires dérivations de la volonté divine. « Tous ces dogmes, dit-il, quoique un peu différents entre eux, savoir 1° que la nature de la justice est arbitraire; 2° qu'elle est fixe, mais qu'il n'est pas sûr que Dieu l'observe; 3° enfin que la justice que nous connaissons n'est pas celle qu'il observe, détruisent et la confiance en Dieu qui fait notre repos, et l'amour de Dieu qui fait notre félicité². »

Un athée peut donc être homme de bien, de même qu'un athée peut être géomètre. Mais ni sa géométrie n'a de fondement, ni sa morale d'autorité. « Un athée peut être homme de bien, moralement parlant, soit par tempérament, soit par coutume, ou par un heureux préjugé; mais il ne le saurait être entièrement par un principe solide de la droite raison, à moins d'avoir obtenu ce grand point, de trouver un plaisir dans la vertu et une laideur dans le vice qui surpassent tous les autres plaisirs ou déplaisirs de cette vie, ce qui paraît bien rare et bien difficile; quoiqu'il ne soit pas tout à fait impossible qu'une heureuse éducation, une conversation, une méditation et une pra-

---

1. Erdmann, p. 561, *Théodicée*, P. II, 184.
2. *Id.*, p. 558, *ibid.*, 177. — Cf. Dutens, t. IV, pars II, p. 261, *Epistola* VII *ad Henricum Ernestum Kestnerum*, 1709; *Ibid.*, p. 267, *Epistola* XIV *ad eumdem*, 1713.

tique proportionnée puissent mener un homme jusque-là. Mais on y arrivera tous les jours plus aisément avec la piété[1]. »

De la sorte, Leibniz réduit l'athéisme à une extravagance de la volonté, à une inconséquence dissolvante de l'entendement.

De la sorte, quoiqu'il ait pu errer dans l'appréciation qu'il a faite des preuves de l'existence de Dieu données par les antérieurs, il n'en a pas moins dégagé de tout nuage cette essentielle vérité, que Dieu est. Et en même temps, par observation psychologique, non d'une manière abstraite et par déduction, il a déterminé ce qu'est Dieu, remarquant que ce qui est borné en nous, est en lui sans bornes.

Toute la détermination des attributs de Dieu par Leibniz aboutit à l'optimisme.

Là même le philosophe de Hanovre ne s'est-il pas montré tout ensemble très-profond et trop absolu? Là encore n'avons-nous pas à démêler des vérités d'avec des erreurs?

Et d'abord, qu'est-ce que le mal pour Leibniz? un moindre bien. Qu'est-ce que le mal? rien qui empêche,

---

1. Dutens, t. V, p. 484, *Lettre* III *à M. Mathurin Veyssière La Croze*, 1706. — Cf. *ibid.*, p. 44, *Jugement sur les OEuvres de M. le comte Shaftesbury.* « On peut dire qu'il y a un certain degré de bonne morale indépendamment de la divinité, mais que la considération de la providence de Dieu et de l'immortalité de l'âme porte la morale à son comble, et fait que chez le sage les qualités morales sont tout à fait réalisées, et l'honnête identifié avec l'utile, sans qu'il y ait exception, ni échappatoire. »—Erdmann, p. 214, *Nouveaux Essais*, liv. I, chap. II, § 2. « Cependant ceux qui ne fondent la justice que sur les nécessités de cette vie et sur le besoin qu'ils en ont, plutôt que sur le plaisir qu'ils y devraient prendre, qui est un des plus grands, lorsque Dieu en est le fondement, ceux-là sont sujets à ressembler un peu à la société des bandits. »

après tout, la réalisation du plus grand bien possible.

Leibniz s'est efforcé d'établir démonstrativement ces propositions. Elles se résolvent beaucoup plutôt, suivant nous, en un acte de foi dans la nature excellente de Dieu. Cet acte de foi, évidemment, doit être raisonnable. Mais les raisonnements y conduisent et s'y terminent; ils ne le remplacent pas. C'est ce que Leibniz lui-même n'a pu s'empêcher par instants d'avouer. « Les raisons de la liaison des choses, écrit-il, par lesquelles l'une est placée dans des circonstances plus favorables que l'autre, sont cachées dans les profondeurs de la sagesse de Dieu : elles dépendent de l'harmonie universelle. Le meilleur plan de l'univers, que Dieu ne pouvait manquer de choisir, le portait ainsi. On le juge par l'événement même; puisque Dieu l'a fait, il n'était pas possible de mieux faire. Bien loin que cette conduite soit contraire à la bonté, c'est la suprême bonté qui l'y a porté[1]. »

Et encore :

« En Dieu cette conséquence est bonne : il l'a fait, donc il l'a bien fait[2]. »

Ainsi, que le monde soit, et on juge par l'événement même qu'il est le meilleur qu'il se pouvait, puisque Dieu est. Le bien dans le monde résulte immédiatement de la nature de Dieu, nature incompréhensible, dont Leibniz n'a point assez hautement ni assez souvent confessé les mystères impénétrables.

Bien moins encore, Leibniz a-t-il suffisamment reconnu que le mal dans le monde résulte immédiate-

---

1. Erdmann, p. 628, *Théodicée, Abrégé de la Controverse.*
2. *Id.*, p. 489, *ibid., Discours de la Conformité,* etc.

ment de la nature de l'homme. Comment en effet, après avoir conçu de la liberté humaine une notion si singulière que celle de la spontanéité, comment Leibniz aurait-il aperçu la vraie raison du mal, du mal moral qui est la conséquence de notre libre arbitre, nécessaire lui-même à notre qualité d'agent moral; du mal physique, qui, à certains égards, je le veux, se trouve être la conséquence du mal moral, mais qui aussi est la condition du mérite de la créature?

Sans doute Leibniz considère le mal physique, par exemple, comme une épreuve, et toute idée de l'épreuve suppose, avec la notion du mérite, une exacte notion de la liberté. Mais, d'un autre côté, emporté par le courant de son système, Leibniz se laissera aller jusqu'à écrire « que, quelque dépendance qu'on conçoive dans les actions volontaires, et quand même il y aurait une nécessité absolue et mathématique (ce qui n'est pas), il ne s'ensuivrait pas qu'il n'y aurait pas autant de liberté qu'il en faudrait pour rendre les récompenses et les peines justes et raisonnables. » — « Il est vrai, ajoutait-il, qu'on parle vulgairement comme si la nécessité de l'action faisait cesser tout mérite et tout démérite, tout droit de louer et de blâmer, de récompenser et de punir; mais il faut avouer que cette conséquence n'est point absolument nécessaire[1]. »

Parce qu'il a erré touchant la nature de la liberté humaine, Leibniz n'a donc pas pu dériver le mal de sa source véritable.

Leibniz, de plus, ne s'est-il point de nouveau trompé, lorsqu'il a voulu expliquer cette même difficulté de la présence du mal dans le monde, en faisant prévaloir ex-

---

1. Erdmann, p. 521, *Théodicée*, P. I, 67.

clusivement la doctrine des voies générales? Quelle condition en effet pour l'individu, s'il est sacrifié au bien de l'ensemble? Et que lui importe, dans son propre malheur, la félicité générale? Il y a là comme un enseignement de cruel et odieux fatalisme, tel que devaient le renouveler, sous des formes diffuses, tous les théoriciens du progrès indéfini de l'humanité[1].

Ce n'est pas tout. La doctrine des voies générales préoccupe à ce point la pensée de Leibniz que, mettant la quantité des êtres avant la qualité des êtres, il incline à subordonner le sort des esprits à la destinée des brutes, uniquement parce que les brutes sont plus nombreuses que les esprits. « On suppose sans preuve, écrit-il, que les créatures destituées de raison ne peuvent point entrer en comparaison et en ligne de compte avec celles qui en ont. Mais pourquoi ne se pourrait-il pas que le surplus du bien dans les créatures non intelligentes, qui remplissent le monde, récompensât et surpassât, même incomparablement, le surplus du mal dans les créatures raisonnables? Il est vrai que le prix des dernières est plus grand; mais en récompense, les autres sont en plus grand nombre sans comparaison; et il se peut que la proportion du nombre et de la quantité surpasse celle du prix et de la qualité[2]. »

A ce compte, d'après Leibniz, ce n'est pas le bien de

---

1. Voyez M. Pierre Leroux, *De l'humanité, de son principe et de son avenir*. Paris, 1840, 2 vol. in-8.
2. Erdmann, p. 625, *Théodicée, Abrégé de la Controverse.* — Cf. *ibid.* « Il se peut que dans la comparaison des heureux et des malheureux « la proportion des degrés surpasse celle des nombres, et que dans « la comparaison des créatures intelligentes et non intelligentes, la pro- « portion des nombres soit plus grande que celle des prix. »

chaque homme, c'est le bien de tous les hommes et de l'humanité qu'il faut considérer. D'autre part, Leibniz avance « qu'il se pourrait que le surplus du bien dans les créatures non intelligentes, qui remplissent le monde, récompensât et surpassât même incomparablement le surplus du mal dans les créatures raisonnables. » Doctrine désolante, qui choque à la fois la raison et le sentiment : la raison, parce que cette théorie semble placer l'idée de quantité avant l'idée de qualité, et avant la dignité le nombre ; le sentiment, parce qu'elle contredit le désir inextinguible de bonheur qui persiste en chacun de nous !

Et pourtant, ce n'est guère que sur des idées de bonheur que Leibniz établit la valeur comparative des mondes, affaiblissant par là, en quelque façon, la sévérité des principes qui fondent la vraie morale du devoir.

Ici s'offrent à nous les idées de Leibniz sur les déploiements de la vie et sur la vie future, idées séduisantes et qui captivent l'imagination, mais dont il convient de signaler les chimères, sinon les dangers.

Leibniz prétend tirer les corps et les esprits de ses monades, et il prouve à merveille que toute monade est une force. Or, la force, en se modifiant, donnera-t-elle le minéral, le végétal, l'animal, l'être pensant? Ce serait une application très-conséquente de la loi de la continuité, mais une application très-périlleuse.

« Sans doute, la Providence, qui a départi aux éléments inorganiques la propriété d'éprouver des modifications physiques et chimiques, qui a communiqué aux êtres organisés la faculté de se reproduire en subissant des métamorphoses complètes (comme celle de la chenille en papillon, celle des infusoires en polypes, puis en méduses), pourrait transmettre également la puissance d'engendrer des espèces nouvelles. C'est pourquoi, tant qu'un naturaliste admet seulement la transformation de matières en d'autres matières, déterminée par une impulsion originaire qui part de la volonté du créateur, il reste à l'abri du soupçon de matérialisme. On peut croire à ces transformations, sans accepter celle des principes matériels en principes immatériels[1]. »

Mais qui ne comprend que la pente est glissante et que l'esprit déçu peut être conduit à ne voir dans l'homme lui-même que la transformation supérieure d'une force, dont les animaux inférieurs à l'homme marqueraient les premiers degrés ? De semblables conceptions se retrouvent ailleurs que dans les fables absurdes de *Telliamed*[2].

Leibniz a clairement vu le péril et s'en est garanti du mieux qu'il a pu.

Avant tout, il le faut rappeler. A la doctrine de la métempsycose Leibniz substitue la doctrine de la métamorphose, qui n'est autre chose que la théorie même des transformations. Or, rien n'est moins net chez Leibniz que cette théorie.

De deux choses, l'une :

Ou cette métamorphose est la transformation d'une force unique, qui, par les changements progressifs qu'elle éprouve, constitue ce qu'on est convenu d'appeler les règnes de la nature. Et alors, on est tenu

---

[1]. *Revue des Deux-Mondes*, 15 fév. 1859, *Article cité*.
[2]. *Telliamed*, ou *Entretiens d'un philosophe Indien avec un missionnaire Français*. Amsterdam, 1748, 2 part. in-8, par Maillet.

d'expliquer comment, en vertu de ces évolutions successives, cette force donne le minéral, puis le végétal, puis l'animal, puis enfin l'être pensant.

Ou cette métamorphose doit s'entendre des vicissitudes qu'éprouve chaque monade en particulier, sans franchir d'ailleurs les inviolables frontières du règne où elle a été créée. Et alors on est toujours obligé de dire ce qui fait que la force a telle propriété dans le minéral, telle autre dans la plante, telle autre dans l'animal, telle autre dans l'individu pensant.

Entre ces deux alternatives, la doctrine de Leibniz paraît assez indécise et se réduit d'ailleurs à des affirmations [1]. Toutefois, il n'a garde de faire de l'être pensant la transformation supérieure de la même force, qui constitue à des degrés inférieurs le minéral, le végétal, l'animal. Il suppose que la monade, destinée à être l'âme raisonnable, enveloppe la raison dès le commencement du monde, ou qu'à la naissance de l'homme elle reçoit la raison « par une opération particulière de Dieu, par une espèce de transcréation [2]. »

Nous ne discuterons pas cette théorie. Nous y constatons, il est vrai, une sorte de dérogation de Leibniz à ses propres principes, à cette affirmation notamment qu'il n'y a pas d'hiatus, qu'il n'y a pas de saut dans

---

1. Cf. Erdmann, p. 432, *Considérations sur le principe de vie*. « Je n'ose rien assurer ni à l'égard de la préexistence, ni à l'égard du détail de l'état futur des âmes humaines. »

2. Cf. *Id.*, p. 457, *Epistola* XII *ad R. P. Des Bosses*, 1709. « Non definio
« a Deo novas monadas creari. Imo puto, defendi posse, et probabi-
« lius esse contrarium, adeoque præexistentiam monadum. Et procrea-
« tione absoluta animæ rationalis defendi posset transcreatio animæ
« non rationalis in rationalem, quod fieret addito miraculose gradu
« essentiali perfectionis. »

la nature; mais nous l'acceptons comme une dérogation heureuse.

En résumé, il a été, en tout, contre les intentions manifestes de Leibniz de porter les esprits au panthéisme et au matérialisme. Par la théorie équivoque des transformations, il peut les y incliner malgré lui.

Voilà un premier péril des idées de Leibniz relatives aux déploiements de la vie.

En voici un second, qui tient à ses idées sur la vie future.

Qu'est-ce pour Leibniz que la vie future? Un splendide théâtre, où, par métamorphose, non par métempsycose, posant le masque, quittant la guenille, notre être rajeuni jouira d'une suprême félicité. Par conséquent, ajoute Leibniz, notre bonheur ne consistera pas et ne doit pas consister dans une pleine jouissance « où il n'y aurait plus rien à désirer et qui rendrait notre esprit stupide, mais dans un progrès perpétuel à de nouveaux plaisirs et à de nouvelles perfections[1]. »

Que faut-il entendre par ce progrès perpétuel? Serait-ce que la vie future se composerait d'une série indéfinie de vies successives, dont la vie présente ne se trouverait être, pour ainsi parler, qu'une première étape?

A cette hypothèse, que combattent les raisons les plus décisives, s'oppose, entre autres, cette essentielle objection. Si la même âme est appelée à parcourir une série indéfinie de vies successives, d'où vient que, durant la vie présente, elle n'a aucun souvenir des vies antérieures qu'elle a menées?

Leibniz s'est comme chargé de résoudre cette diffi-

---

1. Erdmann, p. 718, *Principes de la nature et de la grâce*, etc.

culté. En effet, à ceux qui sont en peine de relier les perceptions du présent aux perceptions du passé qu'ils imaginent, Leibniz ne vient-il pas merveilleusement en aide par sa théorie des *perceptions insensibles*, lesquelles, suivant lui, « donnent même le moyen de retrouver le souvenir au besoin par des développements périodiques, qui peuvent arriver un jour[1]. »

C'est pourquoi, quoique évidemment Leibniz n'admette pas la doctrine des vies successives, on ne saurait s'empêcher de reconnaître qu'il a pu en suggérer l'idée à des intelligences romanesques[2]. Enfin, ses assertions embarrassées sur l'origine et la préexistence des âmes[3] n'ont pas peu contribué non plus à nourrir de telles rêveries.

Mais sous ces chimères quelle solidité chez Leibniz! Et qu'il suffit en quelque sorte de retrancher le luxe de ses théories, pour y découvrir un fond inattaquable!

---

1. Erdmann, p. 197, *Nouveaux Essais*, Avant-propos. — Cf. Dutens, t. IV, pars I, p. 325. « Je crois que non-seulement l'immortalité, mais encore la conservation de toutes les impressions passées, se peut démontrer exactement, en bien considérant la nature de l'unité et de la substance. » *Leibnitiana*, CLI. Voyez ci-dessus, liv. III, chap. III, *L'harmonie préétablie*, p. 244.

2. Tout imbu des doctrines leibniziennes, Gœthe écrivait : « Qu'il nous soit possible de connaître sommairement l'histoire de nos propres transmutations, je ne le nierai point.... L'âme d'un monde, par exemple, pourra tirer du fond de ses souvenirs bien des choses qui auront l'air de prophéties. » Wilm, *Opere citato*, t. IV, p. 458.

Un contemporain, l'auteur du livre intitulé *Terre et Ciel*, Paris, 1858, 1 vol. in-8, 3ᵉ édit., M. Jean Reynaud, a lui-même autorisé du nom de Leibniz ses bizarres divagations.

3. Erdmann, p. 676, *Lettre à Des Maizeaux*, 1711. « Je crois que les âmes des hommes ont préexisté, non pas en âmes raisonnables, mais en âmes sensitives seulement, qui ne sont parvenues à la raison que lorsque l'homme, que l'âme devait animer, a été conçu. »

Ainsi, dégagé de toute exagération, corrigé, rectifié, l'optimisme n'est-il pas le vrai ?

Qu'on veuille y réfléchir. L'optimisme se démontre *a posteriori*, lorsque libre de préoccupations qu'on pourrait dire maladives, on sait se placer au point de vue d'où se découvre l'ordonnance des choses. Car il y a en somme plus de bien que de mal dans le monde, et le mal qui s'y rencontre, s'explique assez par l'épreuve ou par le châtiment. C'est ce que Leibniz a parfaitement établi, en même temps qu'il se séparait du gros de ces esprits déçus qui voudraient substituer à la sagesse de Dieu leur propre sagesse et à la réalité je ne sais quel fantastique idéal.

Leibniz en effet rejette la théorie du progrès indéfini[1].

Leibniz, de même, repousse l'utopie de la paix perpétuelle. Ce cabaretier, qui avait pris pour enseigne un cimetière avec ces mots : *A la paix universelle*, lui paraît bien plus près de la vérité que l'abbé de Saint-Pierre[2].

---

1. Cf. Guhrauer, *Opere citato*, t. II, *Anmerkungen*, p. 33. « Quant à la perfection des choses, en ne considérant que la raison toute seule, on peut douter si le monde avance toujours en perfection ou s'il avance ou recule par périodes, ou s'il ne se maintient pas plutôt dans la même perfection à l'égard du tout, quoiqu'il semble que les parties font un échange entre elles, et que tantôt les unes, tantôt les autres, sont plus ou moins parfaites. On peut donc mettre en question si toutes les créatures avancent toujours, au moins au bout de leurs périodes, ou s'il y en a qui perdent et reculent toujours, ou enfin s'il y en a qui font toujours des périodes, au bout desquelles ils trouvent de n'avoir point gagné ni perdu : de même qu'il y a des lignes qui avancent toujours comme la droite, d'autres qui tournent sans avancer ou reculer, comme la circulaire ; d'autres qui tournent et avancent en même temps, comme la spirale ; d'autres enfin qui reculent après avoir avancé, ou avancent après avoir reculé, comme les ovales. » *Lettre de Leibniz à Madame l'Électrice de Brunswick*, 3 sept. 1694.

2. Cf. Dutens, t. V, p. 476, *Lettre* VII *à M. Pinson*, 1716. *Du projet de M. de Saint-Pierre pour maintenir une paix perpétuelle en Europe.*

L'optimisme surtout se pose *a priori*, quand on envisage les attributs de Dieu. Car, « il n'y a rien, observe Leibniz, de si élevé que la sagesse de Dieu, rien de si juste que ses jugements, rien de si pur que sa sainteté et rien de plus immense que sa bonté[1]. »

L'optimisme n'est pas autre chose que la reconnaissance explicite de la justice, de la bonté, de la sagesse de Dieu, en même temps que la reconnaissance implicite de la puissance, de la liberté de Dieu. Au-dessus du *Fatum Stoïcum*, du *Fatum Mahumetanum*, comme le soleil au-dessus des nuages, apparaît le *Fatum Christianum*[2].

Or, si tel est Dieu, si par amour non-seulement il a créé le monde, mais si dans le monde il a porté tout au mieux, comment ne lui rendrions-nous pas amour pour amour?

Entre les avilissements de l'amour mercenaire et les dangereuses illusions du pur amour, Leibniz, se reportant à une définition précise, sait assigner les caractères de l'amour dont nous devons aimer Dieu. « Aimer, écrit-il, c'est trouver dans la félicité d'autrui sa propre félicité[3]. »

C'est ainsi que les spéculations hardies de Leibniz profitent à la pratique.

« Malheur à la connaissance stérile, s'écriait Bossuet, qui ne se tourne pas à aimer et se trahit elle-même[4]. »

Pour Leibniz comme pour Bossuet, l'intelligence

---

1. Erdmann, *Théodicée, passim*.
2. *Id.*, *ibid.*, p. 470, Préface.
3. *Id.*, p. 791, *Lettre à l'abbé Nicaise sur la question de l'amour divin*.
4. *Œuvres complètes*, t. XXII, p. 205, *De la connaissance de Dieu et de soi-même*, chap. IV, X.

conduit à l'amour, et l'amour de Dieu devient la source de la piété véritable.

« La véritable piété, écrit Leibniz, et même la véritable félicité, consiste dans l'amour de Dieu, mais dans un amour éclairé, dont l'ardeur soit accompagnée de lumière. Cette espèce d'amour fait naître ce plaisir dans les bonnes actions qui donne du relief à la vertu, et rapportant tout à Dieu, comme au centre, transporte l'humain au divin. Car, en faisant son devoir..., on dirige toutes ses intentions au bien commun, qui n'est point différent de la gloire de Dieu ; l'on trouve qu'il n'y a point de plus grand intérêt particulier que d'épouser celui du général, et on se satisfait soi-même en se plaisant à procurer les vrais avantages des hommes[1]. »

« Orner notre Sparte, écrit encore Leibniz, et travailler à faire du bien, sans se chagriner pourtant lorsque le succès y manque, dans la ferme créance que Dieu saura trouver le temps le plus propre aux changements en mieux[2]. »

Ce temps, en effet, ne saurait manquer. Car le gouvernement des esprits diffère profondément du gouvernement des corps, et si les monades sont indestructibles, la monade humaine est immortelle. « Dieu gouverne les esprits comme un prince gouverne ses sujets et même comme un père a soin de ses enfants, au lieu qu'il dispose des autres substances comme un ingénieur manie ses machines[3]. » — « Une machine naturelle demeure n'étant que transformée par de différents plis qu'elle reçoit, et tantôt étendue, tantôt res-

---

1. Erdmann, p. 469, *Théodicée*, Préface.
2. *Id.*, p. 108, *Lettre de Leibniz à M. Arnauld*, etc., 1690.
3. *Id.*, p. 125, *Système nouveau de la nature*, etc.

serrée et comme concentrée, lorsqu'on croit qu'elle est perdue[1]. » Donc rien ne meurt. La monade humaine, en particulier, persiste, douée de personnalité, c'est-à-dire susceptible de peine et de récompense. Et Leibniz ne se contente pas d'affirmer le dogme de l'immortalité; il le confirme à la fois et l'illumine par les considérations les plus ingénieuses et les plus touchantes. « Comme un autre Dédale, il nous donne des ailes pour sortir de la prison de l'ignorance et nous élever jusqu'à la région de la vérité, qui est la patrie des âmes[2]. »

« Si le premier principe de l'existence du monde physique, écrit Leibniz, est le décret de Dieu de lui donner le plus de perfection qu'il se peut, le premier dessein du monde moral ou de la cité de Dieu, qui est la plus noble partie de l'univers, doit être d'y répandre le plus de félicité qu'il sera possible. Il ne faut donc point douter que Dieu n'ait ordonné tout en sorte que les esprits non-seulement puissent vivre toujours, ce qui est immanquable, mais encore qu'ils conservent toujours leur qualité morale, afin que sa cité ne perde aucune personne, comme le monde ne perd aucune substance.

« Les anciens philosophes ont fort peu connu ces importantes vérités; Jésus-Christ seul les a divinement bien exprimées et d'une manière si claire et si familière, que les esprits les plus grossiers les ont conçues. Ainsi, son Évangile a changé entièrement la face des choses humaines : il nous a donné à connaître le royaume des cieux ou cette parfaite république des esprits qui mérite le titre de cité de Dieu dont il nous a découvert les admirables lois. Lui seul a fait voir

---

1. Erdmann, p. 126, *Système nouveau de la nature*, etc.
2. Cf. *Id.*, p. 620, *Théodicée*, P. III, 406.

combien Dieu nous aime et avec quelle exactitude il a pourvu à tout ce qui nous touche; qu'ayant soin des passereaux, il ne négligera pas les créatures raisonnables qui lui sont infiniment plus chères; que tous les cheveux de notre tête sont comptés; que le ciel et la terre périront plutôt que la parole de Dieu et ce qui appartient à l'économie de notre salut ne soit changé; que Dieu a plus d'égard à la moindre des âmes intelligentes qu'à toute la machine du monde; que nous ne devons point craindre ceux qui peuvent détruire les corps, mais ne sauraient nuire aux âmes, puisque Dieu seul peut les rendre heureuses ou malheureuses, et que celles des justes sont dans sa main à couvert de toutes les révolutions de l'univers, rien ne pouvant agir sur elles que Dieu seul; qu'aucune de nos actions n'est oubliée; que tout est mis en ligne de compte, jusqu'aux paroles oisives et jusqu'à une cuillerée d'eau bien employée; enfin que tout doit réussir pour le plus grand bien des bons; que les justes seront comme des soleils, et que ni nos sens, ni notre esprit n'a jamais rien goûté d'approchant de la félicité que Dieu réserve à ceux qu'il aime[1]. »

Ces paroles marquent comme le point culminant du dogmatisme de Leibniz.

Or, ce qu'il y a de vrai dans le dogmatisme du philosophe de Hanovre fonde ce qu'il y a de vrai dans sa philosophie critique.

En combattant Descartes, Leibniz a rétabli la vraie notion de la substance, par où il restaure la philosophie tout entière.

---

1. *Correspondance*, publiée pour la première fois par M. Grotefend, en 1846.

En réfutant Spinoza, il a signalé tous les périls du panthéisme.

En discutant, pied à pied, l'*Essai sur l'entendement humain*, il a restitué, contre Locke, la vraie théorie des idées et ruiné dans ses principes le sensualisme, qu'il poursuivait dans ses conséquences chez Hobbes et chez Collins.

Leibniz n'a d'ailleurs été inférieur à aucun autre de ses contemporains. Avec Newton, il lutte de génie mathématique, avec Bayle d'érudition; d'imagination avec Malebranche, avec Bossuet de vigueur polémique, avec Pascal d'invention. Il les surpasse tous par l'universalité de ses aptitudes. Car ce n'est pas seulement un métaphysicien incomparable; sa vaste intelligence, miroir vivant de la nature, étonne par son étendue en même temps qu'elle entraîne par une verve inépuisable, et quelquefois aussi émeut par une exquise sensibilité. Leibniz touche à tout, et tout ce qu'il touche, il le féconde.

> .... *Quidquid tangit, inaurat.*

Il jette les fondements de la géologie comme en se jouant; il renouvelle la philologie; il décuple les mathématiques; il éclaire la jurisprudence, il scrute les profondeurs les plus obscures de l'histoire, les mystères les plus impénétrables de la théologie. En tout sens, il agrandit, accroît, développe le courant de la vérité : *Perennis quædam philosophia*[1].

---

1. Voyez notre ouvrage intitulé *Tableau des progrès de la pensée humaine, depuis Thalès jusqu'à Leibniz.* Paris, 1859, 1 vol. in-8, 2ᵉ édition.

Enfin, ce qu'il serait injuste de ne pas louer chez Leibniz, c'est l'esprit même qui l'anime.

Conciliant et libéral, c'est-à-dire éclectique; tempérant dans sa hardiesse même et ne poursuivant jamais le *warum* du *warum* (le *pourquoi* du *pourquoi*), à l'exemple de ceux « qui cherchent ce qu'ils savent et qui ne savent pas ce qu'ils cherchent, » Leibniz est pénétré du sentiment moral le plus vif. « Les hommes, écrivait-il, n'étudient ordinairement que par ambition et par intérêt, et l'éloquence leur sert pour obtenir leur but, au lieu que la vérité demande des méditations profondes qui ne s'accommodent pas avec les vues intéressées de la plupart de ceux qui se donnent aux études. C'est ce qui fait que nous avançons si peu [1]. » Leibniz est très-effectivement un philosophe qui ne se propose d'autre but que la découverte de la vérité, et, plus que toute autre satisfaction, la joie de l'avoir trouvée. Pour lui encore, comme pour Bacon, la religion est un aromate qui empêche les sciences de se corrompre. Il voudrait donc que la piété fût comme infuse dans toutes les sciences. Il déplore l'affaiblissement de jour en jour plus grand des croyances [2], et, dénonçant avec un prophétique accent l'époque

---

1. Dutens, t. VI, pars I, p. 245, *Lettre* v *à Thomas Burnet*, 1697.
2. Cf. Dutens, t. IV, pars I, p. 82, *Leibnitii præfatio libro inscripto* NOVISSIMA SINICA, 1697. « Certe talis nostrarum rerum mihi videtur
« esse conditio, gliscentibus in immensum corruptelis, ut propemodum
« necessarium videatur Missionarios Sinensium ad nos mitti, qui
« Theologiæ naturalis usum praxinque nos doceant, quemadmodum nos
« illis mittimus qui Theologiam eos doceant revelatam. » — *Id.*, t. VI, pars I, p. 144, *Leibnitius ad Ludolfum*, 1679. « Credibile, luci præ-
« senti successuram aliquam eclipsin nescio quam diuturnam, recu-
« perante vires regno tenebrarum, diviso genere humano inter super-
« stitionem et atheismum. »

prochaine où le genre humain sera partagé entre la superstition et l'athéisme, il montre jusqu'à l'évidence que c'est à la religion sans doute, mais aussi à la philosophie, qu'il est nécessaire de demander les convictions qui assurent la prospérité des États. « Je sais, écrivait-il, je sais que d'excellents hommes bien intentionnés soutiennent que les opinions théoriques ont moins d'influence dans la pratique qu'on ne pense, et je sais aussi qu'il y a des personnes d'un excellent naturel que les opinions ne feront jamais rien faire d'indigne d'elles : comme d'ailleurs ceux qui sont venus à ces erreurs par la spéculation, ont coutume d'être naturellement plus éloignés de ces vices dont le commun des hommes est susceptible, outre qu'ils ont soin de la dignité de la secte où ils sont comme des chefs ; et l'on peut dire qu'Épicure et Spinoza, par exemple, ont mené une vie tout à fait exemplaire. Mais ces raisons cessent le plus souvent dans leurs disciples ou imitateurs, qui, se croyant déchargés de l'importune crainte d'une Providence surveillante et d'un avenir menaçant, lâchent la bride à leurs passions brutales, et tournent leur esprit à séduire et à corrompre les autres ; et s'ils sont ambitieux et d'un naturel un peu dur, ils seront capables, pour leur plaisir ou avancement, de mettre le feu aux quatre coins de la terre.... Je trouve même que des opinions approchantes s'insinuant peu à peu dans l'esprit des hommes du grand monde, qui règlent les autres et dont dépendent les affaires, et se glissant dans les livres à la mode, disposent toutes choses à la révolution générale dont l'Europe est menacée, et achèvent de détruire ce qui reste encore dans le monde des sentiments généreux des anciens Grecs et Romains, qui préféraient l'amour de la patrie et du bien public et le soin de la postérité à la fortune et même à la vie. Ces *public spirits*, comme les Anglais les appellent, diminuent extrêmement et ne sont plus à la mode ; et ils cesseront davantage quand ils cesseront d'être soutenus par la bonne morale et par la vraie religion, que la raison naturelle même nous enseigne[1]. »

De même que toutes les grandes philosophies, la philosophie de Leibniz a puissamment influé sur les doctrines de ceux qui sont venus après lui. Il serait donc intéressant de rechercher les traces qu'a laissées Leibniz, notamment en Allemagne, depuis Wolf, Baumgarten, Bilfinger, Meyer, Reimarus, jusqu'à Kant, Fichte, Hégel, Jacobi, Herbart et Schelling. Mais cela même ne serait rien moins qu'écrire une histoire du Leibnizianisme.

Contentons-nous de rappeler, en le réduisant à quelques énonciations précises, ce qu'il y a de faux dans la philosophie de Leibniz et ce qu'il y a de vrai.

I° Leibniz abuse du principe de contradiction, qui ne donne pas la réalité, qui ne supplée pas l'évidence.

Il abuse du principe de la raison suffisante, qui, indiscrètement appliqué, détourne de l'observation, devient une pétition de principe, compromet la liberté.

II° La notion que se fait Leibniz de la monade est obscure, contradictoire.

Elle est obscure et contradictoire dans son fond, car elle ne rend pas compte de la nature diversifiée des objets qui constituent la réalité.

---

1. Erdmann, p. 386, *Nouveaux Essais*, liv. IV, chap. XVI, § 4.

Elle est obscure et contradictoire dans sa représentation; car cette représentation est mal définie; elle confond toutes les idées sous le caractère commun de la nécessité, en même temps qu'elle les frappe de subjectivité; elle conduit à un idéalisme, à un égoïsme absolu.

Elle est obscure et contradictoire dans son action; car continue et spontanée, c'est-à-dire tout interne et déterminée, cette action est vraiment nécessitée. Du dynamisme on retombe dans le mécanisme. De plus, chaque monade, d'un côté, subissant l'impression du tout, de toutes les monades; et, d'un autre côté, chaque monade étant déclarée sans influence sur les autres monades, le système d'harmonie préétablie, qu'on substitue contradictoirement à un système d'influence, annule la liberté, choque le sens commun, et particulièrement lorsqu'il s'agit des rapports de l'âme et du corps, se trouve démenti par la conscience.

III° Leibniz, à son insu, sans le vouloir, mais par les conséquences mêmes de ses théories, peut porter les esprits à concevoir un Dieu à la fois abstrait et accablant : abstrait, parce que parfois il en fait surtout un objet de raisonnement; accablant, parce que, en définitive, ce Dieu est seul acteur;

Un Dieu auteur du bien seul et presque seul auteur du bien, sans qu'on voie assez comment la liberté humaine, telle que Leibniz la conçoit, produit le bien, en quoi par ses excès elle devient une source abondante de mal;

Un Dieu qui ne gouverne guère le monde que par des voies générales, d'où il suit que l'idée de quantité est fort près de prévaloir sur l'idée de qualité et la destinée du genre sur celle de l'individu ou de l'espèce;

l'idée de bonheur sur l'idée de devoir, et la doctrine des transformations successives sur le dogme de l'immortalité. En un mot, sur tous ces points, à des certitudes limitées, mais irréfragables, Leibniz mêle ou tend à substituer de hasardeuses et équivoques conjectures.

On peut d'ailleurs rapporter à deux causes principales les erreurs qui vicient la philosophie de Leibniz :

1.° L'esprit d'abstraction et de système.

Leibniz ne s'est point assez résigné à l'ignorance. Entraîné par sa curieuse ardeur à tout approfondir, à tout comprendre, à rendre compte de tout, il est advenu que trop souvent il a subordonné à la spéculation la réalité. Confondant la logique et la vie, le concret et les abstractions, il abandonne l'observation de la conscience pour se précipiter aux déductions; il abuse de la méthode des géomètres, il montre une confiance aveugle dans la puissance du calcul. De là, dans l'ensemble de sa philosophie, des parties vides et fragiles, des imaginations gratuites, des hypothèses inexplicables. *Et parit certe telas quasdam doctrinæ tenuitate fili operisque admirabiles, sed quoad usum frivolas et inanes*[1].

2° Une trop grande rapidité de vue, qui, promenant l'esprit sur toutes choses, ne lui permet d'en approfondir aucune.

« Leibniz, remarque un penseur ingénieux[2], ne s'arrêtait pas assez aux vérités qu'il découvrait; il passait outre, et allait trop tôt et trop vite en chercher

---

1. *De Augmentis scientiarum*, liv. I, chap. XXXI.
2. M. Joubert, *Pensées*, etc. Paris, 1850, 2 vol. in-8, 2ᵉ édit., t. II, p. 176.

de nouvelles. Il y avait en lui cette légèreté qui fait qu'on voit de loin, mais qui ne regarde rien fixement. »

Mais si dans l'édifice immense du Leibnizianisme plus d'une partie est caduque ou ressemble à ces illusions de perspective qu'un architecte introduit pour les besoins de la symétrie et pour le plaisir des yeux, beaucoup d'autres parties restent debout, sur lesquelles peut s'asseoir une métaphysique solide.

I° En même temps que Leibniz exagère la portée du principe de contradiction et du principe de la raison suffisante, il en assigne aussi le légitime usage, qui rend possible et qui explique, mais qui n'exclut pas l'observation, surtout l'observation psychologique.

II° Parmi les artifices et les trompeuses lueurs de sa doctrine apparaissent évidemment, à qui sait les apercevoir, d'essentielles notions :

La substance ramenée à une force indivisible, à la monade, à l'entéléchie ; l'âme humaine à une force qui a conscience d'elle-même, *vis sui conscia;*

Le rapport de tout avec tout, si bien que rien n'est isolé dans l'immensité des choses;

Cette loi de la continuité qui reçoit, en métaphysique, comme en mathématiques et en physique, les plus belles applications, et se résout en une harmonie vraiment préétablie ;

La théorie des idées, saisie au plus profond de l'âme, support de la mathématique et de la morale, élément de toute théodicée;

Un Dieu, région des idées; un Dieu présent partout et personnel ; un Dieu conçu avec tous les attributs qui fondent l'optimisme ;

La mort nulle part, la vie partout, l'immortalité résultant de la nature même de l'âme; la vie future montrée non-seulement comme une espérance, mais affirmée comme un droit; la vie présente ennoblie par le devoir, consolée par l'amour;

En un mot, « l'univers tout d'une pièce, sa beauté, son harmonie universelle, l'évanouissement du mal réel, principalement par rapport au tout; l'unité des véritables substances; la grande unité de la suprême substance, dont toutes les autres ne sont que des émanations et des imitations[1]; » sur la notion de force l'établissement d'un dynamisme où se distinguent l'infini et le fini, où, en vertu d'une progression harmonique, « le réel se gouverne parfaitement par l'idéal et par l'abstrait[2], » où toutes les différences conspirent sans confusion à la détermination d'une unité de plus en plus haute, à l'absolu.

Ce sont conciliés entre eux et restaurés sur la base du Christianisme, le Platonisme, le Péripatétisme, le Cartésianisme tout entier.

III° Il faut ajouter « la beauté des idées, l'enthousiasme lumineux[3], » mais surtout la foi dans l'autorité de la raison s'unissant à un profond sentiment religieux, une érudition étonnante à la spéculation la plus hardie; un sage et conciliant éclectisme, un respect intelligent du passé, l'élan vers l'avenir.

Telles sont, purgées de tout excès, démêlées de brillantes erreurs et de conceptions illusoires, les parties durables du Leibnizianisme et les données vivantes qui peuvent, au dix-neuvième siècle, assurer les pro-

---

1. Dutens, t. V, p. 45, *Jugement sur les Œuvres de Shaftesbury.*
2. *Id.*, t. III, p. 372, *Extrait d'une Lettre de M. Leibniz à M. Varignon.*
3. *Id.*, t. V, p. 45, *Jugement sur les Œuvres de Shaftesbury.*

grès ultérieurs de la vraie philosophie de l'esprit humain[1].

Cependant, Des Maizeaux, plusieurs années après la mort de Leibniz, n'hésitait pas à dire dans la préface de son Recueil[2], « qu'il ne voyait pas encore que la philosophie de Leibniz eût fait fortune. »

Ce dédain de Des Maizeaux nous doit paraître singulier.

La France du dix-huitième siècle ne le partagea pas du moins tout entière. Voltaire, il est vrai, appelle Leibniz « le Gascon de l'Allemagne[3], » et sa verve frivole s'égaye tristement à railler dans Candide les nobles assertions de l'optimisme. Mais Rousseau relève cette consolante doctrine et emploie à l'accréditer la dialectique, les flammes, la musique de son langage. Mais Diderot, parlant du philosophe de Hanovre, déclare : « que cet homme fait à lui seul à l'Allemagne autant d'honneur que Platon, Aristote et Archimède en font ensemble à la Grèce[4]. » Le Chevalier de Jaucourt écrit une *Vie de Leibniz*, qui restera. Et lorsque, longtemps après que Fontenelle avait célébré devant l'Académie des sciences de Paris Leibniz et ses travaux, l'Académie de Berlin songea à proposer pour sujet de prix l'éloge de celui qui avait été son premier président, ce fut un Académicien français, l'immortel Bailly, qu'elle couronna[5].

---

1. Cf. M. de Biran, *Œuvres philosophiques*, t. IV, p. 360, *Doctrine philosophique de Leibniz*.

2. *Recueil de pièces sur la philosophie, la religion, l'histoire, les mathématiques*, par Leibniz, Clarke, Newton. Amsterdam, 1720, 2 vol. in-18.

3. *Œuvres complètes*, p. 4674, *Lettre à d'Alembert*, 23 décembre 1768.

4. *Œuvres*, t. VI, p. 239 et suiv. (an VIII).

5. Cet éloge fut publié avec plusieurs autres en un vol. in-8. Paris, 1770.

Avec une connaissance plus complète des écrits de Leibniz, notre âge a ressenti aussi une admiration plus profonde pour le génie sublime qui en est l'auteur.

C'est à M. de Biran que revient l'honneur d'avoir, pour la première fois, en France, depuis près d'un siècle, fait reparaître avec éclat dans la philosophie « un nom qui ne semblait plus appartenir qu'aux sciences mathématiques. »

D'un autre côté, le crédit que M. de Biran rendait à Leibniz par la force de ses méditations, M. Royer-Collard le consacrait par l'autorité de son témoignage. « Ce qui distingue la philosophie de Leibniz de toutes les autres, écrivait M. Royer-Collard, c'est l'originalité, la hauteur et l'étendue. Leibniz a étonné les plus grands hommes du plus grand siècle qui ait lui sur la terre; ses erreurs sont comptées parmi les titres de l'esprit humain; et le degré d'admiration qu'excitera ce vaste génie sera toujours la mesure de l'intelligence de ses lecteurs[1]. »

Enfin M. Cousin, grâce à l'éloquence de son enseignement, achevait de reconquérir au nom de Leibniz un rang mérité.

« Leibniz, écrivait M. Cousin, Leibniz est un maître que les plus indépendants peuvent avouer. Placé au faîte de la révolution cartésienne, Leibniz domine et résume tout le passé, dont il possédait une connaissance et une intelligence profondes. C'est l'incarnation la plus complète qui ait encore paru sur la terre du génie de la spéculation et du génie de l'histoire[2]. »

---

1. *Fragments Historiques*, à la suite des œuvres de Reid, t. III, p. 398.
2. *De la Métaphysique d'Aristote.* Paris, 1838, in-8, p. 115.

A la suite de ces illustres penseurs, et pour notre faible part, nous voudrions contribuer à divulguer cette grande philosophie de Leibniz, qui honore l'esprit humain et dont la France peut se glorifier, parce qu'elle n'est qu'une dérivation puissante du Cartésianisme. On l'a dit avec raison : « Leibniz est le dernier et le plus grand des Cartésiens[1]. » Il clôt le dix-septième siècle, où il faut toujours revenir. Car là sont les sources vives où doit se retremper la raison.

1. M. Cousin, *Fragments de philosophie Cartésienne*, Avant-propos, p. xi.

FIN.

TABLE DES MATIÈRES.

Avant-propos.. Pages i-viii
Introduction... 1

LIVRE PREMIER.
ORIGINES DE LA PHILOSOPHIE DE LEIBNIZ.

Chap.	I.	Éducation de Leibniz........................	13
Chap.	II.	Premiers écrits de Leibniz...................	23
Chap.	III.	Correspondance de Leibniz antérieure à 1672.	46
Chap.	IV.	Leibniz en France............................	56
Chap.	V.	De l'éclectisme de Leibniz...................	81

LIVRE II.
POLÉMIQUE DE LEIBNIZ.

Chap.	I.	Polémique contre Descartes...................	101
Chap.	II.	Polémique contre Spinoza.....................	133
Chap.	III.	Polémique contre Locke.......................	152
Chap.	IV.	Rôle de Leibniz pendant la persécution du Cartésianisme..	170

LIVRE III.
DOCTRINE GÉNÉRALE DE LEIBNIZ.

Chap.	I.	La Monadologie...............................	197
Chap.	II.	La Loi de la continuité......................	221
Chap.	III.	L'Harmonie préétablie........................	239

LIVRE IV.

THÉODICÉE DE LEIBNIZ.

Chap.	I.	Histoire de la Théodicée............... Page	247
Chap.	II.	Liberté humaine, prescience divine. Liberté divine, immutabilité divine.................	268
Chap.	III.	L'Origine du mal..........................	287
Chap.	IV.	L'Optimisme..............................	298
Chap.	V.	Platon, Aristote, les Alexandrins, Leibniz......	315
Chap.	VI.	Saint Anselme, saint Thomas, Leibniz..........	337
Chap.	VII.	Descartes, Leibniz........................	352
Chap.	VIII.	Malebranche, Leibniz.....................	372
Chap.	IX.	Clarke, Leibniz...........................	400
Conclusion.		Discussion de la philosophie de Leibniz........	432

PARIS. — IMPRIMERIE DE CH. LAHURE ET Cie
rues de Fleurus, 9, et de l'Ouest, 21

www.ingramcontent.com/pod-product-compliance
Lightning Source LLC
Chambersburg PA
CBHW051128230426
43670CB00007B/716